U0914662

2010

CHINA POPULATION AND EMPLOYMENT STATISTICS YEARBOOK

中国人口和就业统计年鉴

蒋正華题

国家统计局人口和就业统计司　编

COMPILED BY
Department of Population and Employment Statistics
National Bureau of Statistics of China

中国统计出版社
China Statistics Press

（京）新登字 041 号

©中国统计出版社。
版权所有。未经许可，本书的任何部分不准以任何方式在世界任何地区以任何文字翻印、拷贝、仿制或转载。

Copyright © China Statistics Press.
All rights reserved. No part of the publication may be reproduced or transmitted in any form or by any means, electronic or mechanical, including photocopying, recording, or any information storage and retrieval system, without written permission from the publisher.

图书在版编目（CIP）数据

中国人口和就业统计年鉴. 2010 / 国家统计局人口和就业统计司编. —北京 ：中国统计出版社，2010.9
ISBN 978-7-5037-6078-5

Ⅰ. ①中… Ⅱ. ①国… Ⅲ. ①人口调查—统计资料—中国—2010—年鉴②就业—统计资料—中国—2010—年鉴 Ⅳ.C924.25-54②D669.2-54

中国版本图书馆 CIP 数据核字（2010）第 177819 号

中国人口和就业统计年鉴—2010

作　　者 / 国家统计局人口和就业统计司
责任编辑 / 徐涛　吴珊
封面设计 / 杨超
出版发行 / 中国统计出版社
通信地址 / 北京市西城区月坛南街 57 号　邮政编码/100826
办公地址 / 北京市丰台区西三环南路甲 6 号
电　　话 / 邮购（010）63376907　书店（010）68783172
印　　刷 / 河北天普润印刷厂
开　　本 / 890×1240mm　1/16
字　　数 / 808 千字
印　　张 / 25.25
版　　别 / 2010 年 11 月第 1 版
版　　次 / 2010 年 11 月第 1 次印刷
书　　号 / ISBN 978-7-5037-6078-5/C・2425
定　　价 / 220.00 元

本书附同版本 CD-ROM 一张，光盘内容以书面文字为准。
中国统计版图书，如有印装错误，本社发行部负责调换。

《中国人口和就业统计年鉴—2010》编委会和编辑工作人员

编 委 会

顾　　问：马建堂

主　　任：张为民

副 主 任：冯乃林　赵云城　李希如　孟庆普

编　　委：（以姓氏笔画为序）

于弘文　李金德　肖　宁　张志斌

武　洁　孟灿文　崔红艳

编辑工作人员

编　　辑：（以姓氏笔画为序）

李桂芝　李慧民　肖　宁　吴　珊

徐　岚　梁尔卫

责任编辑：徐　涛　吴　珊

CHINA POPULATION AND EMPLOYMENT STATISTICS YEARBOOK-2010 EDITORIAL BOARD AND STAFF

Editorial Board

Adviser: Ma Jiantang

Chairman: Zhang Weimin

Vice-chairmen: Feng Nailin Zhao Yuncheng Li Xiru Meng Qingpu

Members: (in order of strokes of Chinese surname)

Yu Hongwen Li Jinde Xiao Ning Zhang Zhibin

Wu Jie Meng Canwen Cui Hongyan

Editorial Staff

Editorial Staff: (in order of strokes of Chinese surname)

Li Guizhi Li Huimin Xiao Ning Wu Shan

Xu Lan Liang Erwei

Executive Editor: Xu Tao Wu Shan

编辑说明

一、《中国人口和就业统计年鉴—2010》是一部以全面反映我国人口和就业状况为主的资料性年刊，收集了全国和各省、自治区、直辖市人口就业统计的主要数据，同时附录了世界部分国家和地区的相关数据。

二、本年鉴由国家统计局人口和就业统计司负责编辑整理，并得到公安部治安管理局、国家人口和计划生育委员会发展规划与信息司等单位的大力支持和协助。

三、本年鉴内容分为八部分：（一）综合数据；（二）2009 年全国人口变动情况抽样调查数据；（三）2009 年劳动力抽样调查主要数据；（四）2009 年城镇单位就业人员统计数据；（五）2009 年全国户籍统计人口数据；（六）2009 年全国计划生育统计人口数据；（七）世界部分国家及地区人口和就业统计数据；（八）2009 年人口变动和劳动力调查制度说明及主要统计指标解释。

四、2009 年全国人口变动和劳动力调查的调查时点为 2009 年 11 月 1 日零时。该调查以全国为总体，以各省、自治区、直辖市为次总体，采用分层、多阶段、整群概率比例抽样方法，在全国 31 个省、自治区、直辖市抽取了 1882 个县(市、区)、3460 个乡(镇、街道)、11748 个调查小区中的 116 万人。经加权后汇总，2009 年全国人口出生率为 12.13‰，死亡率为 7.08‰，自然增长率为 5.05‰。按此推算，2009 年末全国总人口为 133474 万人，出生人口为 1615 万人，死亡人口为 943 万人，净增人口为 672 万人。本年鉴第二部分除表 2-1、表 2-2 外，其余各表中的绝对数为样本数，全国抽样比为 0.873‰。

五、本年鉴中收集的 2009 年全国人口变动情况抽样调查数据（第二部分）和 2009 年全国户籍统计人口数据（第五部分），统计方法和口径不同，请用户在使用时加以注意。

六、本年鉴涉及的全国性统计数据，均未包括香港、澳门特别行政区和台湾省数据。

七、符号使用说明：

年鉴各表中的“空格”表示该项统计指标数据不足本表最小单位数、数据不详或无该项数据；“#”表示其中的主要项。

八、本年鉴在资料的整理和编排方面难免存在不足和疏误，敬请用户指正。

PREFACE

I. *China Population and Employment Statistics Yearbook 2010* is an annual statistical publication, which contains data on basic condition of population and employment in 2009 as well as for the previous years for the whole nation and 31 provinces, autonomous regions and municipalities directly under the Central Government. It also includes the relevant data of some other countries and territories in the world.

II. The yearbook is compiled by the Department of Population and Employment Statistics of the National Bureau of Statistics of China, and assisted by the Public Order Bureau of the Ministry of Public Security and the Department of Development and Planning of the National Population and Family Planning Commission of China.

III. The yearbook contains the following eight chapters: 1.General Survey; 2.Data from 2009 National Sample Survey on Population Changes; 3.Main Data from 2009 Labor Force Survey; 4. Data from Statistics on Employment in Urban Units in 2009; 5.Data from Household Registration in 2009; 6.Data from Family Planning Statistics in 2009; 7.Population and Employment Data of Selected Countries and Territories of the World; 8.Explanatory Notes on Main Statistical Indicators.

IV. The reference time of 2009 National Sample Survey on Population Changes and Labor Force was at zero hour on November 1 in 2009. The sample survey adopted multi-stage systematic PPES cluster sampling scheme, taking the whole nation as the population and each province, autonomous region or municipality as sub-population. A total of 1.16 million people were selected from 11748 survey districts in 3460 townships (towns or street committees) in 1882 counties (cities or districts) of the 31 provinces, autonomous regions and municipalities. The weighted estimation procedure suggested that the birth rate was 12.13 per thousand, the death rate was 7.08 per thousand and the natural growth rate was 5.05 per thousand for China in 2009. Based on these rates, it was further estimated that China had a total population of 1334.74 million at the end of 2009, with 16.15 million births, 9.43 million deaths and a net increase of 6.72 million people during the year. Except table 2-1 and table 2-2, the rest of tabulations in Chapter Two were sample data. The sampling fraction for the nation was 0.873 per thousand.

V. The population data of Chapter Two in the yearbook are from 2009 National Sample Survey on Population Changes, and those of Chapter Five are from the household registration, which use different definitions and data collection methods. Users should notice that the data under the same or similar heading in these two chapters may be different.

VI. The national data in the yearbook do not include that of Hong Kong Special Administrative Region, Macao Special Administrative Region and Taiwan Province.

VII. Notations used in the yearbook:

(blank space) indicates that the figure is not large enough to be measured with the smallest unit in the table, or data are unknown or are not available; "#" indicates a major breakdown of the total.

VIII. We welcome comments and suggestions from users with regard to deficiencies and mistakes in data editing and compilation.

目　录
CONTENTS

第一部分　综合数据

Chapter One: General Survey

第二部分 2009 年全国人口变动情况抽样调查数据

Chapter Two:Data from 2009 National Sample Survey on Population Changes

第三部分　2009 年劳动力抽样调查主要数据

Chapter Three:Main Data from 2009 Labor Force Survey

二、香港特别行政区人口和就业统计数据

II.Population and Employment Data of Hong Kong Special Administrative Region

三、澳门特别行政区人口和就业统计数据

III.Population and Employment Data of Macao Special Administrative Region

四、台湾省人口和就业统计数据

IV.Population and Employment Data of Taiwan Province

第一部分
Chapter One

综合数据
General Survey

1-1 各地区人口数

单位：万人

地 区	Region	1990	1991	1992	1993	1994	1995	1996	1997
全 国	**National Total**	**114333**	**115823**	**117171**	**118517**	**119850**	**121121**	**122389**	**123626**
北 京	Beijing	1086	1094	1102	1112	1125	1251	1259	1240
天 津	Tianjin	884	909	920	928	935	942	948	953
河 北	Hebei	6159	6220	6275	6334	6388	6437	6484	6525
山 西	Shanxi	2899	2942	2979	3012	3045	3077	3109	3141
内蒙古	Inner Mongolia	2163	2184	2207	2232	2260	2284	2307	2326
辽 宁	Liaoning	3967	3990	4016	4042	4067	4092	4116	4138
吉 林	Jilin	2483	2509	2532	2555	2574	2592	2610	2628
黑龙江	Heilongjiang	3543	3575	3608	3640	3672	3701	3728	3751
上 海	Shanghai	1337	1340	1345	1349	1356	1415	1419	1457
江 苏	Jiangsu	6767	6844	6911	6967	7021	7066	7110	7148
浙 江	Zhejiang	4168	4202	4236	4266	4294	4319	4343	4435
安 徽	Anhui	5675	5761	5834	5897	5955	6013	6070	6127
福 建	Fujian	3037	3079	3116	3150	3183	3237	3261	3282
江 西	Jiangxi	3810	3865	3913	3966	4015	4063	4105	4150
山 东	Shandong	8493	8570	8610	8642	8671	8705	8738	8785
河 南	Henan	8649	8763	8862	8946	9027	9100	9172	9243
湖 北	Hubei	5439	5512	5580	5653	5719	5772	5825	5873
湖 南	Hunan	6128	6209	6267	6311	6355	6392	6428	6465
广 东	Guangdong	6346	6439	6525	6607	6689	6868	6961	7051
广 西	Guangxi	4261	4324	4380	4438	4493	4543	4589	4633
海 南	Hainan	663	674	686	701	711	724	734	743
重 庆	Chongqing								3042
四 川	Sichuan	10804	10897	10998	11104	11214	11325	11430	8430
贵 州	Guizhou	3268	3315	3361	3409	3458	3508	3555	3606
云 南	Yunnan	3731	3782	3832	3885	3939	3990	4042	4094
西 藏	Tibet	222	226	228	232	236	240	244	248
陕 西	Shaanxi	3316	3363	3405	3443	3481	3514	3543	3570
甘 肃	Gansu	2255	2285	2314	2345	2378	2438	2467	2494
青 海	Qinghai	448	454	461	467	474	481	488	496
宁 夏	Ningxia	470	480	487	495	504	513	521	530
新 疆	Xinjiang	1529	1555	1581	1605	1632	1661	1689	1718

注：1.本表数据均为年末人口数。

2.全国人口数中未包括香港、澳门特别行政区和台湾省的人口。

3.全国人口数中包括中国人民解放军现役军人，分地区人口数中未包括。

Total Population by Region

(10000 persons)

1998	1999	2000	2001	2002	2003	2004	2005	2006	2007	2008	2009
124761	**125786**	**126743**	**127627**	**128453**	**129227**	**129988**	**130756**	**131448**	**132129**	**132802**	**133474**
1246	1257	1357	1383	1423	1456	1493	1538	1581	1633	1695	1755
957	959	1001	1004	1007	1011	1024	1043	1075	1115	1176	1228
6569	6614	6674	6699	6735	6769	6809	6851	6898	6943	6989	7034
3172	3204	3248	3272	3294	3314	3335	3355	3375	3393	3411	3427
2345	2362	2372	2377	2379	2380	2384	2386	2397	2405	2414	2422
4157	4171	4184	4194	4203	4210	4217	4221	4271	4298	4315	4319
2644	2658	2682	2691	2699	2704	2709	2716	2723	2730	2734	2740
3773	3792	3807	3811	3813	3815	3817	3820	3823	3824	3825	3826
1464	1474	1641	1614	1625	1711	1742	1778	1815	1858	1888	1921
7182	7213	7327	7355	7381	7406	7433	7475	7550	7625	7677	7725
4456	4475	4596	4613	4647	4680	4720	4898	4980	5060	5120	5180
6184	6237	6286	6328	6338	6410	6461	6120	6110	6118	6135	6131
3299	3316	3410	3440	3466	3488	3511	3535	3558	3581	3604	3627
4191	4231	4149	4186	4222	4254	4284	4311	4339	4368	4400	4432
8838	8883	8998	9041	9082	9125	9180	9248	9309	9367	9417	9470
9315	9387	9488	9555	9613	9667	9717	9380	9392	9360	9429	9487
5907	5938	5960	5975	5988	6002	6016	5710	5693	5699	5711	5720
6502	6532	6562	6596	6629	6663	6698	6326	6342	6355	6380	6406
7143	7270	7707	7783	7859	7954	8304	9194	9304	9449	9544	9638
4675	4713	4750	4788	4822	4857	4889	4660	4719	4768	4816	4856
753	762	789	796	803	811	818	828	836	845	854	864
3060	3075	3092	3097	3107	3130	3122	2798	2808	2816	2839	2859
8493	8550	8602	8640	8673	8700	8725	8212	8169	8127	8138	8185
3658	3710	3756	3799	3837	3870	3904	3730	3757	3762	3793	3798
4144	4192	4241	4287	4333	4376	4415	4450	4483	4514	4543	4571
252	256	258	263	267	270	274	277	281	284	287	290
3596	3618	3644	3659	3674	3690	3705	3720	3735	3748	3762	3772
2519	2543	2557	2575	2593	2603	2619	2594	2606	2617	2628	2635
503	510	517	523	529	534	539	543	548	552	554	557
538	543	554	563	572	580	588	596	604	610	618	625
1747	1774	1849	1876	1905	1934	1963	2010	2050	2095	2131	2159

Note: a) Data in this table are the year-end population.

b) The national total population does not include the population of Hong kong SAR, Macao SAR and Taiwan Province.

c) The millitary personnel of Chinese People's Liberation Army are included in the national total population, but are not included in the population by region.

1-2 按性别分人口数
Population by Sex

单位: 万人 (10000 persons)

年 份 Year	总人口(年末) Total Population (year-end)	男 Male 人口数 Population	男 Male 比重(%) Proportion	女 Female 人口数 Population	女 Female 比重(%) Proportion
1952	57482	29833	51.90	27649	48.10
1957	64653	33469	51.77	31184	48.23
1962	67295	34517	51.29	32778	48.71
1965	72538	37128	51.18	35410	48.82
1970	82992	42686	51.43	40306	48.57
1971	85229	43819	51.41	41410	48.59
1972	87177	44813	51.40	42364	48.60
1973	89211	45876	51.42	43335	48.58
1974	90859	46727	51.43	44132	48.57
1975	92420	47564	51.47	44856	48.53
1976	93717	48257	51.49	45460	48.51
1977	94974	48908	51.50	46066	48.50
1978	96259	49567	51.49	46692	48.51
1979	97542	50192	51.46	47350	48.54
1980	98705	50785	51.45	47920	48.55
1981	100072	51519	51.48	48553	48.52
1982	101654	52352	51.50	49302	48.50
1983	103008	53152	51.60	49856	48.40
1984	104357	53848	51.60	50509	48.40
1985	105851	54725	51.70	51126	48.30
1986	107507	55581	51.70	51926	48.30
1987	109300	56290	51.50	53010	48.50
1988	111026	57201	51.52	53825	48.48
1989	112704	58099	51.55	54605	48.45
1990	114333	58904	51.52	55429	48.48
1991	115823	59466	51.34	56357	48.66
1992	117171	59811	51.05	57360	48.95
1993	118517	60472	51.02	58045	48.98
1994	119850	61246	51.10	58604	48.90
1995	121121	61808	51.03	59313	48.97
1996	122389	62200	50.82	60189	49.18
1997	123626	63131	51.07	60495	48.93
1998	124761	63940	51.25	60821	48.75
1999	125786	64692	51.43	61094	48.57
2000	126743	65437	51.63	61306	48.37
2001	127627	65672	51.46	61955	48.54
2002	128453	66115	51.47	62338	48.53
2003	129227	66556	51.50	62671	48.50
2004	129988	66976	51.52	63012	48.48
2005	130756	67375	51.53	63381	48.47
2006	131448	67728	51.52	63720	48.48
2007	132129	68048	51.50	64081	48.50
2008	132802	68357	51.47	64445	48.53
2009	133474	68652	51.43	64822	48.57

注: 1.本表各年人口数中包括中国人民解放军现役军人，但未包括香港、澳门特别行政区和台湾省的人口。
2.1982年以前的数据为户籍统计数,其余年份的数据为当年人口抽样调查或人口普查结果的推算数。1982-1989年数据根据1990年人口普查结果有所调整,1990-2000年数据根据2000年人口普查结果有所调整(下表同)。

Note:a) Data in this table include the military personnel of Chinese People's Liberation Army, but do not include the population of Hong Kong SAR, Macao SAR and Taiwan Province.

b) Data before 1982 were taken from the statistics of household Registration, others were estimated on the annual national sample surveys on population or the national population censuses. Data in 1982-1989 were adjusted on the basis of the 1990 National Population Census. Data in 1990-2000 are adjusted on the basis of the 2000 National Population Censuses.The same applies to the table following.

1-3 人口年龄结构和抚养比

Age Composition and Dependency Ratio of Population

单位：万人 (10000 persons)

年份 Year	总人口(年末) Total Population (year-end)	0-14岁 Aged 0-14 人口数 Population	0-14岁 Aged 0-14 比重(%) Proportion	15-64岁 Aged 15-64 人口数 Population	15-64岁 Aged 15-64 比重(%) Proportion	65岁及以上 Aged 65 and Over 人口数 Population	65岁及以上 Aged 65 and Over 比重(%) Proportion	总抚养比(%) Gross Dependency Ratio	少儿抚养比 Children Dependency Ratio	老年抚养比 Old Dependency Ratio
1953	58796	21331	36.3	34872	59.3	2593	4.4	68.6	61.2	7.4
1964	70499	28686	40.7	39303	55.8	2510	3.6	79.4	73.0	6.4
1982	101654	34146	33.6	62517	61.5	4991	4.9	62.6	54.6	8.0
1987	109300	31347	28.7	71985	65.9	5968	5.4	51.8	43.5	8.3
1990	114333	31659	27.7	76306	66.7	6368	5.6	49.8	41.5	8.3
1995	121121	32218	26.6	81393	67.2	7510	6.2	48.8	39.6	9.2
1996	122389	32311	26.4	82245	67.2	7833	6.4	48.8	39.3	9.5
1997	123626	32093	26.0	83448	67.5	8085	6.5	48.1	38.5	9.7
1998	124761	32064	25.7	84338	67.6	8359	6.7	47.9	38.0	9.9
1999	125786	31950	25.4	85157	67.7	8679	6.9	47.7	37.5	10.2
2000	126743	29012	22.9	88910	70.1	8821	7.0	42.6	32.6	9.9
2001	127627	28716	22.5	89849	70.4	9062	7.1	42.0	32.0	10.1
2002	128453	28774	22.4	90302	70.3	9377	7.3	42.2	31.9	10.4
2003	129227	28559	22.1	90976	70.4	9692	7.5	42.0	31.4	10.7
2004	129988	27947	21.5	92184	70.9	9857	7.6	41.0	30.3	10.7
2005	130756	26504	20.3	94197	72.0	10055	7.7	38.8	28.1	10.7
2006	131448	25961	19.8	95068	72.3	10419	7.9	38.3	27.3	11.0
2007	132129	25660	19.4	95833	72.5	10636	8.1	37.9	26.8	11.1
2008	132802	25166	19.0	96680	72.7	10956	8.3	37.4	26.0	11.3
2009	133474	24663	18.5	97502	73.0	11309	8.5	36.9	25.3	11.6

注：本表数据为每年公报数，1982年和1987年数据根据1990年人口普查数据进行了调整；1990-2000年数据根据2000年人口普查数据进行了调整；2001-2004年、2006-2009年数据为人口变动情况抽样调查推算数；2005年数据根据全国1%人口抽样调查数据推算。

Note:Data in this table are communique data. Data in 1982 and 1987 were adjusted on the basis of the 1990 National Population Census. Data in 1990-2000 were adjusted on the basis of the 2000 National Population Census.Data in 2001-2004, 2006-2009 have been estimated on the basis of the annual national sample surveys on population changes. Data in 2005 are estimated on the National 1% Population Sample Survey.

1-4 按城乡分人口数

Population by Urban and Rural Residence

单位: 万人 (10000 persons)

年 份 Year	总人口(年末) Total Population (year-end)	城 镇 Urban 人口数 Population	城 镇 Urban 比重(%) Proportion	乡 村 Rural 人口数 Population	乡 村 Rural 比重(%) Proportion
1952	57482	7163	12.46	50319	87.54
1957	64653	9949	15.39	54704	84.61
1962	67295	11659	17.33	55636	82.67
1965	72538	13045	17.98	59493	82.02
1970	82992	14424	17.38	68568	82.62
1971	85229	14711	17.26	70518	82.74
1972	87177	14935	17.13	72242	82.87
1973	89211	15345	17.20	73866	82.80
1974	90859	15595	17.16	75264	82.84
1975	92420	16030	17.34	76390	82.66
1976	93717	16341	17.44	77376	82.56
1977	94974	16669	17.55	78305	82.45
1978	96259	17245	17.92	79014	82.08
1979	97542	18495	18.96	79047	81.04
1980	98705	19140	19.39	79565	80.61
1981	100072	20171	20.16	79901	79.84
1982	101654	21480	21.13	80174	78.87
1983	103008	22274	21.62	80734	78.38
1984	104357	24017	23.01	80340	76.99
1985	105851	25094	23.71	80757	76.29
1986	107507	26366	24.52	81141	75.48
1987	109300	27674	25.32	81626	74.68
1988	111026	28661	25.81	82365	74.19
1989	112704	29540	26.21	83164	73.79
1990	114333	30195	26.41	84138	73.59
1991	115823	31203	26.94	84620	73.06
1992	117171	32175	27.46	84996	72.54
1993	118517	33173	27.99	85344	72.01
1994	119850	34169	28.51	85681	71.49
1995	121121	35174	29.04	85947	70.96
1996	122389	37304	30.48	85085	69.52
1997	123626	39449	31.91	84177	68.09
1998	124761	41608	33.35	83153	66.65
1999	125786	43748	34.78	82038	65.22
2000	126743	45906	36.22	80837	63.78
2001	127627	48064	37.66	79563	62.34
2002	128453	50212	39.09	78241	60.91
2003	129227	52376	40.53	76851	59.47
2004	129988	54283	41.76	75705	58.24
2005	130756	56212	42.99	74544	57.01
2006	131448	57706	43.90	73742	56.10
2007	132129	59379	44.94	72750	55.06
2008	132802	60667	45.68	72135	54.32
2009	133474	62186	46.59	71288	53.41

注：按城乡分人口数中现役军人全部计入城镇人口。

Note: The military personnel of Chinese People's Liberation Army are classified as urban population in the item of population by residence.

1-5 人口出生率、死亡率和自然增长率

Birth Rate, Death Rate and Natural Growth Rate of Population

单位：‰ (‰)

年 份 Year	出生率 Birth Rate	死亡率 Death Rate	自然增长率 Natural Growth Rate
1978	18.25	6.25	12.00
1979	17.82	6.21	11.61
1980	18.21	6.34	11.87
1981	20.91	6.36	14.55
1982	22.28	6.60	15.68
1983	20.19	6.90	13.29
1984	19.90	6.82	13.08
1985	21.04	6.78	14.26
1986	22.43	6.86	15.57
1987	23.33	6.72	16.61
1988	22.37	6.64	15.73
1989	21.58	6.54	15.04
1990	21.06	6.67	14.39
1991	19.68	6.70	12.98
1992	18.24	6.64	11.60
1993	18.09	6.64	11.45
1994	17.70	6.49	11.21
1995	17.12	6.57	10.55
1996	16.98	6.56	10.42
1997	16.57	6.51	10.06
1998	15.64	6.50	9.14
1999	14.64	6.46	8.18
2000	14.03	6.45	7.58
2001	13.38	6.43	6.95
2002	12.86	6.41	6.45
2003	12.41	6.40	6.01
2004	12.29	6.42	5.87
2005	12.40	6.51	5.89
2006	12.09	6.81	5.28
2007	12.10	6.93	5.17
2008	12.14	7.06	5.08
2009	12.13	7.08	5.05

1-6 各地区人口出生率、死亡率和自然增长率
Birth Rate, Death Rate and Natural Growth Rate of Population by Region

单位：‰ (‰)

地区	Region	1990 出生率 Birth Rate	1990 死亡率 Death Rate	1990 自然增长率 Natural Growth Rate	1991 出生率 Birth Rate	1991 死亡率 Death Rate	1991 自然增长率 Natural Growth Rate	1992 出生率 Birth Rate	1992 死亡率 Death Rate	1992 自然增长率 Natural Growth Rate
全国	**National Total**	**21.06**	**6.67**	**14.39**	**19.68**	**6.70**	**12.98**	**18.24**	**6.64**	**11.60**
北京	Beijing	13.01	5.81	7.20	8.03	5.82	2.21	9.22	6.11	3.11
天津	Tianjin	15.61	5.78	9.83	11.94	5.78	6.16	12.50	6.00	6.50
河北	Hebei	20.46	6.82	13.64	16.59	6.75	9.84	15.33	6.43	8.90
山西	Shanxi	22.54	6.56	15.98	21.56	6.87	14.69	19.59	6.94	12.65
内蒙古	Inner Mongolia	21.19	7.21	13.98	16.77	6.97	9.80	17.07	6.73	10.34
辽宁	Liaoning	16.30	6.59	9.71	12.10	6.64	5.46	12.57	6.11	6.46
吉林	Jilin	19.49	6.56	12.93	17.09	6.84	10.25	15.74	6.57	9.17
黑龙江	Heilongjiang	18.11	6.35	11.76	15.89	5.70	10.19	16.25	6.12	10.13
上海	Shanghai	10.31	6.64	3.67	7.68	7.01	0.67	7.28	6.74	0.54
江苏	Jiangsu	20.54	6.53	14.01	17.05	6.50	10.55	15.71	6.76	8.95
浙江	Zhejiang	15.33	6.31	9.02	14.48	6.39	8.09	14.72	6.57	8.15
安徽	Anhui	24.47	6.25	18.22	21.19	6.06	15.13	18.76	6.14	12.62
福建	Fujian	24.44	6.71	17.73	20.03	6.26	13.77	18.18	6.02	12.16
江西	Jiangxi	24.59	7.54	17.05	21.20	7.13	14.07	19.53	7.07	12.46
山东	Shandong	18.21	6.96	11.25	15.40	6.54	8.86	11.43	6.88	4.55
河南	Henan	24.92	6.52	18.40	19.78	6.63	13.15	18.13	6.99	11.14
湖北	Hubei	21.60	7.30	14.30	20.70	7.36	13.34	19.05	6.87	12.18
湖南	Hunan	23.93	7.23	16.70	20.50	7.30	13.20	16.70	7.30	9.40
广东	Guangdong	22.26	5.76	16.50	20.54	5.95	14.59	19.31	6.17	13.14
广西	Guangxi	20.20	6.60	13.60	21.89	7.24	14.65	20.19	7.28	12.91
海南	Hainan	24.86	6.26	18.60	22.97	5.97	17.00	21.31	6.07	15.24
重庆	Chongqing									
四川	Sichuan	19.11	7.66	11.45	15.82	7.29	8.53	16.27	7.03	9.24
贵州	Guizhou	23.09	7.90	15.19	22.42	8.11	14.31	22.40	8.52	13.88
云南	Yunnan	23.60	7.92	15.68	21.80	8.10	13.70	21.00	8.00	13.00
西藏	Tibet	23.98	7.55	16.43	23.53	7.40	16.13	23.63	8.09	15.54
陕西	Shaanxi	23.48	6.52	16.96	19.82	6.51	13.31	18.85	6.57	12.28
甘肃	Gansu	20.68	6.20	14.48	19.38	6.05	13.33	19.37	6.64	12.73
青海	Qinghai	24.34	7.47	16.87	23.37	8.35	15.02	22.54	8.14	14.40
宁夏	Ningxia	24.34	5.52	18.82	21.96	5.13	16.83	20.11	5.36	14.75
新疆	Xinjiang	26.44	7.82	18.62	24.45	7.86	16.59	22.80	7.84	14.96

1-6 续表 1 continued

单位：‰ (‰)

地 区	Region	1993 出生率 Birth Rate	1993 死亡率 Death Rate	1993 自然增长率 Natural Growth Rate	1994 出生率 Birth Rate	1994 死亡率 Death Rate	1994 自然增长率 Natural Growth Rate	1995 出生率 Birth Rate	1995 死亡率 Death Rate	1995 自然增长率 Natural Growth Rate
全 国	**National Total**	**18.09**	**6.64**	**11.45**	**17.70**	**6.49**	**11.21**	**17.12**	**6.57**	**10.55**
北 京	Beijing	9.35	6.16	3.19	8.96	5.76	3.20	7.92	5.12	2.80
天 津	Tianjin	10.71	6.20	4.51	10.98	6.19	4.79	10.23	6.23	4.00
河 北	Hebei	15.43	6.11	9.32	14.93	6.50	8.43	13.93	6.32	7.61
山 西	Shanxi	17.48	6.36	11.12	17.46	6.70	10.76	16.60	6.12	10.48
内蒙古	Inner Mongolia	18.48	6.83	11.65	18.98	6.50	12.48	17.23	6.70	10.53
辽 宁	Liaoning	12.43	6.11	6.32	12.26	6.03	6.23	12.17	6.15	6.02
吉 林	Jilin	15.28	6.31	8.97	14.11	6.35	7.76	12.90	6.09	6.81
黑龙江	Heilongjiang	15.90	5.52	10.38	15.15	5.47	9.68	13.23	5.33	7.90
上 海	Shanghai	6.50	7.30	-0.80	5.80	7.00	-1.20	5.75	7.05	-1.30
江 苏	Jiangsu	13.97	6.61	7.36	13.78	6.86	6.92	12.32	6.56	5.76
浙 江	Zhejiang	13.61	6.58	7.03	13.24	6.60	6.64	12.66	6.75	5.91
安 徽	Anhui	17.18	6.51	10.67	16.70	6.86	9.84	16.07	6.41	9.66
福 建	Fujian	16.72	5.62	11.10	16.24	5.95	10.29	15.20	5.90	9.30
江 西	Jiangxi	20.33	6.89	13.44	19.38	7.00	12.38	18.94	7.28	11.66
山 东	Shandong	10.47	6.76	3.71	9.69	6.67	3.02	9.82	6.47	3.35
河 南	Henan	15.87	6.11	9.76	15.36	6.34	9.02	14.41	6.28	8.13
湖 北	Hubei	20.04	6.93	13.11	18.17	6.68	11.49	16.18	6.91	9.27
湖 南	Hunan	14.08	7.13	6.95	13.88	7.03	6.85	13.02	7.15	5.87
广 东	Guangdong	18.34	5.84	12.50	18.20	5.78	12.42	18.10	5.70	12.40
广 西	Guangxi	19.58	6.35	13.23	18.84	6.60	12.24	17.54	6.53	11.01
海 南	Hainan	20.81	5.26	15.55	20.77	6.29	14.48	20.12	5.61	14.51
重 庆	Chongqing									
四 川	Sichuan	16.77	7.21	9.56	16.93	6.99	9.94	17.08	7.21	9.87
贵 州	Guizhou	22.60	8.50	14.10	22.92	8.14	14.78	21.86	7.60	14.26
云 南	Yunnan	22.00	8.10	13.90	21.80	8.00	13.80	20.75	8.03	12.72
西 藏	Tibet	26.68	7.60	19.08	25.64	8.71	16.93	24.90	8.80	16.10
陕 西	Shaanxi	17.63	6.55	11.08	17.59	6.60	10.99	15.93	6.57	9.36
甘 肃	Gansu	20.16	6.84	13.32	20.82	6.84	13.98	20.65	6.49	14.16
青 海	Qinghai	20.50	8.26	12.24	22.06	6.82	15.24	22.01	6.89	15.12
宁 夏	Ningxia	19.43	5.36	14.07	19.67	6.02	13.65	19.28	5.49	13.79
新 疆	Xinjiang	21.53	7.68	13.85	20.82	7.43	13.39	18.90	6.45	12.45

1-6 续表 2 continued

单位：‰ (‰)

地区	Region	1996 出生率 Birth Rate	1996 死亡率 Death Rate	1996 自然增长率 Natural Growth Rate	1997 出生率 Birth Rate	1997 死亡率 Death Rate	1997 自然增长率 Natural Growth Rate	1998 出生率 Birth Rate	1998 死亡率 Death Rate	1998 自然增长率 Natural Growth Rate
全 国	**National Total**	**16.98**	**6.56**	**10.42**	**16.57**	**6.51**	**10.06**	**15.64**	**6.50**	**9.14**
北 京	Beijing	8.02	5.34	2.68	7.91	6.02	1.89	6.00	5.30	0.70
天 津	Tianjin	10.09	6.53	3.56	9.98	6.95	3.03	9.89	6.49	3.40
河 北	Hebei	13.85	6.55	7.30	13.11	6.82	6.29	13.01	6.18	6.83
山 西	Shanxi	16.59	6.25	10.34	16.18	6.06	10.12	16.09	6.17	9.92
内蒙古	Inner Mongolia	16.09	6.43	9.66	15.21	6.96	8.25	14.40	6.17	8.23
辽 宁	Liaoning	12.15	6.19	5.96	11.78	6.38	5.40	11.39	6.81	4.58
吉 林	Jilin	12.53	5.60	6.93	12.22	5.42	6.80	11.81	5.76	6.05
黑龙江	Heilongjiang	12.40	5.05	7.35	12.02	5.17	6.85	11.68	5.32	6.36
上 海	Shanghai	5.60	7.00	-1.40	5.50	6.80	-1.30	5.20	7.00	-1.80
江 苏	Jiangsu	12.11	6.58	5.53	11.43	6.84	4.59	10.97	6.84	4.13
浙 江	Zhejiang	12.09	6.58	5.51	11.41	6.48	4.93	11.15	6.33	4.82
安 徽	Anhui	16.00	6.50	9.50	15.80	6.50	9.30	15.74	6.54	9.20
福 建	Fujian	13.22	5.94	7.28	12.41	6.09	6.32	11.53	6.20	5.33
江 西	Jiangxi	17.53	7.02	10.51	17.43	6.56	10.87	16.85	7.05	9.80
山 东	Shandong	10.60	6.76	3.84	11.28	6.65	4.63	11.58	6.12	5.46
河 南	Henan	14.28	6.44	7.84	13.97	6.30	7.67	14.17	6.37	7.80
湖 北	Hubei	16.08	6.93	9.15	14.81	6.69	8.12	12.58	6.70	5.88
湖 南	Hunan	12.81	7.20	5.61	12.59	6.99	5.60	12.31	7.10	5.21
广 东	Guangdong	18.05	6.09	11.96	16.90	5.40	11.50	16.51	5.61	10.90
广 西	Guangxi	16.83	6.82	10.01	15.93	6.40	9.53	15.87	6.86	9.01
海 南	Hainan	20.08	5.88	14.20	19.18	5.62	13.56	18.48	5.56	12.92
重 庆	Chongqing				13.60	7.36	6.24	13.19	7.68	5.51
四 川	Sichuan	16.68	7.35	9.33	15.75	7.00	8.75	14.62	7.14	7.48
贵 州	Guizhou	22.05	7.69	14.36	22.15	7.67	14.48	22.02	7.76	14.26
云 南	Yunnan	20.87	7.94	12.93	20.82	7.91	12.91	20.01	7.91	12.10
西 藏	Tibet	24.70	8.50	16.20	23.90	7.90	16.00	23.70	7.80	15.90
陕 西	Shaanxi	14.99	6.51	8.48	13.91	6.29	7.62	13.56	6.43	7.13
甘 肃	Gansu	18.43	6.64	11.79	17.22	6.20	11.02	16.45	6.41	10.04
青 海	Qinghai	21.89	7.20	14.69	21.80	6.95	14.85	21.26	6.78	14.48
宁 夏	Ningxia	19.03	5.25	13.78	18.90	5.43	13.47	18.19	5.11	13.08
新 疆	Xinjiang	19.45	6.60	12.85	19.66	6.55	13.11	19.74	6.93	12.81

1-6 续表 3 continued

单位：‰ (‰)

地 区	Region	1999 出生率 Birth Rate	1999 死亡率 Death Rate	1999 自然增长率 Natural Growth Rate	2001 出生率 Birth Rate	2001 死亡率 Death Rate	2001 自然增长率 Natural Growth Rate	2002 出生率 Birth Rate	2002 死亡率 Death Rate	2002 自然增长率 Natural Growth Rate
全 国	**National Total**	**14.64**	**6.46**	**8.18**	**13.38**	**6.43**	**6.95**	**12.86**	**6.41**	**6.45**
北 京	Beijing	6.50	5.60	0.90	6.10	5.30	0.80	6.60	5.70	0.90
天 津	Tianjin	9.68	6.73	2.95	7.58	5.94	1.64	7.49	6.04	1.45
河 北	Hebei	12.99	6.26	6.73	11.16	6.18	4.98	11.53	6.25	5.28
山 西	Shanxi	15.93	6.07	9.86	13.06	5.90	7.16	12.86	6.14	6.72
内蒙古	Inner Mongolia	13.32	6.08	7.24	10.77	5.79	4.98	9.60	5.92	3.68
辽 宁	Liaoning	10.38	7.05	3.33	7.74	6.10	1.64	7.38	6.04	1.34
吉 林	Jilin	10.68	5.45	5.23	8.76	5.38	3.38	8.30	5.11	3.19
黑龙江	Heilongjiang	10.55	5.49	5.06	8.48	5.49	2.99	7.98	5.44	2.54
上 海	Shanghai	5.40	6.50	-1.10	5.02	5.97	-0.95	5.41	5.95	-0.54
江 苏	Jiangsu	10.50	6.94	3.56	9.03	6.62	2.41	9.17	6.99	2.18
浙 江	Zhejiang	10.64	6.35	4.29	10.02	6.25	3.77	9.98	6.19	3.79
安 徽	Anhui	15.10	6.50	8.60	12.46	5.85	6.61	11.20	5.17	6.03
福 建	Fujian	11.06	5.85	5.21	11.56	5.52	6.04	11.35	5.57	5.78
江 西	Jiangxi	16.51	7.02	9.49	15.44	6.06	9.38	14.74	6.02	8.72
山 东	Shandong	11.08	6.27	4.81	11.12	6.24	4.88	11.17	6.62	4.55
河 南	Henan	14.07	6.35	7.72	13.20	6.26	6.94	12.41	6.38	6.03
湖 北	Hubei	11.57	6.37	5.20	8.51	6.07	2.44	8.38	6.17	2.21
湖 南	Hunan	11.72	7.12	4.60	11.80	6.72	5.08	11.56	6.70	4.86
广 东	Guangdong	15.32	5.40	9.92	13.95	5.12	8.83	13.29	5.08	8.21
广 西	Guangxi	14.96	6.93	8.03	13.80	6.07	7.73	13.30	6.30	7.00
海 南	Hainan	17.26	5.23	12.03	15.23	5.76	9.47	15.20	5.72	9.48
重 庆	Chongqing	11.90	6.94	4.96	9.70	6.90	2.80	9.36	6.08	3.28
四 川	Sichuan	13.80	7.02	6.78	11.16	6.79	4.37	10.44	6.55	3.89
贵 州	Guizhou	21.92	7.68	14.24	18.56	7.23	11.33	17.96	7.21	10.75
云 南	Yunnan	19.48	7.82	11.66	18.51	7.57	10.94	17.90	7.30	10.60
西 藏	Tibet	23.20	7.40	15.80	18.60	6.50	12.10	18.83	6.07	12.76
陕 西	Shaanxi	12.51	6.38	6.13	10.50	6.34	4.16	10.48	6.36	4.12
甘 肃	Gansu	15.61	6.44	9.17	13.58	6.43	7.15	13.16	6.45	6.71
青 海	Qinghai	20.68	6.78	13.90	19.06	6.44	12.62	18.05	6.35	11.70
宁 夏	Ningxia	17.97	5.65	12.32	16.55	4.84	11.71	16.42	4.86	11.56
新 疆	Xinjiang	18.76	6.96	11.80	16.82	5.69	11.13	16.30	5.43	10.87

1-6 续表 4 continued

单位：‰ (‰)

地区	Region	2003 出生率 Birth Rate	2003 死亡率 Death Rate	2003 自然增长率 Natural Growth Rate	2004 出生率 Birth Rate	2004 死亡率 Death Rate	2004 自然增长率 Natural Growth Rate	2005 出生率 Birth Rate	2005 死亡率 Death Rate	2005 自然增长率 Natural Growth Rate
全国	**National Total**	**12.41**	**6.40**	**6.01**	**12.29**	**6.42**	**5.87**	**12.40**	**6.51**	**5.89**
北京	Beijing	5.10	5.20	-0.10	6.10	5.40	0.70	6.29	5.20	1.09
天津	Tianjin	7.14	6.04	1.10	7.31	5.97	1.34	7.44	6.01	1.43
河北	Hebei	11.43	6.27	5.16	11.98	6.19	5.79	12.84	6.75	6.09
山西	Shanxi	12.26	6.04	6.22	12.36	6.11	6.25	12.02	6.00	6.02
内蒙古	Inner Mongolia	9.24	6.17	3.07	9.53	5.98	3.55	10.08	5.46	4.62
辽宁	Liaoning	6.90	5.83	1.07	6.51	5.60	0.91	7.01	6.04	0.97
吉林	Jilin	7.25	5.64	1.61	7.39	5.63	1.76	7.89	5.32	2.57
黑龙江	Heilongjiang	7.48	5.45	2.03	7.27	5.45	1.82	7.87	5.20	2.67
上海	Shanghai	4.85	6.20	-1.35	6.00	6.00		7.04	6.08	0.96
江苏	Jiangsu	9.04	7.03	2.01	9.45	7.20	2.25	9.24	7.03	2.21
浙江	Zhejiang	9.66	6.38	3.28	10.71	5.76	4.95	11.10	6.08	5.02
安徽	Anhui	11.15	5.20	5.95	11.62	5.50	6.12	12.43	6.23	6.20
福建	Fujian	11.43	5.58	5.85	11.58	5.62	5.96	11.60	5.62	5.98
江西	Jiangxi	14.07	5.98	8.09	13.61	5.99	7.62	13.79	5.96	7.83
山东	Shandong	11.42	6.64	4.78	12.50	6.49	6.01	12.14	6.31	5.83
河南	Henan	12.10	6.46	5.64	11.67	6.47	5.20	11.55	6.30	5.25
湖北	Hubei	8.26	5.94	2.32	8.43	6.03	2.40	8.74	5.69	3.05
湖南	Hunan	11.82	6.87	4.95	11.89	6.80	5.09	11.90	6.75	5.15
广东	Guangdong	13.66	5.31	8.35	13.13	5.12	8.01	11.70	4.68	7.02
广西	Guangxi	13.86	6.57	7.29	13.32	6.12	7.20	14.26	6.09	8.16
海南	Hainan	14.68	5.52	9.16	14.77	5.79	8.98	14.65	5.72	8.93
重庆	Chongqing	9.89	7.20	2.69	9.45	6.60	2.85	9.40	6.40	3.00
四川	Sichuan	9.18	6.06	3.12	9.05	6.27	2.78	9.70	6.80	2.90
贵州	Guizhou	15.91	6.87	9.04	15.08	6.35	8.73	14.59	7.21	7.38
云南	Yunnan	17.00	7.20	9.80	15.60	6.60	9.00	14.72	6.75	7.97
西藏	Tibet	17.40	6.30	11.10	17.40	6.20	11.20	17.94	7.15	10.79
陕西	Shaanxi	10.67	6.38	4.29	10.59	6.33	4.26	10.02	6.01	4.01
甘肃	Gansu	12.58	6.46	6.12	12.43	6.52	5.91	12.59	6.57	6.02
青海	Qinghai	16.94	6.09	10.85	16.32	6.45	9.87	15.70	6.21	9.49
宁夏	Ningxia	15.68	4.73	10.95	15.97	4.79	11.18	15.93	4.95	10.98
新疆	Xinjiang	16.01	5.23	10.78	16.00	5.09	10.91	16.42	5.04	11.38

1-6 续表 5 continued

单位：‰ (‰)

地 区	Region	2006 出生率 Birth Rate	2006 死亡率 Death Rate	2006 自然增长率 Natural Growth Rate	2007 出生率 Birth Rate	2007 死亡率 Death Rate	2007 自然增长率 Natural Growth Rate	2008 出生率 Birth Rate	2008 死亡率 Death Rate	2008 自然增长率 Natural Growth Rate	2009 出生率 Birth Rate	2009 死亡率 Death Rate	2009 自然增长率 Natural Growth Rate
全 国	**National Total**	**12.09**	**6.81**	**5.28**	**12.10**	**6.93**	**5.17**	**12.14**	**7.06**	**5.08**	**12.13**	**7.08**	**5.05**
北 京	Beijing	6.26	4.97	1.29	8.32	4.92	3.40	8.17	4.75	3.42	8.06	4.56	3.50
天 津	Tianjin	7.67	6.07	1.60	7.91	5.86	2.05	8.13	5.94	2.19	8.30	5.70	2.60
河 北	Hebei	12.82	6.59	6.23	13.33	6.78	6.55	13.04	6.49	6.55	12.93	6.43	6.50
山 西	Shanxi	11.48	5.73	5.75	11.30	5.97	5.33	11.31	6.01	5.30	10.87	5.98	4.89
内蒙古	Inner Mongolia	9.87	5.91	3.96	10.21	5.73	4.48	9.81	5.54	4.27	9.57	5.61	3.96
辽 宁	Liaoning	6.40	5.30	1.10	6.89	5.36	1.53	6.32	5.22	1.10	6.06	5.09	0.97
吉 林	Jilin	7.67	5.00	2.67	7.55	5.05	2.50	6.65	5.04	1.61	6.69	4.74	1.95
黑龙江	Heilongjiang	7.57	5.18	2.39	7.88	5.39	2.49	7.91	5.68	2.23	7.48	5.42	2.06
上 海	Shanghai	7.47	5.89	1.58	9.07	6.03	3.04	8.89	6.17	2.72	8.64	5.94	2.70
江 苏	Jiangsu	9.36	7.08	2.28	9.37	7.07	2.30	9.34	7.04	2.30	9.55	6.99	2.56
浙 江	Zhejiang	10.29	5.42	4.87	10.38	5.57	4.81	10.20	5.62	4.58	10.22	5.59	4.63
安 徽	Anhui	12.60	6.30	6.30	12.75	6.40	6.35	13.05	6.60	6.45	13.07	6.60	6.47
福 建	Fujian	12.00	5.75	6.25	11.90	5.90	6.00	12.20	5.90	6.30	12.20	6.00	6.20
江 西	Jiangxi	13.80	6.01	7.79	13.86	5.99	7.87	13.92	6.01	7.91	13.87	5.98	7.89
山 东	Shandong	11.60	6.10	5.50	11.11	6.11	5.00	11.25	6.16	5.09	11.70	6.08	5.62
河 南	Henan	11.59	6.27	5.32	11.26	6.32	4.94	11.42	6.45	4.97	11.45	6.46	4.99
湖 北	Hubei	9.08	5.95	3.13	9.19	5.96	3.23	9.21	6.50	2.71	9.48	6.00	3.48
湖 南	Hunan	11.92	6.73	5.19	11.96	6.71	5.25	12.68	7.28	5.40	13.05	6.94	6.11
广 东	Guangdong	11.78	4.49	7.29	11.96	4.66	7.30	11.80	4.55	7.25	11.78	4.52	7.26
广 西	Guangxi	14.44	6.10	8.34	14.19	5.99	8.20	14.40	5.70	8.70	14.17	5.64	8.53
海 南	Hainan	14.59	5.73	8.86	14.62	5.71	8.91	14.71	5.72	8.99	14.66	5.70	8.96
重 庆	Chongqing	9.90	6.50	3.40	10.10	6.30	3.80	10.10	6.30	3.80	9.90	6.20	3.70
四 川	Sichuan	9.14	6.28	2.86	9.21	6.29	2.92	9.54	7.15	2.39	9.15	6.43	2.72
贵 州	Guizhou	13.97	6.71	7.26	13.28	6.60	6.68	13.49	6.77	6.72	13.65	6.69	6.96
云 南	Yunnan	13.20	6.30	6.90	13.08	6.22	6.86	12.63	6.31	6.32	12.53	6.45	6.08
西 藏	Tibet	17.40	5.70	11.70	16.40	5.10	11.30	15.50	5.20	10.30	15.31	5.07	10.24
陕 西	Shaanxi	10.19	6.15	4.04	10.21	6.16	4.05	10.29	6.21	4.08	10.24	6.24	4.00
甘 肃	Gansu	12.86	6.62	6.24	13.14	6.65	6.49	13.22	6.68	6.54	13.32	6.71	6.61
青 海	Qinghai	15.24	6.27	8.97	14.93	6.13	8.80	14.49	6.14	8.35	14.51	6.19	8.32
宁 夏	Ningxia	15.53	4.84	10.69	14.80	5.04	9.76	14.31	4.62	9.69	14.38	4.70	9.68
新 疆	Xinjiang	15.79	5.03	10.76	16.79	5.01	11.78	16.05	4.88	11.17	15.99	5.43	10.56

1-7 五次全国人口普查人口基本情况

Basic Statistics on National Population Census in 1953, 1964, 1982, 1990 and 2000

指　　标	Item	1953	1964	1982	1990	2000
总人口（万人）	**Total Population (10000 persons)**	**59435**	**69458**	**100818**	**113368**	**126583**
男	Male	30799	35652	51944	58495	65355
女	Female	28636	33806	48874	54873	61228
性别比（以女性为100）	Sex Ratio (female=100)	107.56	105.46	106.30	106.60	106.74
家庭户规模（人/户）	**Average Family Household Size (person/household)**	**4.33**	**4.43**	**4.41**	**3.96**	**3.44**
各年龄组人口（%）	**Population by Age Group (%)**					
0-14岁	0-14	36.28	40.69	33.59	27.69	22.89
15-64岁	15-64	59.31	55.75	61.50	66.74	70.15
65岁及以上	65 and Over	4.41	3.56	4.91	5.57	6.96
民族人口	**Population by Ethnicity**					
汉族（万人）	Han (10000 persons)	54728	65456	94088	104248	115940
占总人口比重（%）	Percentage to Total Population (%)	93.94	94.24	93.32	91.96	91.59
少数民族（万人）	Ethnic Minorities (10000 persons)	3532	4002	6730	9120	10643
占总人口比重（%）	Percentage to Total Population (%)	6.06	5.76	6.68	8.04	8.41
每十万人拥有的各种受教育程度人口（人）	**Population with Various Education Attainments Per 100 000 Persons (person)**					
大专及以上	Junior College and Above		416	615	1422	3611
高中和中专	Senior Secondary School and Technical Secondary School		1319	6779	8039	11146
初中	Junior Secondary School		4680	17892	23344	33961
小学	Primary School		28330	35237	37057	35701
文盲人口及文盲率	**Illiterate Population and Illiterate Rate**					
文盲人口（万人）	Illiterate Population (10000 persons)		23327	22996	18003	8507
文盲率（%）	Illiterate Rate (%)		33.58	22.81	15.88	6.72
城乡人口（万人）	**Population by Residence (10000 persons)**					
城镇人口	Urban Population	7726	12710	21082	29971	45844
乡村人口	Rural Population	50534	56748	79736	83397	80739
平均预期寿命（岁）	**Life Expectancy (year old)**			**67.77***	**68.55**	**71.40**
男	Male			66.28*	66.84	69.63
女	Female			69.27*	70.47	73.33

注：1.本表未包括香港、澳门特别行政区及台湾省数据。
2.历次普查总人口数据包括中国人民解放军现役军人。在城乡人口中，中国人民解放军现役军人列为城镇人口统计。
3.1953年总人口数据中包括了间接调查人口，而民族人口、城乡人口中未包括。
4.1964年文盲人口为13岁及以上不识字人口，1982、1990、2000年文盲人口为15岁及以上不识字或识字很少的人。
5.表中“*”号表示为1981年数据。

Note:a) Data in this table do not include the population of Hong Kong SAR, Macao SAR and Taiwan Province.
b) Total population from the five national population censuses includes the military personnel. Military personnel is listed as urban population in population by residence.
c) Total population of 1953 National Population Census includes the population from indirect survey, but this is not included in the ethnic minority population and the urban/rural population.
d) Illiterate population of 1964 National Population Census referred to the population aged 13 and over who are unable to read. Illiterate population of 1982, 1990 and 2000 National Population Censuses referred to the population aged 15 and over who are unable or have difficulty to read.
e) Data with "*" in this table are of 1981.

1-8 各地区人口平均预期寿命
Population Life Expectancy by Region

单位：岁 (year old)

地区	Region	1990年预期寿命 Life Expectancy in 1990	男 Male	女 Female	2000年预期寿命 Life Expectancy in 2000	男 Male	女 Female
全 国	**National Total**	**68.55**	**66.84**	**70.47**	**71.40**	**69.63**	**73.33**
北 京	Beijing	72.86	71.07	74.93	76.10	74.33	78.01
天 津	Tianjin	72.32	71.03	73.73	74.91	73.31	76.63
河 北	Hebei	70.35	68.47	72.53	72.54	70.68	74.57
山 西	Shanxi	68.97	67.33	70.93	71.65	69.96	73.57
内蒙古	Inner Mongolia	65.68	64.47	67.22	69.87	68.29	71.79
辽 宁	Liaoning	70.22	68.72	71.94	73.34	71.51	75.36
吉 林	Jilin	67.95	66.65	69.49	73.10	71.38	75.04
黑龙江	Heilongjiang	66.97	65.50	68.73	72.37	70.39	74.66
上 海	Shanghai	74.90	72.77	77.02	78.14	76.22	80.04
江 苏	Jiangsu	71.37	69.26	73.57	73.91	71.69	76.23
浙 江	Zhejiang	71.78	69.66	74.24	74.70	72.50	77.21
安 徽	Anhui	69.48	67.75	71.36	71.85	70.18	73.59
福 建	Fujian	68.57	66.49	70.93	72.55	70.30	75.07
江 西	Jiangxi	66.11	64.87	67.49	68.95	68.37	69.32
山 东	Shandong	70.57	68.64	72.67	73.92	71.70	76.26
河 南	Henan	70.15	67.96	72.55	71.54	69.67	73.41
湖 北	Hubei	67.25	65.51	69.23	71.08	69.31	73.02
湖 南	Hunan	66.93	65.41	68.70	70.66	69.05	72.47
广 东	Guangdong	72.52	69.71	75.43	73.27	70.79	75.93
广 西	Guangxi	68.72	67.17	70.34	71.29	69.07	73.75
海 南	Hainan	70.01	66.93	73.28	72.92	70.66	75.26
重 庆	Chongqing				71.73	69.84	73.89
四 川	Sichuan	66.33	65.06	67.70	71.20	69.25	73.39
贵 州	Guizhou	64.29	63.04	65.63	65.96	64.54	67.57
云 南	Yunnan	63.49	62.08	64.98	65.49	64.24	66.89
西 藏	Tibet	59.64	57.64	61.57	64.37	62.52	66.15
陕 西	Shaanxi	67.40	66.23	68.79	70.07	68.92	71.30
甘 肃	Gansu	67.24	66.35	68.25	67.47	66.77	68.26
青 海	Qinghai	60.57	59.29	61.96	66.03	64.55	67.70
宁 夏	Ningxia	66.94	65.95	68.05	70.17	68.71	71.84
新 疆	Xinjiang	62.59	61.95	63.26	67.41	65.98	69.14

注：2000年各省人口平均预期寿命是根据各省1990年以来人口变动调查公布的死亡率对2000年人口普查死亡数据修正后计算的。

Note: Life expectancy in 2000 by region is calculated form the death data of 2000 National Popualation Census, further adjusted by the mortality rates from the annual national sample surveys on population changes since 1990.

1-9 全国历年人口密度

Population Density

单位：万人 (10000 persons)

年 份 Year	总人口 Population	人口密度 (人/平方公里) Population Density (person/sq.km)	年 份 Year	总人口 Population	人口密度 (人/平方公里) Population Density (person/sq.km)
1949	54167	56	1979	97542	102
1950	55196	57	1980	98705	103
1951	56300	59	1981	100072	104
1952	57482	60	1982	101654	106
1953	58796	61	1983	103008	107
1954	60266	63	1984	104357	109
1955	61465	64	1985	105851	110
1956	62828	65	1986	107507	112
1957	64653	67	1987	109300	114
1958	65994	69	1988	111026	116
1959	67207	70	1989	112704	117
1960	66207	69	1990	114333	119
1961	65859	69	1991	115823	121
1962	67295	70	1992	117171	122
1963	69172	72	1993	118517	123
1964	70499	73	1994	119850	125
1965	72538	76	1995	121121	126
1966	74542	78	1996	122389	127
1967	76368	80	1997	123626	129
1968	78534	82	1998	124761	130
1969	80671	84	1999	125786	131
1970	82992	86	2000	126743	132
1971	85229	89	2001	127627	133
1972	87177	91	2002	128453	134
1973	89211	93	2003	129227	135
1974	90859	95	2004	129988	135
1975	92420	96	2005	130756	136
1976	93717	98	2006	131448	137
1977	94974	99	2007	132129	138
1978	96259	100	2008	132802	138
			2009	133474	139

1-10 全国劳动统计主要指标

Main Indicators of National Labor Statistics

指标	Item	2008	2009	2009年比上年增长% Increase Rate (2008=100)
总人口(万人)	**Total Population (10000 persons)**	**132802**	**133474**	**0.5**
16岁以上人口(万人)	**Population Aged 16 and Over (10000 persons)**	**105789**	**106969**	**1.1**
经济活动人口(万人)	**Economically Active Population (10000 persons)**	**79243**	**79812**	**0.7**
全国就业人员年末人数(万人)	**Number of Employed Persons at Year-end (10000 persons)**	**77480**	**77995**	**0.7**
城镇就业人员(万人)	**Urban Employed Persons (10000 persons)**	**30210**	**31120**	**3.0**
单位就业人员(万人)	**Unit Employed Persons (10000 persons)**	**12192.5**	**12573.0**	**3.1**
国有单位	State-owned Units	6447.0	6420.2	-0.4
集体单位	Collective-owned Units	661.8	618.1	-6.6
其他单位	Units of Other Types of Ownership	5083.7	5534.7	8.9
城镇私营和个体就业人员(万人)	**Employed Persons in Urban Private Enterprises and Self-employed Individuals (10000 persons)**	**8733**	**9789**	**12.1**
乡村就业人员(万人)	**Rural Employed persons (10000 persons)**	**47270**	**46875**	**-0.8**
城镇单位就业人员工资总额(亿元)	**Total Wage Bill of Employed Persons in Urban Units (100 million yuan)**	**35290**	**40288**	**14.2**
国有单位	State-owned Units	19487.9	21862.7	12.2
集体单位	Collective-owned Units	1203.2	1273.3	5.8
其他单位	Units of Other Types of Ownership	14598.4	17152.1	17.5
城镇单位就业人员平均工资(元)	**Average Wage of Employed Persons in Urban Units (yuan)**	**28898**	**32244**	**11.6**
国有单位	State-owned Units	30287	34130	12.7
集体单位	Collective-owned Units	18103	20607	13.8
其他单位	Units of Other Types of Ownership	28552	31350	9.8
城镇登记失业人员年末人数(万人)	**Number of Registered Unemployed Persons in Urban Areas (10000 persons)**	**886**	**921**	**4.0**
非经济活动人口(万人)	**Noneconomically Active Population (10000 persons)**	**26546**	**27157**	**2.3**

注：1995-2008年的城镇单位就业人员工资总额和平均工资即为原来的城镇单位就业人员劳动报酬总额和平均劳动报酬(下表同)。

Note：Total wage bill and average wage of employed persons in urban units from 1995 to 2008 referred to total earning and average earning of employed persons in urban units.The same applies to the table following.

1-11 分城乡就业人员年末人数

Number of Employed Persons at Year-end in Urban and Rural Areas

单位: 万人 (10000 persons)

年份 Year	就业人员 Total Number of Employed Persons	城镇 Urban 就业人员 Employed Persons	城镇 Urban 比重 (%) Proportion	乡村 Rural 就业人员 Employed Persons	乡村 Rural 比重 (%) Proportion
1952	20729	2486	12.0	18243	88.0
1953	21364	2754	12.9	18610	87.1
1954	21832	2744	12.6	19088	87.4
1955	22328	2802	12.5	19526	87.5
1956	23018	2993	13.0	20025	87.0
1957	23771	3205	13.5	20566	86.5
1958	26600	5300	19.9	21300	80.1
1959	26173	5389	20.6	20784	79.4
1960	25880	6119	23.6	19761	76.4
1961	25590	5336	20.9	20254	79.1
1962	25910	4537	17.5	21373	82.5
1963	26640	4603	17.3	22037	82.7
1964	27736	4828	17.4	22908	82.6
1965	28670	5136	17.9	23534	82.1
1966	29805	5354	18.0	24451	82.0
1967	30814	5446	17.7	25368	82.3
1968	31915	5630	17.6	26285	82.4
1969	33225	5825	17.5	27400	82.5
1970	34432	6312	18.3	28120	81.7
1971	35620	6868	19.3	28752	80.7
1972	35854	7200	20.1	28654	79.9
1973	36652	7388	20.2	29264	79.8
1974	37369	7687	20.6	29682	79.4
1975	38168	8222	21.5	29946	78.5
1976	38834	8692	22.4	30142	77.6
1977	39377	9127	23.2	30250	76.8
1978	40152	9514	23.7	30638	76.3
1979	41024	9999	24.4	31025	75.6
1980	42361	10525	24.8	31836	75.2

注：1990年至2000年,就业人员总计、城镇和乡村就业人员小计资料根据第五次全国人口普查资料重新调整,2001年及以后资料根据人口变动抽样调查资料推算(下表同)。

Note: From 1990 to 2000, the total employed persons and the sub-total of employed persons in urban and rural areas have been adjusted in accordance with the data obtained from 2000 Population Census. Figures after 2001 are calculated according to the National Sample Survey on Population Changes. The same applies to the table following.

1-11 续表 continued

单位: 万人 (10000 persons)

年 份 Year	就业人员 Total Number of Employed Persons	城镇 Urban 就业人员 Employed Persons	城镇 Urban 比重（%） Proportion	乡村 Rural 就业人员 Employed Persons	乡村 Rural 比重（%） Proportion
1981	43725	11053	25.3	32672	74.7
1982	45295	11428	25.2	33867	74.8
1983	46436	11746	25.3	34690	74.7
1984	48197	12229	25.4	35968	74.6
1985	49873	12808	25.7	37065	74.3
1986	51282	13292	25.9	37990	74.1
1987	52783	13783	26.1	39000	73.9
1988	54334	14267	26.3	40067	73.7
1989	55329	14390	26.0	40939	74.0
1990	64749	17041	26.3	47708	73.7
1991	65491	17465	26.7	48026	73.3
1992	66152	17861	27.0	48291	73.0
1993	66808	18262	27.3	48546	72.7
1994	67455	18653	27.7	48802	72.3
1995	68065	19040	28.0	49025	72.0
1996	68950	19922	28.9	49028	71.1
1997	69820	20781	29.8	49039	70.2
1998	70637	21616	30.6	49021	69.4
1999	71394	22412	31.4	48982	68.6
2000	72085	23151	32.1	48934	67.9
2001	73025	23940	32.8	49085	67.2
2002	73740	24780	33.6	48960	66.4
2003	74432	25639	34.4	48793	65.6
2004	75200	26476	35.2	48724	64.8
2005	75825	27331	36.0	48494	64.0
2006	76400	28310	37.1	48090	62.9
2007	76990	29350	38.1	47640	61.9
2008	77480	30210	39.0	47270	61.0
2009	77995	31120	39.9	46875	60.1

1-12 分产业就业人员年末人数

Number of Employed Persons at Year-end by Three Strata Industries

单位: 万人 (10000 persons)

年 份 Year	就业人员合计 Total Number of Employed Persons	第一产业 Primary Industry 就业人员 Employed Persons	比重 (%) Proportion	第二产业 Secondary Industry 就业人员 Employed Persons	比重 (%) Proportion	第三产业 Tertiary Industry 就业人员 Employed Persons	比重 (%) Proportion
1952	20729	17317	83.5	1531	7.4	1881	9.1
1953	21364	17747	83.1	1715	8.0	1902	8.9
1954	21832	18151	83.1	1882	8.6	1799	8.3
1955	22328	18592	83.3	1913	8.6	1823	8.1
1956	23018	18544	80.6	2468	10.7	2006	8.7
1957	23771	19309	81.2	2142	9.0	2320	9.8
1958	26600	15490	58.2	7076	26.6	4034	15.2
1959	26173	16271	62.2	5402	20.6	4500	17.2
1960	25880	17016	65.7	4112	15.9	4752	18.4
1961	25590	19747	77.2	2856	11.2	2987	11.6
1962	25910	21276	82.1	2059	8.0	2575	9.9
1963	26640	21966	82.5	2038	7.6	2636	9.9
1964	27736	22801	82.2	2183	7.9	2752	9.9
1965	28670	23396	81.6	2408	8.4	2866	10.0
1966	29805	24297	81.5	2600	8.7	2908	9.8
1967	30814	25165	81.7	2661	8.6	2988	9.7
1968	31915	26063	81.7	2743	8.6	3109	9.7
1969	33225	27117	81.6	3030	9.1	3078	9.3
1970	34432	27811	80.8	3518	10.2	3103	9.0
1971	35620	28397	79.7	3990	11.2	3233	9.1
1972	35854	28283	78.9	4276	11.9	3295	9.2
1973	36652	28857	78.7	4492	12.3	3303	9.0
1974	37369	29218	78.2	4712	12.6	3439	9.2
1975	38168	29456	77.2	5152	13.5	3560	9.3
1976	38834	29443	75.8	5611	14.5	3780	9.7
1977	39377	29340	74.5	5831	14.8	4206	10.7
1978	40152	28318	70.5	6945	17.3	4890	12.2
1979	41024	28634	69.8	7214	17.6	5177	12.6
1980	42361	29122	68.7	7707	18.2	5532	13.1

1-12 续表 continued

单位: 万人 (10000 persons)

年 份 Year	就业人员合 计 Total Number of Employed Persons	第一产业 Primary Industry 就业人员 Employed Persons	第一产业 比重 (%) Proportion	第二产业 Secondary Industry 就业人员 Employed Persons	第二产业 比重 (%) Proportion	第三产业 Tertiary Industry 就业人员 Employed Persons	第三产业 比重 (%) Proportion
1981	43725	29777	68.1	8003	18.3	5945	13.6
1982	45295	30859	68.1	8346	18.4	6090	13.5
1983	46436	31151	67.1	8679	18.7	6606	14.2
1984	48197	30868	64.0	9590	19.9	7739	16.1
1985	49873	31130	62.4	10384	20.8	8359	16.8
1986	51282	31254	60.9	11216	21.9	8811	17.2
1987	52783	31663	60.0	11726	22.2	9395	17.8
1988	54334	32249	59.3	12152	22.4	9933	18.3
1989	55329	33225	60.1	11976	21.6	10129	18.3
1990	64749	38914	60.1	13856	21.4	11979	18.5
1991	65491	39098	59.7	14015	21.4	12378	18.9
1992	66152	38699	58.5	14355	21.7	13098	19.8
1993	66808	37680	56.4	14965	22.4	14163	21.2
1994	67455	36628	54.3	15312	22.7	15515	23.0
1995	68065	35530	52.2	15655	23.0	16880	24.8
1996	68950	34820	50.5	16203	23.5	17927	26.0
1997	69820	34840	49.9	16547	23.7	18432	26.4
1998	70637	35177	49.8	16600	23.5	18860	26.7
1999	71394	35768	50.1	16421	23.0	19205	26.9
2000	72085	36043	50.0	16219	22.5	19823	27.5
2001	73025	36513	50.0	16284	22.3	20228	27.7
2002	73740	36870	50.0	15780	21.4	21090	28.6
2003	74432	36546	49.1	16077	21.6	21809	29.3
2004	75200	35269	46.9	16920	22.5	23011	30.6
2005	75825	33970	44.8	18084	23.8	23771	31.4
2006	76400	32561	42.6	19225	25.2	24614	32.2
2007	76990	31444	40.8	20629	26.8	24917	32.4
2008	77480	30654	39.6	21109	27.2	25717	33.2
2009	77995	29708	38.1	21684	27.8	26603	34.1

1-13 城镇登记失业人数及失业率(年末数)

Registered Unemployed Persons and Registered Unemployment Rate in Urban Areas (year-end)

年 份 Year	城镇登记失业人数 (万人) Registered Unemployed Persons in Urban Areas (10000 persons)	比上年增长 (%) Increase over Preceeding year (%)	城镇登记失业率 (%) Registered Unemployment Rate in Urban Areas (%)
1978	530.0		5.3
1979	567.6	7.1	5.4
1980	541.5	-4.6	4.9
1981	439.5	-18.8	3.8
1982	379.4	-13.7	3.2
1983	271.4	-28.5	2.3
1984	235.7	-13.2	1.9
1985	238.5	1.2	1.8
1986	264.4	10.9	2.0
1987	276.6	4.6	2.0
1988	296.2	7.1	2.0
1989	377.9	27.6	2.6
1990	383.2	1.4	2.5
1991	352.2	-8.1	2.3
1992	363.9	3.3	2.3
1993	420.1	15.4	2.6
1994	476.4	13.4	2.8
1995	519.6	9.1	2.9
1996	552.8	6.3	3.0
1997	576.8	4.3	3.1
1998	571.0	-1.0	3.1
1999	575.0	0.7	3.1
2000	595.0	3.5	3.1
2001	681.0	14.4	3.6
2002	770.0	13.1	4.0
2003	800.0	3.9	4.3
2004	827.0	3.4	4.2
2005	839.0	1.5	4.2
2006	847.0	1.0	4.1
2007	830.0	-2.0	4.0
2008	886.0	6.7	4.2
2009	921.0	4.0	4.3

1-14 分地区城镇登记失业人员数(年末数)

Registered Unemployed Persons in Urban Areas by Region (year-end)

单位：万人 (10000 persons)

地 区	Region	2000	2001	2002	2003	2004	2005	2006	2007	2008	2009
北 京	Beijing	3.3	5.2	6.0	7.0	6.5	10.6	10.4	10.6	10.3	8.2
天 津	Tianjin	10.5	11.4	12.9	12.0	11.8	11.7	11.7	15.0	13.0	15.0
河 北	Hebei	17.4	19.5	22.2	25.7	28.0	27.8	28.7	29.3	32.2	34.5
山 西	Shanxi	9.7	12.2	14.5	13.1	13.7	14.3	15.6	16.1	17.5	21.6
内蒙古	Inner Mongolia	12.6	14.5	16.3	17.6	18.5	17.7	18.0	18.5	19.9	20.1
辽 宁	Liaoning	41.2	55.5	75.6	72.0	70.1	60.4	54.1	44.5	41.7	41.6
吉 林	Jilin	23.0	20.2	23.8	28.4	28.2	27.6	26.3	23.9	24.3	23.4
黑龙江	Heilongjiang	25.3	35.5	41.6	35.0	32.9	31.3	31.2	31.5	32.1	31.4
上 海	Shanghai	20.1	25.7	28.8	30.1	27.4	27.5	27.8	26.7	26.6	27.9
江 苏	Jiangsu	30.4	36.1	42.2	41.8	42.9	41.6	40.4	39.3	41.1	40.7
浙 江	Zhejiang	21.8	24.0	27.7	28.3	30.1	29.0	29.1	28.6	30.7	30.7
安 徽	Anhui	16.5	19.9	22.6	25.1	26.1	27.8	28.2	27.2	29.3	30.1
福 建	Fujian	9.1	13.2	15.0	14.6	14.5	14.9	15.1	14.9	15.0	15.2
江 西	Jiangxi	16.7	17.3	17.8	21.6	22.4	22.8	25.3	24.3	26.0	27.3
山 东	Shandong	37.5	35.4	39.7	41.3	42.3	42.9	43.7	43.5	60.7	45.1
河 南	Henan	21.4	23.1	25.4	26.3	31.2	33.0	35.4	33.1	36.5	38.5
湖 北	Hubei	36.6	42.2	44.7	49.3	49.4	52.6	52.6	54.1	55.1	55.3
湖 南	Hunan	27.6	30.3	30.4	37.1	43.0	41.9	43.3	44.4	47.0	47.8
广 东	Guangdong	30.2	34.5	36.5	35.5	35.9	34.5	36.2	36.2	38.1	39.5
广 西	Guangxi	11.3	14.2	14.7	14.9	17.8	18.5	20.0	18.5	18.8	19.1
海 南	Hainan	3.7	3.8	4.0	3.6	4.7	5.1	5.2	5.4	5.6	5.3
重 庆	Chongqing	10.1	13.7	16.2	16.2	16.8	16.9	15.4	14.1	13.0	13.4
四 川	Sichuan	30.8	31.9	33.8	33.1	33.3	34.3	36.1	34.5	37.9	36.3
贵 州	Guizhou	10.2	11.1	11.1	11.2	11.6	12.1	12.1	12.1	12.5	12.3
云 南	Yunnan	6.8	8.0	9.8	12.1	11.9	13.0	13.8	14.0	14.8	15.4
西 藏	Tibet	1.0		1.3		1.2					2.0
陕 西	Shaanxi	11.4	14.0	13.5	13.9	18.5	21.5	21.5	21.0	20.8	21.5
甘 肃	Gansu	7.4	7.4	8.7	9.3	9.5	9.3	9.7	9.5	9.4	10.3
青 海	Qinghai	1.8	2.4	2.9	3.1	3.5	3.6	3.7	3.7	3.9	4.1
宁 夏	Ningxia	3.8	3.7	3.5	3.8	4.1	4.4	4.2	4.4	4.8	4.8
新 疆	Xinjiang	11.0	9.7	9.9	9.9	13.3	11.1	11.6	11.7	11.8	11.9

1-15 分地区城镇登记失业率(年末数)

Registered Unemployment Rate in Urban Areas by Region (year-end)

单位：%　　(%)

地　区	Region	2000	2001	2002	2003	2004	2005	2006	2007	2008	2009
北　京	Beijing	0.8	1.2	1.4	1.4	1.3	2.1	2.0	1.8	1.8	1.4
天　津	Tianjin	3.2	3.6	3.9	3.8	3.8	3.7	3.6	3.6	3.6	3.6
河　北	Hebei	2.8	3.2	3.6	3.9	4.0	3.9	3.8	3.8	4.0	3.9
山　西	Shanxi	2.2	2.6	3.4	3.0	3.1	3.0	3.2	3.2	3.3	3.9
内蒙古	Inner Mongolia	3.3	3.7	4.1	4.5	4.6	4.3	4.1	4.0	4.1	4.0
辽　宁	Liaoning	3.7	3.2	6.5	6.5	6.5	5.6	5.1	4.3	3.9	3.9
吉　林	Jilin	3.7	3.1	3.6	4.3	4.2	4.2	4.2	3.9	4.0	4.0
黑龙江	Heilongjiang	3.3	4.7	4.9	4.2	4.5	4.4	4.3	4.3	4.2	4.3
上　海	Shanghai	3.5		4.8	4.9	4.5		4.4	4.2	4.2	4.3
江　苏	Jiangsu	3.2	3.6	4.2	4.1	3.8	3.6	3.4	3.2	3.3	3.2
浙　江	Zhejiang	3.5	3.7	4.2	4.2	4.1	3.7	3.5	3.3	3.5	3.3
安　徽	Anhui	3.3	3.7	4.0	4.1	4.2	4.4	4.2	4.1	3.9	3.9
福　建	Fujian	2.6	3.8	4.2	4.1	4.0	4.0	3.9	3.9	3.9	3.9
江　西	Jiangxi	2.9	3.3	3.4	3.6	3.6	3.5	3.6	3.4	3.4	3.4
山　东	Shandong	3.2	3.3	3.6	3.6	3.4	3.3	3.3	3.2	3.7	3.4
河　南	Henan	2.6	2.8	2.9	3.1	3.4	3.5	3.5	3.4	3.4	3.5
湖　北	Hubei	3.5	4.0	4.3	4.3	4.2	4.3	4.2	4.2	4.2	4.2
湖　南	Hunan	3.7	4.0	4.0	4.5	4.4	4.3	4.3	4.3	4.2	4.1
广　东	Guangdong	2.5	2.9	3.1	2.9	2.7	2.6	2.6	2.5	2.6	2.6
广　西	Guangxi	3.2	3.5	3.7	3.6	4.1	4.2	4.1	3.8	3.8	3.7
海　南	Hainan	3.2	3.4	3.1	3.4	3.4	3.6	3.6	3.5	3.7	3.5
重　庆	Chongqing	3.5	3.9	4.1	4.1	4.1	4.1	4.0	4.0	4.0	4.0
四　川	Sichuan	4.0	4.3	4.5	4.4	4.4	4.6	4.5	4.2	4.6	4.3
贵　州	Guizhou	3.8	4.0	4.1	4.0	4.1	4.2	4.1	4.0	4.0	3.8
云　南	Yunnan	2.6	3.3	4.0	4.1	4.3	4.2	4.3	4.2	4.2	4.3
西　藏	Tibet	4.1		4.9		4.0					3.8
陕　西	Shaanxi	2.7	3.2	3.3	3.5	3.8	4.2	4.0	4.0	3.9	3.9
甘　肃	Gansu	2.7	2.8	3.2	3.4	3.4	3.3	3.6	3.3	3.2	3.3
青　海	Qinghai	2.4	3.5	3.6	3.8	3.9	3.9	3.9	3.8	3.8	3.8
宁　夏	Ningxia	4.6	4.4	4.4	4.4	4.5	4.5	4.3	4.3	4.4	4.4
新　疆	Xinjiang	3.8	3.7	3.7	3.5	3.5	3.9	3.9	3.9	3.7	3.8

1-16 分行业城镇单位就业人员年末人数

Employed Persons at Year-end in Urban Units by Sector

单位：万人 (10000 persons)

行　业	Sector	2003	2004	2005	2006	2007	2008	2009
合　计	**Total**	**10969.7**	**11098.9**	**11404.0**	**11713.2**	**12024.4**	**12192.5**	**12573.0**
农、林、牧、渔业	Agriculture,Forestry,Animal Husbandry and Fishery	484.5	466.1	446.3	435.2	426.3	410.1	373.7
采矿业	Mining	488.3	500.7	509.2	529.7	535.0	540.4	553.7
制造业	Manufacturing	2980.5	3050.8	3210.9	3351.6	3465.4	3434.3	3491.9
电力、燃气及水的生产和供应业	Production and Distribution of Electricity,Gas and Water	297.6	300.6	299.9	302.5	303.4	306.5	307.7
建筑业	Construction	833.7	841.0	926.6	988.7	1050.8	1072.6	1177.5
交通运输、仓储和邮政业	Transport,Storage and Post	636.5	631.8	613.9	612.7	623.1	627.3	634.4
信息传输、计算机服务和软件业	Information Transmission, Computer Service and Software	116.8	123.7	130.1	138.2	150.2	159.5	173.8
批发和零售业	Wholesale and Retail Trades	628.1	586.7	544.0	515.7	506.9	514.4	520.8
住宿和餐饮业	Hotels and Catering Services	172.1	177.1	181.2	183.9	185.8	193.2	202.1
金融业	Financial Intermediation	353.3	356.0	359.3	367.4	389.7	417.6	449.0
房地产业	Real Estate	120.2	133.4	146.5	153.9	166.5	172.7	190.9
租赁和商务服务业	Leasing and Business Services	183.5	194.4	218.5	236.7	247.2	274.7	290.5
科学研究、技术服务和地质勘查业	Scientific Research,Technical Services and Geological Prospecting	221.9	222.1	227.7	235.5	243.4	257.0	272.6
水利、环境和公共设施管理业	Management of Water Conservancy, Environment and Public Facilities	172.5	176.1	180.4	187.0	193.5	197.3	205.7
居民服务和其他服务业	Services to Households and Other Services	52.8	54.2	53.9	56.6	57.4	56.5	58.8
教　育	Education	1442.8	1466.8	1483.2	1504.4	1520.9	1534.0	1550.4
卫生、社会保障和社会福利业	Health,Social Securities and Social Welfare	485.8	494.7	508.9	525.4	542.8	563.6	595.8
文化、体育和娱乐业	Culture, Sports and Entertainment	127.8	123.4	122.5	122.4	125.0	126.0	129.5
公共管理和社会组织	Public Management and Social Organization	1171.0	1199.0	1240.8	1265.6	1291.2	1335.0	1394.3

1-17 分登记注册类型城镇单位就业人员年末人数

Employed Persons at Year-end in Urban Units by Registration Status

单位：万人 (10000 persons)

Year	合　计 Total	国有单位 State-owned Units	城镇集体单位 Urban Collective-owned Units	其他单位 Units of Other Types of Ownership
1994	15258.5	11213.9	3285.4	759.2
1995	15300.8	11260.5	3146.7	893.6
1996	15221.1	11243.6	3015.8	961.7
1997	15036.2	11044.2	2882.7	1109.4
1998	12695.7	9058.1	1963.2	1674.5
1999	12130.2	8572.1	1711.8	1846.3
2000	11612.5	8101.9	1499.3	2011.3
2001	11165.8	7639.9	1291.0	2234.9
2002	10985.2	7162.9	1122.0	2700.3
2003	10969.7	6875.6	999.9	3094.3
2004	11098.9	6709.9	897.2	3491.8
2005	11404.0	6488.2	809.9	4105.9
2006	11713.2	6430.5	763.6	4519.1
2007	12024.4	6423.5	718.4	4882.4
2008	12192.5	6447.0	661.8	5083.7
2009	12573.0	6420.2	618.1	5534.7

1-18 分行业城镇单位女性就业人员年末人数

Female Employed Persons at Year-end in Urban Units by Sector

单位：万人 (10000 persons)

行 业	Sector	2003	2004	2005	2006	2007	2008	2009
合 计	**Total**	**4156.1**	**4227.3**	**4324.6**	**4445.7**	**4540.3**	**4579.6**	**4678.5**
农、林、牧、渔业	Agriculture,Forestry,Animal Husbandry and Fishery	176.1	172.3	165.7	163.5	157.3	148.9	136.1
采矿业	Mining	119.7	117.1	113.0	115.0	109.7	105.1	107.6
制造业	Manufacturing	1292.7	1329.8	1397.5	1464.0	1495.0	1444.3	1447.9
电力、燃气及水的生产和供应业	Production and Distribution of Electricity,Gas and Water	92.7	93.1	91.3	91.3	90.7	90.1	89.8
建筑业	Construction	128.4	129.3	134.2	138.1	142.4	149.3	157.4
交通运输、仓储和邮政业	Transport,Storage and Post	182.5	177.6	171.0	164.7	169.3	171.5	171.2
信息传输、计算机服务和软件业	Information Transmission, Computer Service and Software	42.1	45.2	48.7	52.4	58.5	61.9	66.0
批发和零售业	Wholesale and Retail Trades	280.3	260.2	242.3	230.3	228.8	237.2	239.6
住宿和餐饮业	Hotels and Catering Services	95.0	97.8	98.9	99.5	100.8	105.2	109.2
金融业	Financial Intermediation	164.5	170.5	172.0	178.6	192.9	209.1	225.8
房地产业	Real Estate	40.4	44.9	48.3	50.8	56.0	58.5	64.2
租赁和商务服务业	Leasing and Business Services	62.7	65.6	74.0	78.0	82.1	93.8	97.5
科学研究、技术服务和地质勘查业	Scientific Research,Technical Services and Geological Prospecting	70.7	70.3	71.6	74.9	75.6	80.0	85.6
水利、环境和公共设施管理业	Management of Water Conservancy, Environment and Public Facilities	68.8	70.7	73.5	76.6	79.2	80.9	84.1
居民服务和其他服务业	Services to Households and Other Services	22.2	24.1	21.6	21.9	22.1	24.7	24.0
教 育	Education	672.8	696.7	713.2	733.8	747.7	759.4	775.0
卫生、社会保障和社会福利业	Health,Social Securities and Social Welfare	284.5	292.2	300.9	312.9	324.1	336.8	354.9
文化、体育和娱乐业	Culture, Sports and Entertainment	51.9	50.3	50.1	50.7	52.1	52.5	54.6
公共管理和社会组织	Public Management and Social Organization	308.1	319.6	336.9	348.6	356.0	370.2	388.0

1-19 分登记注册类型城镇单位女性就业人员年末人数

Female Employed Persons at Year-end in Urban Units by Registration Status

单位：万人 (10000 persons)

年 份 Year	合 计 Total	国有单位 State-owned Units	城镇集体单位 Urban Collective-owned Units	其他单位 Units of Other Types of Ownership
1994	5799.1	3982.5	1451.1	364.5
1995	5889.0	4059.0	1399.0	431.0
1996	5883.3	4088.3	1337.8	457.3
1997	5824.8	4030.2	1271.0	523.6
1999	4613.4	3128.0	702.8	782.7
2000	4411.3	2952.5	605.8	853.0
2001	4225.7	2788.2	509.9	927.5
2002	4156.2	2627.7	436.9	1091.5
2003	4156.1	2529.6	383.9	1242.6
2004	4227.3	2480.7	336.7	1410.0
2005	4324.6	2399.3	299.1	1626.2
2006	4445.7	2386.9	277.7	1781.1
2007	4540.3	2383.0	254.5	1902.8
2008	4579.6	2401.7	234.2	1943.7
2009	4678.5	2391.6	212.7	2074.2

1-20 分登记注册类型城镇单位就业人员平均工资及指数
Average Wage of Employed Persons in Urban Units and Related Indices by Status of Registration

年 份 Year	平均工资(元) Average Wage(yuan)					指数(以上年为100) Indices(preceding year=100)				
	合计 Total	#在岗职工 Of Which: Staff and Workers	国有单位 State-owned Units	城镇集体单位 Urban Collective-owned Units	其他单位 Units of Other Types of Ownership	合计 Total	#在岗职工 Of Which: Staff and Workers	国有单位 State-owned Units	城镇集体单位 Urban Collective-owned Units	其他单位 Units of Other Types of Ownership
1995	5348	5500	5553	3934	7728	118.9	121.2	117.3	121.1	119.9
1996	5980	6210	6207	4312	8521	111.8	112.9	111.8	109.6	110.3
1997	6444	6470	6679	4516	9092	107.8	104.2	107.6	104.7	106.7
1998	7446	7479	7579	5314	9241	115.5	106.6	113.5	117.7	101.6
1999	8319	8346	8443	5758	10142	111.7	111.6	111.4	108.4	109.8
2000	9333	9371	9441	6241	11238	112.2	112.3	111.8	108.4	110.8
2001	10834	10870	11045	6851	12437	116.1	116.0	117.0	109.8	110.7
2002	12373	12422	12701	7636	13486	114.2	114.3	115.0	111.5	108.4
2003	13969	14040	14358	8627	14843	112.9	113.0	113.0	113.0	110.1
2004	15920	16024	16445	9723	16519	114.0	114.1	114.5	112.7	111.3
2005	18200	18364	18978	11176	18362	114.3	114.6	115.4	114.9	111.2
2006	20856	21001	21706	12866	21004	114.6	114.4	114.4	115.1	114.4
2007	24721	24932	26100	15444	24271	118.5	118.7	120.2	120.0	115.6
2008	28898	29229	30287	18103	28552	116.9	117.2	116.0	117.2	117.6
2009	32244	32736	34130	20607	31350	111.6	112.0	112.7	113.8	109.8

1-21 分登记注册类型城镇单位就业人员平均实际工资指数

Average Real Wage Indices of Employed Persons in Urban Units by Status of Registration

年份 Year	平均实际工资指数(1994年=100) Average Real Wage Indices(year of 1994=100)					平均实际工资指数(上年=100) Average Real Wage Indices(preceding year=100)				
	合计 Total	#在岗职工 Of Which: Staff and Workers	国有单位 State-owned Units	城镇集体单位 Urban Collective-owned Units	其他单位 Units of Other Types of Ownership	合计 Total	#在岗职工 Of Which: Staff and Workers	国有单位 State-owned Units	城镇集体单位 Urban Collective-owned Units	其他单位 Units of Other Types of Ownership
1995	101.8	103.8	100.4	103.7	102.6	101.8	103.8	100.4	103.7	102.6
1996	104.6	107.7	103.2	104.5	104.0	102.8	103.8	102.7	100.7	101.3
1997	109.3	108.9	107.7	106.1	107.7	104.5	101.1	104.4	101.6	103.5
1998	127.1	116.8	123.0	125.6	110.1	116.2	107.2	114.2	118.4	102.3
1999	143.9	132.1	138.8	137.9	122.4	113.2	113.1	112.9	109.8	111.2
2000	160.1	147.1	154.0	148.3	134.6	111.3	111.4	110.9	107.5	109.9
2001	184.6	169.5	178.9	161.7	147.9	115.3	115.2	116.2	109.0	109.9
2002	212.9	195.8	207.8	182.0	162.0	115.4	115.5	116.2	112.6	109.5
2003	238.2	219.3	232.8	203.8	176.7	111.9	112.0	112.0	112.0	109.1
2004	262.8	242.3	258.1	222.3	190.3	110.3	110.5	110.9	109.1	107.7
2005	295.7	273.3	293.1	251.6	208.3	112.5	112.8	113.6	113.1	109.4
2006	333.9	308.0	330.3	285.3	234.7	112.9	112.7	112.7	113.4	112.7
2007	378.6	349.9	379.9	327.6	259.6	113.4	113.6	115.0	114.8	110.6
2008	419.1	388.4	417.4	363.6	289.1	110.7	111.0	109.8	111.0	111.4
2009	472.0	438.8	474.6	417.6	320.3	112.6	113.0	113.7	114.8	110.8

1-22 分行业城镇单位就业人员平均工资
Average Wage of Employed Persons in Urban Units by Sector

单位：元 (yuan)

行　业	Sector	2003	2004	2005	2006	2007	2008	2009
合　计	**Total**	**13969**	**15920**	**18200**	**20856**	**24721**	**28898**	**32244**
农、林、牧、渔业	Agriculture, Forestry, Animal Husbandry and Fishery	6884	7497	8207	9269	10847	12560	14356
采矿业	Mining	13627	16774	20449	24125	28185	34233	38038
制造业	Manufacturing	12671	14251	15934	18225	21144	24404	26810
电力、燃气及水的生产和供应业	Production and Distribution of Electricity, Gas and Water	18574	21543	24750	28424	33470	38515	41869
建筑业	Construction	11328	12578	14112	16164	18482	21223	24161
交通运输、仓储和邮政业	Transport, Storage and Post	15753	18071	20911	24111	27903	32041	35315
信息传输、计算机服务和软件业	Information Transmission, Computer Service and Software	30897	33449	38799	43435	47700	54906	58154
批发和零售业	Wholesale and Retail Trades	10894	13012	15256	17796	21074	25818	29139
住宿和餐饮业	Hotels and Catering Services	11198	12618	13876	15236	17046	19321	20860
金融业	Financial Intermediation	20780	24299	29229	35495	44011	53897	60398
房地产业	Real Estate	17085	18467	20253	22238	26085	30118	32242
租赁和商务服务业	Leasing and Business Services	17020	18723	21233	24510	27807	32915	35494
科学研究、技术服务和地质勘查业	Scientific Research, Technical Service and Geological Prospecting	20442	23351	27155	31644	38432	45512	50143
水利、环境和公共设施管理业	Management of Water Conservancy, Environment and Public Facilities	11774	12884	14322	15630	18383	21103	23159
居民服务和其他服务业	Services to Households and Other Services	12665	13680	15747	18030	20370	22858	25172
教　育	Education	14189	16085	18259	20918	25908	29831	34543
卫生、社会保障和社会福利业	Health, Social Securities and Social Welfare	16185	18386	20808	23590	27892	32185	35662
文化、体育和娱乐业	Culture, Sports and Entertainment	17098	20522	22670	25847	30430	34158	37755
公共管理和社会组织	Public Management and Social Organization	15355	17372	20234	22546	27731	32296	35326

1-23 分地区城镇单位就业人员平均工资
Average Wage of Employed Persons in Urban Units by Region

单位：元 (yuan)

地 区	Region	2003	2004	2005	2006	2007	2008	2009
全 国	**National Total**	**13969**	**15920**	**18200**	**20856**	**24721**	**28898**	**32244**
北 京	Beijing	25008	29216	33660	39684	45823	55844	57779
天 津	Tianjin	18511	21146	24122	27628	33312	39990	43937
河 北	Hebei	11105	12793	14583	16456	19742	24276	27774
山 西	Shanxi	10620	12794	15473	18106	21315	25489	28066
内蒙古	Inner Mongolia	11208	13233	15910	18382	21794	25949	30486
辽 宁	Liaoning	12921	14787	17156	19365	22882	27179	30523
吉 林	Jilin	11048	12388	14380	16393	20371	23294	25943
黑龙江	Heilongjiang	10787	12209	13980	15894	18481	21764	24805
上 海	Shanghai	25565	27965	31578	37585	44976	52122	58336
江 苏	Jiangsu	15619	18054	20885	23657	27212	31297	35217
浙 江	Zhejiang	21116	23243	25696	27570	30818	33622	36553
安 徽	Anhui	10419	12693	15019	17610	21699	25703	28723
福 建	Fujian	14343	15627	17190	19424	22277	25555	28366
江 西	Jiangxi	10382	11713	13524	15370	18144	20597	24165
山 东	Shandong	12554	14321	16564	19135	22734	26234	29398
河 南	Henan	10639	11970	14119	16791	20639	24438	26906
湖 北	Hubei	10575	11692	13725	15779	19548	22384	26547
湖 南	Hunan	12002	13624	15306	17400	21060	24146	26534
广 东	Guangdong	20052	22230	24122	26400	29658	33282	36469
广 西	Guangxi	11611	13234	15079	17571	21251	24798	27322
海 南	Hainan	10396	12622	14377	15843	19220	21767	24790
重 庆	Chongqing	12409	14373	16583	19172	22965	26640	30499
四 川	Sichuan	12320	13887	15638	17612	21081	24725	28149
贵 州	Guizhou	10801	12163	14081	16481	20254	23979	27437
云 南	Yunnan	12629	14255	15732	18262	19912	23305	26163
西 藏	Tibet	23730	27339	26437	29119	42820	44055	45347
陕 西	Shaanxi	11276	12907	14562	16646	20977	25478	29566
甘 肃	Gansu	12062	13328	14654	16991	20657	23632	26743
青 海	Qinghai	15044	16601	18556	21981	25318	30101	32481
宁 夏	Ningxia	12811	14431	16973	20900	25723	30050	32916
新 疆	Xinjiang	13185	14406	15507	17704	21249	24686	27617

1-24 国内生产总值及构成

Gross Domestic Product and Its Composition

单位：亿元 (100 million yuan)

年 份 Year	国内生产总值 Gross Domestic Product	第一产业 Primary Industry		第二产业 Secondary Industry		第三产业 Tertiary Industry		人均国内生产总值（元/人） Per Capita GDP (yuan/person)
		绝对数 Value	比重（%） Proportion	绝对数 Value	比重（%） Proportion	绝对数 Value	比重（%） Proportion	
1978	3645.2	1027.5	28.2	1745.2	47.9	872.5	23.9	381
1979	4062.6	1270.2	31.3	1913.5	47.1	878.9	21.6	419
1980	4545.6	1371.6	30.2	2192.0	48.2	982.0	21.6	463
1981	4891.6	1559.5	31.9	2255.5	46.1	1076.6	22.0	492
1982	5323.4	1777.4	33.4	2383.0	44.8	1163.0	21.8	528
1983	5962.7	1978.4	33.2	2646.2	44.4	1338.1	22.4	583
1984	7208.1	2316.1	32.1	3105.7	43.1	1786.3	24.8	695
1985	9016.0	2564.4	28.4	3866.6	42.9	2585.0	28.7	858
1986	10275.2	2788.7	27.2	4492.7	43.7	2993.8	29.1	963
1987	12058.6	3233.0	26.8	5251.6	43.6	3574.0	29.6	1112
1988	15042.8	3865.4	25.7	6587.2	43.8	4590.3	30.5	1366
1989	16992.3	4265.9	25.1	7278.0	42.9	5448.4	32.0	1519
1990	18667.8	5062.0	27.1	7717.4	41.3	5888.4	31.6	1644
1991	21781.5	5342.2	24.5	9102.2	41.8	7337.1	33.7	1893
1992	26923.5	5866.6	21.8	11699.5	43.4	9357.4	34.8	2311
1993	35333.9	6963.8	19.7	16454.4	46.6	11915.7	33.7	2998
1994	48197.9	9572.7	19.8	22445.4	46.6	16179.8	33.6	4044
1995	60793.7	12135.8	19.9	28679.5	47.2	19978.5	32.9	5046
1996	71176.6	14015.4	19.7	33835.0	47.5	23326.2	32.8	5846
1997	78973.0	14441.9	18.3	37543.0	47.5	26988.1	34.2	6420
1998	84402.3	14817.6	17.6	39004.2	46.2	30580.5	36.2	6796
1999	89677.1	14770.0	16.5	41033.6	45.8	33873.4	37.7	7159
2000	99214.6	14944.7	15.1	45555.9	45.9	38714.0	39.0	7858
2001	109655.2	15781.3	14.4	49512.3	45.1	44361.6	40.5	8622
2002	120332.7	16537.0	13.7	53896.8	44.8	49898.9	41.5	9398
2003	135822.8	17381.7	12.8	62436.3	46.0	56004.7	41.2	10542
2004	159878.3	21412.7	13.4	73904.3	46.2	64561.3	40.4	12336
2005	184937.4	22420.0	12.1	87598.1	47.4	74919.3	40.5	14185
2006	216314.4	24040.0	11.1	103719.5	47.9	88554.9	40.9	16500
2007	265810.3	28627.0	10.8	125831.4	47.3	111351.9	41.9	20169
2008	314045.4	33702.0	10.7	149003.4	47.4	131340.0	41.8	23708
2009	335352.9	35477.0	10.6	156957.9	46.8	142918.0	42.6	25188

注：本表按当年价格计算。
Note: Data in this table are calculated at current prices.

1-25 国内生产总值指数

Indices of Gross Domestic Product

(上年=100) (preceding year=100)

年 份 Year	国内生产总值 Gross Domestic Product	第一产业 Primary Industry	第二产业 Secondary Industry	第三产业 Tertiary Industry	人均国内生产总值 Per Capita GDP
1978	111.7	104.1	115.0	113.8	110.2
1979	107.6	106.1	108.2	107.9	106.1
1980	107.8	98.5	113.6	106.0	106.5
1981	105.2	107.0	101.9	110.4	103.9
1982	109.1	111.5	105.6	113.0	107.5
1983	110.9	108.3	110.4	115.2	109.3
1984	115.2	112.9	114.5	119.3	113.7
1985	113.5	101.8	118.6	118.2	111.9
1986	108.8	103.3	110.2	112.0	107.2
1987	111.6	104.7	113.7	114.4	109.8
1988	111.3	102.5	114.5	113.2	109.5
1989	104.1	103.1	103.8	105.4	102.5
1990	103.8	107.3	103.2	102.3	102.3
1991	109.2	102.4	113.9	108.9	107.7
1992	114.2	104.7	121.2	112.4	112.8
1993	114.0	104.7	119.9	112.2	112.7
1994	113.1	104.0	118.4	111.1	111.8
1995	110.9	105.0	113.9	109.8	109.7
1996	110.0	105.1	112.1	109.4	108.9
1997	109.3	103.5	110.5	110.7	108.2
1998	107.8	103.5	108.9	108.4	106.8
1999	107.6	102.8	108.1	109.3	106.7
2000	108.4	102.4	109.4	109.7	107.6
2001	108.3	102.8	108.4	110.3	107.5
2002	109.1	102.9	109.8	110.4	108.4
2003	110.0	102.5	112.7	109.5	109.3
2004	110.1	106.3	111.1	110.1	109.4
2005	111.3	105.2	112.1	112.2	110.7
2006	112.7	105.0	113.4	114.1	112.0
2007	114.2	103.7	115.1	116.0	113.6
2008	109.6	105.4	109.9	110.4	109.1
2009	108.7	104.2	109.5	108.9	108.2

注：本表按可比价格计算。

Note: Data in this table are calculated at constant prices.

第二部分
Chapter Two

2009 年全国人口变动情况抽样调查数据
Data from 2009 National Sample Survey on Population Changes

2-1 各地区人口数及人口自然变动情况
Total Population and Natural Changes by Region

地区	Region	出生率 (‰) Birth Rate (‰)	死亡率 (‰) Death Rate (‰)	自然增长率 (‰) Natural Growth Rate (‰)	总人口(年末) (万人) Total Population (year-end) (10000 persons)
全 国	National Total	**12.13**	**7.08**	**5.05**	**133474**
北 京	Beijing	8.06	4.56	3.50	1755
天 津	Tianjin	8.30	5.70	2.60	1228
河 北	Hebei	12.93	6.43	6.50	7034
山 西	Shanxi	10.87	5.98	4.89	3427
内蒙古	Inner Mongolia	9.57	5.61	3.96	2422
辽 宁	Liaoning	6.06	5.09	0.97	4319
吉 林	Jilin	6.69	4.74	1.95	2740
黑龙江	Heilongjiang	7.48	5.42	2.06	3826
上 海	Shanghai	8.64	5.94	2.70	1921
江 苏	Jiangsu	9.55	6.99	2.56	7725
浙 江	Zhejiang	10.22	5.59	4.63	5180
安 徽	Anhui	13.07	6.60	6.47	6131
福 建	Fujian	12.20	6.00	6.20	3627
江 西	Jiangxi	13.87	5.98	7.89	4432
山 东	Shandong	11.70	6.08	5.62	9470
河 南	Henan	11.45	6.46	4.99	9487
湖 北	Hubei	9.48	6.00	3.48	5720
湖 南	Hunan	13.05	6.94	6.11	6406
广 东	Guangdong	11.78	4.52	7.26	9638
广 西	Guangxi	14.17	5.64	8.53	4856
海 南	Hainan	14.66	5.70	8.96	864
重 庆	Chongqing	9.90	6.20	3.70	2859
四 川	Sichuan	9.15	6.43	2.72	8185
贵 州	Guizhou	13.65	6.69	6.96	3798
云 南	Yunnan	12.53	6.45	6.08	4571
西 藏	Tibet	15.31	5.07	10.24	290
陕 西	Shaanxi	10.24	6.24	4.00	3772
甘 肃	Gansu	13.32	6.71	6.61	2635
青 海	Qinghai	14.51	6.19	8.32	557
宁 夏	Ningxia	14.38	4.70	9.68	625
新 疆	Xinjiang	15.99	5.43	10.56	2159

注：1.本表数据根据2009年人口变动情况抽样调查数据推算。
2.全国总人口包括现役军人数，分地区数字中未包括；全国总人口未包括香港、澳门特别行政区和台湾省的人口数据。
3.全国总人口根据2009年人口变动情况抽样误差和调查误差进行了修正，分地区人口未做修正。

Note:a) Data in this table are estimates from the 2009 National Sample Survey on Population Changes.
b) The military personnel were included in the national total population, but were not included in the population by region. The national total population does not include the population of Hong Kong SAR, Macao SAR and Taiwan Province.
c) The national total population were adjusted on the basis of sampling errors and survey errors from the 2009 National Sample Survey on Population Changes. Similar adjustments were not made to regional figures.

2-2 各地区人口的城乡构成

Population by Urban and Rural Residence and Region

单位：万人 (10000 persons)

地 区	Region	总人口(年末) Total Population (year-end)	城镇人口 Urban Population 人口数 Population	城镇人口 Urban Population 比重（%） Proportion	乡村人口 Rural Population 人口数 Population	乡村人口 Rural Population 比重（%） Proportion
全 国	National Total	**133474**	**62186**	**46.59**	**71288**	**53.41**
北 京	Beijing	1755	1492	85.00	263	15.00
天 津	Tianjin	1228	958	78.01	270	21.99
河 北	Hebei	7034	3025	43.00	4009	57.00
山 西	Shanxi	3427	1576	45.99	1851	54.01
内蒙古	Inner Mongolia	2422	1293	53.40	1129	46.60
辽 宁	Liaoning	4319	2607	60.35	1712	39.65
吉 林	Jilin	2740	1461	53.32	1279	46.68
黑龙江	Heilongjiang	3826	2123	55.50	1703	44.50
上 海	Shanghai	1921	1702	88.60	219	11.40
江 苏	Jiangsu	7725	4295	55.60	3430	44.40
浙 江	Zhejiang	5180	2999	57.90	2181	42.10
安 徽	Anhui	6131	2581	42.10	3550	57.90
福 建	Fujian	3627	1864	51.40	1763	48.60
江 西	Jiangxi	4432	1914	43.18	2518	56.82
山 东	Shandong	9470	4576	48.32	4894	51.68
河 南	Henan	9487	3577	37.70	5910	62.30
湖 北	Hubei	5720	2631	46.00	3089	54.00
湖 南	Hunan	6406	2767	43.20	3639	56.80
广 东	Guangdong	9638	6110	63.40	3528	36.60
广 西	Guangxi	4856	1904	39.20	2952	60.80
海 南	Hainan	864	424	49.13	440	50.87
重 庆	Chongqing	2859	1475	51.59	1384	48.41
四 川	Sichuan	8185	3168	38.70	5017	61.30
贵 州	Guizhou	3798	1135	29.89	2663	70.11
云 南	Yunnan	4571	1554	34.00	3017	66.00
西 藏	Tibet	290	69	23.80	221	76.20
陕 西	Shaanxi	3772	1641	43.50	2131	56.50
甘 肃	Gansu	2635	860	32.65	1775	67.35
青 海	Qinghai	557	233	41.90	324	58.10
宁 夏	Ningxia	625	288	46.10	337	53.90
新 疆	Xinjiang	2159	860	39.85	1299	60.15

注：本表数据根据2009年人口变动情况抽样调查数据推算。

a) Data in the table are estimates from the 2009 National Sample Survey on Population Changes.

2-3 全国分年龄、性别的人口数

Population by Age and Sex

单位：人、%　　　　(person,%)

年龄 Age	人口数 Population			占总人口比重 Percentage to Total Population			性别比（女=100） Sex Ratio (Famale=100)
	合计 Total	男 Male	女 Female	合计 Total	男 Male	女 Female	
总计 Total	**1164986**	**591871**	**573115**	**100.00**	**50.80**	**49.20**	**103.27**
0-4	**60158**	**33140**	**27018**	**5.16**	**2.84**	**2.32**	**122.66**
0	12080	6691	5389	1.04	0.57	0.46	124.17
1	11358	6323	5035	0.97	0.54	0.43	125.59
2	11981	6543	5438	1.03	0.56	0.47	120.31
3	12372	6838	5535	1.06	0.59	0.48	123.55
4	12367	6745	5622	1.06	0.58	0.48	119.98
5-9	**63000**	**34705**	**28296**	**5.41**	**2.98**	**2.43**	**122.65**
5	12960	7219	5741	1.11	0.62	0.49	125.73
6	11718	6502	5216	1.01	0.56	0.45	124.65
7	12313	6723	5589	1.06	0.58	0.48	120.29
8	13038	7191	5847	1.12	0.62	0.50	123.00
9	12972	7070	5903	1.11	0.61	0.51	119.77
10-14	**73359**	**39749**	**33610**	**6.30**	**3.41**	**2.88**	**118.27**
10	13258	7361	5898	1.14	0.63	0.51	124.81
11	14290	7725	6565	1.23	0.66	0.56	117.66
12	14437	7839	6598	1.24	0.67	0.57	118.80
13	15140	8202	6938	1.30	0.70	0.60	118.21
14	16233	8623	7610	1.39	0.74	0.65	113.31
15-19	**83516**	**44170**	**39345**	**7.17**	**3.79**	**3.38**	**112.26**
15	15414	8183	7230	1.32	0.70	0.62	113.18
16	16139	8608	7531	1.39	0.74	0.65	114.30
17	16102	8612	7490	1.38	0.74	0.64	114.98
18	16150	8502	7648	1.39	0.73	0.66	111.16
19	19711	10265	9446	1.69	0.88	0.81	108.67
20-24	**87637**	**44001**	**43636**	**7.52**	**3.78**	**3.75**	**100.84**
20	19196	9780	9416	1.65	0.84	0.81	103.87
21	17641	9018	8623	1.51	0.77	0.74	104.58
22	18814	9174	9640	1.61	0.79	0.83	95.17
23	16894	8507	8386	1.45	0.73	0.72	101.44
24	15091	7521	7570	1.30	0.65	0.65	99.35
25-29	**75481**	**37678**	**37803**	**6.48**	**3.23**	**3.24**	**99.67**
25	14948	7524	7424	1.28	0.65	0.64	101.34
26	14548	7165	7383	1.25	0.62	0.63	97.04
27	16778	8481	8296	1.44	0.73	0.71	102.24
28	14723	7365	7358	1.26	0.63	0.63	100.09
29	14485	7143	7342	1.24	0.61	0.63	97.30

注：由于各地区数据采用加权汇总的方法，全国人口变动情况抽样调查样本数据合计与各分项相加略有误差(以下表同)。

Note: Because data by region are calculated by the method of weighted sum, total data of the national sample survey on population changes is not equal to the sum of each item. The same applies to the tables following.

2-3 续表 1 continued

单位：人、% (person,%)

年 龄 Age	人口数 Population			占总人口比重 Percentage to Total Population			性别比 (女=100) Sex Ratio (Famale=100)
	合计 Total	男 Male	女 Female	合计 Total	男 Male	女 Female	
30-34	**78735**	**38833**	**39901**	**6.76**	**3.33**	**3.43**	**97.32**
30	15274	7603	7670	1.31	0.65	0.66	99.13
31	15061	7317	7744	1.29	0.63	0.66	94.48
32	14543	7165	7378	1.25	0.62	0.63	97.11
33	16494	8133	8361	1.42	0.70	0.72	97.28
34	17363	8615	8748	1.49	0.74	0.75	98.47
35-39	**106040**	**52579**	**53461**	**9.10**	**4.51**	**4.59**	**98.35**
35	18763	9252	9511	1.61	0.79	0.82	97.27
36	20245	10012	10232	1.74	0.86	0.88	97.85
37	21041	10352	10689	1.81	0.89	0.92	96.85
38	22005	11057	10947	1.89	0.95	0.94	101.00
39	23986	11905	12081	2.06	1.02	1.04	98.54
40-44	**112356**	**55862**	**56494**	**9.64**	**4.80**	**4.85**	**98.88**
40	22729	11326	11403	1.95	0.97	0.98	99.32
41	24232	12095	12137	2.08	1.04	1.04	99.66
42	20174	10003	10171	1.73	0.86	0.87	98.35
43	22698	11225	11473	1.95	0.96	0.98	97.84
44	22522	11213	11309	1.93	0.96	0.97	99.14
45-49	**92367**	**45647**	**46719**	**7.93**	**3.92**	**4.01**	**97.71**
45	22299	11076	11223	1.91	0.95	0.96	98.69
46	25843	12811	13033	2.22	1.10	1.12	98.30
47	11032	5414	5618	0.95	0.46	0.48	96.38
48	19147	9454	9693	1.64	0.81	0.83	97.54
49	14046	6893	7153	1.21	0.59	0.61	96.35
50-54	**84335**	**42441**	**41893**	**7.24**	**3.64**	**3.60**	**101.31**
50	13224	6534	6690	1.14	0.56	0.57	97.67
51	16902	8557	8346	1.45	0.73	0.72	102.53
52	18528	9344	9184	1.59	0.80	0.79	101.74
53	17356	8677	8679	1.49	0.74	0.75	99.97
54	18325	9330	8994	1.57	0.80	0.77	103.73
55-59	**79114**	**39592**	**39522**	**6.79**	**3.40**	**3.39**	**100.18**
55	18257	9212	9045	1.57	0.79	0.78	101.84
56	16237	8087	8150	1.39	0.69	0.70	99.22
57	16448	8377	8071	1.41	0.72	0.69	103.79
58	14017	6867	7150	1.20	0.59	0.61	96.03
59	14155	7050	7105	1.22	0.61	0.61	99.22
60-64	**55690**	**28348**	**27342**	**4.78**	**2.43**	**2.35**	**103.68**
60	13562	6982	6580	1.16	0.60	0.56	106.11
61	11589	5880	5709	0.99	0.50	0.49	102.99
62	11288	5724	5564	0.97	0.49	0.48	102.88
63	9878	4989	4889	0.85	0.43	0.42	102.05
64	9374	4774	4600	0.80	0.41	0.39	103.77

2-3 续表 2 continued

单位：人、% (person,%)

年龄 Age	人口数 Population 合计 Total	男 Male	女 Female	占总人口比重 Percentage to Total Population 合计 Total	男 Male	女 Female	性别比 (女=100) Sex Ratio (Famale=100)
65-69	**40114**	**20277**	**19837**	**3.44**	**1.74**	**1.70**	**102.21**
65	9093	4678	4416	0.78	0.40	0.38	105.93
66	7952	4030	3921	0.68	0.35	0.34	102.78
67	7802	3899	3902	0.67	0.33	0.33	99.93
68	7841	3908	3932	0.67	0.34	0.34	99.38
69	7427	3761	3666	0.64	0.32	0.31	102.60
70-74	**32493**	**16258**	**16234**	**2.79**	**1.40**	**1.39**	**100.15**
70	6680	3345	3335	0.57	0.29	0.29	100.29
71	7173	3624	3549	0.62	0.31	0.30	102.11
72	6524	3259	3265	0.56	0.28	0.28	99.82
73	6217	3087	3130	0.53	0.27	0.27	98.64
74	5898	2943	2955	0.51	0.25	0.25	99.58
75-79	**22528**	**10997**	**11531**	**1.93**	**0.94**	**0.99**	**95.36**
75	5419	2641	2777	0.47	0.23	0.24	95.09
76	5209	2595	2614	0.45	0.22	0.22	99.29
77	4307	2110	2197	0.37	0.18	0.19	96.05
78	3746	1803	1943	0.32	0.15	0.17	92.80
79	3848	1847	2000	0.33	0.16	0.17	92.35
80-84	**11794**	**5178**	**6616**	**1.01**	**0.44**	**0.57**	**78.27**
80	2986	1379	1608	0.26	0.12	0.14	85.75
81	2768	1270	1498	0.24	0.11	0.13	84.76
82	2371	997	1374	0.20	0.09	0.12	72.52
83	1905	795	1110	0.16	0.07	0.10	71.66
84	1763	737	1025	0.15	0.06	0.09	71.90
85-89	**4788**	**1971**	**2818**	**0.41**	**0.17**	**0.24**	**69.93**
85	1411	593	818	0.12	0.05	0.07	72.54
86	1100	482	617	0.09	0.04	0.05	78.17
87	924	389	535	0.08	0.03	0.05	72.62
88	729	274	455	0.06	0.02	0.04	60.10
89	625	233	392	0.05	0.02	0.03	59.28
90-94	**1174**	**361**	**813**	**0.10**	**0.03**	**0.07**	**44.38**
90	379	118	260	0.03	0.01	0.02	45.42
91	276	89	187	0.02	0.01	0.02	47.71
92	243	67	175	0.02	0.01	0.02	38.29
93	159	56	104	0.01		0.01	53.89
94	118	31	87	0.01		0.01	35.09
95+	**308**	**83**	**225**	**0.03**	**0.01**	**0.02**	**36.83**

2-4 全国城市分年龄、性别的人口数

City Population by Age and Sex

单位：人、%　　(person,%)

年 龄 Age	人口数 Population			占总人口比重 Percentage to Total Population			性别比 (女=100) Sex Ratio (Famale=100)
	合计 Total	男 Male	女 Female	合计 Total	男 Male	女 Female	
总计 Total	**296289**	**148949**	**147340**	**100.00**	**50.27**	**49.73**	**101.09**
0-4	**11291**	**6075**	**5216**	**3.81**	**2.05**	**1.76**	**116.47**
0	2281	1253	1028	0.77	0.42	0.35	121.89
1	2191	1164	1027	0.74	0.39	0.35	113.32
2	2303	1208	1095	0.78	0.41	0.37	110.28
3	2234	1219	1015	0.75	0.41	0.34	120.15
4	2284	1232	1052	0.77	0.42	0.35	117.14
5-9	**12267**	**6651**	**5616**	**4.14**	**2.24**	**1.90**	**118.44**
5	2432	1326	1105	0.82	0.45	0.37	119.96
6	2061	1095	966	0.70	0.37	0.33	113.40
7	2504	1389	1115	0.85	0.47	0.38	124.52
8	2580	1405	1175	0.87	0.47	0.40	119.56
9	2691	1436	1254	0.91	0.48	0.42	114.53
10-14	**13699**	**7428**	**6271**	**4.62**	**2.51**	**2.12**	**118.46**
10	2520	1363	1157	0.85	0.46	0.39	117.84
11	2675	1473	1202	0.90	0.50	0.41	122.55
12	2799	1529	1270	0.94	0.52	0.43	120.35
13	2768	1525	1243	0.93	0.51	0.42	122.63
14	2936	1538	1398	0.99	0.52	0.47	110.02
15-19	**17300**	**9067**	**8234**	**5.84**	**3.06**	**2.78**	**110.11**
15	2941	1616	1325	0.99	0.55	0.45	122.00
16	3098	1667	1432	1.05	0.56	0.48	116.41
17	3303	1781	1523	1.11	0.60	0.51	116.95
18	3474	1763	1711	1.17	0.60	0.58	103.04
19	4483	2240	2243	1.51	0.76	0.76	99.83
20-24	**25083**	**12638**	**12445**	**8.47**	**4.27**	**4.20**	**101.55**
20	5278	2655	2623	1.78	0.90	0.89	101.24
21	5130	2675	2455	1.73	0.90	0.83	108.95
22	5483	2672	2811	1.85	0.90	0.95	95.05
23	4866	2488	2378	1.64	0.84	0.80	104.61
24	4327	2149	2178	1.46	0.73	0.74	98.66
25-29	**23538**	**11514**	**12024**	**7.94**	**3.89**	**4.06**	**95.75**
25	4396	2192	2204	1.48	0.74	0.74	99.50
26	4763	2301	2462	1.61	0.78	0.83	93.50
27	5395	2677	2718	1.82	0.90	0.92	98.53
28	4510	2208	2303	1.52	0.75	0.78	95.86
29	4473	2135	2339	1.51	0.72	0.79	91.28

2-4 续表 1 continued

单位：人、% (person,%)

年 龄 Age	人口数 Population			占总人口比重 Percentage to Total Population			性别比 (女=100)
	合计 Total	男 Male	女 Female	合计 Total	男 Male	女 Female	Sex Ratio (Famale=100)
30-34	**24600**	**12000**	**12600**	**8.30**	**4.05**	**4.25**	**95.24**
30	5037	2452	2585	1.70	0.83	0.87	94.83
31	4675	2278	2398	1.58	0.77	0.81	95.01
32	4563	2193	2371	1.54	0.74	0.80	92.49
33	5001	2455	2546	1.69	0.83	0.86	96.41
34	5323	2623	2700	1.80	0.89	0.91	97.15
35-39	**30218**	**15013**	**15206**	**10.20**	**5.07**	**5.13**	**98.73**
35	5517	2682	2835	1.86	0.91	0.96	94.60
36	5815	2891	2924	1.96	0.98	0.99	98.87
37	6056	3012	3044	2.04	1.02	1.03	98.96
38	6250	3089	3160	2.11	1.04	1.07	97.74
39	6581	3339	3242	2.22	1.13	1.09	102.97
40-44	**28343**	**14374**	**13968**	**9.57**	**4.85**	**4.71**	**102.91**
40	6146	3114	3032	2.07	1.05	1.02	102.72
41	6355	3245	3109	2.14	1.10	1.05	104.37
42	4946	2478	2467	1.67	0.84	0.83	100.44
43	5330	2647	2683	1.80	0.89	0.91	98.66
44	5567	2890	2677	1.88	0.98	0.90	107.96
45-49	**25078**	**12704**	**12374**	**8.46**	**4.29**	**4.18**	**102.66**
45	5825	2914	2911	1.97	0.98	0.98	100.13
46	7138	3697	3441	2.41	1.25	1.16	107.45
47	3129	1544	1585	1.06	0.52	0.54	97.38
48	4970	2510	2461	1.68	0.85	0.83	102.00
49	4015	2038	1977	1.36	0.69	0.67	103.11
50-54	**22191**	**11050**	**11141**	**7.49**	**3.73**	**3.76**	**99.19**
50	3684	1834	1850	1.24	0.62	0.62	99.11
51	4580	2317	2263	1.55	0.78	0.76	102.39
52	4822	2393	2428	1.63	0.81	0.82	98.56
53	4496	2218	2277	1.52	0.75	0.77	97.42
54	4610	2288	2322	1.56	0.77	0.78	98.51
55-59	**19651**	**9509**	**10142**	**6.63**	**3.21**	**3.42**	**93.76**
55	4690	2278	2411	1.58	0.77	0.81	94.48
56	4069	1996	2073	1.37	0.67	0.70	96.27
57	3892	1859	2033	1.31	0.63	0.69	91.46
58	3509	1673	1836	1.18	0.56	0.62	91.09
59	3492	1703	1789	1.18	0.57	0.60	95.23
60-64	**13589**	**6619**	**6970**	**4.59**	**2.23**	**2.35**	**94.97**
60	3344	1653	1691	1.13	0.56	0.57	97.74
61	2740	1362	1378	0.92	0.46	0.47	98.79
62	2733	1295	1438	0.92	0.44	0.49	90.08
63	2509	1218	1291	0.85	0.41	0.44	94.30
64	2263	1092	1171	0.76	0.37	0.40	93.22

2-4 续表 2 continued

单位：人、% (person,%)

年 龄 Age	人口数 Population			占总人口比重 Percentage to Total Population			性别比 (女=100) Sex Ratio (Famale=100)
	合计 Total	男 Male	女 Female	合计 Total	男 Male	女 Female	
65-69	**10152**	**4913**	**5240**	**3.43**	**1.66**	**1.77**	**93.76**
65	2248	1111	1136	0.76	0.38	0.38	97.79
66	1933	958	975	0.65	0.32	0.33	98.19
67	1984	926	1057	0.67	0.31	0.36	87.59
68	1994	953	1040	0.67	0.32	0.35	91.63
69	1994	964	1030	0.67	0.33	0.35	93.59
70-74	**8780**	**4264**	**4516**	**2.96**	**1.44**	**1.52**	**94.44**
70	1822	845	977	0.61	0.29	0.33	86.49
71	1861	891	971	0.63	0.30	0.33	91.72
72	1807	879	928	0.61	0.30	0.31	94.67
73	1683	831	852	0.57	0.28	0.29	97.58
74	1607	819	788	0.54	0.28	0.27	103.97
75-79	**5949**	**2988**	**2961**	**2.01**	**1.01**	**1.00**	**100.92**
75	1447	718	730	0.49	0.24	0.25	98.30
76	1356	660	697	0.46	0.22	0.24	94.75
77	1157	589	568	0.39	0.20	0.19	103.56
78	973	512	461	0.33	0.17	0.16	111.11
79	1015	510	505	0.34	0.17	0.17	100.97
80-84	**3016**	**1468**	**1548**	**1.02**	**0.50**	**0.52**	**94.80**
80	833	428	405	0.28	0.14	0.14	105.77
81	686	350	336	0.23	0.12	0.11	104.28
82	646	276	370	0.22	0.09	0.13	74.47
83	457	225	232	0.15	0.08	0.08	97.11
84	393	188	205	0.13	0.06	0.07	91.74
85-89	**1158**	**543**	**615**	**0.39**	**0.18**	**0.21**	**88.36**
85	347	156	191	0.12	0.05	0.06	81.73
86	251	131	120	0.08	0.04	0.04	109.68
87	235	114	121	0.08	0.04	0.04	94.51
88	178	74	103	0.06	0.03	0.03	71.62
89	147	67	80	0.05	0.02	0.03	84.62
90-94	**297**	**103**	**194**	**0.10**	**0.03**	**0.07**	**52.91**
90	97	41	56	0.03	0.01	0.02	74.01
91	62	19	43	0.02	0.01	0.01	45.24
92	64	19	45	0.02	0.01	0.02	42.65
93	38	15	23	0.01	0.01	0.01	65.33
94	36	8	28	0.01		0.01	28.57
95+	**87**	**27**	**60**	**0.03**	**0.01**	**0.02**	**45.02**

2-5 全国镇分年龄、性别的人口数

Town Population by Age and Sex

单位：人、% (person,%)

年龄 Age	人口数 Population			占总人口比重 Percentage to Total Population			性别比 (女=100)
	合计 Total	男 Male	女 Female	合计 Total	男 Male	女 Female	Sex Ratio (Famale=100)
总计 Total	**251189**	**126621**	**124567**	**100.00**	**50.41**	**49.59**	**101.65**
0-4	**12785**	**7059**	**5727**	**5.09**	**2.81**	**2.28**	**123.26**
0	2460	1351	1110	0.98	0.54	0.44	121.69
1	2467	1360	1106	0.98	0.54	0.44	122.94
2	2540	1446	1094	1.01	0.58	0.44	132.15
3	2618	1450	1169	1.04	0.58	0.47	124.05
4	2700	1452	1248	1.07	0.58	0.50	116.42
5-9	**13784**	**7549**	**6235**	**5.49**	**3.01**	**2.48**	**121.08**
5	2822	1515	1306	1.12	0.60	0.52	116.01
6	2596	1463	1133	1.03	0.58	0.45	129.17
7	2561	1378	1183	1.02	0.55	0.47	116.48
8	2955	1639	1316	1.18	0.65	0.52	124.52
9	2851	1554	1297	1.13	0.62	0.52	119.82
10-14	**16336**	**8781**	**7555**	**6.50**	**3.50**	**3.01**	**116.24**
10	3029	1711	1319	1.21	0.68	0.52	129.76
11	3120	1633	1486	1.24	0.65	0.59	109.89
12	3125	1632	1493	1.24	0.65	0.59	109.30
13	3433	1853	1580	1.37	0.74	0.63	117.24
14	3629	1953	1676	1.44	0.78	0.67	116.47
15-19	**18729**	**9896**	**8833**	**7.46**	**3.94**	**3.52**	**112.03**
15	3509	1842	1667	1.40	0.73	0.66	110.52
16	3747	1996	1752	1.49	0.79	0.70	113.95
17	3650	1957	1693	1.45	0.78	0.67	115.59
18	3637	1926	1711	1.45	0.77	0.68	112.55
19	4185	2175	2011	1.67	0.87	0.80	108.18
20-24	**18187**	**9077**	**9110**	**7.24**	**3.61**	**3.63**	**99.64**
20	3904	2003	1902	1.55	0.80	0.76	105.32
21	3490	1773	1716	1.39	0.71	0.68	103.34
22	3884	1869	2014	1.55	0.74	0.80	92.82
23	3556	1791	1765	1.42	0.71	0.70	101.50
24	3354	1640	1713	1.34	0.65	0.68	95.72
25-29	**16142**	**7860**	**8281**	**6.43**	**3.13**	**3.30**	**94.91**
25	3239	1575	1664	1.29	0.63	0.66	94.63
26	2945	1440	1505	1.17	0.57	0.60	95.73
27	3559	1736	1823	1.42	0.69	0.73	95.24
28	3252	1569	1683	1.29	0.62	0.67	93.24
29	3146	1539	1606	1.25	0.61	0.64	95.82

2-5 续表 1 continued

单位：人、% (person,%)

年 龄 Age	人口数 Population			占总人口比重 Percentage to Total Population			性别比 (女=100) Sex Ratio (Famale=100)
	合计 Total	男 Male	女 Female	合计 Total	男 Male	女 Female	
30-34	**17376**	**8459**	**8917**	**6.92**	**3.37**	**3.55**	**94.86**
30	3315	1620	1695	1.32	0.64	0.67	95.53
31	3293	1571	1722	1.31	0.63	0.69	91.21
32	3208	1564	1644	1.28	0.62	0.65	95.14
33	3683	1795	1889	1.47	0.71	0.75	95.01
34	3877	1910	1967	1.54	0.76	0.78	97.09
35-39	**23949**	**11751**	**12199**	**9.53**	**4.68**	**4.86**	**96.33**
35	4202	2005	2197	1.67	0.80	0.87	91.26
36	4506	2213	2293	1.79	0.88	0.91	96.52
37	4781	2311	2471	1.90	0.92	0.98	93.51
38	5054	2528	2526	2.01	1.01	1.01	100.10
39	5406	2694	2712	2.15	1.07	1.08	99.33
40-44	**24901**	**12369**	**12532**	**9.91**	**4.92**	**4.99**	**98.69**
40	5113	2622	2491	2.04	1.04	0.99	105.23
41	5232	2549	2683	2.08	1.01	1.07	95.01
42	4478	2226	2252	1.78	0.89	0.90	98.83
43	5173	2563	2610	2.06	1.02	1.04	98.18
44	4905	2410	2495	1.95	0.96	0.99	96.56
45-49	**20101**	**9835**	**10266**	**8.00**	**3.92**	**4.09**	**95.80**
45	5017	2444	2573	2.00	0.97	1.02	95.00
46	5672	2794	2878	2.26	1.11	1.15	97.11
47	2313	1102	1211	0.92	0.44	0.48	90.97
48	4169	2047	2122	1.66	0.82	0.84	96.49
49	2930	1447	1483	1.17	0.58	0.59	97.62
50-54	**17967**	**8982**	**8984**	**7.15**	**3.58**	**3.58**	**99.98**
50	2776	1378	1398	1.11	0.55	0.56	98.55
51	3610	1837	1773	1.44	0.73	0.71	103.61
52	3973	1930	2044	1.58	0.77	0.81	94.41
53	3671	1851	1820	1.46	0.74	0.72	101.69
54	3935	1987	1949	1.57	0.79	0.78	101.94
55-59	**16166**	**8016**	**8150**	**6.44**	**3.19**	**3.24**	**98.36**
55	3605	1806	1799	1.44	0.72	0.72	100.35
56	3413	1696	1717	1.36	0.68	0.68	98.77
57	3330	1694	1637	1.33	0.67	0.65	103.47
58	2850	1336	1514	1.13	0.53	0.60	88.24
59	2967	1485	1482	1.18	0.59	0.59	100.17
60-64	**11519**	**5824**	**5695**	**4.59**	**2.32**	**2.27**	**102.25**
60	2750	1412	1337	1.09	0.56	0.53	105.63
61	2384	1216	1168	0.95	0.48	0.47	104.13
62	2316	1167	1148	0.92	0.46	0.46	101.67
63	2121	1060	1061	0.84	0.42	0.42	99.97
64	1948	967	981	0.78	0.38	0.39	98.56

2-5 续表 2 continued

单位：人、%　　　　(person,%)

年 龄 Age	人口数 Population			占总人口比重 Percentage to Total Population			性别比 (女=100) Sex Ratio (Famale=100)
	合计 Total	男 Male	女 Female	合计 Total	男 Male	女 Female	
65-69	**8241**	**4152**	**4089**	**3.28**	**1.65**	**1.63**	**101.53**
65	1853	972	880	0.74	0.39	0.35	110.44
66	1659	826	833	0.66	0.33	0.33	99.13
67	1574	797	776	0.63	0.32	0.31	102.76
68	1691	830	861	0.67	0.33	0.34	96.44
69	1465	726	739	0.58	0.29	0.29	98.27
70-74	**6595**	**3270**	**3324**	**2.63**	**1.30**	**1.32**	**98.38**
70	1384	697	687	0.55	0.28	0.27	101.44
71	1427	725	701	0.57	0.29	0.28	103.41
72	1333	652	681	0.53	0.26	0.27	95.85
73	1255	602	653	0.50	0.24	0.26	92.14
74	1195	594	602	0.48	0.24	0.24	98.65
75-79	**4615**	**2214**	**2401**	**1.84**	**0.88**	**0.96**	**92.23**
75	1147	549	598	0.46	0.22	0.24	91.94
76	1131	574	556	0.45	0.23	0.22	103.22
77	835	400	436	0.33	0.16	0.17	91.64
78	780	354	427	0.31	0.14	0.17	82.89
79	721	337	384	0.29	0.13	0.15	87.79
80-84	**2446**	**1013**	**1433**	**0.97**	**0.40**	**0.57**	**70.67**
80	554	249	305	0.22	0.10	0.12	81.57
81	618	274	345	0.25	0.11	0.14	79.32
82	493	194	299	0.20	0.08	0.12	64.93
83	425	153	273	0.17	0.06	0.11	55.99
84	355	144	211	0.14	0.06	0.08	67.88
85-89	**1044**	**429**	**615**	**0.42**	**0.17**	**0.24**	**69.84**
85	308	135	173	0.12	0.05	0.07	78.05
86	245	111	134	0.10	0.04	0.05	82.96
87	199	84	115	0.08	0.03	0.05	72.96
88	165	53	112	0.07	0.02	0.04	47.54
89	127	46	81	0.05	0.02	0.03	57.12
90-94	**242**	**74**	**168**	**0.10**	**0.03**	**0.07**	**44.44**
90	68	25	43	0.03	0.01	0.02	56.46
91	64	18	46	0.03	0.01	0.02	40.29
92	53	11	41	0.02		0.02	27.25
93	34	11	23	0.01		0.01	46.61
94	24	10	14	0.01		0.01	67.77
95+	**64**	**10**	**53**	**0.03**		**0.02**	**19.52**

2-6 全国乡村分年龄、性别的人口数

Rural Population by Age and Sex

单位：人、%　　　　(person,%)

年 龄 Age	人口数 Population 合计 Total	男 Male	女 Female	占总人口比重 Percentage to Total Population 合计 Total	男 Male	女 Female	性别比 (女=100) Sex Ratio (Famale=100)
总计 Total	**617508**	**316300**	**301208**	**100.00**	**51.22**	**48.78**	**105.01**
0-4	**36082**	**20006**	**16075**	**5.84**	**3.24**	**2.60**	**124.45**
0	7339	4088	3251	1.19	0.66	0.53	125.73
1	6700	3799	2901	1.09	0.62	0.47	130.95
2	7138	3889	3249	1.16	0.63	0.53	119.71
3	7520	4169	3351	1.22	0.68	0.54	124.40
4	7384	4061	3323	1.20	0.66	0.54	122.22
5-9	**36949**	**20504**	**16445**	**5.98**	**3.32**	**2.66**	**124.68**
5	7706	4377	3329	1.25	0.71	0.54	131.46
6	7061	3944	3118	1.14	0.64	0.50	126.49
7	7248	3957	3291	1.17	0.64	0.53	120.24
8	7503	4147	3355	1.22	0.67	0.54	123.60
9	7431	4079	3352	1.20	0.66	0.54	121.72
10-14	**43324**	**23539**	**19784**	**7.02**	**3.81**	**3.20**	**118.98**
10	7709	4287	3422	1.25	0.69	0.55	125.26
11	8495	4618	3877	1.38	0.75	0.63	119.13
12	8513	4678	3835	1.38	0.76	0.62	121.98
13	8938	4824	4114	1.45	0.78	0.67	117.25
14	9668	5132	4536	1.57	0.83	0.73	113.15
15-19	**47487**	**25208**	**22278**	**7.69**	**4.08**	**3.61**	**113.15**
15	8963	4725	4238	1.45	0.77	0.69	111.47
16	9293	4945	4348	1.50	0.80	0.70	113.74
17	9149	4875	4274	1.48	0.79	0.69	114.05
18	9039	4813	4226	1.46	0.78	0.68	113.89
19	11042	5850	5192	1.79	0.95	0.84	112.68
20-24	**44367**	**22286**	**22081**	**7.18**	**3.61**	**3.58**	**100.93**
20	10014	5122	4891	1.62	0.83	0.79	104.72
21	9021	4570	4452	1.46	0.74	0.72	102.64
22	9448	4633	4815	1.53	0.75	0.78	96.23
23	8472	4228	4244	1.37	0.68	0.69	99.64
24	7411	3732	3679	1.20	0.60	0.60	101.45
25-29	**35802**	**18304**	**17498**	**5.80**	**2.96**	**2.83**	**104.61**
25	7312	3756	3556	1.18	0.61	0.58	105.62
26	6840	3423	3417	1.11	0.55	0.55	100.18
27	7823	4068	3756	1.27	0.66	0.61	108.31
28	6960	3588	3372	1.13	0.58	0.55	106.39
29	6866	3469	3396	1.11	0.56	0.55	102.14

2-6 续表 1 continued

单位：人、% (person,%)

年 龄 Age	人口数 Population 合计 Total	男 Male	女 Female	占总人口比重 Percentage to Total Population 合计 Total	男 Male	女 Female	性别比 (女=100) Sex Ratio (Famale=100)
30-34	**36758**	**18374**	**18384**	**5.95**	**2.98**	**2.98**	**99.94**
30	6921	3532	3389	1.12	0.57	0.55	104.20
31	7093	3468	3624	1.15	0.56	0.59	95.69
32	6771	3408	3363	1.10	0.55	0.54	101.33
33	7810	3884	3926	1.26	0.63	0.64	98.93
34	8163	4082	4081	1.32	0.66	0.66	100.01
35-39	**51872**	**25815**	**26057**	**8.40**	**4.18**	**4.22**	**99.07**
35	9044	4565	4479	1.46	0.74	0.73	101.92
36	9923	4908	5015	1.61	0.79	0.81	97.86
37	10204	5030	5174	1.65	0.81	0.84	97.21
38	10701	5440	5261	1.73	0.88	0.85	103.40
39	11999	5872	6127	1.94	0.95	0.99	95.85
40-44	**59112**	**29119**	**29993**	**9.57**	**4.72**	**4.86**	**97.09**
40	11470	5590	5880	1.86	0.91	0.95	95.07
41	12646	6301	6344	2.05	1.02	1.03	99.32
42	10751	5299	5452	1.74	0.86	0.88	97.20
43	12195	6015	6180	1.97	0.97	1.00	97.34
44	12050	5913	6137	1.95	0.96	0.99	96.35
45-49	**47187**	**23108**	**24079**	**7.64**	**3.74**	**3.90**	**95.97**
45	11457	5717	5740	1.86	0.93	0.93	99.60
46	13034	6319	6714	2.11	1.02	1.09	94.12
47	5590	2769	2821	0.91	0.45	0.46	98.15
48	10007	4897	5110	1.62	0.79	0.83	95.82
49	7101	3407	3694	1.15	0.55	0.60	92.23
50-54	**44177**	**22409**	**21768**	**7.15**	**3.63**	**3.53**	**102.94**
50	6764	3323	3441	1.10	0.54	0.56	96.54
51	8712	4402	4310	1.41	0.71	0.70	102.15
52	9733	5021	4712	1.58	0.81	0.76	106.56
53	9189	4607	4582	1.49	0.75	0.74	100.55
54	9779	5056	4723	1.58	0.82	0.76	107.04
55-59	**43297**	**22066**	**21230**	**7.01**	**3.57**	**3.44**	**103.94**
55	9962	5128	4834	1.61	0.83	0.78	106.06
56	8756	4395	4360	1.42	0.71	0.71	100.80
57	9226	4824	4402	1.49	0.78	0.71	109.59
58	7658	3858	3800	1.24	0.62	0.62	101.52
59	7696	3862	3834	1.25	0.63	0.62	100.72
60-64	**30582**	**15905**	**14677**	**4.95**	**2.58**	**2.38**	**108.37**
60	7468	3917	3552	1.21	0.63	0.58	110.27
61	6464	3302	3163	1.05	0.53	0.51	104.40
62	6239	3261	2978	1.01	0.53	0.48	109.53
63	5248	2711	2537	0.85	0.44	0.41	106.86
64	5162	2715	2448	0.84	0.44	0.40	110.90

2-6 续表 2 continued

单位：人、% (person,%)

年 龄 Age	人口数 Population			占总人口比重 Percentage to Total Population			性别比 (女=100) Sex Ratio (Famale=100)
	合计 Total	男 Male	女 Female	合计 Total	男 Male	女 Female	
65-69	**21720**	**11212**	**10508**	**3.52**	**1.82**	**1.70**	**106.69**
65	4993	2594	2399	0.81	0.42	0.39	108.14
66	4359	2246	2113	0.71	0.36	0.34	106.34
67	4245	2176	2069	0.69	0.35	0.34	105.17
68	4156	2125	2031	0.67	0.34	0.33	104.61
69	3968	2071	1897	0.64	0.34	0.31	109.17
70-74	**17118**	**8724**	**8394**	**2.77**	**1.41**	**1.36**	**103.92**
70	3474	1803	1671	0.56	0.29	0.27	107.90
71	3885	2008	1877	0.63	0.33	0.30	107.01
72	3385	1728	1657	0.55	0.28	0.27	104.33
73	3279	1654	1625	0.53	0.27	0.26	101.81
74	3095	1530	1565	0.50	0.25	0.25	97.73
75-79	**11963**	**5794**	**6169**	**1.94**	**0.94**	**1.00**	**93.92**
75	2824	1374	1450	0.46	0.22	0.23	94.78
76	2721	1361	1361	0.44	0.22	0.22	100.01
77	2314	1122	1192	0.37	0.18	0.19	94.08
78	1993	937	1055	0.32	0.15	0.17	88.81
79	2111	1000	1111	0.34	0.16	0.18	90.01
80-84	**6331**	**2697**	**3634**	**1.03**	**0.44**	**0.59**	**74.22**
80	1599	701	898	0.26	0.11	0.15	78.13
81	1464	646	817	0.24	0.10	0.13	79.03
82	1232	527	705	0.20	0.09	0.11	74.72
83	1023	417	605	0.17	0.07	0.10	68.96
84	1014	406	609	0.16	0.07	0.10	66.62
85-89	**2586**	**998**	**1588**	**0.42**	**0.16**	**0.26**	**62.84**
85	756	302	454	0.12	0.05	0.07	66.57
86	604	240	364	0.10	0.04	0.06	66.03
87	490	191	299	0.08	0.03	0.05	63.65
88	386	146	240	0.06	0.02	0.04	61.01
89	350	119	232	0.06	0.02	0.04	51.33
90-94	**635**	**184**	**452**	**0.10**	**0.03**	**0.07**	**40.68**
90	213	52	161	0.03	0.01	0.03	32.52
91	150	51	98	0.02	0.01	0.02	52.23
92	126	37	89	0.02	0.01	0.01	41.21
93	88	30	58	0.01		0.01	52.24
94	59	13	45	0.01		0.01	28.91
95+	**158**	**46**	**112**	**0.03**	**0.01**	**0.02**	**40.66**

2-7 各地区人口年龄构成和抚养比

Age Composition and Dependency Ratio of Population by Region

地 区	Region	人口数 (人) Population (person)	0-14岁 Aged 0-14	15-64岁 Aged 15-64	65岁及以上 Aged 65 and Over	总抚养比 (%) Gross Dependency Ratio (%)	少儿抚养比 Children Dependency Ratio	老年抚养比 Old Dependency Ratio
全 国	**National Total**	**1164986**	**196517**	**855269**	**113199**	**36.21**	**22.98**	**13.24**
北 京	Beijing	15096	1497	12075	1524	25.01	12.39	12.62
天 津	Tianjin	10473	1054	8263	1156	26.75	12.76	13.99
河 北	Hebei	62243	10274	46457	5512	33.98	22.12	11.87
山 西	Shanxi	30378	5241	22680	2457	33.94	23.11	10.83
内蒙古	Inner Mongolia	21499	3059	16621	1818	29.35	18.41	10.94
辽 宁	Liaoning	38429	4243	29767	4419	29.10	14.25	14.85
吉 林	Jilin	24349	2963	19222	2164	26.67	15.42	11.26
黑龙江	Heilongjiang	34065	4202	26913	2951	26.58	15.61	10.96
上 海	Shanghai	16814	1271	13176	2368	27.62	9.64	17.97
江 苏	Jiangsu	68371	9357	50788	8225	34.62	18.42	16.20
浙 江	Zhejiang	45472	6298	34139	5035	33.20	18.45	14.75
安 徽	Anhui	54638	10522	38571	5545	41.66	27.28	14.38
福 建	Fujian	32097	5481	23396	3220	37.19	23.43	13.76
江 西	Jiangxi	39186	8622	27399	3165	43.02	31.47	11.55
山 东	Shandong	83867	13132	62563	8171	34.05	20.99	13.06
河 南	Henan	83974	16089	60425	7460	38.97	26.63	12.35
湖 北	Hubei	50862	7357	38330	5175	32.69	19.19	13.50
湖 南	Hunan	56820	9784	40685	6351	39.66	24.05	15.61
广 东	Guangdong	84981	14734	63891	6356	33.01	23.06	9.95
广 西	Guangxi	42891	9122	29776	3993	44.05	30.63	13.41
海 南	Hainan	7606	1553	5385	667	41.23	28.84	12.39
重 庆	Chongqing	25284	4649	17708	2927	42.78	26.25	16.53
四 川	Sichuan	72471	12472	51161	8838	41.65	24.38	17.28
贵 州	Guizhou	33780	8377	22610	2794	49.41	37.05	12.36
云 南	Yunnan	40460	8700	28282	3478	43.06	30.76	12.30
西 藏	Tibet	2556	505	1872	179	36.57	27.00	9.56
陕 西	Shaanxi	33504	5305	24884	3315	34.64	21.32	13.32
甘 肃	Gansu	23405	4420	17033	1952	37.41	25.95	11.46
青 海	Qinghai	4934	1034	3554	345	38.81	29.10	9.71
宁 夏	Ningxia	5504	1176	3953	374	39.22	29.75	9.47
新 疆	Xinjiang	18979	4024	13690	1264	38.63	29.40	9.23

2-8 各地区城市人口年龄构成和抚养比

Age Composition and Dependency Ratio of City Population by Region

地 区	Region	人口数(人) Population (person)	0-14岁 Aged 0-14	15-64岁 Aged 15-64	65岁及以上 Aged 65 and Over	总抚养比(%) Gross Dependency Ratio (%)	少儿抚养比 Children Dependency Ratio	老年抚养比 Old Dependency Ratio
全 国	**National Total**	**296289**	**37258**	**229592**	**29439**	**29.05**	**16.23**	**12.82**
北 京	Beijing	12305	1187	9874	1243	24.61	12.02	12.59
天 津	Tianjin	6943	546	5512	885	25.96	9.91	16.05
河 北	Hebei	13237	2060	9776	1401	35.40	21.07	14.33
山 西	Shanxi	6938	967	5311	661	30.65	18.20	12.45
内蒙古	Inner Mongolia	6222	850	4796	576	29.71	17.71	12.00
辽 宁	Liaoning	16408	1467	12766	2175	28.53	11.49	17.04
吉 林	Jilin	8737	926	6886	925	26.88	13.45	13.43
黑龙江	Heilongjiang	12548	1309	9872	1367	27.11	13.26	13.85
上 海	Shanghai	13547	1003	10665	1879	27.02	9.40	17.62
江 苏	Jiangsu	18991	2177	15024	1789	26.40	14.49	11.91
浙 江	Zhejiang	12916	1530	10133	1252	27.46	15.10	12.36
安 徽	Anhui	9344	1326	7220	799	29.43	18.37	11.06
福 建	Fujian	6797	982	5207	609	30.54	18.85	11.69
江 西	Jiangxi	6853	1021	5215	616	31.40	19.58	11.82
山 东	Shandong	19604	2857	15111	1636	29.73	18.91	10.83
河 南	Henan	14003	2173	10505	1325	33.31	20.69	12.62
湖 北	Hubei	13973	1817	10838	1318	28.92	16.76	12.16
湖 南	Hunan	11062	1388	8249	1425	34.09	16.83	17.27
广 东	Guangdong	34092	4194	27938	1960	22.03	15.01	7.02
广 西	Guangxi	6534	1031	4963	541	31.67	20.77	10.90
海 南	Hainan	1156	180	895	80	29.09	20.12	8.97
重 庆	Chongqing	4969	580	3741	648	32.84	15.51	17.33
四 川	Sichuan	11843	1585	8832	1426	34.09	17.94	16.15
贵 州	Guizhou	3416	583	2495	338	36.93	23.38	13.55
云 南	Yunnan	5040	721	3687	631	36.69	19.56	17.13
西 藏	Tibet	232	35	176	21	32.16	20.06	12.10
陕 西	Shaanxi	6420	787	4924	709	30.38	15.99	14.39
甘 肃	Gansu	4214	665	3061	488	37.66	21.71	15.95
青 海	Qinghai	910	123	694	93	31.15	17.71	13.45
宁 夏	Ningxia	1465	237	1099	129	33.27	21.57	11.70
新 疆	Xinjiang	5570	949	4127	494	34.96	23.00	11.96

2-9 各地区镇人口年龄构成和抚养比
Age Composition and Dependency Ratio of Town Population by Region

地 区	Region	人口数（人）Population (person)	0-14岁 Aged 0-14	15-64岁 Aged 15-64	65岁及以上 Aged 65 and Over	总抚养比（%）Gross Dependency Ratio (%)	少儿抚养比 Children Dependency Ratio	老年抚养比 Old Dependency Ratio
全 国	**National Total**	**251189**	**42905**	**185037**	**23247**	**35.75**	**23.19**	**12.56**
北 京	Beijing	511	58	413	40	23.60	13.95	9.65
天 津	Tianjin	1144	158	894	91	27.91	17.71	10.20
河 北	Hebei	12840	2079	9768	993	31.45	21.28	10.17
山 西	Shanxi	6768	1297	5024	447	34.73	25.82	8.91
内蒙古	Inner Mongolia	4893	760	3801	332	28.72	19.98	8.74
辽 宁	Liaoning	6667	753	5199	714	28.22	14.49	13.74
吉 林	Jilin	4221	527	3312	382	27.43	15.91	11.53
黑龙江	Heilongjiang	6324	782	5012	530	26.17	15.60	10.57
上 海	Shanghai	1353	109	1083	161	24.93	10.07	14.86
江 苏	Jiangsu	18138	2677	13291	2171	36.47	20.14	16.33
浙 江	Zhejiang	13336	1940	10075	1320	32.36	19.25	13.11
安 徽	Anhui	12787	2458	9158	1171	39.63	26.84	12.79
福 建	Fujian	9216	1679	6716	821	37.22	25.00	12.22
江 西	Jiangxi	9356	2028	6638	689	40.93	30.55	10.38
山 东	Shandong	20317	3270	15119	1928	34.38	21.63	12.75
河 南	Henan	16250	2990	11641	1619	39.60	25.69	13.91
湖 北	Hubei	9013	1211	6960	842	29.50	17.40	12.10
湖 南	Hunan	12886	2187	9573	1126	34.61	22.84	11.77
广 东	Guangdong	19756	3800	14341	1615	37.76	26.50	11.26
广 西	Guangxi	9835	2003	6947	885	41.57	28.83	12.74
海 南	Hainan	2496	514	1764	218	41.48	29.12	12.36
重 庆	Chongqing	7668	1410	5342	916	43.55	26.40	17.15
四 川	Sichuan	15267	2353	11168	1746	36.71	21.07	15.63
贵 州	Guizhou	6416	1496	4412	508	45.43	33.91	11.51
云 南	Yunnan	8310	1609	6024	678	37.96	26.71	11.25
西 藏	Tibet	347	58	263	26	32.08	22.17	9.91
陕 西	Shaanxi	7687	1219	5722	746	34.34	21.30	13.04
甘 肃	Gansu	3311	597	2446	269	35.39	24.40	10.98
青 海	Qinghai	1111	239	807	65	37.75	29.68	8.07
宁 夏	Ningxia	1011	208	739	64	36.75	28.11	8.64
新 疆	Xinjiang	1955	436	1386	133	41.04	31.43	9.62

2-10 各地区乡村人口年龄构成和抚养比

Age Composition and Dependency Ratio of Rural Population by Region

地 区	Region	人口数（人）Population (person)	0-14岁 Aged 0-14	15-64岁 Aged 15-64	65岁及以上 Aged 65 and Over	总抚养比（%）Gross Dependency Ratio (%)	少儿抚养比 Children Dependency Ratio	老年抚养比 Old Dependency Ratio
全 国	**National Total**	**617508**	**116354**	**440641**	**60513**	**40.14**	**26.41**	**13.73**
北 京	Beijing	2280	252	1788	241	27.54	14.07	13.47
天 津	Tianjin	2387	350	1857	180	28.53	18.84	9.69
河 北	Hebei	36167	6135	26913	3118	34.38	22.80	11.59
山 西	Shanxi	16672	2977	12346	1349	35.04	24.11	10.92
内蒙古	Inner Mongolia	10384	1450	8024	911	29.42	18.07	11.35
辽 宁	Liaoning	15354	2022	11801	1530	30.11	17.14	12.97
吉 林	Jilin	11391	1510	9023	857	26.23	16.74	9.50
黑龙江	Heilongjiang	15193	2110	12029	1054	26.31	17.54	8.77
上 海	Shanghai	1915	159	1428	328	34.10	11.10	23.00
江 苏	Jiangsu	31242	4503	22474	4266	39.02	20.04	18.98
浙 江	Zhejiang	19221	2828	13930	2463	37.98	20.30	17.68
安 徽	Anhui	32507	6737	22194	3576	46.47	30.36	16.11
福 建	Fujian	16084	2820	11473	1790	40.19	24.58	15.60
江 西	Jiangxi	22977	5572	15545	1860	47.81	35.85	11.97
山 东	Shandong	43946	7005	32333	4607	35.91	21.67	14.25
河 南	Henan	53720	10926	38280	4515	40.34	28.54	11.79
湖 北	Hubei	27876	4329	20532	3014	35.77	21.09	14.68
湖 南	Hunan	32872	6210	22862	3800	43.78	27.16	16.62
广 东	Guangdong	31133	6740	21612	2780	44.05	31.19	12.86
广 西	Guangxi	26522	6088	17866	2568	48.45	34.08	14.37
海 南	Hainan	3954	859	2726	369	45.06	31.52	13.54
重 庆	Chongqing	12646	2659	8626	1362	46.62	30.82	15.79
四 川	Sichuan	45361	8534	31161	5666	45.57	27.39	18.18
贵 州	Guizhou	23948	6297	15703	1948	52.51	40.10	12.40
云 南	Yunnan	27110	6369	18571	2169	45.98	34.30	11.68
西 藏	Tibet	1977	412	1433	132	37.93	28.74	9.19
陕 西	Shaanxi	19397	3299	14238	1860	36.23	23.17	13.06
甘 肃	Gansu	15879	3159	11526	1195	37.77	27.40	10.36
青 海	Qinghai	2912	672	2054	187	41.81	32.73	9.08
宁 夏	Ningxia	3028	731	2115	182	43.18	34.58	8.60
新 疆	Xinjiang	11453	2639	8176	637	40.07	32.28	7.79

2-11 各地区户数、人口数、性别比和平均家庭户规模

Households, Population, Sex Ratio and Household Size by Region

地区	Region	户数 (户) Number of Households (households)	家庭户 Family Household	集体户 Collective Household	人口数 (人) Population (person)	男 Male	女 Female	性别比 (女=100) Sex Ratio (Female=100)
全国	**National Total**	**369519**	**363948**	**5571**	**1164986**	**591871**	**573115**	**103.27**
北京	Beijing	5897	5444	453	15096	7705	7390	104.27
天津	Tianjin	3449	3310	139	10473	5298	5175	102.38
河北	Hebei	18881	18850	31	62243	31671	30572	103.60
山西	Shanxi	9292	9226	66	30378	15503	14875	104.22
内蒙古	Inner Mongolia	7386	7367	19	21499	11012	10487	105.01
辽宁	Liaoning	13398	13334	64	38429	19344	19085	101.36
吉林	Jilin	7895	7883	12	24349	12465	11884	104.89
黑龙江	Heilongjiang	11815	11777	38	34065	17310	16755	103.31
上海	Shanghai	6475	6288	187	16814	8363	8452	98.95
江苏	Jiangsu	22850	22485	365	68371	33718	34653	97.30
浙江	Zhejiang	16205	15783	422	45472	22954	22519	101.93
安徽	Anhui	17966	17807	159	54638	28195	26443	106.62
福建	Fujian	10806	10471	335	32097	16048	16049	99.99
江西	Jiangxi	10776	10769	7	39186	20050	19136	104.77
山东	Shandong	28104	28048	56	83867	42411	41456	102.30
河南	Henan	25172	25172		83974	42511	41463	102.53
湖北	Hubei	16531	16489	42	50862	26070	24792	105.15
湖南	Hunan	17273	17230	43	56820	29087	27732	104.89
广东	Guangdong	25426	22954	2472	84981	42960	42021	102.23
广西	Guangxi	12022	11986	36	42891	22541	20350	110.76
海南	Hainan	2019	1981	38	7606	4054	3551	114.17
重庆	Chongqing	9136	9053	83	25284	12683	12601	100.66
四川	Sichuan	24042	23894	148	72471	36402	36069	100.93
贵州	Guizhou	9335	9316	19	33780	17464	16316	107.03
云南	Yunnan	11327	11180	147	40460	21008	19451	108.00
西藏	Tibet	543	543		2556	1256	1300	96.60
陕西	Shaanxi	10557	10424	133	33504	16965	16539	102.58
甘肃	Gansu	6541	6531	10	23405	11921	11484	103.80
青海	Qinghai	1379	1359	20	4934	2482	2452	101.21
宁夏	Ningxia	1582	1571	11	5504	2809	2695	104.24
新疆	Xinjiang	5436	5422	14	18979	9611	9367	102.61

2-11 续表 continued

地 区	Region	家庭户人口数 (人) Family Household Population (person)	男 Male	女 Female	性别比 (女=100) Sex Ratio (Female=100)	集体户人口数 (人) Collective Household Population (person)	男 Male	女 Female	平均家庭户规模 (人/户) Average Family Size (person/ household)
全 国	**National Total**	**1145040**	**581104**	**563936**	**103.04**	**19946**	**10767**	**9179**	**3.15**
北 京	Beijing	13782	6880	6902	99.67	1314	826	488	2.53
天 津	Tianjin	9789	4874	4915	99.16	684	424	260	2.96
河 北	Hebei	62096	31568	30528	103.41	148	104	44	3.29
山 西	Shanxi	30049	15331	14718	104.17	329	172	157	3.26
内蒙古	Inner Mongolia	21438	10977	10462	104.92	60	35	25	2.91
辽 宁	Liaoning	38167	19260	18907	101.87	262	84	178	2.86
吉 林	Jilin	24296	12420	11877	104.57	52	46	7	3.08
黑龙江	Heilongjiang	33952	17272	16681	103.54	113	38	75	2.88
上 海	Shanghai	16272	8057	8215	98.08	542	306	237	2.59
江 苏	Jiangsu	66981	32826	34155	96.11	1390	892	498	2.98
浙 江	Zhejiang	44122	22151	21972	100.81	1350	803	547	2.80
安 徽	Anhui	54167	27733	26433	104.92	471	461	10	3.04
福 建	Fujian	31045	15354	15692	97.85	1052	694	358	2.96
江 西	Jiangxi	39164	20037	19126	104.76	22	12	10	3.64
山 东	Shandong	83689	42306	41382	102.23	178	105	74	2.98
河 南	Henan	83974	42511	41463	102.53				3.34
湖 北	Hubei	50722	26014	24708	105.29	140	56	84	3.08
湖 南	Hunan	56701	29032	27669	104.93	119	55	64	3.29
广 东	Guangdong	75732	38551	37180	103.69	9249	4409	4841	3.30
广 西	Guangxi	42790	22480	20310	110.69	101	60	40	3.57
海 南	Hainan	7434	3943	3491	112.96	172	111	60	3.75
重 庆	Chongqing	24935	12622	12313	102.51	349	61	288	2.75
四 川	Sichuan	71883	36112	35771	100.95	588	291	298	3.01
贵 州	Guizhou	33676	17397	16279	106.86	104	67	37	3.61
云 南	Yunnan	40080	20753	19327	107.38	379	255	124	3.58
西 藏	Tibet	2556	1256	1300	96.60				4.71
陕 西	Shaanxi	32923	16676	16246	102.65	581	289	293	3.16
甘 肃	Gansu	23382	11903	11479	103.69	23	18	5	3.58
青 海	Qinghai	4861	2441	2421	100.82	72	41	31	3.58
宁 夏	Ningxia	5444	2772	2672	103.73	60	37	23	3.47
新 疆	Xinjiang	18937	9596	9341	102.73	41	15	26	3.49

2-12 各地区城市户数、人口数、性别比和平均家庭户规模

Households, Population, Sex Ratio and Household Size of Cities by Region

地 区	Region	户 数 (户) Number of Households (households)	家庭户 Family Household	集体户 Collective Household	人口数 (人) Population (person)	男 Male	女 Female	性别比 (女=100) Sex Ratio (Female=100)
全 国	**National Total**	**104115**	**100035**	**4080**	**296289**	**148949**	**147340**	**101.09**
北 京	Beijing	4938	4505	433	12305	6273	6032	103.99
天 津	Tianjin	2393	2283	110	6943	3443	3500	98.37
河 北	Hebei	4357	4342	15	13237	6615	6622	99.89
山 西	Shanxi	2323	2261	62	6938	3430	3509	97.75
内蒙古	Inner Mongolia	2350	2334	16	6222	3113	3109	100.14
辽 宁	Liaoning	6018	5957	61	16408	8111	8297	97.76
吉 林	Jilin	3073	3067	6	8737	4387	4351	100.83
黑龙江	Heilongjiang	4822	4786	36	12548	6261	6287	99.58
上 海	Shanghai	5225	5054	171	13547	6742	6805	99.07
江 苏	Jiangsu	6667	6382	285	18991	9643	9348	103.16
浙 江	Zhejiang	4780	4487	293	12916	6477	6439	100.58
安 徽	Anhui	3373	3220	153	9344	4950	4394	112.64
福 建	Fujian	2410	2243	167	6797	3332	3465	96.15
江 西	Jiangxi	2188	2185	3	6853	3441	3412	100.87
山 东	Shandong	6778	6727	51	19604	9837	9767	100.72
河 南	Henan	4396	4396		14003	7033	6970	100.91
湖 北	Hubei	4739	4716	23	13973	7042	6931	101.61
湖 南	Hunan	3705	3672	33	11062	5503	5559	99.00
广 东	Guangdong	12001	10354	1647	34092	17483	16610	105.26
广 西	Guangxi	2000	1970	30	6534	3331	3203	103.99
海 南	Hainan	330	303	27	1156	608	548	110.90
重 庆	Chongqing	1808	1764	44	4969	2393	2576	92.92
四 川	Sichuan	3946	3827	119	11843	5849	5994	97.58
贵 州	Guizhou	1141	1128	13	3416	1698	1718	98.87
云 南	Yunnan	1869	1736	133	5040	2598	2441	106.44
西 藏	Tibet	61	61		232	104	128	80.83
陕 西	Shaanxi	2116	2015	101	6420	3161	3259	97.00
甘 肃	Gansu	1487	1478	9	4214	2140	2074	103.17
青 海	Qinghai	333	317	16	910	452	458	98.81
宁 夏	Ningxia	512	502	10	1465	742	723	102.66
新 疆	Xinjiang	1975	1964	11	5570	2758	2812	98.10

2-12 续表 continued

地 区	Region	家庭户人口数（人）Family Household Population (person)	男 Male	女 Female	性别比（女=100）Sex Ratio (Female=100)	集体户人口数（人）Collective Household Population (person)	男 Male	女 Female	平均家庭户规模（人/户）Average Family Size (person/household)
全 国	**National Total**	**282533**	**141236**	**141297**	**99.96**	**13756**	**7713**	**6043**	**2.82**
北 京	Beijing	11078	5510	5568	98.96	1227	763	464	2.46
天 津	Tianjin	6397	3134	3263	96.03	546	309	237	2.80
河 北	Hebei	13199	6596	6603	99.88	38	19	19	3.04
山 西	Shanxi	6624	3271	3353	97.57	315	159	156	2.93
内蒙古	Inner Mongolia	6174	3085	3089	99.88	47	28	20	2.65
辽 宁	Liaoning	16159	8038	8122	98.97	249	73	176	2.71
吉 林	Jilin	8717	4370	4347	100.54	20	16	4	2.84
黑龙江	Heilongjiang	12438	6223	6215	100.12	110	38	72	2.60
上 海	Shanghai	13053	6459	6594	97.94	494	283	211	2.58
江 苏	Jiangsu	17885	8912	8973	99.32	1106	731	375	2.80
浙 江	Zhejiang	11931	5837	6093	95.80	985	639	346	2.66
安 徽	Anhui	8919	4529	4391	103.13	425	421	4	2.77
福 建	Fujian	6361	3090	3271	94.44	436	242	194	2.84
江 西	Jiangxi	6844	3441	3403	101.13	9		9	3.13
山 东	Shandong	19466	9755	9711	100.46	138	82	56	2.89
河 南	Henan	14003	7033	6970	100.91				3.19
湖 北	Hubei	13878	7020	6857	102.38	96	22	74	2.94
湖 南	Hunan	10963	5460	5503	99.21	99	44	56	2.99
广 东	Guangdong	28495	14546	13949	104.28	5597	2937	2661	2.75
广 西	Guangxi	6462	3293	3169	103.94	72	38	35	3.28
海 南	Hainan	1021	528	493	107.14	134	79	55	3.37
重 庆	Chongqing	4831	2370	2461	96.31	139	24	115	2.74
四 川	Sichuan	11374	5642	5732	98.44	469	207	262	2.97
贵 州	Guizhou	3352	1659	1693	98.01	64	39	25	2.97
云 南	Yunnan	4716	2380	2336	101.92	324	218	106	2.72
西 藏	Tibet	232	104	128	80.83				3.80
陕 西	Shaanxi	5969	2952	3018	97.82	450	209	241	2.96
甘 肃	Gansu	4192	2122	2070	102.49	22	18	4	2.84
青 海	Qinghai	854	423	431	98.33	56	29	27	2.69
宁 夏	Ningxia	1411	708	702	100.88	55	34	21	2.81
新 疆	Xinjiang	5536	2745	2790	98.39	34	13	21	2.82

2-13 各地区镇的户数、人口数、性别比和平均家庭户规模
Households, Population, Sex Ratio and Household Size of Towns by Region

地 区	Region	户 数 (户) Number of Households (households)	家庭户 Family Household	集体户 Collective Household	人口数 (人) Population (person)	男 Male	女 Female	性别比 (女=100) Sex Ratio (Female=100)
全 国	**National Total**	**77923**	**77153**	**770**	**251189**	**126621**	**124567**	**101.65**
北 京	Beijing	182	173	9	511	250	261	95.66
天 津	Tianjin	353	332	21	1144	595	549	108.27
河 北	Hebei	3735	3731	4	12840	6561	6278	104.51
山 西	Shanxi	2101	2100	1	6768	3454	3314	104.20
内蒙古	Inner Mongolia	1685	1683	2	4893	2485	2408	103.21
辽 宁	Liaoning	2363	2361	2	6667	3362	3305	101.74
吉 林	Jilin	1357	1357		4221	2144	2078	103.17
黑龙江	Heilongjiang	2306	2304	2	6324	3239	3084	105.03
上 海	Shanghai	530	521	9	1353	672	681	98.63
江 苏	Jiangsu	5605	5590	15	18138	8870	9268	95.70
浙 江	Zhejiang	4618	4519	99	13336	6683	6652	100.46
安 徽	Anhui	4088	4088		12787	6618	6169	107.29
福 建	Fujian	2967	2868	99	9216	4563	4652	98.09
江 西	Jiangxi	2467	2466	1	9356	4752	4604	103.23
山 东	Shandong	6758	6754	4	20317	10271	10045	102.25
河 南	Henan	4911	4911		16250	8159	8090	100.85
湖 北	Hubei	2853	2839	14	9013	4559	4453	102.38
湖 南	Hunan	3817	3808	9	12886	6642	6244	106.37
广 东	Guangdong	5257	4877	380	19756	9641	10115	95.32
广 西	Guangxi	2702	2697	5	9835	5171	4664	110.89
海 南	Hainan	658	648	10	2496	1320	1175	112.33
重 庆	Chongqing	2712	2695	17	7668	3879	3789	102.40
四 川	Sichuan	5071	5051	20	15267	7474	7793	95.90
贵 州	Guizhou	1792	1788	4	6416	3288	3128	105.12
云 南	Yunnan	2312	2304	8	8310	4209	4102	102.61
西 藏	Tibet	88	88		347	170	177	96.39
陕 西	Shaanxi	2498	2467	31	7687	3896	3791	102.79
甘 肃	Gansu	977	976	1	3311	1645	1666	98.77
青 海	Qinghai	340	337	3	1111	558	553	100.98
宁 夏	Ningxia	307	307		1011	514	496	103.66
新 疆	Xinjiang	515	513	2	1955	974	982	99.15

2-13 续表 continued

地 区	Region	家庭户人口数 (人) Family Household Population (person)	男 Male	女 Female	性别比 (女=100) Sex Ratio (Female=100)	集体户人口数 (人) Collective Household Population (person)	男 Male	女 Female	平均家庭户规模 (人/户) Average Family Size (person/household)
全 国	**National Total**	**247927**	**125225**	**122702**	**102.06**	**3262**	**1396**	**1865**	**3.21**
北 京	Beijing	491	238	253	94.15	20	12	8	2.84
天 津	Tianjin	1066	539	527	102.21	78	56	22	3.21
河 北	Hebei	12762	6491	6271	103.51	78	70	8	3.42
山 西	Shanxi	6766	3452	3314	104.14	2	2		3.22
内蒙古	Inner Mongolia	4886	2483	2402	103.37	7	2	5	2.90
辽 宁	Liaoning	6663	3361	3302	101.77	3	1	2	2.82
吉 林	Jilin	4221	2144	2078	103.17				3.11
黑龙江	Heilongjiang	6321	3239	3082	105.11	3		3	2.74
上 海	Shanghai	1328	665	664	100.18	24	7	17	2.55
江 苏	Jiangsu	18066	8843	9223	95.88	73	27	46	3.23
浙 江	Zhejiang	13066	6596	6470	101.95	269	87	182	2.89
安 徽	Anhui	12787	6618	6169	107.29				3.13
福 建	Fujian	8881	4316	4564	94.57	335	247	88	3.10
江 西	Jiangxi	9353	4751	4602	103.23	2	1	1	3.79
山 东	Shandong	20280	10250	10030	102.19	37	21	16	3.00
河 南	Henan	16250	8159	8090	100.85				3.31
湖 北	Hubei	8980	4536	4444	102.07	32	23	9	3.16
湖 南	Hunan	12872	6633	6239	106.32	14	9	5	3.38
广 东	Guangdong	17835	9072	8763	103.52	1921	570	1351	3.66
广 西	Guangxi	9811	5150	4661	110.51	24	21	3	3.64
海 南	Hainan	2463	1291	1172	110.21	33	29	4	3.80
重 庆	Chongqing	7629	3844	3785	101.54	39	36	3	2.83
四 川	Sichuan	15187	7414	7773	95.38	79	60	20	3.01
贵 州	Guizhou	6380	3264	3117	104.71	36	25	12	3.57
云 南	Yunnan	8281	4182	4099	102.03	29	26	3	3.59
西 藏	Tibet	347	170	177	96.39				3.94
陕 西	Shaanxi	7583	3841	3742	102.64	105	56	49	3.07
甘 肃	Gansu	3310	1645	1665	98.84	1		1	3.39
青 海	Qinghai	1100	550	549	100.12	12	8	3	3.26
宁 夏	Ningxia	1009	514	495	103.82	1		1	3.29
新 疆	Xinjiang	1952	973	980	99.30	3	1	2	3.81

2-14 各地区乡村户数、人口数、性别比和平均家庭户规模
Households, Population, Sex Ratio and Household Size of Rural Areas by Region

地 区	Region	户 数 (户) Number of Households (households)	家庭户 Family Household	集体户 Collective Household	人口数 (人) Population (person)	男 Male	女 Female	性别比 (女=100) Sex Ratio (Female=100)
全 国	**National Total**	**187479**	**186759**	**720**	**617508**	**316300**	**301208**	**105.01**
北 京	Beijing	776	766	10	2280	1183	1097	107.82
天 津	Tianjin	704	695	9	2387	1261	1126	111.98
河 北	Hebei	10789	10777	12	36167	18496	17671	104.66
山 西	Shanxi	4868	4865	3	16672	8620	8052	107.05
内蒙古	Inner Mongolia	3351	3350	1	10384	5414	4970	108.92
辽 宁	Liaoning	5017	5016	1	15354	7871	7483	105.18
吉 林	Jilin	3465	3459	6	11391	5935	5455	108.79
黑龙江	Heilongjiang	4687	4687		15193	7810	7384	105.77
上 海	Shanghai	720	713	7	1915	949	966	98.29
江 苏	Jiangsu	10577	10513	64	31242	15205	16037	94.81
浙 江	Zhejiang	6807	6777	30	19221	9794	9427	103.89
安 徽	Anhui	10504	10499	5	32507	16627	15880	104.70
福 建	Fujian	5429	5360	69	16084	8152	7932	102.78
江 西	Jiangxi	6121	6118	3	22977	11856	11121	106.61
山 东	Shandong	14569	14567	2	43946	22303	21643	103.05
河 南	Henan	15865	15865		53720	27318	26402	103.47
湖 北	Hubei	8939	8934	5	27876	14468	13407	107.91
湖 南	Hunan	9751	9750	1	32872	16942	15929	106.36
广 东	Guangdong	8168	7723	445	31133	15836	15297	103.53
广 西	Guangxi	7322	7320	2	26522	14038	12483	112.46
海 南	Hainan	1032	1031	1	3954	2126	1828	116.34
重 庆	Chongqing	4616	4594	22	12646	6410	6236	102.79
四 川	Sichuan	15025	15016	9	45361	23080	22281	103.58
贵 州	Guizhou	6402	6400	2	23948	12477	11471	108.78
云 南	Yunnan	7147	7141	6	27110	14201	12908	110.02
西 藏	Tibet	394	394		1977	982	995	98.68
陕 西	Shaanxi	5943	5941	2	19397	9908	9490	104.41
甘 肃	Gansu	4077	4077		15879	8135	7744	105.05
青 海	Qinghai	707	706	1	2912	1471	1441	102.06
宁 夏	Ningxia	764	763	1	3028	1552	1476	105.20
新 疆	Xinjiang	2946	2945	1	11453	5879	5574	105.49

2-14 续表 continued

地 区	Region	家庭户人口数 (人) Family Household Population (person)	男 Male	女 Female	性别比 (女=100) Sex Ratio (Female=100)	集体户人口数 (人) Collective Household Population (person)	男 Male	女 Female	平均家庭户规模 (人/户) Average Family Size (person/household)
全 国	**National Total**	**614580**	**314643**	**299937**	**104.90**	**2928**	**1657**	**1271**	**3.29**
北 京	Beijing	2213	1132	1082	104.62	67	51	15	2.89
天 津	Tianjin	2327	1202	1125	106.83	60	59	1	3.35
河 北	Hebei	36135	18481	17654	104.68	32	14	17	3.35
山 西	Shanxi	16659	8608	8051	106.92	13	11	1	3.42
内蒙古	Inner Mongolia	10378	5408	4970	108.80	6	6		3.10
辽 宁	Liaoning	15345	7862	7483	105.06	9	9		3.06
吉 林	Jilin	11358	5906	5452	108.31	33	29	3	3.28
黑龙江	Heilongjiang	15193	7810	7384	105.77				3.24
上 海	Shanghai	1891	934	957	97.58	24	15	9	2.65
江 苏	Jiangsu	31030	15071	15959	94.43	212	134	78	2.95
浙 江	Zhejiang	19125	9717	9409	103.28	95	77	18	2.82
安 徽	Anhui	32460	16587	15874	104.49	46	40	6	3.09
福 建	Fujian	15804	7948	7856	101.17	280	205	76	2.95
江 西	Jiangxi	22966	11845	11121	106.51	11	11		3.75
山 东	Shandong	43943	22301	21642	103.05	3	2	2	3.02
河 南	Henan	53720	27318	26402	103.47				3.39
湖 北	Hubei	27863	14457	13406	107.84	12	11	1	3.12
湖 南	Hunan	32866	16940	15927	106.36	5	3	3	3.37
广 东	Guangdong	29402	14934	14468	103.22	1731	902	829	3.81
广 西	Guangxi	26517	14037	12481	112.47	5	2	3	3.62
海 南	Hainan	3950	2124	1826	116.29	4	3	2	3.83
重 庆	Chongqing	12476	6409	6067	105.62	171	2	169	2.72
四 川	Sichuan	45321	23056	22266	103.55	40	24	16	3.02
贵 州	Guizhou	23944	12474	11470	108.75	4	3	1	3.74
云 南	Yunnan	27083	14190	12893	110.07	27	11	16	3.79
西 藏	Tibet	1977	982	995	98.68				5.02
陕 西	Shaanxi	19371	9884	9487	104.19	26	24	3	3.26
甘 肃	Gansu	15879	8135	7744	105.05				3.89
青 海	Qinghai	2908	1467	1441	101.83	4	4		4.12
宁 夏	Ningxia	3024	1550	1475	105.06	4	3	1	3.96
新 疆	Xinjiang	11449	5878	5571	105.50	4	2	2	3.89

2-15 各地区按家庭户规模分的户数

Family Households by Size and Region

单位：户 (household)

地 区	Region	家庭户户数 Number of Family Households	一人户 One Person	二人户 Two Persons	三人户 Three Persons	四人户 Four Persons	五人户 Five Persons	六人户 Six Persons	七人户 Seven Persons	八人户 Eight Persons	九人户 Nine Persons	十人及以上户 Ten Persons and Over
全 国	**National Total**	**363948**	**36513**	**91006**	**106959**	**71173**	**38496**	**13801**	**3756**	**1432**	**462**	**351**
北 京	Beijing	5444	1013	1791	1806	498	263	57	9	6		
天 津	Tianjin	3310	279	806	1411	481	268	55	7	1	1	
河 北	Hebei	18850	1504	4638	4919	4220	2251	949	267	73	14	15
山 西	Shanxi	9226	720	2149	2608	2197	1056	387	74	20	10	5
内蒙古	Inner Mongolia	7367	595	2145	2798	1169	501	140	13	5	1	
辽 宁	Liaoning	13334	1150	4166	5024	1679	1041	234	34	6	1	
吉 林	Jilin	7883	457	2117	3014	1229	835	175	34	19	2	1
黑龙江	Heilongjiang	11777	922	3719	4388	1602	913	190	30	11	2	
上 海	Shanghai	6288	1018	2013	2313	526	346	56	13	2	1	
江 苏	Jiangsu	22485	2812	6480	6340	3450	2422	724	171	60	14	12
浙 江	Zhejiang	15783	2311	4688	4854	2335	1175	324	66	20	9	1
安 徽	Anhui	17807	2181	4475	5036	3710	1691	516	110	48	28	12
福 建	Fujian	10471	1588	2907	2679	1790	952	354	115	48	21	18
江 西	Jiangxi	10769	523	1841	2953	2788	1621	697	201	88	35	23
山 东	Shandong	28048	2499	7513	9879	5253	2153	589	105	41	11	5
河 南	Henan	25172	2060	5434	6513	6397	3227	1164	261	84	22	9
湖 北	Hubei	16489	1470	4282	5433	3049	1606	479	101	49	11	9
湖 南	Hunan	17230	1320	4002	4907	3861	2091	750	190	77	21	12
广 东	Guangdong	22954	3547	4927	4934	4559	2572	1360	555	305	90	105
广 西	Guangxi	11986	777	2154	3134	3039	1796	698	224	112	30	23
海 南	Hainan	1981	150	310	425	509	341	152	56	22	9	9
重 庆	Chongqing	9053	1507	2732	2509	1461	581	200	40	16	4	4
四 川	Sichuan	23894	2835	6549	6832	4250	2430	749	194	44	11	
贵 州	Guizhou	9316	590	1751	2264	2289	1445	626	241	65	26	19
云 南	Yunnan	11180	725	1947	2741	3039	1691	770	179	55	23	11
西 藏	Tibet	543	22	47	81	148	95	54	36	27	15	19
陕 西	Shaanxi	10424	915	2609	3062	2273	1030	410	96	24	3	1
甘 肃	Gansu	6531	413	1183	1744	1551	982	457	131	41	17	10
青 海	Qinghai	1359	118	253	351	292	183	96	38	14	7	8
宁 夏	Ningxia	1571	94	324	458	349	206	101	27	9	2	2
新 疆	Xinjiang	5422	398	1054	1552	1179	734	290	138	40	20	17

2-16 各地区城市按家庭户规模分的户数
Family Households of Cities by Size and Region

单位：户 (household)

地 区	Region	家庭户户数 Number of Family Households	一人户 One Person	二人户 Two Persons	三人户 Three Persons	四人户 Four Persons	五人户 Five Persons	六人户 Six Persons	七人户 Seven Persons	八人户 Eight Persons	九人户 Nine Persons	十人及以上户 Ten Persons and Over
全 国	**National Total**	**100035**	**12205**	**28141**	**37722**	**12708**	**6793**	**1656**	**513**	**208**	**42**	**46**
北 京	Beijing	4505	875	1524	1531	364	174	27	5	3		
天 津	Tianjin	2283	228	586	1058	256	133	18	3			
河 北	Hebei	4342	347	1270	1432	718	370	161	32	6	2	4
山 西	Shanxi	2261	192	609	918	329	158	41	10	4	2	
内蒙古	Inner Mongolia	2334	263	686	1091	218	67	8	1	1		
辽 宁	Liaoning	5957	630	1868	2549	501	331	61	14	3		
吉 林	Jilin	3067	243	879	1362	334	213	24	5	4	1	
黑龙江	Heilongjiang	4786	551	1707	1899	405	197	21	3	3		
上 海	Shanghai	5054	786	1590	1973	420	237	35	9	2	1	
江 苏	Jiangsu	6382	859	1835	2316	652	571	113	27	8	2	
浙 江	Zhejiang	4487	626	1424	1663	472	250	38	10	3		
安 徽	Anhui	3220	451	824	1256	455	187	37	7	4		
福 建	Fujian	2243	384	595	690	319	173	44	14	9	5	9
江 西	Jiangxi	2185	119	525	906	344	202	59	19	9	1	
山 东	Shandong	6727	623	1607	3091	853	430	88	23	6	2	4
河 南	Henan	4396	312	980	1631	830	432	144	45	20	2	
湖 北	Hubei	4716	365	1255	2003	629	367	66	9	17	4	1
湖 南	Hunan	3672	265	1018	1437	551	298	71	24	7		
广 东	Guangdong	10354	2298	2764	2621	1435	750	261	131	62	12	20
广 西	Guangxi	1970	138	362	760	398	207	65	18	17	2	3
海 南	Hainan	303	27	46	115	60	34	13	4	2	2	1
重 庆	Chongqing	1764	281	503	584	249	106	32	5	2	2	1
四 川	Sichuan	3827	336	1166	1267	572	356	87	36	6	2	
贵 州	Guizhou	1128	115	279	447	160	88	25	12	1		1
云 南	Yunnan	1736	243	534	587	255	89	22	4	3		
西 藏	Tibet	61	2	7	12	27	10	2	1			
陕 西	Shaanxi	2015	165	506	850	304	137	30	20	3		
甘 肃	Gansu	1478	163	400	595	200	87	24	7	2		1
青 海	Qinghai	317	50	96	113	32	16	6	1	1		1
宁 夏	Ningxia	502	50	137	215	70	22	6	1	1		1
新 疆	Xinjiang	1964	216	559	752	297	100	26	13	1	1	

2-17 各地区镇按家庭户规模分的户数

Family Households of Towns by Size and Region

单位：户 (household)

地 区	Region	家庭户户数 Number of Family Households	一人户 One Person	二人户 Two Persons	三人户 Three Persons	四人户 Four Persons	五人户 Five Persons	六人户 Six Persons	七人户 Seven Persons	八人户 Eight Persons	九人户 Nine Persons	十人及以上户 Ten Persons and Over
全 国	**National Total**	**77153**	**6972**	**18736**	**22492**	**16002**	**8319**	**3108**	**867**	**404**	**142**	**112**
北 京	Beijing	173	20	55	58	23	13	4				
天 津	Tianjin	332	17	76	123	64	38	11	1			
河 北	Hebei	3731	247	856	1008	833	459	213	68	28	8	9
山 西	Shanxi	2100	139	509	619	527	213	74	13	4	2	
内蒙古	Inner Mongolia	1683	103	484	719	258	97	19	2	1	1	
辽 宁	Liaoning	2361	202	801	837	288	202	25	5			
吉 林	Jilin	1357	79	388	470	218	149	37	9	5	1	1
黑龙江	Heilongjiang	2304	187	813	903	242	127	28	3	1		
上 海	Shanghai	521	122	155	148	43	42	10	1			
江 苏	Jiangsu	5590	560	1399	1506	1035	704	270	64	34	7	12
浙 江	Zhejiang	4519	616	1225	1395	793	354	100	22	9	4	1
安 徽	Anhui	4088	457	945	1176	903	421	141	23	11	9	2
福 建	Fujian	2868	365	758	769	505	271	128	44	18	6	5
江 西	Jiangxi	2466	87	369	656	658	433	171	43	28	15	8
山 东	Shandong	6754	567	1850	2296	1336	520	138	29	12	6	
河 南	Henan	4911	420	1156	1247	1142	613	247	53	18	10	6
湖 北	Hubei	2839	182	704	1023	501	298	96	26	8	1	
湖 南	Hunan	3808	274	795	1029	978	516	136	44	28	3	5
广 东	Guangdong	4877	525	907	912	1226	597	380	163	104	30	35
广 西	Guangxi	2697	147	442	723	739	403	147	45	30	14	8
海 南	Hainan	648	49	97	134	171	109	54	20	7	3	4
重 庆	Chongqing	2695	413	775	769	454	192	70	16	6	1	
四 川	Sichuan	5051	586	1321	1551	914	487	143	38	10	2	
贵 州	Guizhou	1788	119	334	479	425	256	104	43	16	4	8
云 南	Yunnan	2304	127	406	568	666	341	147	26	11	9	4
西 藏	Tibet	88	4	13	23	21	13	7	4	2	1	1
陕 西	Shaanxi	2467	211	665	757	532	198	84	15	3	1	1
甘 肃	Gansu	976	66	204	284	227	119	53	19	2	1	1
青 海	Qinghai	337	39	71	99	65	33	19	5	3	1	1
宁 夏	Ningxia	307	16	75	94	72	33	14	2	1		
新 疆	Xinjiang	513	25	86	118	142	71	40	19	6	4	2

2-18 各地区乡村按家庭户规模分的户数

Family Households of Rural Areas by Size and Region

单位：户 (household)

地 区	Region	家庭户户数 Number of Family Households	一人户 One Person	二人户 Two Persons	三人户 Three Persons	四人户 Four Persons	五人户 Five Persons	六人户 Six Persons	七人户 Seven Persons	八人户 Eight Persons	九人户 Nine Persons	十人及以上户 Ten Persons and Over
全 国	**National Total**	**186759**	**17336**	**44129**	**46745**	**42463**	**23384**	**9037**	**2376**	**820**	**278**	**192**
北 京	Beijing	766	117	212	217	111	76	26	3	2		
天 津	Tianjin	695	34	144	229	160	97	26	3	1	1	
河 北	Hebei	10777	910	2511	2480	2669	1421	575	167	39	4	1
山 西	Shanxi	4865	389	1031	1070	1341	685	273	51	13	7	5
内蒙古	Inner Mongolia	3350	230	975	988	693	337	112	11	4		
辽 宁	Liaoning	5016	318	1496	1638	890	508	147	15	2	1	
吉 林	Jilin	3459	134	850	1182	677	472	114	20	10	1	1
黑龙江	Heilongjiang	4687	184	1199	1585	955	589	141	24	7	2	
上 海	Shanghai	713	111	268	192	63	66	11	3			
江 苏	Jiangsu	10513	1393	3246	2519	1764	1148	340	80	18	6	
浙 江	Zhejiang	6777	1069	2040	1796	1070	571	185	35	8	5	
安 徽	Anhui	10499	1273	2706	2604	2352	1083	338	80	33	19	10
福 建	Fujian	5360	839	1553	1220	966	508	181	56	21	10	5
江 西	Jiangxi	6118	317	947	1391	1785	986	467	139	52	19	15
山 东	Shandong	14567	1309	4056	4492	3064	1203	363	52	24	3	2
河 南	Henan	15865	1328	3298	3635	4425	2181	774	163	47	10	3
湖 北	Hubei	8934	923	2323	2406	1919	941	318	66	24	6	7
湖 南	Hunan	9750	781	2189	2441	2332	1277	542	122	42	18	7
广 东	Guangdong	7723	723	1256	1400	1899	1226	719	262	140	48	51
广 西	Guangxi	7320	491	1351	1651	1901	1186	486	161	65	15	13
海 南	Hainan	1031	74	166	176	278	197	86	32	13	4	4
重 庆	Chongqing	4594	813	1454	1156	759	283	98	19	8	2	3
四 川	Sichuan	15016	1913	4062	4014	2764	1588	519	121	28	7	
贵 州	Guizhou	6400	355	1137	1339	1704	1101	498	185	48	22	11
云 南	Yunnan	7141	355	1007	1587	2118	1261	601	149	42	14	7
西 藏	Tibet	394	16	27	47	100	72	45	31	25	14	18
陕 西	Shaanxi	5941	539	1438	1454	1437	696	297	61	18	2	
甘 肃	Gansu	4077	183	579	865	1124	777	380	106	37	16	9
青 海	Qinghai	706	29	85	139	195	133	70	31	11	6	7
宁 夏	Ningxia	763	28	112	149	208	151	81	24	7	2	1
新 疆	Xinjiang	2945	157	409	682	740	563	225	106	33	15	15

2-19 各地区家庭户类别

Family Households by Type and Region

单位：户 (household)

地 区	Region	家庭户户数 Number of Family Households	一代户 One Generation	二代户 Two Generations	三代户 Three Generations	四代及以上户 Four Generations and over
全 国	**National Total**	**363948**	**78554**	**198852**	**83532**	**3010**
北 京	Beijing	5444	2291	2433	711	9
天 津	Tianjin	3310	830	1916	555	8
河 北	Hebei	18850	4538	10024	4153	135
山 西	Shanxi	9226	2072	5441	1658	56
内蒙古	Inner Mongolia	7367	1848	4448	1053	18
辽 宁	Liaoning	13334	3706	7380	2196	51
吉 林	Jilin	7883	1947	4422	1480	34
黑龙江	Heilongjiang	11777	3389	6463	1883	42
上 海	Shanghai	6288	2355	2939	970	25
江 苏	Jiangsu	22485	5670	10197	6264	355
浙 江	Zhejiang	15783	4842	7882	2919	140
安 徽	Anhui	17807	3483	9801	4349	174
福 建	Fujian	10471	2106	5172	3050	143
江 西	Jiangxi	10769	1170	5864	3593	142
山 东	Shandong	28048	7458	16528	3942	119
河 南	Henan	25172	4079	14715	6180	198
湖 北	Hubei	16489	2843	9346	4147	153
湖 南	Hunan	17230	2526	9537	4974	193
广 东	Guangdong	22954	6468	11288	5047	150
广 西	Guangxi	11986	1249	7470	3165	102
海 南	Hainan	1981	277	1255	436	13
重 庆	Chongqing	9053	1964	4532	2467	90
四 川	Sichuan	23894	4420	12255	6927	292
贵 州	Guizhou	9316	1144	5747	2357	69
云 南	Yunnan	11180	1519	6620	2913	128
西 藏	Tibet	543	54	306	175	8
陕 西	Shaanxi	10424	1750	5877	2725	73
甘 肃	Gansu	6531	920	3657	1891	62
青 海	Qinghai	1359	244	726	374	14
宁 夏	Ningxia	1571	309	971	285	7
新 疆	Xinjiang	5422	1084	3640	692	7

2-20　各地区城市家庭户类别

Family Households of Cities by Type and Region

单位：户　　(household)

地　区	Region	家庭户户数 Number of Family Households	一代户 One Generation	二代户 Two Generations	三代户 Three Generations	四代及以上户 Four Generations and over
全　国	**National Total**	**100035**	**31248**	**53422**	**15093**	**272**
北　京	Beijing	4505	1963	2013	526	3
天　津	Tianjin	2283	600	1342	336	3
河　北	Hebei	4342	1168	2255	898	21
山　西	Shanxi	2261	564	1367	326	4
内蒙古	Inner Mongolia	2334	734	1407	192	2
辽　宁	Liaoning	5957	1915	3256	772	14
吉　林	Jilin	3067	885	1757	423	1
黑龙江	Heilongjiang	4786	1671	2592	515	8
上　海	Shanghai	5054	1818	2481	743	12
江　苏	Jiangsu	6382	2071	3062	1205	44
浙　江	Zhejiang	4487	1670	2252	547	19
安　徽	Anhui	3220	995	1843	379	4
福　建	Fujian	2243	689	1064	474	16
江　西	Jiangxi	2185	479	1265	433	9
山　东	Shandong	6727	1842	4080	787	18
河　南	Henan	4396	876	2552	951	18
湖　北	Hubei	4716	1065	2849	788	14
湖　南	Hunan	3672	884	2103	673	12
广　东	Guangdong	10354	4591	4362	1383	17
广　西	Guangxi	1970	326	1238	403	3
海　南	Hainan	303	58	192	52	1
重　庆	Chongqing	1764	550	875	335	4
四　川	Sichuan	3827	1154	1909	751	14
贵　州	Guizhou	1128	273	665	188	3
云　南	Yunnan	1736	638	904	193	1
西　藏	Tibet	61	9	36	16	
陕　西	Shaanxi	2015	487	1156	367	5
甘　肃	Gansu	1478	414	862	200	2
青　海	Qinghai	317	110	162	44	
宁　夏	Ningxia	502	146	311	44	1
新　疆	Xinjiang	1964	603	1211	150	

2-21 各地区镇家庭户类别

Family Households of Towns by Type and Region

单位：户 (household)

地 区	Region	家庭户户数 Number of Family Households	一代户 One Generation	二代户 Two Generations	三代户 Three Generations	四代及以上户 Four Generations and over
全 国	**National Total**	**77153**	**16682**	**42778**	**17027**	**666**
北 京	Beijing	173	59	87	27	
天 津	Tianjin	332	79	186	65	2
河 北	Hebei	3731	955	1940	807	28
山 西	Shanxi	2100	530	1258	302	10
内蒙古	Inner Mongolia	1683	441	1080	161	2
辽 宁	Liaoning	2361	746	1260	349	6
吉 林	Jilin	1357	348	732	270	7
黑龙江	Heilongjiang	2304	762	1250	286	6
上 海	Shanghai	521	237	194	86	4
江 苏	Jiangsu	5590	1197	2577	1700	116
浙 江	Zhejiang	4519	1347	2350	782	41
安 徽	Anhui	4088	836	2340	876	35
福 建	Fujian	2868	642	1412	780	34
江 西	Jiangxi	2466	258	1370	804	34
山 东	Shandong	6754	1798	4061	876	19
河 南	Henan	4911	1039	2745	1099	28
湖 北	Hubei	2839	540	1573	686	40
湖 南	Hunan	3808	459	2269	1058	23
广 东	Guangdong	4877	888	2693	1233	64
广 西	Guangxi	2697	297	1731	642	27
海 南	Hainan	648	90	403	151	4
重 庆	Chongqing	2695	668	1343	659	24
四 川	Sichuan	5051	991	2707	1307	46
贵 州	Guizhou	1788	273	1118	388	9
云 南	Yunnan	2304	301	1333	642	28
西 藏	Tibet	88	10	54	23	1
陕 西	Shaanxi	2467	505	1410	537	15
甘 肃	Gansu	976	154	578	235	9
青 海	Qinghai	337	80	185	70	3
宁 夏	Ningxia	307	70	188	49	
新 疆	Xinjiang	513	82	353	78	2

2-22 各地区乡村家庭户类别

Family Households of Rural Areas by Type and Region

单位：户 (household)

地 区	Region	家庭户户数 Number of Family Households	一代户 One Generation	二代户 Two Generations	三代户 Three Generations	四代及以上户 Four Generations and over
全 国	**National Total**	**186759**	**30624**	**102652**	**51412**	**2071**
北 京	Beijing	766	268	334	159	5
天 津	Tianjin	695	150	388	154	3
河 北	Hebei	10777	2416	5828	2448	85
山 西	Shanxi	4865	978	2816	1029	42
内蒙古	Inner Mongolia	3350	674	1961	701	14
辽 宁	Liaoning	5016	1045	2864	1076	32
吉 林	Jilin	3459	714	1933	786	26
黑龙江	Heilongjiang	4687	956	2621	1082	28
上 海	Shanghai	713	300	264	140	9
江 苏	Jiangsu	10513	2402	4557	3359	195
浙 江	Zhejiang	6777	1826	3281	1590	80
安 徽	Anhui	10499	1652	5618	3094	135
福 建	Fujian	5360	776	2696	1796	92
江 西	Jiangxi	6118	434	3229	2356	99
山 东	Shandong	14567	3818	8387	2279	82
河 南	Henan	15865	2164	9418	4131	152
湖 北	Hubei	8934	1238	4924	2673	99
湖 南	Hunan	9750	1184	5165	3243	158
广 东	Guangdong	7723	989	4233	2431	69
广 西	Guangxi	7320	626	4501	2120	72
海 南	Hainan	1031	129	660	233	9
重 庆	Chongqing	4594	746	2314	1473	61
四 川	Sichuan	15016	2275	7639	4870	232
贵 州	Guizhou	6400	598	3965	1780	57
云 南	Yunnan	7141	580	4383	2078	99
西 藏	Tibet	394	35	216	136	7
陕 西	Shaanxi	5941	757	3311	1821	53
甘 肃	Gansu	4077	351	2217	1457	51
青 海	Qinghai	706	54	380	261	11
宁 夏	Ningxia	763	93	472	192	6
新 疆	Xinjiang	2945	400	2076	464	6

2-23 全国家庭户人数和户主的年龄、性别构成

Population of Family Households, Age and Sex Composition of the Household Head

年 龄 Age	家庭户人口数 Population of Family Household (person)	男 Male	女 Female	户主数 Number of Household Head (person)	男 Male	女 Female	户主率 Household Head Rate (%)	男 Male	女 Female
总计 Total	**1145040**	**581104**	**563936**	**345390**	**295196**	**50194**	**30.16**	**50.80**	**8.90**
14岁以下	**196350**	**107536**	**88814**	**163**	**88**	**75**	**0.08**	**0.08**	**0.08**
15-19	**80026**	**42771**	**37255**	**732**	**458**	**275**	**0.92**	**1.07**	**0.74**
15	15195	8126	7069	43	24	19	0.28	0.30	0.27
16	15724	8498	7226	74	40	34	0.47	0.47	0.47
17	15599	8394	7205	122	87	35	0.78	1.03	0.49
18	15338	8185	7152	185	119	66	1.21	1.45	0.93
19	18171	9568	8603	309	188	121	1.70	1.97	1.40
20-24	**79711**	**39767**	**39944**	**4663**	**3448**	**1215**	**5.85**	**8.67**	**3.04**
20	17156	8777	8380	467	297	170	2.72	3.39	2.03
21	15753	8031	7722	616	421	195	3.91	5.25	2.52
22	17011	8218	8793	941	686	255	5.53	8.35	2.90
23	15624	7763	7861	1187	897	291	7.60	11.55	3.70
24	14167	6979	7188	1452	1146	305	10.25	16.43	4.25
25-29	**72247**	**35750**	**36496**	**12457**	**10420**	**2037**	**17.24**	**29.15**	**5.58**
25	14140	7069	7071	1752	1428	324	12.39	20.20	4.58
26	13818	6722	7096	2002	1640	361	14.49	24.40	5.09
27	16030	8022	8007	2745	2332	413	17.12	29.07	5.15
28	14211	7041	7171	2823	2374	449	19.86	33.71	6.26
29	14048	6896	7152	3136	2646	490	22.32	38.36	6.85
30-34	**77235**	**37931**	**39304**	**23519**	**20305**	**3214**	**30.45**	**53.53**	**8.18**
30	14909	7392	7517	3823	3275	548	25.64	44.31	7.29
31	14771	7155	7616	4075	3514	561	27.59	49.11	7.37
32	14286	7004	7282	4397	3796	601	30.78	54.20	8.26
33	16202	7944	8258	5220	4525	695	32.22	56.96	8.42
34	17068	8436	8632	6004	5195	809	35.18	61.58	9.37
35-39	**104578**	**51738**	**52840**	**42654**	**37798**	**4855**	**40.79**	**73.06**	**9.19**
35	18464	9094	9370	6762	5948	815	36.63	65.41	8.69
36	19969	9854	10115	7816	6899	917	39.14	70.01	9.07
37	20738	10174	10564	8422	7450	973	40.61	73.23	9.21
38	21718	10890	10828	9285	8289	996	42.75	76.12	9.20
39	23689	11727	11962	10368	9213	1155	43.77	78.56	9.66

2-23 续表 continued

年 龄 Age	家庭户人口数 Population of Family Household (person)	男 Male	女 Female	户主数 Number of Household Head (person)	男 Male	女 Female	户主率 Household Head Rate (%)	男 Male	女 Female
40-44	**111362**	**55285**	**56077**	**52196**	**46789**	**5408**	**46.87**	**84.63**	**9.64**
40	22491	11182	11309	10195	9103	1091	45.33	81.41	9.65
41	23997	11952	12045	11073	9921	1152	46.14	83.00	9.57
42	20006	9906	10100	9388	8459	929	46.93	85.40	9.19
43	22514	11111	11403	10828	9656	1172	48.09	86.90	10.28
44	22355	11134	11221	10713	9650	1063	47.92	86.67	9.47
45-49	**91807**	**45278**	**46528**	**45065**	**39932**	**5133**	**49.09**	**88.19**	**11.03**
45	22129	10973	11156	10793	9580	1214	48.77	87.30	10.88
46	25687	12709	12977	12594	11188	1406	49.03	88.03	10.83
47	10977	5370	5607	5409	4760	650	49.28	88.63	11.59
48	19033	9382	9650	9330	8311	1019	49.02	88.58	10.56
49	13982	6844	7138	6937	6093	845	49.62	89.03	11.83
50-54	**84090**	**42260**	**41830**	**43253**	**38148**	**5105**	**51.44**	**90.27**	**12.20**
50	13173	6497	6676	6609	5835	774	50.17	89.80	11.59
51	16857	8523	8335	8654	7639	1015	51.34	89.63	12.18
52	18473	9300	9173	9632	8497	1134	52.14	91.37	12.36
53	17312	8645	8667	8904	7814	1089	51.43	90.39	12.57
54	18275	9295	8980	9455	8363	1092	51.74	89.97	12.16
55-59	**78946**	**39465**	**39480**	**40416**	**34884**	**5531**	**51.19**	**88.39**	**14.01**
55	18193	9165	9028	9335	8151	1184	51.31	88.93	13.12
56	16202	8059	8143	8315	7155	1160	51.32	88.79	14.24
57	16414	8352	8062	8518	7419	1099	51.89	88.83	13.63
58	14001	6853	7149	7117	6079	1038	50.83	88.71	14.51
59	14135	7037	7099	7132	6080	1051	50.45	86.41	14.81
60-64	**55638**	**28306**	**27332**	**28375**	**23967**	**4408**	**51.00**	**84.67**	**16.13**
60	13548	6972	6576	7106	6088	1018	52.45	87.32	15.48
61	11572	5865	5707	5882	4998	884	50.83	85.21	15.50
62	11282	5718	5563	5705	4835	870	50.57	84.56	15.64
63	9872	4985	4887	4992	4131	861	50.57	82.87	17.62
64	9364	4766	4598	4689	3915	774	50.07	82.15	16.83
65+	**113051**	**55016**	**58035**	**51898**	**38959**	**12938**	**45.91**	**70.81**	**22.29**

2-24 各地区分性别、受教育程度的人口

Population by Sex, Educational Attainment and Region

单位：人 (person)

地 区	Region	6岁及以上人口 Population Aged 6 and Over	男 Male	女 Female	未上过学 No Schooling	男 Male	女 Female	小 学 Primary School	男 Male	女 Female
全 国	**National Total**	**1091868**	**551512**	**540356**	**77716**	**22304**	**55412**	**328934**	**155939**	**172995**
北 京	Beijing	14406	7344	7062	440	96	344	1878	874	1004
天 津	Tianjin	10068	5085	4983	381	90	291	1759	824	936
河 北	Hebei	57559	29163	28396	2971	850	2122	16223	7472	8751
山 西	Shanxi	28680	14646	14034	1234	383	851	7052	3256	3795
内蒙古	Inner Mongolia	20356	10398	9958	1557	484	1073	5577	2648	2929
辽 宁	Liaoning	36994	18564	18430	1345	426	919	8485	3910	4574
吉 林	Jilin	23274	11915	11359	978	346	633	6028	2780	3248
黑龙江	Heilongjiang	32556	16502	16055	1553	490	1063	8081	3708	4372
上 海	Shanghai	16296	8085	8212	663	130	533	2166	955	1211
江 苏	jiangsu	64329	31436	32893	4473	1000	3473	17778	7710	10068
浙 江	Zhejiang	43157	21728	21430	3470	876	2594	14001	6793	7208
安 徽	Anhui	50649	25842	24807	6181	1774	4407	15505	7507	7997
福 建	Fujian	29789	14828	14961	2466	599	1867	10092	4581	5511
江 西	Jiangxi	35686	17979	17707	1836	490	1347	11817	5297	6520
山 东	Shandong	78686	39510	39176	5917	1563	4354	21705	9909	11796
河 南	Henan	77706	38878	38828	5278	1685	3593	19769	9119	10650
湖 北	Hubei	47978	24475	23503	3764	1096	2667	13274	6351	6924
湖 南	Hunan	53010	27023	25987	2886	832	2054	16228	7887	8341
广 东	Guangdong	80247	40267	39980	2954	634	2320	22200	10201	11998
广 西	Guangxi	39345	20565	18780	2094	589	1506	13612	6624	6988
海 南	Hainan	7008	3715	3294	510	130	381	1859	898	961
重 庆	Chongqing	23672	11830	11843	1654	521	1133	9303	4636	4668
四 川	Sichuan	68373	34206	34167	6276	1811	4465	27099	13540	13558
贵 州	Guizhou	31262	16059	15203	3731	1014	2717	13391	6758	6633
云 南	Yunnan	37602	19477	18125	4849	1582	3267	17080	8714	8366
西 藏	Tibet	2375	1163	1211	885	351	535	1052	568	484
陕 西	Shaanxi	31717	15992	15726	2283	740	1543	8917	4134	4783
甘 肃	Gansu	22002	11145	10857	3300	1100	2200	7697	3765	3932
青 海	Qinghai	4561	2289	2272	632	179	453	1874	940	934
宁 夏	Ningxia	5083	2585	2497	476	151	325	1558	731	827
新 疆	Xinjiang	17442	8822	8620	678	294	383	5875	2847	3028

2-24 续表 continued

单位：人 (person)

地 区	Region	初 中 Junior Secondary School	男 Male	女 Female	高 中 Senior Secondary School	男 Male	女 Female	大专及以上 College and Higher Level	男 Male	女 Female
全 国	**National Total**	**455002**	**244280**	**210722**	**150648**	**84827**	**65821**	**79567**	**44163**	**35404**
北 京	Beijing	4364	2338	2026	3290	1696	1594	4433	2339	2094
天 津	Tianjin	3785	2047	1739	2431	1261	1169	1713	863	849
河 北	Hebei	28577	15433	13144	6556	3717	2839	3233	1692	1541
山 西	Shanxi	13756	7309	6446	4441	2518	1923	2198	1181	1018
内蒙古	Inner Mongolia	8562	4744	3818	3041	1665	1376	1619	858	762
辽 宁	Liaoning	17546	9178	8368	5247	2728	2519	4371	2320	2050
吉 林	Jilin	10607	5706	4901	3747	2044	1703	1913	1039	873
黑龙江	Heilongjiang	15787	8497	7290	5005	2634	2371	2131	1172	959
上 海	Shanghai	5506	2783	2723	4106	2127	1979	3855	2089	1765
江 苏	jiangsu	27275	14034	13241	9808	5650	4157	4995	3041	1954
浙 江	Zhejiang	15624	8470	7154	5727	3202	2525	4335	2386	1949
安 徽	Anhui	21334	11725	9610	5268	3252	2016	2360	1584	776
福 建	Fujian	10122	5876	4246	4191	2236	1955	2918	1536	1382
江 西	Jiangxi	13650	7213	6437	5937	3523	2413	2447	1456	990
山 东	Shandong	35933	19124	16809	10402	6201	4201	4728	2714	2016
河 南	Henan	38264	20059	18205	10389	5880	4509	4006	2134	1870
湖 北	Hubei	19438	10509	8929	7841	4395	3446	3662	2125	1537
湖 南	Hunan	22800	12032	10768	7843	4433	3410	3254	1838	1413
广 东	Guangdong	34816	17975	16840	14766	8346	6420	5512	3110	2401
广 西	Guangxi	17756	9889	7867	4270	2540	1729	1613	924	690
海 南	Hainan	3208	1767	1441	949	612	337	482	308	175
重 庆	Chongqing	8594	4594	4001	2821	1401	1420	1300	678	622
四 川	Sichuan	23962	12787	11175	7192	4018	3174	3844	2050	1794
贵 州	Guizhou	10924	6380	4545	2180	1291	889	1035	617	420
云 南	Yunnan	11841	6985	4856	2681	1557	1124	1152	640	512
西 藏	Tibet	305	176	129	92	49	43	40	19	19
陕 西	Shaanxi	12998	6945	6053	4636	2617	2019	2885	1556	1329
甘 肃	Gansu	7345	4119	3226	2607	1541	1066	1053	620	432
青 海	Qinghai	1186	693	493	467	258	208	403	217	185
宁 夏	Ningxia	1957	1096	861	667	374	293	425	233	192
新 疆	Xinjiang	7179	3799	3380	2052	1060	992	1658	822	837

2-25 各地区城市分性别、受教育程度的人口

City Population by Sex, Educational Attainment and Region

单位：人 (person)

地 区	Region	6岁及以上人口 Population Aged 6 and Over	男 Male	女 Female	未上过学 No Schooling	男 Male	女 Female	小 学 Primary School	男 Male	女 Female
全 国	**National Total**	**282566**	**141548**	**141018**	**8497**	**2054**	**6443**	**47874**	**21851**	**26022**
北 京	Beijing	11745	5981	5764	260	47	213	1374	631	742
天 津	Tianjin	6735	3338	3397	194	43	150	788	362	425
河 北	Hebei	12394	6146	6248	334	74	260	2542	1179	1363
山 西	Shanxi	6635	3275	3360	149	33	116	999	425	573
内蒙古	Inner Mongolia	5917	2950	2967	230	65	165	990	452	538
辽 宁	Liaoning	15916	7829	8087	324	93	231	1990	875	1115
吉 林	Jilin	8433	4240	4193	203	74	129	1066	473	593
黑龙江	Heilongjiang	12121	6041	6080	394	105	289	1772	786	985
上 海	Shanghai	13137	6521	6616	366	71	294	1377	571	806
江 苏	Jiangsu	18120	9175	8944	641	127	515	3156	1409	1747
浙 江	Zhejiang	12348	6180	6168	442	97	345	2565	1162	1403
安 徽	Anhui	8798	4631	4167	323	74	249	1569	697	873
福 建	Fujian	6359	3126	3233	293	51	242	1482	652	830
江 西	Jiangxi	6469	3223	3245	142	32	110	1086	468	619
山 东	Shandong	18613	9303	9309	781	175	606	3428	1659	1768
河 南	Henan	13074	6501	6574	485	138	347	1992	888	1104
湖 北	Hubei	13316	6658	6658	423	105	318	2075	964	1111
湖 南	Hunan	10598	5275	5324	181	40	141	1573	720	853
广 东	Guangdong	32573	16597	15976	634	141	493	5923	2703	3220
广 西	Guangxi	6119	3110	3009	123	35	89	1268	596	672
海 南	Hainan	1090	569	521	31	8	24	143	63	79
重 庆	Chongqing	4760	2279	2481	181	47	134	1099	521	578
四 川	Sichuan	11362	5615	5748	373	95	278	2542	1202	1341
贵 州	Guizhou	3235	1612	1623	113	30	83	665	317	348
云 南	Yunnan	4786	2478	2308	199	65	135	1195	565	630
西 藏	Tibet	221	98	124	77	22	55	69	36	33
陕 西	Shaanxi	6174	3035	3138	140	39	101	767	340	428
甘 肃	Gansu	4030	2041	1989	230	62	168	839	413	426
青 海	Qinghai	868	430	438	33	7	25	164	73	90
宁 夏	Ningxia	1380	697	684	44	12	32	239	104	135
新 疆	Xinjiang	5239	2593	2646	153	49	104	1137	542	595

2-25 续表 continued

单位：人 (person)

地 区	Region	初 中 Junior Secondary School	男 Male	女 Female	高 中 Senior Secondary School	男 Male	女 Female	大专及以上 College and Higher Level	男 Male	女 Female
全 国	**National Total**	**100565**	**50660**	**49905**	**68286**	**35355**	**32931**	**57344**	**31628**	**25717**
北 京	Beijing	3130	1663	1467	2775	1416	1359	4206	2224	1982
天 津	Tianjin	2207	1164	1044	1990	996	994	1556	772	783
河 北	Hebei	4997	2578	2419	2255	1132	1124	2265	1183	1081
山 西	Shanxi	2353	1181	1172	1593	819	774	1541	818	724
内蒙古	Inner Mongolia	2417	1246	1172	1389	728	660	891	459	433
辽 宁	Liaoning	6299	3104	3196	3655	1836	1819	3648	1922	1727
吉 林	Jilin	2987	1492	1496	2574	1345	1229	1602	856	747
黑龙江	Heilongjiang	5002	2568	2434	3251	1650	1601	1702	930	771
上 海	Shanghai	4136	2049	2087	3654	1868	1787	3604	1963	1641
江 苏	Jiangsu	6524	3276	3248	4043	2047	1995	3756	2316	1440
浙 江	Zhejiang	3982	1973	2009	2456	1290	1167	2903	1659	1244
安 徽	Anhui	3492	1721	1770	1908	1099	809	1506	1041	466
福 建	Fujian	1772	965	806	1360	676	684	1450	781	670
江 西	Jiangxi	1956	920	1036	1803	928	875	1483	875	607
山 东	Shandong	6951	3494	3457	4400	2261	2138	3054	1713	1340
河 南	Henan	4954	2525	2430	3308	1710	1598	2335	1241	1095
湖 北	Hubei	4311	2115	2196	3784	1920	1864	2722	1553	1169
湖 南	Hunan	3534	1662	1873	2959	1514	1446	2350	1339	1012
广 东	Guangdong	13636	6963	6672	8043	4369	3674	4338	2421	1916
广 西	Guangxi	2159	1077	1082	1481	778	703	1088	623	464
海 南	Hainan	316	155	161	297	164	133	303	179	124
重 庆	Chongqing	1671	825	846	995	490	504	814	396	417
四 川	Sichuan	3629	1823	1805	2346	1208	1138	2472	1288	1186
贵 州	Guizhou	1204	587	618	655	344	311	598	335	264
云 南	Yunnan	1721	914	807	991	560	431	679	374	306
西 藏	Tibet	33	16	17	27	15	11	16	7	8
陕 西	Shaanxi	1680	818	862	1638	829	809	1948	1009	939
甘 肃	Gansu	1236	607	629	957	510	447	767	449	319
青 海	Qinghai	256	133	124	195	100	95	219	116	103
宁 夏	Ningxia	508	270	238	306	157	148	284	154	130
新 疆	Xinjiang	1511	776	734	1197	596	601	1241	630	611

2-26 各地区镇分性别、受教育程度的人口

Town Population by Sex, Educational Attainment and Region

单位：人 (person)

地 区	Region	6岁及以上人口 Population Aged 6 and Over	男 Male	女 Female	未上过学 No Schooling	男 Male	女 Female	小 学 Primary School	男 Male	女 Female
全 国	**National Total**	**235582**	**118047**	**117534**	**14696**	**4002**	**10694**	**66880**	**30947**	**35933**
北 京	Beijing	488	237	251	22	5	16	84	35	49
天 津	Tianjin	1082	556	526	64	16	48	294	139	155
河 北	Hebei	11856	6060	5796	530	156	374	3155	1466	1690
山 西	Shanxi	6348	3240	3108	237	68	168	1519	696	822
内蒙古	Inner Mongolia	4613	2329	2284	297	81	216	1022	459	564
辽 宁	Liaoning	6418	3245	3173	197	63	134	1494	671	823
吉 林	Jilin	4051	2052	1999	193	66	127	1027	480	547
黑龙江	Heilongjiang	6083	3112	2971	231	71	160	1280	590	690
上 海	Shanghai	1306	644	661	86	16	69	273	129	144
江 苏	Jiangsu	16992	8230	8762	1313	304	1009	4736	2041	2696
浙 江	Zhejiang	12647	6313	6334	911	207	704	3956	1893	2063
安 徽	Anhui	11880	6073	5807	1164	362	802	3456	1703	1753
福 建	Fujian	8560	4225	4334	579	137	442	2794	1211	1584
江 西	Jiangxi	8584	4298	4287	428	122	306	2263	1029	1234
山 东	Shandong	18969	9508	9461	1079	269	810	4982	2191	2791
河 南	Henan	15143	7507	7637	970	264	706	3621	1596	2026
湖 北	Hubei	8581	4342	4239	589	157	432	2038	951	1087
湖 南	Hunan	12032	6183	5848	591	183	408	3491	1650	1841
广 东	Guangdong	18612	8958	9654	722	158	565	5427	2377	3050
广 西	Guangxi	9124	4790	4335	291	84	207	2778	1349	1429
海 南	Hainan	2304	1209	1095	150	36	114	548	262	286
重 庆	Chongqing	7178	3633	3544	496	153	344	2693	1321	1372
四 川	Sichuan	14534	7112	7422	949	278	671	4782	2232	2550
贵 州	Guizhou	5960	3029	2931	594	147	447	2178	1088	1089
云 南	Yunnan	7756	3914	3841	801	230	571	2923	1456	1468
西 藏	Tibet	324	158	167	106	38	68	164	86	78
陕 西	Shaanxi	7277	3668	3608	520	155	365	1915	891	1024
甘 肃	Gansu	3115	1539	1576	347	103	244	810	392	418
青 海	Qinghai	1032	518	515	114	28	86	329	161	167
宁 夏	Ningxia	937	475	461	56	16	40	253	115	137
新 疆	Xinjiang	1797	889	908	68	30	38	593	286	307

2-26 续表 continued

单位：人 (person)

地 区	Region	初 中 Junior Secondary School	男 Male	女 Female	高 中 Senior Secondary School	男 Male	女 Female	大专及以上 College and Higher Level	男 Male	女 Female
全 国	**National Total**	**105219**	**55176**	**50043**	**34953**	**20149**	**14803**	**13833**	**7772**	**6061**
北 京	Beijing	169	81	88	108	62	46	105	53	50
天 津	Tianjin	435	231	204	186	108	77	103	61	42
河 北	Hebei	6220	3330	2890	1454	854	600	498	254	243
山 西	Shanxi	2988	1547	1441	1130	671	459	476	258	218
内蒙古	Inner Mongolia	1932	1050	882	859	475	384	503	265	239
辽 宁	Liaoning	3450	1843	1608	738	377	362	537	291	245
吉 林	Jilin	2034	1053	981	604	340	264	192	113	80
黑龙江	Heilongjiang	3222	1711	1511	1042	563	479	308	177	132
上 海	Shanghai	572	292	280	233	130	103	142	77	65
江 苏	Jiangsu	7727	3923	3805	2542	1568	974	674	395	279
浙 江	Zhejiang	5086	2757	2329	1722	981	741	973	476	497
安 徽	Anhui	5428	2864	2564	1368	852	517	465	293	172
福 建	Fujian	3161	1769	1391	1252	698	555	774	411	363
江 西	Jiangxi	3309	1632	1677	1928	1124	804	656	390	265
山 东	Shandong	9654	5122	4532	2275	1367	908	980	559	421
河 南	Henan	6992	3615	3377	2459	1444	1016	1101	588	513
湖 北	Hubei	3708	1954	1754	1625	913	712	622	367	253
湖 南	Hunan	5552	2947	2605	1951	1133	818	447	271	176
广 东	Guangdong	8211	4049	4162	3541	1941	1600	710	434	276
广 西	Guangxi	4500	2435	2064	1202	723	479	353	198	155
海 南	Hainan	1130	592	537	343	221	122	132	98	34
重 庆	Chongqing	2745	1475	1270	900	478	422	343	206	136
四 川	Sichuan	5875	2933	2941	2000	1138	862	927	530	397
贵 州	Guizhou	2292	1278	1014	612	352	260	284	164	120
云 南	Yunnan	3016	1674	1342	712	394	318	304	161	143
西 藏	Tibet	37	24	13	15	7	7	3	1	1
陕 西	Shaanxi	3075	1607	1468	1156	660	496	610	355	255
甘 肃	Gansu	1300	657	643	500	301	199	157	86	71
青 海	Qinghai	280	158	122	147	81	67	163	90	73
宁 夏	Ningxia	393	209	184	135	79	56	99	56	43
新 疆	Xinjiang	726	363	363	212	116	96	198	95	104

2-27 各地区乡村分性别、受教育程度的人口

Rural Population by Sex, Educational Attainment and Region

单位：人 (person)

地区	Region	6岁及以上人口 Population Aged 6 and Over	男 Male	女 Female	未上过学 No Schooling	男 Male	女 Female	小学 Primary School	男 Male	女 Female
全国	**National Total**	**573720**	**291917**	**281803**	**54523**	**16247**	**38276**	**214181**	**103141**	**111040**
北京	Beijing	2173	1126	1047	159	44	115	421	208	212
天津	Tianjin	2251	1190	1061	123	30	93	677	322	355
河北	Hebei	33309	16957	16352	2107	620	1487	10525	4827	5698
山西	Shanxi	15697	8131	7566	848	282	567	4534	2135	2400
内蒙古	Inner Mongolia	9826	5118	4707	1030	338	692	3565	1737	1828
辽宁	Liaoning	14661	7490	7171	824	270	554	5001	2365	2636
吉林	Jilin	10790	5623	5167	582	206	376	3935	1827	2108
黑龙江	Heilongjiang	14352	7349	7003	929	314	614	5029	2332	2697
上海	Shanghai	1853	919	935	212	42	170	515	254	261
江苏	Jiangsu	29217	14030	15187	2519	570	1949	9885	4260	5625
浙江	Zhejiang	18163	9235	8928	2118	573	1545	7481	3739	3742
安徽	Anhui	29970	15137	14833	4695	1339	3356	10479	5107	5372
福建	Fujian	14870	7477	7394	1593	410	1183	5816	2718	3097
江西	Jiangxi	20632	10458	10175	1266	336	931	8468	3800	4668
山东	Shandong	41104	20699	20406	4057	1119	2938	13296	6059	7237
河南	Henan	49488	24870	24617	3822	1283	2540	14156	6636	7520
湖北	Hubei	26082	13475	12607	2752	835	1917	9161	4436	4726
湖南	Hunan	30380	15565	14815	2114	609	1505	11164	5517	5647
广东	Guangdong	29062	14711	14351	1598	335	1263	10850	5122	5728
广西	Guangxi	24101	12665	11436	1680	470	1210	9566	4678	4888
海南	Hainan	3615	1937	1678	329	86	243	1168	573	596
重庆	Chongqing	11735	5917	5818	976	321	655	5512	2794	2718
四川	Sichuan	42477	21479	20997	4954	1438	3516	19774	10106	9668
贵州	Guizhou	22067	11417	10649	3024	837	2187	10549	5353	5196
云南	Yunnan	25061	13085	11976	3849	1287	2562	12961	6693	6268
西藏	Tibet	1829	908	921	702	290	412	819	446	374
陕西	Shaanxi	18267	9288	8979	1623	546	1077	6234	2904	3331
甘肃	Gansu	14858	7565	7292	2723	935	1788	6048	2960	3088
青海	Qinghai	2661	1341	1320	486	144	342	1382	705	677
宁夏	Ningxia	2766	1413	1352	375	123	253	1066	511	555
新疆	Xinjiang	10405	5340	5065	457	216	241	4144	2018	2126

2-27 续表 continued

单位：人 (person)

地 区	Region	初 中 Junior Secondary School	男 Male	女 Female	高 中 Senior Secondary School	男 Male	女 Female	大专及以上 College and Higher Level	男 Male	女 Female
全 国	**National Total**	**249218**	**138444**	**110774**	**47409**	**29322**	**18087**	**8390**	**4763**	**3627**
北 京	Beijing	1065	594	471	407	218	188	123	61	61
天 津	Tianjin	1143	652	491	255	157	98	53	29	24
河 北	Hebei	17360	9524	7836	2846	1731	1115	471	255	216
山 西	Shanxi	8415	4581	3834	1718	1028	690	181	104	75
内蒙古	Inner Mongolia	4212	2448	1765	793	461	332	225	134	92
辽 宁	Liaoning	7797	4231	3565	854	516	338	185	109	78
吉 林	Jilin	5585	3161	2424	569	359	210	119	71	47
黑龙江	Heilongjiang	7563	4217	3345	711	421	291	120	65	55
上 海	Shanghai	798	442	356	219	129	90	110	51	58
江 苏	Jiangsu	13024	6835	6189	3223	2035	1188	566	330	236
浙 江	Zhejiang	6556	3740	2816	1548	932	617	460	251	209
安 徽	Anhui	12415	7140	5275	1991	1301	690	391	251	140
福 建	Fujian	5190	3141	2049	1579	863	716	693	344	349
江 西	Jiangxi	8385	4661	3724	2206	1472	734	308	189	118
山 东	Shandong	19328	10508	8820	3728	2572	1155	696	440	255
河 南	Henan	26318	13919	12399	4622	2727	1896	569	307	264
湖 北	Hubei	11419	6440	4979	2432	1562	870	318	203	115
湖 南	Hunan	13713	7423	6290	2933	1786	1147	456	230	227
广 东	Guangdong	12969	6963	6006	3182	2036	1146	464	255	209
广 西	Guangxi	11097	6376	4721	1586	1039	547	172	101	71
海 南	Hainan	1762	1020	742	309	227	82	47	30	16
重 庆	Chongqing	4178	2294	1884	926	433	493	143	76	67
四 川	Sichuan	14459	8031	6428	2846	1672	1174	443	233	211
贵 州	Guizhou	7428	4515	2913	913	595	318	153	118	35
云 南	Yunnan	7104	4397	2707	978	603	375	169	105	64
西 藏	Tibet	236	136	100	51	26	25	20	10	10
陕 西	Shaanxi	8243	4519	3723	1842	1128	714	326	192	134
甘 肃	Gansu	4808	2855	1953	1150	730	420	130	85	44
青 海	Qinghai	650	403	247	124	78	46	19	11	8
宁 夏	Ningxia	1056	617	438	226	138	89	42	24	18
新 疆	Xinjiang	4942	2660	2282	643	349	295	219	97	121

2-28 各地区分性别的15岁及以上文盲人口

Illiterate Population Aged 15 and Over by Sex and Region

地区	Region	15岁及以上人口(人) Population Aged 15 and Over (person)	男 Male	女 Female	文盲人口(人) Illiterate Population (person)	男 Male	女 Female	文盲人口占15岁及以上人口的比重(%) % to Total Aged 15 and Over (%)	男 Male	女 Female
全 国	**National Total**	**968469**	**484277**	**484192**	**68795**	**18202**	**50593**	**7.10**	**3.76**	**10.45**
北 京	Beijing	13599	6907	6692	374	71	303	2.75	1.03	4.53
天 津	Tianjin	9419	4738	4681	289	57	232	3.07	1.20	4.96
河 北	Hebei	51969	26120	25849	2538	672	1867	4.88	2.57	7.22
山 西	Shanxi	25137	12773	12364	1027	286	740	4.08	2.24	5.99
内蒙古	Inner Mongolia	18440	9394	9045	1382	398	984	7.49	4.24	10.88
辽 宁	Liaoning	34186	17054	17132	1094	298	796	3.20	1.75	4.65
吉 林	Jilin	21386	10902	10484	733	237	496	3.43	2.17	4.73
黑龙江	Heilongjiang	29864	15076	14788	1328	376	952	4.45	2.49	6.44
上 海	Shanghai	15544	7674	7869	592	104	487	3.81	1.36	6.19
江 苏	Jiangsu	59013	28572	30442	4275	919	3356	7.24	3.22	11.03
浙 江	Zhejiang	39175	19636	19539	3156	715	2440	8.06	3.64	12.49
安 徽	Anhui	44116	22139	21977	5889	1649	4240	13.35	7.45	19.29
福 建	Fujian	26616	13105	13510	2255	513	1743	8.47	3.91	12.90
江 西	Jiangxi	30564	15095	15469	1515	318	1197	4.96	2.11	7.74
山 东	Shandong	70735	35197	35538	5302	1301	4001	7.50	3.70	11.26
河 南	Henan	67885	33335	34550	4475	1315	3159	6.59	3.95	9.14
湖 北	Hubei	43505	21951	21554	3399	944	2455	7.81	4.30	11.39
湖 南	Hunan	47036	23660	23376	2372	593	1779	5.04	2.50	7.61
广 东	Guangdong	70246	34811	35435	2548	490	2058	3.63	1.41	5.81
广 西	Guangxi	33769	17446	16324	1708	401	1307	5.06	2.30	8.01
海 南	Hainan	6053	3182	2871	472	105	367	7.80	3.30	12.78
重 庆	Chongqing	20635	10170	10465	1471	434	1036	7.13	4.27	9.90
四 川	Sichuan	59999	29753	30246	5503	1463	4040	9.17	4.92	13.36
贵 州	Guizhou	25403	12941	12462	3357	826	2530	13.21	6.39	20.30
云 南	Yunnan	31760	16375	15385	4363	1335	3028	13.74	8.15	19.68
西 藏	Tibet	2051	1002	1049	812	316	496	39.60	31.58	47.26
陕 西	Shaanxi	28199	14063	14136	2030	632	1398	7.20	4.49	9.89
甘 肃	Gansu	18985	9520	9465	3026	955	2071	15.94	10.03	21.88
青 海	Qinghai	3899	1944	1955	575	151	423	14.73	7.79	21.63
宁 夏	Ningxia	4328	2188	2140	428	128	300	9.89	5.86	14.01
新 疆	Xinjiang	14954	7555	7399	509	199	311	3.40	2.63	4.20

2-29 各地区城市分性别的15岁及以上文盲人口

City Illiterate Population Aged 15 and Over by Sex and Region

地 区	Region	15岁及以上人口(人) Population Aged 15 and Over (person)	男 Male	女 Female	文盲人口(人) Illiterate Population (person)	男 Male	女 Female	文盲人口占15岁及以上人口的比重(%) % to Total Aged 15 and Over (%)	男 Male	女 Female
全 国	**National Total**	**259031**	**128795**	**130237**	**6821**	**1367**	**5454**	**2.63**	**1.06**	**4.19**
北 京	Beijing	11117	5640	5477	208	30	178	1.87	0.53	3.25
天 津	Tianjin	6397	3159	3238	132	22	110	2.06	0.69	3.40
河 北	Hebei	11177	5439	5737	256	40	216	2.29	0.73	3.77
山 西	Shanxi	5972	2945	3027	101	12	89	1.69	0.39	2.96
内蒙古	Inner Mongolia	5372	2676	2696	183	43	141	3.42	1.59	5.23
辽 宁	Liaoning	14941	7316	7626	211	37	175	1.41	0.50	2.29
吉 林	Jilin	7811	3909	3902	132	43	90	1.70	1.09	2.30
黑龙江	Heilongjiang	11239	5561	5678	313	71	241	2.78	1.29	4.25
上 海	Shanghai	12544	6198	6345	307	51	256	2.45	0.82	4.03
江 苏	Jiangsu	16813	8463	8350	569	96	473	3.38	1.14	5.66
浙 江	Zhejiang	11386	5681	5704	381	62	320	3.35	1.08	5.60
安 徽	Anhui	8018	4211	3807	286	65	220	3.56	1.55	5.79
福 建	Fujian	5816	2831	2984	271	45	225	4.65	1.60	7.55
江 西	Jiangxi	5832	2891	2941	95	15	79	1.62	0.53	2.69
山 东	Shandong	16747	8240	8507	654	130	524	3.91	1.58	6.16
河 南	Henan	11830	5844	5986	410	105	306	3.47	1.79	5.11
湖 北	Hubei	12157	5999	6157	348	75	273	2.86	1.25	4.43
湖 南	Hunan	9674	4750	4924	101	10	91	1.05	0.22	1.84
广 东	Guangdong	29898	15086	14812	498	101	397	1.67	0.67	2.68
广 西	Guangxi	5503	2766	2737	89	9	80	1.61	0.33	2.91
海 南	Hainan	975	506	469	26	4	22	2.62	0.74	4.64
重 庆	Chongqing	4389	2089	2300	159	34	125	3.62	1.63	5.42
四 川	Sichuan	10258	5043	5215	284	68	216	2.77	1.34	4.15
贵 州	Guizhou	2833	1410	1423	85	14	71	3.00	1.00	4.98
云 南	Yunnan	4318	2232	2086	185	55	129	4.28	2.49	6.21
西 藏	Tibet	197	86	111	73	21	52	37.23	24.33	47.21
陕 西	Shaanxi	5632	2754	2878	98	24	74	1.73	0.87	2.56
甘 肃	Gansu	3550	1783	1767	199	47	152	5.61	2.65	8.60
青 海	Qinghai	787	389	399	25	5	21	3.21	1.17	5.20
宁 夏	Ningxia	1228	616	612	36	8	28	2.93	1.30	4.58
新 疆	Xinjiang	4621	2280	2341	106	26	80	2.29	1.14	3.42

2-30　各地区镇分性别的15岁及以上文盲人口
Town Illiterate Population Aged 15 and Over by Sex and Region

地区	Region	15岁及以上人口(人) Population Aged 15 and Over (person)	男 Male	女 Female	文盲人口(人) Illiterate Population (person)	男 Male	女 Female	文盲人口占15岁及以上人口的比重(%) % to Total Aged 15 and Over (%)	男 Male	女 Female
全国	**National Total**	**208284**	**103232**	**105051**	**12917**	**3186**	**9731**	**6.20**	**3.09**	**9.26**
北京	Beijing	453	218	235	19	4	15	4.24	1.81	6.50
天津	Tianjin	985	506	480	57	12	45	5.75	2.30	9.39
河北	Hebei	10761	5477	5284	431	123	308	4.00	2.25	5.82
山西	Shanxi	5471	2763	2708	196	43	152	3.58	1.57	5.63
内蒙古	Inner Mongolia	4133	2072	2061	255	59	195	6.16	2.86	9.48
辽宁	Liaoning	5913	2966	2948	165	48	117	2.80	1.63	3.97
吉林	Jilin	3694	1864	1831	164	53	110	4.43	2.86	6.02
黑龙江	Heilongjiang	5542	2802	2740	189	43	146	3.40	1.54	5.31
上海	Shanghai	1244	612	632	80	13	67	6.47	2.19	10.62
江苏	Jiangsu	15461	7378	8083	1244	282	962	8.05	3.82	11.90
浙江	Zhejiang	11396	5636	5759	834	167	667	7.32	2.96	11.58
安徽	Anhui	10328	5177	5151	1067	317	749	10.33	6.13	14.55
福建	Fujian	7536	3676	3860	521	110	411	6.91	2.99	10.64
江西	Jiangxi	7327	3580	3747	357	80	276	4.87	2.24	7.37
山东	Shandong	17047	8507	8540	964	216	748	5.66	2.54	8.76
河南	Henan	13260	6453	6806	860	217	643	6.49	3.36	9.45
湖北	Hubei	7802	3949	3853	524	132	392	6.72	3.34	10.17
湖南	Hunan	10699	5419	5280	460	122	338	4.30	2.25	6.41
广东	Guangdong	15956	7565	8391	597	116	481	3.74	1.53	5.73
广西	Guangxi	7832	4061	3771	225	51	174	2.88	1.26	4.62
海南	Hainan	1982	1028	954	141	29	113	7.12	2.79	11.79
重庆	Chongqing	6258	3123	3135	423	115	308	6.76	3.69	9.82
四川	Sichuan	12913	6262	6651	824	213	612	6.38	3.39	9.20
贵州	Guizhou	4920	2469	2451	537	124	413	10.92	5.02	16.86
云南	Yunnan	6701	3374	3328	691	182	509	10.31	5.40	15.28
西藏	Tibet	289	139	150	99	34	65	34.33	24.62	43.33
陕西	Shaanxi	6469	3232	3237	473	138	336	7.32	4.26	10.38
甘肃	Gansu	2714	1340	1375	329	94	235	12.11	7.04	17.06
青海	Qinghai	872	434	438	102	22	80	11.73	5.07	18.35
宁夏	Ningxia	803	404	399	51	13	38	6.31	3.20	9.44
新疆	Xinjiang	1520	746	774	38	12	26	2.51	1.63	3.35

2-31 各地区乡村分性别的15岁及以上文盲人口

Rural Illiterate Population Aged 15 and Over by Sex and Region

地 区	Region	15岁及以上人口(人) Population Aged 15 and Over (person)	男 Male	女 Female	文盲人口(人) Illiterate Population (person)	男 Male	女 Female	文盲人口占15岁及以上人口的比重(%) % to Total Aged 15 and Over (%)	男 Male	女 Female
全 国	**National Total**	**501153**	**252250**	**248904**	**49057**	**13649**	**35408**	**9.79**	**5.41**	**14.23**
北 京	Beijing	2028	1048	980	147	37	110	7.25	3.54	11.22
天 津	Tianjin	2037	1073	964	100	24	77	4.93	2.20	7.97
河 北	Hebei	30032	15203	14828	1851	508	1343	6.16	3.34	9.05
山 西	Shanxi	13695	7065	6630	730	231	498	5.33	3.28	7.52
内蒙古	Inner Mongolia	8934	4646	4288	943	296	647	10.56	6.37	15.10
辽 宁	Liaoning	13331	6772	6559	718	213	504	5.38	3.15	7.69
吉 林	Jilin	9881	5129	4752	437	141	296	4.42	2.75	6.23
黑龙江	Heilongjiang	13083	6713	6370	827	261	566	6.32	3.89	8.88
上 海	Shanghai	1756	864	892	205	40	164	11.65	4.64	18.42
江 苏	Jiangsu	26739	12731	14008	2462	541	1922	9.21	4.25	13.72
浙 江	Zhejiang	16393	8318	8075	1941	487	1454	11.84	5.85	18.01
安 徽	Anhui	25769	12750	13019	4537	1267	3270	17.60	9.94	25.12
福 建	Fujian	13264	6598	6666	1464	357	1106	11.04	5.42	16.60
江 西	Jiangxi	17405	8624	8781	1064	222	842	6.11	2.58	9.58
山 东	Shandong	36941	18450	18491	3683	954	2729	9.97	5.17	14.76
河 南	Henan	42795	21037	21758	3204	994	2211	7.49	4.72	10.16
湖 北	Hubei	23546	12003	11544	2527	737	1790	10.73	6.14	15.51
湖 南	Hunan	26662	13491	13171	1810	460	1350	6.79	3.41	10.25
广 东	Guangdong	24392	12161	12232	1453	273	1180	5.96	2.25	9.65
广 西	Guangxi	20434	10619	9815	1394	341	1053	6.82	3.21	10.73
海 南	Hainan	3095	1648	1447	305	73	233	9.86	4.41	16.07
重 庆	Chongqing	9988	4958	5029	889	285	603	8.90	5.75	12.00
四 川	Sichuan	36828	18448	18380	4394	1183	3212	11.93	6.41	17.47
贵 州	Guizhou	17651	9062	8588	2735	688	2046	15.49	7.59	23.83
云 南	Yunnan	20740	10769	9972	3487	1097	2390	16.82	10.19	23.97
西 藏	Tibet	1565	777	788	640	261	378	40.87	33.63	48.01
陕 西	Shaanxi	16098	8077	8021	1459	471	988	9.06	5.83	12.32
甘 肃	Gansu	12721	6398	6323	2498	813	1684	19.63	12.71	26.64
青 海	Qinghai	2240	1121	1119	447	125	322	19.95	11.14	28.78
宁 夏	Ningxia	2297	1168	1128	341	107	234	14.86	9.19	20.74
新 疆	Xinjiang	8814	4530	4284	365	161	205	4.14	3.54	4.78

2-32 全国15岁及以上人口分年龄、性别的婚姻状况

Population Aged 15 and Over by Age, Sex and Marital Status

单位：人 (person)

年 龄 Age	15岁及以上人口 Population Aged 15 and Over	男 Male	女 Female	未 婚 Never Married	男 Male	女 Female	初婚有配偶 First Married	男 Male	女 Female
总计 Total	**968469**	**484277**	**484192**	**181718**	**106558**	**75159**	**702009**	**345010**	**356999**
15-19	**83516**	**44170**	**39345**	**81761**	**43465**	**38295**	**1604**	**594**	**1010**
15	15414	8183	7230	15327	8114	7212	59	44	14
16	16139	8608	7531	16009	8528	7480	102	55	47
17	16102	8612	7490	15919	8523	7396	156	70	87
18	16150	8502	7648	15776	8363	7414	341	120	221
19	19711	10265	9446	18730	9938	8792	946	305	641
20-24	**87637**	**44001**	**43636**	**62708**	**35333**	**27375**	**24490**	**8465**	**16026**
20	19196	9780	9416	17200	9180	8020	1942	568	1374
21	17641	9018	8623	14519	8144	6375	3070	845	2225
22	18814	9174	9640	13382	7491	5892	5350	1654	3696
23	16894	8507	8386	10130	5996	4134	6645	2463	4182
24	15091	7521	7570	7476	4521	2954	7484	2935	4548
25-29	**75481**	**37678**	**37803**	**20158**	**13260**	**6898**	**54002**	**23727**	**30275**
25	14948	7524	7424	6122	3829	2293	8661	3618	5042
26	14548	7165	7383	4721	3073	1647	9640	3993	5647
27	16778	8481	8296	4323	2893	1430	12175	5436	6740
28	14723	7365	7358	2801	1939	862	11592	5248	6344
29	14485	7143	7342	2191	1526	665	11934	5432	6502
30-34	**78735**	**38833**	**39901**	**5826**	**4463**	**1363**	**70142**	**32958**	**37183**
30	15274	7603	7670	1709	1253	456	13110	6130	6979
31	15061	7317	7744	1284	952	333	13308	6134	7175
32	14543	7165	7378	973	767	207	13053	6130	6923
33	16494	8133	8361	953	771	182	14925	7020	7904
34	17363	8615	8748	906	721	185	15746	7544	8202
35-39	**106040**	**52579**	**53461**	**3468**	**2940**	**528**	**97820**	**47246**	**50574**
35	18763	9252	9511	806	677	129	17241	8212	9029
36	20245	10012	10232	738	623	115	18639	8966	9673
37	21041	10352	10689	685	576	109	19390	9266	10124
38	22005	11057	10947	663	571	92	20314	9957	10357
39	23986	11905	12081	575	493	83	22235	10845	11390

2-32 续表 1 continued

单位：人 (person)

年 龄 Age	15岁及以上人口 Population Aged 15 and Over	男 Male	女 Female	未 婚 Never Married	男 Male	女 Female	初婚有配偶 First Married	男 Male	女 Female
40-44	**112356**	**55862**	**56494**	**2165**	**1894**	**271**	**103855**	**50894**	**52961**
40	22729	11326	11403	534	450	84	20960	10276	10684
41	24232	12095	12137	475	410	65	22331	10966	11365
42	20174	10003	10171	370	322	48	18708	9135	9573
43	22698	11225	11473	408	357	51	21001	10274	10727
44	22522	11213	11309	378	355	23	20854	10242	10612
45-49	**92367**	**45647**	**46719**	**1268**	**1143**	**125**	**85037**	**41763**	**43274**
45	22299	11076	11223	345	308	37	20573	10137	10435
46	25843	12811	13033	338	305	34	23849	11745	12104
47	11032	5414	5618	140	126	14	10139	4963	5176
48	19147	9454	9693	261	240	21	17661	8662	8999
49	14046	6893	7153	183	164	19	12815	6256	6559
50-54	**84335**	**42441**	**41893**	**1148**	**1045**	**103**	**76544**	**38479**	**38064**
50	13224	6534	6690	173	151	22	12089	5966	6123
51	16902	8557	8346	223	204	18	15361	7759	7603
52	18528	9344	9184	241	220	21	16826	8478	8347
53	17356	8677	8679	245	231	14	15703	7830	7873
54	18325	9330	8994	266	239	28	16565	8447	8118
55-59	**79114**	**39592**	**39522**	**1133**	**1064**	**69**	**70151**	**35459**	**34692**
55	18257	9212	9045	240	224	17	16333	8271	8062
56	16237	8087	8150	239	224	15	14494	7265	7229
57	16448	8377	8071	254	246	9	14635	7489	7146
58	14017	6867	7150	185	173	12	12357	6169	6188
59	14155	7050	7105	214	198	16	12332	6265	6066
60-64	**55690**	**28348**	**27342**	**811**	**769**	**42**	**46796**	**24588**	**22208**
60	13562	6982	6580	209	199	10	11667	6144	5523
61	11589	5880	5709	158	149	8	9886	5118	4767
62	11288	5724	5564	172	164	7	9447	4931	4516
63	9878	4989	4889	123	117	6	8214	4342	3872
64	9374	4774	4600	150	140	10	7583	4053	3529
65+	**113199**	**55124**	**58075**	**1272**	**1181**	**91**	**71569**	**40838**	**30731**

2-32 续表 2 continued

单位：人 (person)

年 龄 Age	再婚有配偶 Re-married	男 Male	女 Female	离 婚 Divorced	男 Male	女 Female	丧 偶 Widowed	男 Male	女 Female
总计 Total	**16404**	**7804**	**8600**	**11884**	**7208**	**4676**	**56454**	**17697**	**38758**
15-19	**65**	**57**	**8**	**71**	**44**	**27**	**14**	**10**	**4**
15	15	12	3	11	10	1	3	3	
16	15	15		7	5	2	6	5	1
17	9	9	1	17	11	5	1		1
18	10	9	1	21	10	11	1		1
19	16	12	3	16	7	8	3	2	1
20-24	**167**	**79**	**87**	**230**	**106**	**123**	**42**	**18**	**24**
20	20	13	7	31	16	14	3	2	
21	18	11	8	28	14	13	6	4	2
22	34	8	25	38	19	19	11	2	8
23	48	23	25	56	17	39	15	8	7
24	47	24	23	77	39	38	7	1	6
25-29	**447**	**189**	**257**	**773**	**460**	**314**	**101**	**42**	**59**
25	58	18	40	96	53	42	12	5	7
26	69	29	40	101	60	41	18	10	8
27	89	40	49	168	99	69	21	13	8
28	109	53	57	192	115	78	28	11	18
29	122	50	72	216	132	84	22	4	18
30-34	**1143**	**480**	**663**	**1402**	**846**	**556**	**223**	**86**	**136**
30	186	80	106	229	129	100	39	11	28
31	188	65	123	253	156	97	27	10	16
32	205	89	116	271	166	106	40	13	26
33	251	130	122	300	181	118	66	31	35
34	312	116	196	348	213	135	51	20	30
35-39	**2025**	**859**	**1166**	**2091**	**1296**	**795**	**636**	**237**	**398**
35	297	128	169	335	204	131	83	30	53
36	393	158	236	375	231	145	99	35	64
37	403	176	227	436	280	157	127	55	72
38	444	198	246	437	277	159	148	55	92
39	488	200	288	508	305	203	180	63	118

2-32 续表 3 continued

单位：人 (person)

年 龄 Age	再婚有配偶 Re-married	男 Male	女 Female	离 婚 Divorced	男 Male	女 Female	丧 偶 Widowed	男 Male	女 Female
40-44	**2690**	**1190**	**1500**	**2252**	**1372**	**880**	**1394**	**512**	**882**
40	516	230	286	532	299	233	187	71	116
41	605	265	340	520	335	185	301	119	182
42	459	191	268	393	258	134	244	96	148
43	567	255	313	397	231	167	324	109	215
44	543	250	293	410	249	161	337	117	221
45-49	**2262**	**1012**	**1249**	**1898**	**1117**	**782**	**1902**	**613**	**1289**
45	567	242	325	453	278	176	361	111	250
46	624	285	339	577	342	235	455	134	321
47	270	124	146	233	119	114	250	82	167
48	445	197	248	359	220	139	420	136	285
49	356	165	191	276	158	118	416	150	266
50-54	**2089**	**989**	**1100**	**1306**	**809**	**498**	**3247**	**1119**	**2128**
50	318	149	169	243	142	102	401	127	274
51	470	229	241	281	178	102	568	186	382
52	441	203	239	288	181	107	732	262	469
53	419	209	211	250	145	105	739	262	477
54	441	199	241	245	163	82	808	282	526
55-59	**1848**	**884**	**964**	**820**	**524**	**296**	**5162**	**1661**	**3502**
55	426	199	227	215	134	81	1043	383	659
56	378	179	199	186	113	73	941	306	635
57	374	190	184	160	113	47	1025	339	686
58	322	156	167	143	94	50	1009	276	733
59	348	160	188	116	70	46	1145	356	789
60-64	**1278**	**652**	**626**	**453**	**287**	**166**	**6352**	**2053**	**4299**
60	301	143	158	110	76	34	1275	420	854
61	271	136	135	104	58	46	1170	419	752
62	266	146	120	99	63	36	1304	420	884
63	223	108	115	71	42	28	1247	380	867
64	217	119	97	70	48	22	1355	413	942
65+	**2390**	**1411**	**979**	**588**	**349**	**239**	**37381**	**11345**	**26035**

2-33 全国城市15岁及以上人口分年龄、性别的婚姻状况

City Population Aged 15 and Over by Age, Sex and Marital Status

单位：人 (person)

年龄 Age	15岁及以上人口 Population Aged 15 and Over	男 Male	女 Female	未婚 Never Married	男 Male	女 Female	初婚有配偶 First Married	男 Male	女 Female
总计 Total	**259031**	**128795**	**130237**	**50709**	**28303**	**22406**	**187490**	**93017**	**94472**
15-19	**17300**	**9067**	**8234**	**17045**	**8949**	**8096**	**232**	**101**	**131**
15	2941	1616	1325	2922	1599	1323	15	13	2
16	3098	1667	1432	3079	1653	1425	16	10	6
17	3303	1781	1523	3275	1761	1514	24	18	6
18	3474	1763	1711	3413	1740	1673	56	21	35
19	4483	2240	2243	4357	2197	2160	121	39	83
20-24	**25083**	**12638**	**12445**	**20636**	**11120**	**9516**	**4391**	**1485**	**2906**
20	5278	2655	2623	5023	2568	2455	247	82	165
21	5130	2675	2455	4657	2549	2108	460	115	345
22	5483	2672	2811	4488	2369	2119	991	302	689
23	4866	2488	2378	3615	2033	1581	1241	451	790
24	4327	2149	2178	2854	1601	1253	1452	535	917
25-29	**23538**	**11514**	**12024**	**8703**	**5253**	**3450**	**14583**	**6155**	**8428**
25	4396	2192	2204	2457	1435	1022	1918	751	1168
26	4763	2301	2462	2191	1315	876	2544	975	1570
27	5395	2677	2718	1995	1214	781	3338	1433	1905
28	4510	2208	2303	1176	746	431	3280	1435	1846
29	4473	2135	2339	884	544	340	3502	1561	1941
30-34	**24600**	**12000**	**12600**	**2151**	**1448**	**703**	**21659**	**10189**	**11470**
30	5037	2452	2585	700	468	232	4223	1920	2303
31	4675	2278	2398	498	327	171	4043	1898	2145
32	4563	2193	2371	367	245	122	4038	1874	2165
33	5001	2455	2546	311	219	92	4510	2145	2365
34	5323	2623	2700	275	189	86	4845	2352	2493
35-39	**30218**	**15013**	**15206**	**977**	**697**	**281**	**27793**	**13688**	**14105**
35	5517	2682	2835	247	181	66	5063	2420	2642
36	5815	2891	2924	206	150	55	5356	2629	2727
37	6056	3012	3044	193	130	63	5547	2732	2814
38	6250	3089	3160	185	136	50	5752	2813	2939
39	6581	3339	3242	147	100	46	6076	3094	2982

2-33 续表 1 continued

单位：人 (person)

年 龄 Age	15岁及以上人口 Population Aged 15 and Over	男 Male	女 Female	未 婚 Never Married	男 Male	女 Female	初婚有配偶 First Married	男 Male	女 Female
40-44	**28343**	**14374**	**13968**	**454**	**311**	**142**	**25908**	**13196**	**12711**
40	6146	3114	3032	121	74	47	5589	2847	2742
41	6355	3245	3109	116	76	40	5785	2950	2835
42	4946	2478	2467	89	63	26	4528	2263	2264
43	5330	2647	2683	64	43	21	4864	2445	2419
44	5567	2890	2677	64	55	9	5141	2690	2452
45-49	**25078**	**12704**	**12374**	**260**	**189**	**70**	**22702**	**11580**	**11122**
45	5825	2914	2911	65	44	21	5281	2658	2623
46	7138	3697	3441	67	47	21	6465	3379	3086
47	3129	1544	1585	34	26	8	2823	1418	1405
48	4970	2510	2461	43	33	10	4534	2303	2230
49	4015	2038	1977	51	40	10	3600	1823	1777
50-54	**22191**	**11050**	**11141**	**186**	**119**	**67**	**20142**	**10133**	**10009**
50	3684	1834	1850	42	26	16	3322	1649	1672
51	4580	2317	2263	31	20	11	4180	2135	2045
52	4822	2393	2428	37	25	13	4374	2202	2172
53	4496	2218	2277	34	25	10	4075	2037	2038
54	4610	2288	2322	42	25	18	4192	2110	2082
55-59	**19651**	**9509**	**10142**	**128**	**97**	**30**	**17758**	**8799**	**8958**
55	4690	2278	2411	26	20	5	4261	2106	2154
56	4069	1996	2073	26	16	9	3679	1859	1820
57	3892	1859	2033	31	26	5	3533	1713	1820
58	3509	1673	1836	21	17	4	3146	1529	1617
59	3492	1703	1789	24	18	6	3139	1592	1547
60-64	**13589**	**6619**	**6970**	**77**	**56**	**21**	**11810**	**6032**	**5778**
60	3344	1653	1691	22	17	5	2922	1508	1413
61	2740	1362	1378	11	5	6	2414	1242	1172
62	2733	1295	1438	10	8	2	2387	1181	1206
63	2509	1218	1291	20	15	5	2184	1119	1064
64	2263	1092	1171	14	10	4	1904	982	922
65+	**29439**	**14306**	**15133**	**92**	**64**	**28**	**20513**	**11658**	**8854**

2-33 续表 2 continued

单位：人 (person)

年 龄 Age	再婚有配偶 Re-married	男 Male	女 Female	离 婚 Divorced	男 Male	女 Female	丧 偶 Widowed	男 Male	女 Female
总计 Total	**4179**	**2228**	**1951**	**5140**	**2416**	**2724**	**11513**	**2830**	**8683**
15-19	**9**	**7**	**2**	**13**	**8**	**5**	**1**	**1**	
15	1	1		3	3				
16	3	3		1		1			
17				5	2	3			
18	2	1	1	3	1	2			
19	3	2	1	1	1		1	1	
20-24	**22**	**16**	**7**	**28**	**15**	**14**	**5**	**3**	**2**
20	5	3	2	2	2	1			
21	4	4		6	4	2	3	3	
22	1		1	2	1	1	1		1
23	3	2	1	6	1	5	1		1
24	9	6	3	12	8	4			
25-29	**65**	**24**	**41**	**175**	**79**	**96**	**12**	**3**	**9**
25	9	2	7	10	4	6	1		1
26	7	3	4	21	8	13			
27	9	6	3	48	23	26	5	2	3
28	14	8	6	37	19	18	3		2
29	26	5	21	58	25	34	4		3
30-34	**284**	**142**	**142**	**475**	**213**	**262**	**31**	**8**	**23**
30	48	30	18	64	34	31	3		3
31	51	19	32	79	32	46	4	2	3
32	51	25	26	101	48	53	6	2	4
33	63	38	25	109	50	59	9	3	6
34	72	30	41	122	50	72	9	2	7
35-39	**496**	**221**	**276**	**841**	**381**	**460**	**110**	**26**	**84**
35	76	26	50	121	47	75	11	8	3
36	96	44	51	143	65	78	14	2	12
37	94	54	41	194	90	104	28	7	21
38	111	51	60	171	85	86	31	4	27
39	120	46	74	212	94	118	27	5	22

2-33 续表 3 continued

单位：人 (person)

年 龄 Age	再婚有配偶 Re-married	男 Male	女 Female	离 婚 Divorced	男 Male	女 Female	丧 偶 Widowed	男 Male	女 Female
40-44	**667**	**331**	**336**	**1063**	**484**	**578**	**252**	**51**	**201**
40	140	75	65	258	109	149	38	8	30
41	150	74	76	259	133	126	44	11	33
42	122	54	67	171	86	85	36	11	25
43	140	68	71	190	80	110	72	10	62
44	116	59	57	184	75	108	62	11	51
45-49	**646**	**329**	**316**	**1075**	**507**	**568**	**395**	**98**	**297**
45	149	75	74	257	125	132	73	13	60
46	185	93	92	335	163	173	86	16	70
47	75	34	41	138	48	90	59	18	41
48	132	68	64	180	87	93	82	19	63
49	105	59	46	166	85	81	94	32	63
50-54	**558**	**302**	**257**	**686**	**347**	**339**	**618**	**150**	**468**
50	99	63	37	141	74	67	80	22	58
51	124	68	56	147	76	71	99	18	80
52	120	65	55	141	67	74	149	35	114
53	98	48	50	140	70	70	149	39	110
54	118	58	59	116	59	57	141	36	106
55-59	**441**	**240**	**201**	**397**	**192**	**205**	**928**	**181**	**747**
55	106	57	48	110	51	59	189	44	144
56	93	45	48	96	38	58	174	37	138
57	91	54	38	67	39	28	170	29	141
58	77	51	26	71	40	32	194	37	158
59	74	33	41	53	25	29	201	35	166
60-64	**305**	**158**	**147**	**184**	**94**	**90**	**1213**	**279**	**934**
60	75	36	40	51	30	21	273	62	212
61	66	35	31	44	20	25	205	60	145
62	55	33	23	38	20	18	242	54	189
63	49	24	26	24	12	12	232	48	184
64	60	31	28	26	13	13	260	56	204
65+	**685**	**458**	**226**	**202**	**95**	**107**	**7948**	**2030**	**5918**

2-34 全国镇15岁及以上人口分年龄、性别的婚姻状况

Town Population Aged 15 and Over by Age, Sex and Marital Status

单位：人 (person)

年 龄 Age	15岁及以上人口 Population Aged 15 and Over	男 Male	女 Female	未 婚 Never Married	男 Male	女 Female	初婚有配偶 First Married	男 Male	女 Female
总计 Total	**208284**	**103232**	**105051**	**37869**	**21852**	**16016**	**152309**	**74605**	**77704**
15-19	**18729**	**9896**	**8833**	**18392**	**9756**	**8636**	**301**	**111**	**190**
15	3509	1842	1667	3490	1825	1665	11	9	2
16	3747	1996	1752	3722	1980	1742	21	12	10
17	3650	1957	1693	3619	1941	1678	23	9	14
18	3637	1926	1711	3562	1896	1666	64	23	42
19	4185	2175	2011	3999	2114	1885	181	58	123
20-24	**18187**	**9077**	**9110**	**12697**	**7142**	**5555**	**5414**	**1904**	**3510**
20	3904	2003	1902	3517	1884	1633	378	112	266
21	3490	1773	1716	2847	1588	1259	635	181	453
22	3884	1869	2014	2689	1507	1183	1177	358	819
23	3556	1791	1765	2072	1238	834	1465	546	918
24	3354	1640	1713	1571	925	646	1759	705	1053
25-29	**16142**	**7860**	**8281**	**3824**	**2474**	**1350**	**12027**	**5225**	**6802**
25	3239	1575	1664	1274	771	503	1931	788	1143
26	2945	1440	1505	842	568	274	2062	852	1210
27	3559	1736	1823	793	528	265	2712	1175	1537
28	3252	1569	1683	516	341	175	2648	1179	1469
29	3146	1539	1606	400	266	133	2674	1230	1444
30-34	**17376**	**8459**	**8917**	**1014**	**763**	**250**	**15736**	**7373**	**8364**
30	3315	1620	1695	316	221	95	2894	1365	1529
31	3293	1571	1722	222	163	59	2965	1346	1619
32	3208	1564	1644	149	123	26	2943	1378	1565
33	3683	1795	1889	161	130	31	3380	1589	1790
34	3877	1910	1967	166	127	40	3554	1694	1860
35-39	**23949**	**11751**	**12199**	**619**	**519**	**100**	**22147**	**10635**	**11512**
35	4202	2005	2197	152	126	25	3870	1780	2089
36	4506	2213	2293	132	106	26	4170	2018	2151
37	4781	2311	2471	129	108	21	4421	2086	2335
38	5054	2528	2526	110	94	17	4678	2294	2384
39	5406	2694	2712	96	86	10	5008	2456	2552

2-34 续表 1 continued

单位：人 (person)

年 龄 Age	15岁及以上人口 Population Aged 15 and Over	男 Male	女 Female	未 婚 Never Married	男 Male	女 Female	初婚有配偶 First Married	男 Male	女 Female
40-44	**24901**	**12369**	**12532**	**348**	**289**	**60**	**23095**	**11392**	**11703**
40	5113	2622	2491	102	85	17	4742	2416	2326
41	5232	2549	2683	78	66	12	4832	2323	2509
42	4478	2226	2252	53	39	14	4162	2064	2098
43	5173	2563	2610	73	60	13	4789	2359	2430
44	4905	2410	2495	43	39	5	4570	2230	2339
45-49	**20101**	**9835**	**10266**	**178**	**165**	**13**	**18650**	**9078**	**9572**
45	5017	2444	2573	53	51	2	4650	2249	2401
46	5672	2794	2878	53	48	5	5259	2578	2681
47	2313	1102	1211	16	14	1	2144	1021	1124
48	4169	2047	2122	36	33	3	3894	1908	1987
49	2930	1447	1483	21	19	2	2702	1323	1379
50-54	**17967**	**8982**	**8984**	**161**	**150**	**11**	**16435**	**8281**	**8154**
50	2776	1378	1398	21	20		2560	1288	1272
51	3610	1837	1773	32	28	4	3313	1704	1609
52	3973	1930	2044	34	29	4	3639	1779	1860
53	3671	1851	1820	38	36	2	3324	1686	1638
54	3935	1987	1949	36	35		3599	1824	1774
55-59	**16166**	**8016**	**8150**	**187**	**175**	**12**	**14322**	**7231**	**7090**
55	3605	1806	1799	44	38	6	3225	1620	1605
56	3413	1696	1717	40	39	1	3022	1526	1497
57	3330	1694	1637	30	30	1	2982	1538	1444
58	2850	1336	1514	33	30	2	2507	1223	1284
59	2967	1485	1482	40	38	2	2585	1324	1261
60-64	**11519**	**5824**	**5695**	**138**	**131**	**7**	**9649**	**5089**	**4560**
60	2750	1412	1337	40	40		2372	1258	1114
61	2384	1216	1168	20	19	1	2051	1063	988
62	2316	1167	1148	31	29	1	1935	1012	923
63	2121	1060	1061	21	21		1750	943	807
64	1948	967	981	27	23	5	1542	813	729
65+	**23247**	**11164**	**12083**	**311**	**288**	**22**	**14533**	**8287**	**6247**

2-34 续表 2 continued

单位：人 (person)

年 龄 Age	再婚有配偶 Re-married	男 Male	女 Female	离 婚 Divorced	男 Male	女 Female	丧 偶 Widowed	男 Male	女 Female
总计 Total	**3825**	**1886**	**1939**	**2525**	**1553**	**972**	**11757**	**3337**	**8420**
15-19	**14**	**14**		**21**	**14**	**7**	**1**	**1**	
15	4	4		4	4				
16	2	2		2	2		1	1	
17	4	4		3	3	1			
18	4	4		7	4	3			
19	1	1		4	2	2			
20-24	**29**	**14**	**14**	**41**	**12**	**28**	**7**	**4**	**2**
20	5	3	1	4	2	1	1	1	
21	1	1		5	1	4	2	2	
22	8	1	6	9	3	6	1		1
23	7	4	3	11	1	9	2	2	
24	9	5	4	13	5	8	1		1
25-29	**90**	**41**	**50**	**172**	**108**	**64**	**27**	**12**	**15**
25	10	4	5	22	12	10	3		3
26	17	6	12	19	11	8	5	3	2
27	17	8	8	30	19	11	8	5	2
28	25	11	13	56	34	22	8	4	4
29	22	11	11	46	32	14	4		4
30-34	**222**	**101**	**122**	**359**	**212**	**148**	**44**	**11**	**34**
30	32	9	22	54	22	32	20	2	18
31	28	14	14	74	48	26	3		3
32	40	21	20	72	42	30	4	1	3
33	59	29	30	73	44	29	11	2	8
34	64	28	35	87	56	31	6	4	1
35-39	**510**	**228**	**282**	**521**	**330**	**191**	**153**	**39**	**114**
35	70	36	33	94	61	32	17	1	16
36	96	37	59	85	48	37	24	4	20
37	114	47	67	83	57	26	34	13	21
38	113	57	56	111	70	41	41	13	28
39	117	51	66	149	93	56	36	8	28

2-34 续表 3 continued

单位：人 (person)

年龄 Age	再婚有配偶 Re-married	男 Male	女 Female	离婚 Divorced	男 Male	女 Female	丧偶 Widowed	男 Male	女 Female
40-44	**693**	**322**	**370**	**478**	**281**	**196**	**288**	**85**	**203**
40	114	53	61	115	59	56	40	9	31
41	164	80	84	96	58	37	63	22	40
42	129	56	72	86	55	31	48	12	37
43	152	67	85	95	55	40	65	22	43
44	135	67	68	86	53	32	72	20	51
45-49	**540**	**262**	**278**	**347**	**226**	**121**	**387**	**105**	**282**
45	143	63	80	89	62	27	83	20	63
46	159	87	73	93	58	35	108	24	84
47	66	23	43	45	29	16	41	14	27
48	97	48	49	68	42	26	74	17	57
49	74	41	33	52	35	17	81	29	52
50-54	**466**	**225**	**241**	**249**	**150**	**98**	**656**	**176**	**480**
50	69	29	40	53	28	24	74	12	62
51	99	50	49	44	24	20	121	31	90
52	91	36	56	67	46	22	142	40	102
53	109	62	47	35	20	15	165	47	118
54	98	48	49	49	33	16	154	46	108
55-59	**431**	**202**	**228**	**134**	**89**	**45**	**1093**	**320**	**774**
55	96	52	45	41	27	14	199	69	130
56	103	46	56	27	20	7	221	66	156
57	79	41	38	27	16	11	212	69	143
58	68	26	41	21	14	8	222	43	178
59	85	37	47	18	13	6	239	73	167
60-64	**299**	**160**	**140**	**99**	**70**	**29**	**1333**	**374**	**960**
60	60	29	31	24	18	5	255	68	187
61	58	34	23	28	19	9	228	80	148
62	71	39	32	19	13	6	261	74	186
63	50	26	24	16	10	6	284	61	223
64	62	32	29	12	9	3	306	90	216
65+	**530**	**316**	**214**	**105**	**61**	**44**	**7767**	**2211**	**5557**

2-35 全国乡村15岁及以上人口分年龄、性别的婚姻状况

Rural Population Aged 15 and Over by Age, Sex and Marital Status

单位：人 (person)

年 龄 Age	15岁及以上人口 Population Aged 15 and Over	男 Male	女 Female	未 婚 Never Married	男 Male	女 Female	初婚有配偶 First Married	男 Male	女 Female
总计 Total	**501153**	**252250**	**248904**	**93140**	**56403**	**36737**	**362210**	**177388**	**184822**
15-19	**47487**	**25208**	**22278**	**46323**	**24760**	**21563**	**1072**	**382**	**690**
15	8963	4725	4238	8914	4690	4224	33	22	11
16	9293	4945	4348	9208	4895	4314	65	33	32
17	9149	4875	4274	9025	4821	4204	110	42	67
18	9039	4813	4226	8802	4727	4074	221	77	144
19	11042	5850	5192	10374	5627	4747	644	208	436
20-24	**44367**	**22286**	**22081**	**29375**	**17071**	**12304**	**14685**	**5075**	**9610**
20	10014	5122	4891	8660	4728	3932	1317	374	943
21	9021	4570	4452	7015	4006	3008	1975	548	1427
22	9448	4633	4815	6205	3616	2590	3181	993	2188
23	8472	4228	4244	4444	2725	1719	3939	1465	2473
24	7411	3732	3679	3051	1996	1055	4273	1695	2578
25-29	**35802**	**18304**	**17498**	**7631**	**5533**	**2098**	**27392**	**12347**	**15045**
25	7312	3756	3556	2391	1623	767	4811	2079	2732
26	6840	3423	3417	1688	1191	497	5033	2165	2868
27	7823	4068	3756	1536	1151	385	6125	2828	3298
28	6960	3588	3372	1109	852	256	5664	2635	3030
29	6866	3469	3396	907	716	192	5758	2641	3118
30-34	**36758**	**18374**	**18384**	**2662**	**2253**	**409**	**32746**	**15396**	**17350**
30	6921	3532	3389	694	564	130	5992	2844	3148
31	7093	3468	3624	564	462	102	6300	2889	3411
32	6771	3408	3363	458	399	59	6072	2878	3193
33	7810	3884	3926	481	422	59	7035	3286	3749
34	8163	4082	4081	465	406	59	7347	3498	3849
35-39	**51872**	**25815**	**26057**	**1872**	**1724**	**148**	**47880**	**22923**	**24957**
35	9044	4565	4479	408	370	38	8309	4012	4297
36	9923	4908	5015	400	367	34	9113	4319	4794
37	10204	5030	5174	363	339	24	9422	4448	4974
38	10701	5440	5261	367	341	26	9884	4850	5035
39	11999	5872	6127	333	307	26	11151	5295	5857

2-35 续表 1 continued

单位：人 (person)

年 龄 Age	15岁及以上人口 Population Aged 15 and Over	男 Male	女 Female	未 婚 Never Married	男 Male	女 Female	初婚有配偶 First Married	男 Male	女 Female
40-44	**59112**	**29119**	**29993**	**1363**	**1294**	**69**	**54853**	**26306**	**28547**
40	11470	5590	5880	311	291	20	10629	5012	5617
41	12646	6301	6344	282	269	13	11714	5693	6020
42	10751	5299	5452	228	220	9	10019	4808	5210
43	12195	6015	6180	271	254	18	11348	5470	5878
44	12050	5913	6137	271	261	10	11143	5322	5821
45-49	**47187**	**23108**	**24079**	**830**	**788**	**42**	**43684**	**21105**	**22580**
45	11457	5717	5740	228	213	14	10641	5231	5411
46	13034	6319	6714	218	210	8	12125	5789	6337
47	5590	2769	2821	90	86	4	5172	2524	2647
48	10007	4897	5110	183	174	9	9232	4451	4782
49	7101	3407	3694	111	105	7	6514	3110	3403
50-54	**44177**	**22409**	**21768**	**801**	**777**	**24**	**39967**	**20066**	**19901**
50	6764	3323	3441	110	105	5	6207	3028	3179
51	8712	4402	4310	159	156	3	7868	3920	3948
52	9733	5021	4712	171	166	4	8813	4498	4315
53	9189	4607	4582	173	170	2	8305	4107	4198
54	9779	5056	4723	188	179	10	8774	4513	4261
55-59	**43297**	**22066**	**21230**	**818**	**792**	**26**	**38072**	**19428**	**18643**
55	9962	5128	4834	171	165	5	8847	4544	4303
56	8756	4395	4360	173	169	4	7792	3880	3913
57	9226	4824	4402	193	190	3	8120	4238	3882
58	7658	3858	3800	131	126	5	6705	3417	3287
59	7696	3862	3834	150	142	8	6607	3349	3258
60-64	**30582**	**15905**	**14677**	**596**	**582**	**14**	**25337**	**13466**	**11871**
60	7468	3917	3552	148	142	5	6373	3377	2996
61	6464	3302	3163	127	125	2	5421	2813	2608
62	6239	3261	2978	131	127	4	5125	2738	2387
63	5248	2711	2537	82	81	2	4280	2279	2001
64	5162	2715	2448	108	107	1	4137	2258	1879
65+	**60513**	**29654**	**30859**	**869**	**829**	**40**	**36523**	**20893**	**15630**

2-35 续表 2 continued

单位：人 (person)

年 龄 Age	再婚有配偶 Re-married	男 Male	女 Female	离 婚 Divorced	男 Male	女 Female	丧 偶 Widowed	男 Male	女 Female
总计 Total	**8400**	**3690**	**4710**	**4220**	**3240**	**980**	**33184**	**11530**	**21655**
15-19	**42**	**36**	**6**	**37**	**21**	**15**	**13**	**8**	**4**
15	10	8	3	3	2	1	3	3	
16	10	10		4	3	1	6	4	1
17	5	5	1	9	7	2	1		1
18	4	4		11	5	6	1		1
19	12	10	2	10	4	6	2	1	1
20-24	**115**	**49**	**66**	**161**	**79**	**82**	**30**	**11**	**19**
20	10	7	3	25	12	12	1	1	
21	13	5	7	17	10	8	2		2
22	25	7	18	28	16	12	9	2	7
23	38	17	21	39	15	24	13	7	6
24	29	13	16	52	27	25	6	1	5
25-29	**291**	**125**	**167**	**426**	**272**	**154**	**62**	**27**	**35**
25	39	12	27	64	37	27	8	5	4
26	44	19	25	61	41	20	14	7	7
27	64	26	37	90	58	32	8	6	3
28	71	34	37	99	61	38	17	6	11
29	74	34	40	112	76	36	14	4	10
30-34	**636**	**237**	**399**	**568**	**421**	**147**	**147**	**67**	**80**
30	107	41	66	111	74	37	17	9	8
31	109	33	76	101	76	25	19	8	10
32	113	44	70	99	76	23	30	10	19
33	130	63	67	117	88	30	47	25	21
34	177	58	120	139	107	32	35	14	22
35-39	**1019**	**411**	**608**	**729**	**585**	**144**	**372**	**172**	**200**
35	152	66	86	120	95	25	55	21	34
36	202	76	126	147	117	30	61	29	32
37	195	76	120	159	132	27	64	35	30
38	220	90	130	155	122	33	75	38	37
39	250	103	147	147	118	29	117	50	68

2-35 续表 3 continued

单位：人 (person)

年 龄 Age	再婚有配偶 Re-married	男 Male	女 Female	离 婚 Divorced	男 Male	女 Female	丧 偶 Widowed	男 Male	女 Female
40-44	**1330**	**537**	**794**	**711**	**607**	**105**	**855**	**376**	**479**
40	262	102	160	159	131	28	109	54	55
41	291	111	180	165	143	22	194	86	109
42	209	80	128	135	117	18	160	73	86
43	276	119	157	112	95	17	188	78	110
44	292	124	168	140	120	20	204	86	118
45-49	**1077**	**421**	**655**	**477**	**384**	**92**	**1119**	**410**	**710**
45	275	104	171	108	91	17	204	77	127
46	280	105	175	149	122	28	261	94	167
47	129	66	62	50	42	8	149	50	99
48	216	81	135	111	92	20	264	99	165
49	176	65	112	58	38	20	241	89	152
50-54	**1064**	**462**	**603**	**372**	**312**	**60**	**1973**	**793**	**1180**
50	150	57	93	50	40	10	247	92	154
51	247	111	136	90	78	11	348	136	211
52	230	102	128	79	68	11	441	187	253
53	212	99	114	74	55	19	425	176	249
54	225	93	132	79	70	9	513	201	312
55-59	**977**	**442**	**535**	**289**	**244**	**46**	**3141**	**1160**	**1981**
55	224	91	133	65	57	8	655	270	385
56	182	88	94	63	55	8	546	204	341
57	204	96	108	67	59	8	643	242	401
58	178	79	99	51	40	10	593	196	397
59	189	90	100	44	33	12	705	249	456
60-64	**674**	**334**	**339**	**170**	**123**	**47**	**3806**	**1400**	**2406**
60	166	79	88	35	28	7	746	291	456
61	148	67	81	31	19	13	737	278	459
62	140	75	65	41	29	12	802	292	509
63	124	59	65	31	21	10	731	271	459
64	95	56	40	32	26	6	790	267	522
65+	**1175**	**636**	**538**	**281**	**192**	**89**	**21665**	**7104**	**14561**

2-36 各地区分性别、婚姻状况的人口

Population by Sex, Marital Status and Region

单位：人 (person)

地区	Region	15岁及以上人口 Population Aged 15 and Over	男 Male	女 Female	未婚 Never Married	男 Male	女 Female	初婚有配偶 First Married	男 Male	女 Female
全国	**National Total**	**968469**	**484277**	**484192**	**181718**	**106558**	**75159**	**702009**	**345010**	**356999**
北京	Beijing	13599	6907	6692	3013	1715	1298	9639	4860	4779
天津	Tianjin	9419	4738	4681	1980	1061	918	6677	3390	3287
河北	Hebei	51969	26120	25849	8575	5043	3532	39139	19397	19743
山西	Shanxi	25137	12773	12364	4985	2942	2043	18217	9082	9135
内蒙古	Inner Mongolia	18440	9394	9045	3116	1854	1262	13780	6913	6866
辽宁	Liaoning	34186	17054	17132	5578	3155	2423	25251	12545	12706
吉林	Jilin	21386	10902	10484	3386	2034	1352	15985	8007	7978
黑龙江	Heilongjiang	29864	15076	14788	4436	2600	1837	22348	11172	11176
上海	Shanghai	15544	7674	7869	2863	1567	1295	11225	5599	5627
江苏	jiangsu	59013	28572	30442	9188	5336	3852	44440	21323	23117
浙江	Zhejiang	39175	19636	19539	6868	4026	2841	28882	14406	14476
安徽	Anhui	44116	22139	21977	8111	4979	3132	32128	15619	16509
福建	Fujian	26616	13105	13510	4657	2745	1912	19446	9525	9921
江西	Jiangxi	30564	15095	15469	5270	3086	2184	22914	11179	11735
山东	Shandong	70735	35197	35538	11414	6553	4861	53971	26599	27372
河南	Henan	67885	33335	34550	13033	7458	5575	49751	23842	25909
湖北	Hubei	43505	21951	21554	7767	4715	3052	31789	15584	16205
湖南	Hunan	47036	23660	23376	8404	5103	3301	34264	16841	17424
广东	Guangdong	70246	34811	35435	20433	10994	9439	45860	22510	23350
广西	Guangxi	33769	17446	16324	7673	4948	2725	23256	11463	11793
海南	Hainan	6053	3182	2871	1636	1054	582	3977	1972	2005
重庆	Chongqing	20635	10170	10465	3402	1920	1483	14810	7279	7532
四川	Sichuan	59999	29753	30246	9866	5922	3944	43617	21346	22271
贵州	Guizhou	25403	12941	12462	5287	3213	2074	17814	8765	9049
云南	Yunnan	31760	16375	15385	6133	3954	2179	22507	11163	11344
西藏	Tibet	2051	1002	1049	634	354	279	1224	589	635
陕西	Shaanxi	28199	14063	14136	5434	3200	2235	20389	9898	10491
甘肃	Gansu	18985	9520	9465	3814	2232	1582	13526	6635	6891
青海	Qinghai	3899	1944	1955	718	419	299	2748	1357	1390
宁夏	Ningxia	4328	2188	2140	841	483	358	3173	1586	1587
新疆	Xinjiang	14954	7555	7399	3203	1893	1310	9264	4566	4698

2-36 续表 continued

单位：人 (person)

地 区	Region	再婚有配偶 Re-married	男 Male	女 Female	离 婚 Divorced	男 Male	女 Female	丧 偶 Widowed	男 Male	女 Female
全 国	**National Total**	**16404**	**7804**	**8600**	**11884**	**7208**	**4676**	**56454**	**17697**	**38758**
北 京	Beijing	180	91	89	208	90	118	559	151	408
天 津	Tianjin	143	72	71	132	68	64	487	146	342
河 北	Hebei	998	454	544	514	339	175	2743	888	1855
山 西	Shanxi	415	180	235	227	169	57	1293	400	893
内蒙古	Inner Mongolia	425	190	236	246	155	91	873	283	590
辽 宁	Liaoning	678	314	364	756	424	332	1923	616	1307
吉 林	Jilin	441	208	234	478	279	200	1095	375	721
黑龙江	Heilongjiang	722	354	368	756	446	310	1602	504	1098
上 海	Shanghai	266	129	137	349	185	165	840	195	646
江 苏	jiangsu	942	428	514	566	339	227	3878	1146	2732
浙 江	Zhejiang	664	294	370	536	334	203	2225	576	1649
安 徽	Anhui	596	254	342	407	283	124	2874	1004	1870
福 建	Fujian	399	193	206	274	173	101	1839	469	1371
江 西	Jiangxi	446	217	229	249	159	90	1686	454	1231
山 东	Shandong	1037	496	541	471	350	122	3841	1199	2642
河 南	Henan	814	372	442	461	323	138	3827	1341	2486
湖 北	Hubei	758	373	385	521	304	217	2670	974	1696
湖 南	Hunan	742	345	397	617	391	226	3008	980	2027
广 东	Guangdong	399	232	167	479	254	224	3076	821	2255
广 西	Guangxi	452	227	225	286	189	97	2103	618	1485
海 南	Hainan	72	40	32	45	34	11	322	81	241
重 庆	Chongqing	531	226	304	416	240	176	1476	506	970
四 川	Sichuan	1246	533	713	927	555	372	4343	1397	2947
贵 州	Guizhou	417	222	195	337	218	119	1548	523	1025
云 南	Yunnan	600	314	286	429	277	152	2092	668	1424
西 藏	Tibet	10	5	5	44	13	30	138	40	99
陕 西	Shaanxi	425	191	234	265	163	101	1687	611	1076
甘 肃	Gansu	188	92	96	206	131	76	1251	430	821
青 海	Qinghai	100	51	49	96	48	48	238	68	169
宁 夏	Ningxia	74	38	36	55	30	25	184	50	134
新 疆	Xinjiang	1223	671	552	531	243	287	733	182	551

2-37 各地区城市分性别、婚姻状况的人口
City Population by Sex, Marital Status and Region

单位：人 (person)

地 区	Region	15岁及以上人口 Population Aged 15 and Over	男 Male	女 Female	未 婚 Never Married	男 Male	女 Female	初婚有配偶 First Married	男 Male	女 Female
全 国	**National Total**	**259031**	**128795**	**130237**	**50709**	**28303**	**22406**	**187490**	**93017**	**94472**
北 京	Beijing	11117	5640	5477	2582	1459	1123	7808	3929	3879
天 津	Tianjin	6397	3159	3238	1455	746	709	4403	2222	2180
河 北	Hebei	11177	5439	5737	1557	824	733	8703	4293	4410
山 西	Shanxi	5972	2945	3027	1228	664	563	4341	2145	2196
内蒙古	Inner Mongolia	5372	2676	2696	879	475	404	4028	2018	2011
辽 宁	Liaoning	14941	7316	7626	2636	1399	1238	10735	5336	5399
吉 林	Jilin	7811	3909	3902	1277	738	539	5726	2863	2863
黑龙江	Heilongjiang	11239	5561	5678	1704	980	723	8156	4061	4095
上 海	Shanghai	12544	6198	6345	2488	1358	1130	8919	4443	4475
江 苏	Jiangsu	16813	8463	8350	2949	1747	1202	12644	6292	6352
浙 江	Zhejiang	11386	5681	5704	2439	1380	1059	8166	4053	4113
安 徽	Anhui	8018	4211	3807	1726	1169	557	5608	2786	2822
福 建	Fujian	5816	2831	2984	1227	669	558	4083	2012	2071
江 西	Jiangxi	5832	2891	2941	890	516	374	4577	2250	2328
山 东	Shandong	16747	8240	8507	2608	1433	1174	12998	6392	6606
河 南	Henan	11830	5844	5986	1947	1085	862	8974	4420	4554
湖 北	Hubei	12157	5999	6157	2068	1161	907	9014	4422	4592
湖 南	Hunan	9674	4750	4924	1529	886	643	7336	3580	3756
广 东	Guangdong	29898	15086	14812	8998	4917	4081	19741	9804	9937
广 西	Guangxi	5503	2766	2737	1172	696	476	3885	1911	1974
海 南	Hainan	975	506	469	313	184	129	617	305	312
重 庆	Chongqing	4389	2089	2300	819	414	406	2975	1468	1508
四 川	Sichuan	10258	5043	5215	1821	959	862	7475	3718	3758
贵 州	Guizhou	2833	1410	1423	511	284	227	1957	980	977
云 南	Yunnan	4318	2232	2086	767	454	313	3169	1635	1534
西 藏	Tibet	197	86	111	64	32	32	122	52	70
陕 西	Shaanxi	5632	2754	2878	1288	679	609	3948	1934	2014
甘 肃	Gansu	3550	1783	1767	546	320	226	2654	1328	1325
青 海	Qinghai	787	389	399	150	80	70	555	277	277
宁 夏	Ningxia	1228	616	612	228	126	102	893	452	441
新 疆	Xinjiang	4621	2280	2341	843	468	375	3279	1635	1645

2-37 续表 continued

单位：人 (person)

地 区	Region	再婚有配偶 Re-married	男 Male	女 Female	离 婚 Divorced	男 Male	女 Female	丧 偶 Widowed	男 Male	女 Female
全 国	**National Total**	**4179**	**2228**	**1951**	**5140**	**2416**	**2724**	**11513**	**2830**	**8683**
北 京	Beijing	123	65	58	181	74	107	424	113	311
天 津	Tianjin	75	38	37	109	53	56	355	99	256
河 北	Hebei	216	118	99	158	65	93	543	140	402
山 西	Shanxi	86	47	39	61	29	32	255	59	196
内蒙古	Inner Mongolia	115	61	55	111	57	54	239	66	173
辽 宁	Liaoning	242	124	118	495	242	253	832	215	618
吉 林	Jilin	147	76	71	270	126	144	391	107	285
黑龙江	Heilongjiang	286	146	140	425	214	210	669	160	509
上 海	Shanghai	189	92	97	300	155	146	648	151	497
江 苏	Jiangsu	257	123	133	258	118	140	706	182	523
浙 江	Zhejiang	159	77	82	199	80	119	423	91	332
安 徽	Anhui	118	62	56	152	79	72	414	115	300
福 建	Fujian	76	37	39	97	43	55	332	70	262
江 西	Jiangxi	77	44	33	69	29	41	218	53	165
山 东	Shandong	300	169	130	152	88	64	689	158	532
河 南	Henan	189	101	89	176	95	81	544	144	400
湖 北	Hubei	242	137	105	273	132	141	560	147	413
湖 南	Hunan	166	91	75	202	82	120	441	112	330
广 东	Guangdong	145	101	44	256	99	158	757	165	592
广 西	Guangxi	107	69	38	87	38	50	252	53	200
海 南	Hainan	7	4	3	9	6	3	30	6	23
重 庆	Chongqing	142	69	73	179	84	95	273	55	218
四 川	Sichuan	207	109	97	306	145	161	449	111	338
贵 州	Guizhou	111	58	52	119	59	59	135	27	107
云 南	Yunnan	71	42	29	107	54	53	203	46	157
西 藏	Tibet	1			4	1	3	7	1	5
陕 西	Shaanxi	84	42	42	88	38	50	225	62	163
甘 肃	Gansu	58	29	29	89	46	43	204	60	144
青 海	Qinghai	19	10	8	28	13	15	36	8	28
宁 夏	Ningxia	27	13	14	30	14	16	50	11	39
新 疆	Xinjiang	139	75	64	152	61	91	207	41	166

2-38 各地区镇分性别、婚姻状况的人口

Town Population by Sex, Marital Status and Region

单位：人 (person)

地 区	Region	15岁及以上人口 Population Aged 15 and Over	男 Male	女 Female	未 婚 Never Married	男 Male	女 Female	初婚有配偶 First Married	男 Male	女 Female
全 国	**National Total**	**208284**	**103232**	**105051**	**37869**	**21852**	**16016**	**152309**	**74605**	**77704**
北 京	Beijing	453	218	235	84	45	39	327	162	165
天 津	Tianjin	985	506	480	181	102	78	744	380	364
河 北	Hebei	10761	5477	5284	1813	1088	725	8145	4046	4099
山 西	Shanxi	5471	2763	2708	937	556	381	4116	2052	2064
内蒙古	Inner Mongolia	4133	2072	2061	663	386	277	3122	1556	1565
辽 宁	Liaoning	5913	2966	2948	891	509	382	4478	2237	2241
吉 林	Jilin	3694	1864	1831	569	334	235	2743	1361	1382
黑龙江	Heilongjiang	5542	2802	2740	774	469	306	4137	2069	2068
上 海	Shanghai	1244	612	632	180	97	83	948	474	474
江 苏	Jiangsu	15461	7378	8083	2328	1315	1013	11722	5585	6137
浙 江	Zhejiang	11396	5636	5759	1970	1124	846	8437	4171	4266
安 徽	Anhui	10328	5177	5151	1762	1042	719	7682	3754	3927
福 建	Fujian	7536	3676	3860	1363	809	554	5508	2670	2838
江 西	Jiangxi	7327	3580	3747	1328	732	596	5485	2672	2813
山 东	Shandong	17047	8507	8540	2719	1544	1174	13099	6483	6616
河 南	Henan	13260	6453	6806	2487	1448	1039	9860	4696	5164
湖 北	Hubei	7802	3949	3853	1263	776	486	5887	2928	2959
湖 南	Hunan	10699	5419	5280	2061	1252	809	7651	3766	3885
广 东	Guangdong	15956	7565	8391	4660	2271	2389	10253	4946	5306
广 西	Guangxi	7832	4061	3771	1863	1199	664	5304	2622	2682
海 南	Hainan	1982	1028	954	508	325	183	1338	662	676
重 庆	Chongqing	6258	3123	3135	880	538	342	4614	2302	2312
四 川	Sichuan	12913	6262	6651	2020	1178	842	9392	4534	4858
贵 州	Guizhou	4920	2469	2451	991	585	406	3475	1715	1760
云 南	Yunnan	6701	3374	3328	1243	762	481	4715	2312	2403
西 藏	Tibet	289	139	150	69	40	29	189	90	99
陕 西	Shaanxi	6469	3232	3237	1139	697	442	4808	2330	2478
甘 肃	Gansu	2714	1340	1375	502	285	217	1976	965	1011
青 海	Qinghai	872	434	438	143	81	61	637	318	319
宁 夏	Ningxia	803	404	399	134	78	56	618	307	311
新 疆	Xinjiang	1520	746	774	344	187	157	897	436	461

2-38 续表 continued

单位：人 (person)

地区	Region	再婚有配偶 Re-married	男 Male	女 Female	离婚 Divorced	男 Male	女 Female	丧偶 Widowed	男 Male	女 Female
全国	**National Total**	**3825**	**1886**	**1939**	**2525**	**1553**	**972**	**11757**	**3337**	**8420**
北京	Beijing	14	6	7	6	3	3	22	1	20
天津	Tianjin	10	5	5	10	5	5	41	13	28
河北	Hebei	205	110	95	97	68	28	501	165	336
山西	Shanxi	111	48	63	55	41	14	252	66	185
内蒙古	Inner Mongolia	132	61	71	56	33	23	161	37	125
辽宁	Liaoning	137	63	73	108	67	41	300	91	209
吉林	Jilin	79	37	42	88	58	31	216	74	141
黑龙江	Heilongjiang	189	96	94	152	93	59	289	76	213
上海	Shanghai	24	11	13	24	16	8	67	15	52
江苏	Jiangsu	263	122	142	113	69	44	1035	287	748
浙江	Zhejiang	180	86	94	141	90	51	668	166	502
安徽	Anhui	171	83	88	74	55	19	640	243	397
福建	Fujian	131	67	63	71	40	31	464	90	374
江西	Jiangxi	77	40	37	64	35	29	373	101	272
山东	Shandong	273	134	138	107	80	27	849	265	584
河南	Henan	150	67	83	83	51	32	680	191	489
湖北	Hubei	133	63	70	89	43	47	430	138	291
湖南	Hunan	146	77	70	169	110	59	671	214	457
广东	Guangdong	113	62	52	94	59	35	836	227	609
广西	Guangxi	128	68	60	98	62	36	440	111	329
海南	Hainan	20	11	9	11	7	5	105	24	81
重庆	Chongqing	192	86	106	119	71	48	454	127	326
四川	Sichuan	375	179	197	272	159	113	854	213	641
贵州	Guizhou	90	52	38	88	48	40	276	69	207
云南	Yunnan	209	111	98	119	78	41	416	111	305
西藏	Tibet	1		1	7	2	5	22	6	16
陕西	Shaanxi	91	42	49	71	45	26	360	119	241
甘肃	Gansu	38	20	18	26	14	12	172	55	117
青海	Qinghai	25	13	12	20	10	11	46	12	34
宁夏	Ningxia	13	8	6	9	5	4	28	6	22
新疆	Xinjiang	104	60	43	84	38	46	91	24	67

2-39 各地区农村分性别、婚姻状况的人口
Rural Population by Sex, Marital Status and Region

单位：人 (person)

地 区	Region	15岁及以上人口 Population Aged 15 and Over	男 Male	女 Female	未 婚 Never Married	男 Male	女 Female	初婚有配偶 First Married	男 Male	女 Female
全 国	**National Total**	**501153**	**252250**	**248904**	**93140**	**56403**	**36737**	**362210**	**177388**	**184822**
北 京	Beijing	2028	1048	980	347	212	136	1504	768	735
天 津	Tianjin	2037	1073	964	344	213	131	1530	788	742
河 北	Hebei	30032	15203	14828	5205	3131	2074	22292	11058	11233
山 西	Shanxi	13695	7065	6630	2820	1721	1099	9759	4885	4874
内蒙古	Inner Mongolia	8934	4646	4288	1575	993	582	6629	3339	3290
辽 宁	Liaoning	13331	6772	6559	2050	1248	802	10038	4972	5066
吉 林	Jilin	9881	5129	4752	1540	962	578	7516	3783	3733
黑龙江	Heilongjiang	13083	6713	6370	1959	1151	807	10055	5042	5013
上 海	Shanghai	1756	864	892	194	112	82	1359	681	677
江 苏	Jiangsu	26739	12731	14008	3912	2274	1638	20073	9445	10628
浙 江	Zhejiang	16393	8318	8075	2459	1523	936	12279	6182	6097
安 徽	Anhui	25769	12750	13019	4623	2767	1855	18839	9078	9761
福 建	Fujian	13264	6598	6666	2068	1266	801	9855	4843	5012
江 西	Jiangxi	17405	8624	8781	3051	1838	1213	12852	6257	6594
山 东	Shandong	36941	18450	18491	6088	3576	2512	27874	13724	14150
河 南	Henan	42795	21037	21758	8599	4925	3674	30917	14725	16192
湖 北	Hubei	23546	12003	11544	4437	2778	1659	16888	8234	8654
湖 南	Hunan	26662	13491	13171	4814	2966	1849	19277	9495	9783
广 东	Guangdong	24392	12161	12232	6775	3806	2968	15866	7760	8106
广 西	Guangxi	20434	10619	9815	4638	3053	1584	14067	6930	7137
海 南	Hainan	3095	1648	1447	815	545	270	2022	1005	1017
重 庆	Chongqing	9988	4958	5029	1703	969	735	7221	3509	3712
四 川	Sichuan	36828	18448	18380	6025	3785	2240	26749	13094	13655
贵 州	Guizhou	17651	9062	8588	3785	2344	1440	12381	6069	6312
云 南	Yunnan	20740	10769	9972	4122	2737	1385	14623	7215	7408
西 藏	Tibet	1565	777	788	501	283	218	913	447	467
陕 西	Shaanxi	16098	8077	8021	3008	1824	1183	11632	5634	5998
甘 肃	Gansu	12721	6398	6323	2766	1627	1139	8896	4341	4555
青 海	Qinghai	2240	1121	1119	425	257	168	1556	762	794
宁 夏	Ningxia	2297	1168	1128	479	280	199	1662	827	835
新 疆	Xinjiang	8814	4530	4284	2015	1237	778	5087	2495	2592

2-39 续表 continued

单位：人 (person)

地 区	Region	再婚有配偶 Re-married	男 Male	女 Female	离 婚 Divorced	男 Male	女 Female	丧 偶 Widowed	男 Male	女 Female
全 国	**National Total**	**8400**	**3690**	**4710**	**4220**	**3240**	**980**	**33184**	**11530**	**21655**
北 京	Beijing	44	20	24	21	12	8	113	36	77
天 津	Tianjin	58	29	29	13	10	3	91	33	58
河 北	Hebei	576	226	351	259	206	54	1699	582	1117
山 西	Shanxi	219	85	133	111	99	11	787	274	512
内蒙古	Inner Mongolia	178	68	110	80	66	14	473	180	292
辽 宁	Liaoning	299	127	172	154	116	38	791	310	481
吉 林	Jilin	215	95	120	120	95	25	488	194	294
黑龙江	Heilongjiang	246	113	134	179	139	40	644	268	376
上 海	Shanghai	53	26	26	25	15	11	125	29	96
江 苏	Jiangsu	422	183	239	195	152	43	2138	677	1461
浙 江	Zhejiang	324	131	193	197	163	33	1134	319	816
安 徽	Anhui	307	109	198	181	149	32	1819	646	1173
福 建	Fujian	192	89	103	106	91	15	1043	309	734
江 西	Jiangxi	292	133	158	116	95	20	1095	300	794
山 东	Shandong	464	192	273	212	182	30	2303	777	1526
河 南	Henan	474	204	270	203	177	26	2602	1006	1596
湖 北	Hubei	383	173	210	158	129	29	1680	689	992
湖 南	Hunan	430	177	253	246	199	46	1895	654	1241
广 东	Guangdong	140	69	71	129	96	32	1483	429	1054
广 西	Guangxi	218	91	127	101	90	11	1410	455	956
海 南	Hainan	45	25	20	25	22	4	188	51	136
重 庆	Chongqing	196	72	124	118	85	33	749	323	426
四 川	Sichuan	664	245	419	349	252	98	3040	1073	1967
贵 州	Guizhou	217	111	105	131	111	20	1137	427	711
云 南	Yunnan	319	161	159	203	145	58	1473	511	962
西 藏	Tibet	9	4	4	33	11	22	110	33	77
陕 西	Shaanxi	250	107	143	106	81	25	1102	431	671
甘 肃	Gansu	92	43	49	91	71	21	876	316	560
青 海	Qinghai	56	28	28	48	26	22	155	48	107
宁 夏	Ningxia	34	17	17	16	12	4	105	32	73
新 疆	Xinjiang	981	536	445	295	144	150	435	117	318

2-40 全国育龄妇女分年龄、孩次的生育状况 (2008年11月1日至2009年10月31日) Age-specific Fertility Rate of Women at Childbearing Ages by Age of Mother and Birth Order (2008.11.1-2009.10.31)

年 龄 Age	平均育龄妇女人数(人) Average Number of Childbearing Women (person)	出生人数(人) Births (person)				生育率(‰) Fertility Rate (‰)			
			一孩 1st Birth	二孩 2nd Birth	三孩及以上 3rd Birth and Above		一孩 1st Birth	二孩 2nd Birth	三孩及以上 3rd Birth and Above
总计 Total	**317359**	**11468**	**7693**	**3363**	**412**	**36.14**	**24.24**	**10.60**	**1.30**
15-19	**39345**	**242**	**219**	**22**	**1**	**6.16**	**5.57**	**0.57**	**0.02**
15	7230	1	1			0.12	0.12		
16	7531	10	9	2		1.36	1.14	0.22	
17	7490	20	18	2		2.64	2.39	0.25	
18	7648	53	47	6		6.95	6.14	0.81	
19	9446	158	145	13	1	16.74	15.31	1.34	0.09
20-24	**43636**	**3779**	**3395**	**362**	**23**	**86.61**	**77.80**	**8.29**	**0.52**
20	9416	391	364	25	3	41.55	38.62	2.61	0.31
21	8623	642	602	38	2	74.48	69.80	4.43	0.25
22	9640	920	852	67	1	95.46	88.41	6.95	0.10
23	8386	968	856	107	5	115.39	102.02	12.80	0.56
24	7570	858	722	124	12	113.31	95.32	16.43	1.56
25-29	**37803**	**3651**	**2441**	**1109**	**101**	**96.58**	**64.57**	**29.33**	**2.68**
25	7424	855	661	179	15	115.13	89.01	24.06	2.06
26	7383	762	541	205	16	103.15	73.21	27.77	2.17
27	8296	801	541	241	19	96.54	65.17	29.10	2.27
28	7358	634	370	246	18	86.10	50.28	33.44	2.38
29	7342	600	329	238	34	81.76	44.81	32.35	4.60
30-34	**39901**	**2007**	**782**	**1102**	**123**	**50.29**	**19.60**	**27.62**	**3.07**
30	7670	494	234	242	19	64.46	30.51	31.49	2.47
31	7744	444	186	226	32	57.36	24.05	29.22	4.09
32	7378	393	126	241	26	53.32	17.14	32.61	3.57
33	8361	347	129	193	24	41.45	15.41	23.14	2.90
34	8748	328	107	200	21	37.51	12.18	22.89	2.44
35-39	**53461**	**1060**	**372**	**584**	**105**	**19.84**	**6.95**	**10.92**	**1.96**
35	9511	280	90	173	17	29.42	9.45	18.18	1.79
36	10232	225	68	139	19	22.01	6.61	13.54	1.86
37	10689	228	80	123	25	21.32	7.44	11.51	2.37
38	10947	168	60	83	25	15.36	5.47	7.58	2.31
39	12081	159	75	66	18	13.19	6.18	5.50	1.51
40-44	**56494**	**428**	**265**	**122**	**41**	**7.57**	**4.69**	**2.16**	**0.72**
40	11403	120	66	45	9	10.55	5.79	3.95	0.82
41	12137	116	73	34	9	9.58	5.99	2.83	0.76
42	10171	62	36	19	7	6.07	3.54	1.83	0.70
43	11473	71	47	16	8	6.23	4.12	1.43	0.69
44	11309	58	43	7	7	5.10	3.80	0.66	0.65
45-49	**46719**	**270**	**196**	**57**	**17**	**5.78**	**4.20**	**1.22**	**0.36**
45	11223	68	47	15	6	6.07	4.20	1.36	0.50
46	13033	65	47	15	4	4.99	3.60	1.12	0.27
47	9693	49	38	9	3	5.07	3.91	0.89	0.27
48	5618	40	28	11	1	7.17	4.98	2.02	0.16
49	7153	47	36	7	4	6.62	5.07	0.97	0.58

2-41 全国城市育龄妇女分年龄、孩次的生育状况（2008年11月1日至2009年10月31日）

Age-specific Fertility Rate of City Women at Childbearing Ages by Age of Mother and Birth Order (2008.11.1-2009.10.31)

年 龄 Age	平均育龄妇女人数(人) Average Number of Childbearing Women (person)	出生人数(人) Births (person)	一孩 1st Birth	二孩 2nd Birth	三孩及以上 3rd Birth and Above	生育率(‰) Fertility Rate (‰)	一孩 1st Birth	二孩 2nd Birth	三孩及以上 3rd Birth and Above
总计 Total	**86851**	**2610**	**2199**	**393**	**18**	**30.06**	**25.32**	**4.53**	**0.21**
15-19	**8234**	**19**	**18**	**1**		**2.31**	**2.18**	**0.13**	
15	1325								
16	1432								
17	1523								
18	1711	5	5			2.67	2.67		
19	2243	14	13	1		6.45	5.97	0.48	
20-24	**12445**	**512**	**490**	**21**	**1**	**41.17**	**39.40**	**1.70**	**0.07**
20	2623	21	19	2		8.07	7.32	0.76	
21	2455	72	70	3		29.51	28.39	1.12	
22	2811	143	140	2		50.78	49.91	0.87	
23	2378	141	139	1	1	59.26	58.36	0.53	0.37
24	2178	135	122	13		62.01	56.17	5.85	
25-29	**12024**	**976**	**868**	**106**	**2**	**81.14**	**72.19**	**8.81**	**0.14**
25	2204	187	173	13	1	84.82	78.48	5.91	0.44
26	2462	200	181	18		81.27	73.70	7.49	
27	2718	221	194	26		81.20	71.56	9.63	
28	2303	176	153	23		76.48	66.28	9.99	
29	2339	192	167	25		82.04	71.20	10.84	
30-34	**12600**	**517**	**375**	**139**	**2**	**41.01**	**29.77**	**11.06**	**0.19**
30	2585	160	126	34		61.95	48.72	13.23	
31	2398	109	81	28		45.37	33.71	11.66	
32	2371	89	54	35		37.54	22.80	14.74	
33	2546	79	60	18	1	30.85	23.39	7.11	0.35
34	2700	80	55	24	2	29.74	20.24	8.92	0.57
35-39	**15206**	**290**	**197**	**86**	**7**	**19.07**	**12.93**	**5.67**	**0.47**
35	2835	66	46	21		23.29	16.05	7.24	
36	2924	65	35	29		22.10	12.00	10.04	
37	3044	68	49	15	4	22.22	16.18	4.87	1.17
38	3160	48	27	18	3	15.22	8.49	5.65	1.08
39	3242	44	40	4		13.42	12.30	1.12	
40-44	**13968**	**149**	**126**	**23**	**1**	**10.68**	**9.01**	**1.62**	**0.05**
40	3032	39	34	5	1	12.78	11.06	1.49	0.23
41	3109	47	37	10		15.02	11.81	3.20	
42	2467	22	17	5		8.83	6.79	2.03	
43	2683	19	16	3		7.07	5.96	1.11	
44	2677	23	23			8.59	8.52	0.07	
45-49	**12374**	**133**	**113**	**15**	**5**	**10.73**	**9.11**	**1.20**	**0.43**
45	2911	29	22	5	3	10.07	7.47	1.56	1.04
46	3441	24	22	2		6.85	6.30	0.56	
47	2461	28	26	2		11.40	10.52	0.88	
48	1585	21	18	3		13.02	11.39	1.64	
49	1977	31	25	4	2	15.79	12.84	1.81	1.13

2-42 全国镇育龄妇女分年龄、孩次的生育状况
(2008年11月1日至2009年10月31日)
Age-specific Fertility Rate of Town Women at Childbearing Ages by Age of Mother and Birth Order (2008.11.1-2009.10.31)

年 龄 Age	平均育龄妇女人数(人) Average Number of Childbearing Women (person)	出生人数(人) Births (person)				生育率(‰) Fertility Rate (‰)			
			一孩 1st Birth	二孩 2nd Birth	三孩及以上 3rd Birth and Above		一孩 1st Birth	二孩 2nd Birth	三孩及以上 3rd Birth and Above
总计 Total	**70139**	**2377**	**1554**	**757**	**66**	**33.90**	**22.16**	**10.80**	**0.94**
15-19	**8833**	**40**	**36**	**5**		**4.56**	**4.04**	**0.52**	
15	1667								
16	1752	2		2		1.08		0.96	
17	1693	2		2		1.15		0.89	
18	1711	8	8			4.70	4.70		
19	2011	28	27	1		14.13	13.43	0.70	
20-24	**9110**	**818**	**736**	**78**	**4**	**89.83**	**80.75**	**8.59**	**0.49**
20	1902	68	62	5	2	35.59	32.36	2.43	0.79
21	1716	117	110	6	1	68.15	64.14	3.50	0.52
22	2014	220	202	18		109.06	100.25	8.72	
23	1765	218	188	29		123.49	106.79	16.70	
24	1713	196	174	21	2	114.48	101.35	12.02	1.11
25-29	**8281**	**736**	**485**	**234**	**17**	**88.92**	**58.59**	**28.25**	**2.07**
25	1664	179	133	44	2	107.46	79.84	26.47	1.15
26	1505	141	99	39	3	93.44	65.84	25.64	1.96
27	1823	181	127	52	2	99.33	69.64	28.51	1.19
28	1683	128	78	47	3	76.11	46.28	28.14	1.69
29	1606	108	48	52	7	67.08	30.17	32.37	4.54
30-34	**8917**	**424**	**131**	**268**	**25**	**47.56**	**14.70**	**30.03**	**2.82**
30	1695	94	32	60	2	55.70	18.95	35.52	1.23
31	1722	96	31	58	6	55.54	18.19	33.79	3.57
32	1644	84	24	54	6	51.29	14.57	33.03	3.69
33	1889	80	30	44	6	42.29	15.77	23.44	3.08
34	1967	70	14	51	5	35.48	7.08	25.85	2.55
35-39	**12199**	**215**	**63**	**140**	**12**	**17.59**	**5.14**	**11.45**	**1.00**
35	2197	69	18	49	3	31.48	8.00	22.09	1.39
36	2293	38	13	23	2	16.55	5.87	10.03	0.66
37	2471	39	10	23	5	15.59	4.17	9.47	1.95
38	2526	32	8	24		12.59	3.09	9.44	
39	2712	37	14	21	3	13.72	5.01	7.74	0.97
40-44	**12532**	**92**	**66**	**21**	**5**	**7.34**	**5.26**	**1.69**	**0.39**
40	2491	27	16	10	1	10.96	6.58	3.86	0.52
41	2683	25	20	4	1	9.40	7.47	1.49	0.45
42	2252	5	2	2	1	2.11	0.85	0.91	0.35
43	2610	25	19	4	2	9.55	7.31	1.63	0.61
44	2495	10	8	1		3.93	3.41	0.52	
45-49	**10266**	**47**	**34**	**12**	**2**	**4.61**	**3.28**	**1.15**	**0.19**
45	2573	17	11	6		6.61	4.42	2.19	
46	2878	13	10	3		4.42	3.52	0.91	
47	2122	8	6		2	3.59	2.67		0.92
48	1211	5	4	2		4.50	3.04	1.46	
49	1483	5	3	2		3.07	1.88	1.19	

2-43 全国乡村育龄妇女分年龄、孩次的生育状况

(2008年11月1日至2009年10月31日)

Age-specific Fertility Rate of Rural Women at Childbearing Ages by Age of Mother and Birth Order(2008.11.1-2009.10.31)

年 龄 Age	平均育龄妇女人数(人) Average Number of Childbearing Women (person)	出生人数(人) Births (person)	一孩 1st Birth	二孩 2nd Birth	三孩及以上 3rd Birth and Above	生育率(‰) Fertility Rate (‰)	一孩 1st Birth	二孩 2nd Birth	三孩及以上 3rd Birth and Above
总计 Total	**160370**	**6480**	**3939**	**2212**	**328**	**40.41**	**24.56**	**13.80**	**2.05**
15-19	**22278**	**183**	**165**	**17**	**1**	**8.21**	**7.42**	**0.75**	**0.04**
15	4238	1	1			0.20	0.20		
16	4348	8	8			1.93	1.93		
17	4274	18	17			4.18	4.09		
18	4226	41	34	6		9.59	8.13	1.46	
19	5192	115	104	10	1	22.21	20.08	1.97	0.16
20-24	**22081**	**2448**	**2169**	**262**	**17**	**110.89**	**98.23**	**11.87**	**0.78**
20	4891	302	283	18	1	61.81	57.84	3.68	0.29
21	4452	453	422	29	1	101.72	94.81	6.62	0.29
22	4815	558	510	47	1	115.85	105.93	9.76	0.17
23	4244	609	528	77	4	143.47	124.51	18.06	0.91
24	3679	527	426	91	10	143.14	115.68	24.76	2.70
25-29	**17498**	**1939**	**1088**	**769**	**83**	**110.82**	**62.16**	**43.93**	**4.72**
25	3556	489	355	122	12	137.50	99.83	34.18	3.49
26	3417	421	260	148	13	123.20	76.10	43.33	3.77
27	3756	399	219	163	17	106.28	58.37	43.48	4.43
28	3372	329	139	176	14	97.65	41.35	52.10	4.21
29	3396	301	114	160	26	88.52	33.56	47.16	7.80
30-34	**18384**	**1066**	**276**	**695**	**95**	**57.97**	**15.01**	**37.80**	**5.17**
30	3389	240	76	147	17	70.76	22.40	43.40	4.96
31	3624	240	74	140	26	66.16	20.45	38.66	7.05
32	3363	220	48	151	20	65.44	14.41	45.00	6.03
33	3926	188	39	131	18	47.91	10.06	33.39	4.47
34	4081	178	38	125	15	43.62	9.30	30.69	3.63
35-39	**26057**	**556**	**112**	**358**	**86**	**21.33**	**4.31**	**13.74**	**3.28**
35	4479	145	27	104	14	32.28	5.99	23.18	3.12
36	5015	123	19	86	17	24.46	3.81	17.19	3.46
37	5174	122	20	85	17	23.53	3.86	16.39	3.28
38	5261	88	25	41	22	16.77	4.80	7.85	4.12
39	6127	79	21	42	16	12.83	3.45	6.83	2.54
40-44	**29993**	**186**	**73**	**78**	**35**	**6.21**	**2.44**	**2.60**	**1.17**
40	5880	54	16	31	7	9.23	2.73	5.26	1.25
41	6344	44	16	20	8	6.99	2.51	3.22	1.26
42	5452	35	17	12	6	6.46	3.19	2.12	1.15
43	6180	28	12	9	6	4.46	1.97	1.48	1.02
44	6137	25	12	6	7	4.06	1.90	0.97	1.19
45-49	**24079**	**90**	**50**	**30**	**10**	**3.73**	**2.07**	**1.25**	**0.40**
45	5740	22	14	5	3	3.79	2.45	0.89	0.45
46	6714	29	15	10	4	4.28	2.26	1.49	0.53
47	5110	13	6	6	1	2.63	1.24	1.27	0.13
48	2821	14	6	7	1	5.02	2.22	2.48	0.33
49	3694	12	8	2	2	3.14	2.19	0.43	0.52

2-44 全国分年龄、性别的死亡人口状况
(2008年11月1日至2009年10月31日)
Status of Deaths by Age and Sex (2008.11.1-2009.10.31)

年 龄 Age	年平均人口(人) Average Population (person)	男 Male	女 Female	死亡人口(人) Deaths (person)	男 Male	女 Female	死亡率(‰) Death Rate (‰)	男 Male	女 Female
总计 Total	**1162782**	**590652**	**572130**	**6302**	**3637**	**2665**	**5.42**	**6.16**	**4.66**
0-4	**54622**	**30050**	**24572**	**86**	**50**	**35**	**1.57**	**1.67**	**1.43**
0	6526	3590	2936	46	23	23	7.10	6.46	7.88
1	11365	6327	5038	16	10	6	1.39	1.52	1.23
2	11985	6547	5438	7	7		0.59	1.03	
3	12376	6839	5537	11	7	5	0.91	0.96	0.85
4	12370	6747	5623	5	4	1	0.41	0.62	0.16
5-9	**63010**	**34711**	**28298**	**20**	**14**	**6**	**0.31**	**0.39**	**0.22**
5	12961	7219	5741	2	2		0.15	0.23	
6	11721	6504	5217	5	3	2	0.47	0.48	0.45
7	12314	6724	5590	4	3	1	0.31	0.45	0.14
8	13038	7191	5847	2	2		0.13	0.24	
9	12976	7073	5903	7	4	3	0.52	0.58	0.45
10-14	**73372**	**39757**	**33615**	**21**	**14**	**7**	**0.29**	**0.35**	**0.21**
10	13262	7363	5899	7	4	3	0.50	0.50	0.49
11	14293	7726	6567	5	3	2	0.36	0.39	0.32
12	14438	7840	6598	2	2		0.11	0.20	
13	15142	8203	6939	3	3	1	0.21	0.32	0.08
14	16236	8625	7611	5	3	2	0.30	0.37	0.22
15-19	**83535**	**44183**	**39352**	**26**	**17**	**9**	**0.31**	**0.39**	**0.23**
15	15417	8186	7230	4	4		0.26	0.48	
16	16141	8610	7531	3	3	1	0.21	0.30	0.11
17	16103	8612	7490	3	2	1	0.19	0.25	0.12
18	16156	8505	7652	7	3	4	0.44	0.31	0.58
19	19719	10270	9448	9	6	3	0.44	0.57	0.30
20-24	**87665**	**44019**	**43646**	**48**	**34**	**14**	**0.55**	**0.78**	**0.32**
20	19201	9782	9418	8	5	3	0.39	0.48	0.30
21	17653	9026	8628	16	11	5	0.88	1.18	0.57
22	18819	9178	9641	14	12	2	0.77	1.31	0.25
23	16898	8509	8388	7	4	3	0.41	0.48	0.33
24	15094	7524	7570	4	3	1	0.25	0.38	0.12
25-29	**75518**	**37701**	**37817**	**60**	**35**	**24**	**0.79**	**0.94**	**0.64**
25	14956	7528	7428	12	7	5	0.80	0.88	0.72
26	14555	7169	7386	14	9	6	0.97	1.20	0.75
27	16779	8481	8298	6	2	4	0.35	0.22	0.47
28	14727	7368	7359	7	3	4	0.47	0.46	0.48
29	14500	7154	7346	21	15	6	1.44	2.08	0.81

2-44 续表 1 continued

年 龄 Age	年平均人口(人) Average Population (person)	男 Male	女 Female	死亡人口(人) Deaths (person)	男 Male	女 Female	死亡率(‰) Death Rate (‰)	男 Male	女 Female
30-34	**78772**	**38861**	**39911**	**79**	**56**	**24**	**1.01**	**1.43**	**0.60**
30	15278	7606	7672	10	7	4	0.67	0.88	0.47
31	15077	7330	7746	21	17	4	1.38	2.28	0.53
32	14548	7168	7380	16	7	9	1.10	0.96	1.24
33	16499	8135	8364	14	9	5	0.87	1.15	0.60
34	17370	8622	8748	18	16	2	1.04	1.86	0.23
35-39	**106115**	**52630**	**53486**	**125**	**89**	**37**	**1.18**	**1.69**	**0.68**
35	18776	9260	9516	21	15	6	1.11	1.61	0.63
36	20257	10020	10237	21	14	7	1.02	1.41	0.64
37	21057	10361	10697	21	13	8	1.01	1.25	0.78
38	22023	11074	10949	27	22	6	1.25	1.95	0.53
39	24002	11915	12087	35	25	10	1.46	2.13	0.81
40-44	**112457**	**55928**	**56530**	**191**	**135**	**56**	**1.70**	**2.41**	**0.99**
40	22745	11336	11409	35	25	10	1.53	2.16	0.89
41	24258	12111	12147	38	24	14	1.58	1.97	1.19
42	20189	10012	10177	34	25	9	1.69	2.48	0.91
43	22715	11239	11476	35	28	7	1.53	2.45	0.62
44	22551	11230	11321	49	34	15	2.17	3.01	1.33
45-49	**92483**	**45726**	**46757**	**225**	**152**	**73**	**2.43**	**3.32**	**1.56**
45	22330	11099	11232	53	39	14	2.39	3.50	1.28
46	25877	12833	13044	59	35	24	2.26	2.69	1.84
47	11055	5425	5629	40	20	20	3.63	3.74	3.53
48	19164	9468	9696	30	23	7	1.55	2.40	0.72
49	14058	6902	7156	43	35	8	3.08	5.14	1.09
50-54	**84523**	**42553**	**41970**	**344**	**216**	**128**	**4.07**	**5.09**	**3.04**
50	13246	6550	6696	53	38	16	4.02	5.76	2.32
51	16939	8576	8363	71	41	30	4.21	4.77	3.63
52	18562	9364	9198	63	38	25	3.39	4.02	2.76
53	17398	8699	8699	70	41	29	4.00	4.69	3.31
54	18377	9364	9013	87	59	28	4.74	6.35	3.06
55-59	**79357**	**39739**	**39617**	**444**	**290**	**154**	**5.60**	**7.30**	**3.89**
55	18301	9234	9066	82	49	33	4.45	5.26	3.64
56	16296	8129	8167	92	65	27	5.63	7.94	3.32
57	16499	8401	8098	94	55	39	5.68	6.55	4.77
58	14061	6891	7170	83	52	31	5.92	7.58	4.33
59	14200	7084	7116	94	70	24	6.62	9.86	3.40

2-44 续表 2 continued

年 龄 Age	年平均人口(人) Average Population (person)	男 Male	女 Female	死亡人口(人) Deaths (person)	男 Male	女 Female	死亡率(‰) Death Rate (‰)	男 Male	女 Female
60-64	**55972**	**28532**	**27440**	**500**	**320**	**180**	**8.93**	**11.20**	**6.57**
60	13612	7013	6599	104	65	39	7.65	9.28	5.92
61	11643	5921	5722	79	60	19	6.79	10.08	3.38
62	11339	5752	5586	97	60	38	8.60	10.36	6.78
63	9957	5037	4920	126	77	49	12.68	15.37	9.93
64	9422	4808	4614	93	58	35	9.88	12.01	7.65
65-69	**40442**	**20479**	**19963**	**631**	**381**	**250**	**15.60**	**18.62**	**12.50**
65	9140	4705	4436	120	79	41	13.17	16.83	9.29
66	8023	4076	3947	129	77	52	16.11	18.96	13.17
67	7875	3946	3929	111	66	45	14.05	16.74	11.35
68	7911	3951	3960	136	83	53	17.18	20.93	13.44
69	7493	3802	3691	135	76	59	17.98	20.05	15.85
70-74	**32973**	**16529**	**16444**	**872**	**512**	**360**	**26.45**	**30.99**	**21.89**
70	6767	3398	3369	161	96	65	23.74	28.30	19.14
71	7259	3671	3588	163	97	66	22.41	26.37	18.35
72	6612	3309	3302	153	91	62	23.16	27.63	18.69
73	6313	3140	3173	201	114	87	31.82	36.31	27.37
74	6021	3010	3011	195	114	81	32.35	37.80	26.90
75-79	**23058**	**11294**	**11764**	**1025**	**591**	**433**	**44.43**	**52.35**	**36.83**
75	5536	2715	2821	217	134	82	39.14	49.48	29.19
76	5316	2657	2659	203	125	78	38.17	46.97	29.37
77	4412	2166	2246	206	112	94	46.69	51.69	41.87
78	3846	1847	1999	203	103	100	52.87	55.81	50.15
79	3948	1909	2039	196	117	79	49.55	61.33	38.51
80-84	**12242**	**5405**	**6837**	**855**	**433**	**422**	**69.88**	**80.12**	**61.78**
80	3078	1430	1648	176	97	79	57.11	67.87	47.78
81	2864	1321	1543	196	100	96	68.46	75.92	62.07
82	2470	1045	1425	168	81	87	67.84	77.10	61.05
83	1994	841	1153	182	102	79	91.12	121.67	68.83
84	1836	768	1068	134	53	81	73.15	68.78	76.29
85-89	**5046**	**2068**	**2979**	**497**	**216**	**282**	**98.53**	**104.26**	**94.55**
85	1470	623	847	113	60	53	76.79	95.92	62.71
86	1159	515	644	107	58	49	92.22	111.74	76.62
87	966	398	568	102	44	58	105.74	109.76	102.92
88	780	288	493	94	27	67	120.46	92.72	136.65
89	671	244	427	81	28	53	121.17	114.40	125.05
90+	**1621**	**487**	**1133**	**252**	**81**	**171**	**155.46**	**166.32**	**150.93**

2-45　全国城市分年龄、性别的死亡人口状况
（2008年11月1日至2009年10月31日）
Status of City Deaths by Age and Sex (2008.11.1-2009.10.31)

年　龄 Age	年平均人口(人) Average Population (person)	男 Male	女 Female	死亡人口(人) Deaths (person)	男 Male	女 Female	死亡率(‰) Death Rate (‰)	男 Male	女 Female
总计　Total	**295786**	**148703**	**147083**	**1104**	**663**	**441**	**3.73**	**4.46**	**3.00**
0-4	**10203**	**5476**	**4727**	**9**	**6**	**3**	**0.89**	**1.07**	**0.69**
0	1193	654	539	7	3	3	5.58	5.22	6.02
1	2191	1164	1027						
2	2303	1208	1095						
3	2234	1219	1015						
4	2284	1232	1052	2	2		1.08	2.00	
5-9	**12267**	**6651**	**5616**						
5	2432	1326	1105						
6	2061	1095	966						
7	2504	1389	1115						
8	2580	1405	1175						
9	2691	1436	1254						
10-14	**13699**	**7428**	**6271**						
10	2520	1363	1157						
11	2675	1473	1202						
12	2799	1529	1270						
13	2768	1525	1243						
14	2936	1538	1398						
15-19	**17300**	**9067**	**8234**						
15	2941	1616	1325						
16	3098	1667	1432						
17	3303	1781	1523						
18	3474	1763	1711						
19	4483	2240	2243						
20-24	**25086**	**12641**	**12445**	**6**	**4**	**1**	**0.22**	**0.35**	**0.09**
20	5279	2657	2623	4	3		0.68	1.29	
21	5131	2676	2455	1	1		0.26	0.35	
22	5483	2672	2811	1		1	0.11		0.21
23	4866	2488	2378						
24	4327	2149	2178						
25-29	**23539**	**11514**	**12025**	**2**	**1**	**1**	**0.08**	**0.05**	**0.11**
25	4397	2193	2204	1	1		0.14	0.27	
26	4763	2301	2462						
27	5395	2677	2718						
28	4510	2208	2303						
29	4474	2135	2340	1		1	0.28		0.54

2-45 续表 1 continued

年 龄 Age	年平均人口(人) Average Population (person)	男 Male	女 Female	死亡人口(人) Deaths (person)	男 Male	女 Female	死亡率(‰) Death Rate (‰)	男 Male	女 Female
30-34	**24605**	**12002**	**12603**	**11**	**6**	**4**	**0.43**	**0.52**	**0.35**
30	5037	2452	2585						
31	4677	2278	2399	3	1	2	0.63	0.63	0.63
32	4563	2193	2371	1		1	0.21		0.40
33	5003	2455	2548	5	3	2	0.96	1.14	0.78
34	5324	2624	2700	2	2		0.37	0.74	
35-39	**30229**	**15021**	**15208**	**13**	**9**	**4**	**0.44**	**0.63**	**0.26**
35	5522	2686	2835	4	4		0.77	1.58	
36	5815	2891	2924	1	1		0.13	0.26	
37	6057	3012	3045	2		2	0.26		0.51
38	6251	3090	3161	3		2	0.44		0.74
39	6585	3342	3242	4	4		0.63	1.23	
40-44	**28368**	**14391**	**13977**	**32**	**21**	**11**	**1.12**	**1.47**	**0.76**
40	6154	3121	3033	9	8	1	1.52	2.59	0.43
41	6360	3249	3111	5	4	2	0.86	1.10	0.61
42	4947	2479	2469	2	1	1	0.49	0.45	0.54
43	5333	2650	2683	4	3	1	0.82	1.32	0.33
44	5574	2893	2681	10	5	5	1.83	1.69	1.98
45-49	**25103**	**12723**	**12380**	**43**	**32**	**12**	**1.73**	**2.50**	**0.94**
45	5832	2920	2912	11	9	3	1.93	2.92	0.94
46	7146	3702	3444	8	5	4	1.15	1.24	1.06
47	3133	1548	1585	9	7	2	2.89	4.25	1.56
48	4974	2513	2461	8	5	3	1.52	1.89	1.15
49	4017	2040	1977	7	7		1.83	3.60	
50-54	**22234**	**11082**	**11152**	**62**	**46**	**15**	**2.77**	**4.17**	**1.38**
50	3692	1841	1851	11	9	2	3.00	4.99	1.01
51	4587	2322	2264	10	9	1	2.14	3.66	0.57
52	4832	2401	2431	15	12	3	3.16	4.96	1.38
53	4502	2219	2283	10	3	7	2.22	1.24	3.17
54	4621	2298	2323	15	14	2	3.34	6.01	0.70
55-59	**19696**	**9544**	**10152**	**77**	**57**	**20**	**3.90**	**5.95**	**1.97**
55	4696	2284	2411	12	12		2.61	5.37	
56	4077	2001	2076	11	7	5	2.80	3.39	2.23
57	3902	1863	2039	17	7	10	4.41	3.81	4.96
58	3516	1678	1837	12	8	4	3.55	4.82	2.38
59	3505	1717	1789	23	23	1	6.68	13.14	0.48

2-45 续表 2 continued

年 龄 Age	年平均人口(人) Average Population (person)	男 Male	女 Female	死亡人口(人) Deaths (person)	男 Male	女 Female	死亡率(‰) Death Rate (‰)	男 Male	女 Female
60-64	**13641**	**6653**	**6988**	**88**	**56**	**32**	**6.41**	**8.39**	**4.53**
60	3357	1661	1696	20	13	8	6.03	7.56	4.53
61	2752	1370	1382	18	13	6	6.65	9.22	4.10
62	2738	1299	1439	15	10	5	5.42	7.74	3.33
63	2526	1228	1298	23	14	9	9.10	11.63	6.70
64	2269	1095	1173	11	6	5	4.90	5.76	4.10
65-69	**10214**	**4950**	**5264**	**114**	**70**	**44**	**11.20**	**14.19**	**8.38**
65	2261	1121	1141	22	17	5	9.52	15.19	3.95
66	1943	963	980	22	15	7	11.09	15.32	6.93
67	1997	934	1063	17	10	6	8.33	11.08	5.90
68	2008	961	1046	27	15	11	13.30	15.93	10.88
69	2005	971	1034	28	13	15	13.96	13.19	14.67
70-74	**8852**	**4309**	**4542**	**151**	**92**	**59**	**17.11**	**21.41**	**13.03**
70	1837	854	983	23	14	9	12.55	15.97	9.59
71	1875	901	974	40	26	14	21.31	28.66	14.50
72	1825	891	934	30	19	11	16.42	20.79	12.26
73	1695	838	857	29	17	12	17.35	20.58	14.20
74	1621	826	795	29	17	12	17.92	20.63	15.10
75-79	**6047**	**3045**	**3002**	**198**	**115**	**83**	**32.81**	**37.81**	**27.75**
75	1469	729	741	49	25	24	33.23	33.91	32.56
76	1379	672	707	40	26	14	29.27	39.03	19.99
77	1176	600	576	36	21	15	30.28	34.17	26.22
78	992	526	466	39	26	14	39.41	48.64	29.00
79	1031	518	513	35	18	16	33.51	34.93	32.08
80-84	**3095**	**1510**	**1585**	**157**	**91**	**66**	**50.76**	**60.56**	**41.43**
80	853	441	413	39	26	13	45.63	59.81	30.49
81	709	361	348	44	23	21	62.05	63.19	60.86
82	661	285	376	26	13	13	39.70	45.19	35.55
83	468	231	237	32	23	9	67.59	98.09	37.83
84	404	192	212	16	7	10	40.41	34.99	45.32
85-89	**1200**	**560**	**641**	**79**	**39**	**40**	**65.46**	**69.02**	**62.35**
85	355	163	192	18	15	3	51.84	93.85	16.22
86	258	135	123	14	8	7	55.57	57.81	53.13
87	238	115	124	15	7	8	61.91	58.04	65.49
88	191	78	113	17	5	12	88.52	68.34	102.54
89	158	69	89	14	4	11	89.69	51.36	119.62
90+	**408**	**136**	**272**	**62**	**17**	**45**	**151.96**	**125.00**	**165.44**

2-46 全国镇分年龄、性别的死亡人口状况
(2008年11月1日至2009年10月31日)
Status of Town Deaths by Age and Sex (2008.11.1-2009.10.31)

年龄 Age	年平均人口(人) Average Population (person)	男 Male	女 Female	死亡人口(人) Deaths (person)	男 Male	女 Female	死亡率(‰) Death Rate (‰)	男 Male	女 Female
总计 Total	**250768**	**126414**	**124354**	**1213**	**737**	**476**	**4.84**	**5.83**	**3.83**
0-4	**11680**	**6452**	**5227**	**10**	**6**	**3**	**0.82**	**0.96**	**0.65**
0	1354	743	611	7	4	2	4.97	5.77	3.99
1	2467	1360	1106	1	1		0.46	0.83	
2	2541	1447	1094	1	1		0.30	0.53	
3	2618	1450	1169	1		1	0.36		0.81
4	2700	1452	1248						
5-9	**13788**	**7553**	**6235**	**5**	**5**		**0.38**	**0.68**	
5	2822	1515	1306						
6	2597	1464	1133	2	2		0.89	1.58	
7	2561	1378	1183						
8	2955	1639	1316						
9	2853	1557	1297	3	3		0.98	1.79	
10-14	**16339**	**8782**	**7558**	**5**	**2**	**3**	**0.33**	**0.27**	**0.41**
10	3031	1711	1320	1		1	0.44		1.00
11	3122	1634	1488	3	1	2	0.97	0.78	1.17
12	3125	1632	1493						
13	3433	1853	1580	1	1		0.26	0.48	
14	3629	1953	1676						
15-19	**18731**	**9896**	**8836**	**4**	**1**	**3**	**0.20**	**0.09**	**0.31**
15	3509	1842	1667	1	1		0.26	0.50	
16	3747	1996	1752						
17	3650	1957	1693						
18	3639	1926	1713	2		2	0.55		1.16
19	4186	2175	2011	1		1	0.18		0.38
20-24	**18191**	**9079**	**9112**	**6**	**3**	**3**	**0.30**	**0.28**	**0.32**
20	3904	2003	1902						
21	3492	1774	1718	3	1	2	0.83	0.53	1.13
22	3884	1869	2014	2	1	1	0.45	0.41	0.49
23	3557	1792	1765	1	1		0.24	0.48	
24	3354	1640	1713						
25-29	**16152**	**7866**	**8286**	**14**	**5**	**9**	**0.88**	**0.68**	**1.07**
25	3240	1576	1664	1	1		0.31	0.63	
26	2949	1442	1506	5	2	3	1.69	1.35	2.02
27	3561	1736	1825	4		4	1.04		2.02
28	3254	1571	1683	2	1	1	0.76	0.84	0.68
29	3148	1540	1607	2	1	1	0.65	0.70	0.59

2-46 续表 1 continued

年 龄 Age	年平均人口(人) Average Population (person)	男 Male	女 Female	死亡人口(人) Deaths (person)	男 Male	女 Female	死亡率(‰) Death Rate (‰)	男 Male	女 Female
30-34	**17378**	**8461**	**8917**	**10**	**7**	**4**	**0.60**	**0.81**	**0.40**
30	3315	1620	1695	2	2		0.59	1.20	
31	3295	1573	1722	2	2		0.65	1.24	
32	3208	1564	1644	4	2	2	1.38	1.25	1.50
33	3683	1795	1889	1		1	0.27		0.46
34	3877	1910	1967	1	1		0.22	0.45	
35-39	**23967**	**11761**	**12206**	**28**	**17**	**10**	**1.16**	**1.48**	**0.86**
35	4203	2005	2198	7	5	2	1.72	2.45	1.05
36	4511	2216	2295	5	3	2	1.05	1.24	0.87
37	4787	2313	2474	7	4	3	1.39	1.60	1.20
38	5057	2531	2526	4	3	1	0.72	1.09	0.35
39	5409	2696	2713	6	3	2	1.04	1.23	0.85
40-44	**24919**	**12382**	**12537**	**36**	**28**	**8**	**1.45**	**2.26**	**0.66**
40	5117	2623	2493	8	6	2	1.50	2.14	0.82
41	5234	2551	2683	7	4	3	1.35	1.61	1.11
42	4480	2228	2252	4	4	1	0.98	1.58	0.39
43	5178	2567	2611	5	4	1	0.92	1.62	0.24
44	4910	2412	2497	12	11	2	2.51	4.39	0.70
45-49	**20129**	**9854**	**10275**	**54**	**37**	**17**	**2.67**	**3.76**	**1.62**
45	5029	2454	2576	14	11	3	2.77	4.64	1.00
46	5676	2795	2881	13	4	8	2.22	1.50	2.93
47	2317	1103	1214	6	1	4	2.42	1.07	3.63
48	4172	2050	2122	7	7	1	1.76	3.28	0.28
49	2935	1452	1483	14	14	1	4.83	9.34	0.42
50-54	**18004**	**9002**	**9001**	**59**	**38**	**22**	**3.28**	**4.17**	**2.39**
50	2781	1381	1400	11	10	1	4.01	7.13	0.92
51	3619	1843	1776	11	6	5	2.92	3.17	2.65
52	3978	1933	2046	8	5	3	1.96	2.43	1.52
53	3679	1854	1825	12	6	6	3.35	3.49	3.21
54	3946	1992	1954	17	11	7	4.36	5.35	3.34
55-59	**16214**	**8048**	**8167**	**89**	**61**	**28**	**5.49**	**7.53**	**3.48**
55	3615	1811	1804	22	12	10	6.05	6.61	5.49
56	3429	1707	1722	23	18	5	6.70	10.38	3.06
57	3340	1696	1644	16	7	10	4.84	3.93	5.79
58	2856	1342	1515	15	13	2	5.36	10.02	1.23
59	2974	1492	1482	13	11	2	4.27	7.24	1.28

2-46 续表 2 continued

年 龄 Age	年平均人口(人) Average Population (person)	男 Male	女 Female	死亡人口(人) Deaths (person)	男 Male	女 Female	死亡率(‰) Death Rate (‰)	男 Male	女 Female
60-64	**11559**	**5850**	**5709**	**78**	**52**	**26**	**6.71**	**8.83**	**4.55**
60	2755	1416	1339	14	10	3	5.05	7.35	2.61
61	2395	1223	1171	13	9	4	5.58	7.61	3.45
62	2324	1173	1151	17	11	5	7.27	9.75	4.73
63	2134	1068	1065	23	15	8	10.98	14.34	7.60
64	1952	970	982	10	5	5	5.15	5.34	4.96
65-69	**8318**	**4203**	**4115**	**131**	**90**	**41**	**15.71**	**21.30**	**10.00**
65	1861	975	886	22	15	7	11.88	15.32	8.10
66	1679	842	837	32	24	7	18.89	29.00	8.74
67	1591	811	781	30	18	12	18.80	21.74	15.76
68	1711	845	865	27	20	7	15.90	24.05	7.94
69	1476	730	745	20	12	7	13.35	16.73	10.04
70-74	**6701**	**3332**	**3369**	**174**	**100**	**74**	**25.92**	**30.03**	**21.86**
70	1405	710	695	42	27	15	29.86	37.90	21.65
71	1446	737	710	32	21	11	22.37	28.39	16.13
72	1350	664	686	25	15	10	18.57	23.05	14.24
73	1271	610	661	29	13	17	23.14	20.79	25.30
74	1228	610	618	45	24	21	36.54	39.67	33.44
75-79	**4741**	**2293**	**2448**	**226**	**150**	**75**	**47.57**	**65.44**	**30.84**
75	1176	570	606	56	43	13	47.32	74.62	21.61
76	1155	591	564	47	32	15	41.06	54.62	26.84
77	859	417	443	39	29	10	45.59	69.57	23.02
78	804	361	443	43	20	23	52.98	54.13	52.04
79	747	354	392	41	27	14	54.52	75.37	35.68
80-84	**2521**	**1051**	**1470**	**142**	**71**	**70**	**56.26**	**67.91**	**47.92**
80	565	257	308	21	14	7	36.59	52.56	23.26
81	628	280	349	26	13	13	41.74	47.94	36.76
82	507	200	306	21	14	7	42.14	70.84	23.35
83	446	160	285	44	17	27	98.54	105.08	94.87
84	375	154	221	30	13	16	79.05	87.38	73.27
85-89	**1101**	**451**	**650**	**104**	**46**	**58**	**94.36**	**101.22**	**89.58**
85	320	139	181	23	9	14	70.68	65.18	74.91
86	261	120	141	27	15	12	103.80	126.58	84.38
87	206	85	121	23	10	13	110.90	115.07	107.97
88	174	55	119	13	4	9	73.65	66.92	76.76
89	140	52	88	18	8	11	132.54	152.89	120.43
90+	**336**	**98**	**238**	**40**	**19**	**21**	**119.05**	**193.88**	**88.24**

2-47 全国乡村分年龄、性别的死亡人口状况
（2008年11月1日至2009年10月31日）
Status of Rural Deaths by Age and Sex (2008.11.1-2009.10.31)

年 龄 Age	年平均人口(人) Average Population (person)	男 Male	女 Female	死亡人口(人) Deaths (person)	男 Male	女 Female	死亡率(‰) Death Rate (‰)	男 Male	女 Female
总计 Total	**616227**	**315535**	**300692**	**3985**	**2237**	**1748**	**6.47**	**7.09**	**5.81**
0-4	**32739**	**18121**	**14618**	**67**	**38**	**29**	**2.04**	**2.11**	**1.96**
0	3979	2193	1787	33	15	17	8.28	7.07	9.76
1	6708	3803	2905	15	8	6	2.19	2.23	2.13
2	7142	3893	3249	6	6		0.88	1.53	
3	7524	4171	3353	10	7	4	1.37	1.57	1.12
4	7387	4063	3324	3	2	1	0.36	0.43	0.28
5-9	**36954**	**20507**	**16447**	**14**	**8**	**6**	**0.38**	**0.40**	**0.36**
5	7707	4378	3329	2	2		0.23	0.38	
6	7063	3944	3118	3	1	2	0.45	0.20	0.75
7	7249	3958	3292	4	3	1	0.53	0.76	0.25
8	7503	4147	3355	2	2		0.23	0.42	
9	7432	4079	3352	4	1	3	0.49	0.23	0.79
10-14	**43333**	**23547**	**19786**	**16**	**12**	**4**	**0.37**	**0.50**	**0.21**
10	7711	4289	3422	5	4	2	0.68	0.87	0.46
11	8496	4619	3877	2	2		0.25	0.37	
12	8515	4679	3835	1	1		0.17	0.30	
13	8940	4826	4115	2	2	1	0.26	0.37	0.13
14	9671	5134	4537	5	3	2	0.50	0.62	0.36
15-19	**47503**	**25221**	**22282**	**22**	**16**	**6**	**0.46**	**0.65**	**0.25**
15	8966	4728	4238	3	3		0.34	0.64	
16	9295	4947	4348	3	3	1	0.37	0.52	0.19
17	9150	4875	4275	3	2	1	0.33	0.45	0.20
18	9043	4815	4227	5	3	2	0.56	0.54	0.57
19	11049	5856	5194	7	6	2	0.67	1.01	0.30
20-24	**44389**	**22300**	**22089**	**37**	**27**	**10**	**0.84**	**1.23**	**0.44**
20	10017	5123	4894	4	1	3	0.39	0.25	0.54
21	9030	4575	4454	11	9	3	1.25	1.91	0.58
22	9453	4637	4816	12	11	1	1.28	2.43	0.17
23	8475	4230	4246	6	3	3	0.71	0.77	0.65
24	7414	3735	3679	4	3	1	0.52	0.77	0.26
25-29	**35827**	**18321**	**17506**	**44**	**29**	**14**	**1.22**	**1.61**	**0.81**
25	7319	3759	3560	10	5	5	1.41	1.33	1.49
26	6844	3425	3418	9	7	3	1.34	1.94	0.73
27	7823	4068	3756	2	2		0.27	0.46	
28	6963	3590	3373	5	2	2	0.65	0.58	0.72
29	6878	3479	3399	18	14	4	2.55	3.97	1.10

2-47 续表 1 continued

年 龄 Age	年平均人口(人) Average Population (person)	男 Male	女 Female	死亡人口(人) Deaths (person)	男 Male	女 Female	死亡率(‰) Death Rate (‰)	男 Male	女 Female
30-34	**36789**	**18399**	**18390**	**58**	**43**	**16**	**1.59**	**2.32**	**0.86**
30	6925	3534	3391	8	5	4	1.20	1.33	1.06
31	7105	3480	3625	16	13	2	2.21	3.83	0.65
32	6777	3411	3366	11	5	6	1.58	1.45	1.71
33	7812	3886	3926	9	6	2	1.09	1.64	0.55
34	8169	4088	4081	15	13	2	1.86	3.23	0.49
35-39	**51920**	**25848**	**26073**	**84**	**62**	**22**	**1.62**	**2.40**	**0.85**
35	9051	4569	4482	9	6	4	1.04	1.27	0.81
36	9931	4913	5018	15	11	5	1.53	2.16	0.92
37	10214	5035	5178	13	9	4	1.28	1.83	0.74
38	10716	5454	5262	21	18	3	1.97	3.39	0.50
39	12009	5877	6132	25	18	7	2.12	3.05	1.22
40-44	**59170**	**29154**	**30016**	**123**	**86**	**37**	**2.07**	**2.93**	**1.24**
40	11474	5592	5882	18	11	7	1.54	1.94	1.16
41	12664	6311	6353	26	16	10	2.04	2.56	1.51
42	10761	5305	5456	27	20	7	2.53	3.82	1.29
43	12204	6021	6182	26	20	6	2.09	3.30	0.92
44	12067	5925	6142	26	18	8	2.19	3.10	1.30
45-49	**47252**	**23150**	**24102**	**128**	**83**	**45**	**2.70**	**3.59**	**1.85**
45	11469	5725	5744	28	19	9	2.45	3.31	1.58
46	13055	6336	6719	38	26	12	2.89	4.07	1.77
47	5605	2775	2830	26	13	13	4.55	4.52	4.58
48	10017	4905	5112	15	11	4	1.47	2.29	0.69
49	7106	3410	3696	22	15	7	3.06	4.28	1.94
50-54	**44285**	**22469**	**21816**	**224**	**133**	**91**	**5.05**	**5.91**	**4.16**
50	6772	3328	3445	31	19	12	4.58	5.61	3.59
51	8734	4411	4323	51	27	24	5.83	6.01	5.65
52	9752	5030	4722	40	21	19	4.10	4.18	4.00
53	9217	4626	4591	47	32	16	5.12	6.82	3.42
54	9810	5074	4736	54	35	19	5.55	6.90	4.11
55-59	**43446**	**22148**	**21299**	**278**	**173**	**106**	**6.41**	**7.80**	**4.96**
55	9990	5139	4850	47	24	23	4.74	4.73	4.76
56	8791	4421	4370	57	40	17	6.51	9.06	3.94
57	9257	4841	4415	60	41	19	6.52	8.53	4.31
58	7689	3871	3818	56	31	25	7.22	7.94	6.50
59	7720	3875	3845	58	36	21	7.50	9.41	5.57

2-47 续表 2 continued

年 龄 Age	年平均人口(人) Average Population (person)	男 Male	女 Female	死亡人口(人) Deaths (person)	男 Male	女 Female	死亡率(‰) Death Rate (‰)	男 Male	女 Female
60-64	**30772**	**16029**	**14743**	**335**	**212**	**123**	**10.88**	**13.23**	**8.33**
60	7500	3937	3564	70	42	28	9.33	10.70	7.82
61	6497	3328	3169	47	38	10	7.29	11.35	3.03
62	6277	3281	2996	66	38	28	10.48	11.62	9.22
63	5297	2741	2556	80	48	32	15.07	17.44	12.54
64	5201	2743	2458	72	46	26	13.82	16.87	10.42
65-69	**21910**	**11326**	**10585**	**386**	**222**	**164**	**17.61**	**19.57**	**15.52**
65	5018	2609	2409	77	47	30	15.29	18.10	12.26
66	4401	2271	2130	76	38	38	17.27	16.79	17.78
67	4287	2201	2086	64	38	26	14.95	17.30	12.48
68	4193	2144	2049	82	47	35	19.56	21.94	17.08
69	4012	2100	1911	87	51	36	21.69	24.37	18.76
70-74	**17420**	**8888**	**8532**	**547**	**320**	**227**	**31.40**	**36.00**	**26.62**
70	3525	1834	1691	96	56	40	27.13	30.32	23.67
71	3938	2034	1904	90	50	40	22.95	24.63	21.15
72	3437	1755	1682	98	58	40	28.55	32.84	24.07
73	3348	1692	1655	142	84	58	42.43	49.69	35.01
74	3172	1574	1599	121	73	48	38.10	46.08	30.25
75-79	**12270**	**5956**	**6314**	**601**	**326**	**274**	**48.95**	**54.75**	**43.47**
75	2891	1416	1475	112	67	45	38.81	47.36	30.61
76	2782	1394	1388	115	66	49	41.38	47.55	35.18
77	2376	1149	1227	131	62	69	55.21	54.35	56.01
78	2050	961	1089	122	58	64	59.34	60.37	58.44
79	2170	1036	1134	120	72	48	55.46	69.74	42.41
80-84	**6626**	**2844**	**3783**	**556**	**270**	**286**	**83.98**	**95.02**	**75.69**
80	1659	732	927	116	57	59	70.01	78.09	63.63
81	1526	679	847	126	64	62	82.44	94.22	72.99
82	1303	560	743	120	54	66	92.11	95.58	89.51
83	1080	450	630	106	63	43	98.25	139.70	68.69
84	1058	423	635	88	33	56	83.55	77.36	87.67
85-89	**2745**	**1057**	**1688**	**315**	**131**	**183**	**114.66**	**124.21**	**108.67**
85	795	321	474	72	35	36	90.39	110.30	76.89
86	640	260	380	65	35	31	102.27	132.78	81.38
87	522	198	323	65	27	37	123.71	137.34	115.36
88	415	154	261	64	18	47	154.86	114.34	178.83
89	374	123	251	49	16	32	130.23	133.57	128.58
90+	**877**	**253**	**624**	**151**	**45**	**105**	**172.18**	**177.87**	**168.27**

2-48 各地区分性别、户口登记状况的人口

单位：人

地 区	Region	人口数 Population			住本乡、镇、街道，户口在本乡、镇、街道 Residing in the Townships, Towns and Street Communities with Permanent Household Registration There		
		合 计 Total	男 Male	女 Female	小 计 Sub-total	男 Male	女 Female
全 国	**National Total**	**1164986**	**591871**	**573115**	**1056995**	**537854**	**519141**
北 京	Beijing	15096	7705	7390	8167	4128	4039
天 津	Tianjin	10473	5298	5175	9176	4585	4591
河 北	Hebei	62243	31671	30572	58375	29821	28553
山 西	Shanxi	30378	15503	14875	28100	14389	13711
内蒙古	Inner Mongolia	21499	11012	10487	18880	9700	9181
辽 宁	Liaoning	38429	19344	19085	35669	18012	17657
吉 林	Jilin	24349	12465	11884	22932	11770	11162
黑龙江	Heilongjiang	34065	17310	16755	30813	15723	15089
上 海	Shanghai	16814	8363	8452	11860	5918	5943
江 苏	Jiangsu	68371	33718	34653	60236	29555	30681
浙 江	Zhejiang	45472	22954	22519	37700	18981	18719
安 徽	Anhui	54638	28195	26443	51961	26758	25203
福 建	Fujian	32097	16048	16049	25971	12897	13075
江 西	Jiangxi	39186	20050	19136	36944	18963	17981
山 东	Shandong	83867	42411	41456	80225	40542	39683
河 南	Henan	83974	42511	41463	82204	41586	40618
湖 北	Hubei	50862	26070	24792	48258	24815	23443
湖 南	Hunan	56820	29087	27732	54953	28196	26757
广 东	Guangdong	84981	42960	42021	60702	30857	29845
广 西	Guangxi	42891	22541	20350	41088	21718	19370
海 南	Hainan	7606	4054	3551	6978	3726	3252
重 庆	Chongqing	25284	12683	12601	23187	11762	11425
四 川	Sichuan	72471	36402	36069	67947	34146	33801
贵 州	Guizhou	33780	17464	16316	31684	16479	15205
云 南	Yunnan	40460	21008	19451	38478	19949	18529
西 藏	Tibet	2556	1256	1300	2548	1252	1296
陕 西	Shaanxi	33504	16965	16539	31476	15951	15526
甘 肃	Gansu	23405	11921	11484	22882	11668	11214
青 海	Qinghai	4934	2482	2452	4492	2264	2228
宁 夏	Ningxia	5504	2809	2695	5010	2558	2452
新 疆	Xinjiang	18979	9611	9367	18098	9185	8912

Population by Sex, Household Registration Status and Region

(person)

住本乡、镇、街道，户口在外乡、镇、街道，离开户口登记地半年以上 Residing in Townships, Towns and Street Communities, with Permanent Household Registration Elsewhere, Having Been Away from That Places For More Than 6 Months.			住本乡、镇、街道，户口待定 Residing in Townships, Towns and Street Communities, with Place of Permanent Household Registration Unsettled		
小 计 Sub-total	男 Male	女 Female	小 计 Sub-total	男 Male	女 Female
100674	**50327**	**50347**	**7317**	**3691**	**3627**
6868	3542	3326	60	36	24
1286	708	579	11	5	6
3518	1666	1852	351	184	167
2044	1001	1042	234	112	121
2548	1276	1272	71	36	34
2663	1287	1376	97	45	52
1365	666	699	52	29	23
3177	1541	1636	76	45	30
4934	2434	2500	20	11	9
7692	3914	3778	442	249	194
7438	3806	3632	334	166	168
2315	1248	1067	362	189	173
5698	2938	2760	428	213	214
1839	887	952	403	200	203
3343	1705	1639	299	165	134
1402	728	674	367	197	171
2345	1129	1216	258	126	132
1524	725	799	343	166	177
23472	11706	11766	807	396	411
1447	637	810	356	186	169
536	280	256	92	49	43
1938	852	1087	159	70	89
3949	1962	1987	575	295	280
1630	766	864	466	219	247
1766	966	800	215	92	123
2	1	1	7	3	3
1844	930	914	184	84	99
437	211	227	86	42	43
402	198	203	40	19	21
464	239	226	30	13	17
786	379	407	94	47	48

2-49 各地区城市分性别、户口登记状况的人口

单位：人

地 区	Region	人口数 Population			住本乡、镇、街道，户口在本乡、镇、街道 Residing in the Townships, Towns and Street Communities with Permanent Household Registration There		
		合 计 Total	男 Male	女 Female	小 计 Sub-total	男 Male	女 Female
全 国	**National Total**	**296289**	**148949**	**147340**	**227682**	**114192**	**113490**
北 京	Beijing	12305	6273	6032	6032	3051	2981
天 津	Tianjin	6943	3443	3500	5857	2870	2986
河 北	Hebei	13237	6615	6622	10700	5434	5267
山 西	Shanxi	6938	3430	3509	5842	2897	2945
内蒙古	Inner Mongolia	6222	3113	3109	4469	2224	2245
辽 宁	Liaoning	16408	8111	8297	14525	7180	7345
吉 林	Jilin	8737	4387	4351	7802	3918	3884
黑龙江	Heilongjiang	12548	6261	6287	10562	5298	5264
上 海	Shanghai	13547	6742	6805	9130	4577	4552
江 苏	Jiangsu	18991	9643	9348	14192	7147	7045
浙 江	Zhejiang	12916	6477	6439	8534	4238	4296
安 徽	Anhui	9344	4950	4394	7950	4156	3793
福 建	Fujian	6797	3332	3465	4269	2068	2201
江 西	Jiangxi	6853	3441	3412	5823	2933	2890
山 东	Shandong	19604	9837	9767	17343	8688	8655
河 南	Henan	14003	7033	6970	13100	6578	6522
湖 北	Hubei	13973	7042	6931	12176	6174	6002
湖 南	Hunan	11062	5503	5559	10059	5015	5045
广 东	Guangdong	34092	17483	16610	16479	8408	8071
广 西	Guangxi	6534	3331	3203	5687	2931	2755
海 南	Hainan	1156	608	548	838	432	405
重 庆	Chongqing	4969	2393	2576	4073	2001	2072
四 川	Sichuan	11843	5849	5994	9553	4649	4904
贵 州	Guizhou	3416	1698	1718	2611	1310	1302
云 南	Yunnan	5040	2598	2441	3616	1811	1804
西 藏	Tibet	232	104	128	232	104	128
陕 西	Shaanxi	6420	3161	3259	5523	2722	2801
甘 肃	Gansu	4214	2140	2074	3861	1975	1886
青 海	Qinghai	910	452	458	685	341	344
宁 夏	Ningxia	1465	742	723	1178	594	583
新 疆	Xinjiang	5570	2758	2812	4983	2468	2515

City Population by Sex, Household Registration Status and Region

(person)

住本乡、镇、街道，户口在外乡、镇、街道，离开户口登记地半年以上 Residing in Townships, Towns and Street Communities, with Permanent Household Registration Elsewhere, Having Been Away from That Places For More Than 6 Months.			住本乡、镇、街道，户口待定 Residing in Townships, Towns and Street Communities, with Place of Permanent Household Registration Unsettled		
小　计 Sub-total	男 Male	女 Female	小　计 Sub-total	男 Male	女 Female
67554	**34193**	**33361**	**1053**	**564**	**489**
6225	3194	3031	48	28	20
1082	571	511	5	2	2
2476	1151	1325	61	30	30
1047	503	544	49	29	19
1724	875	849	29	14	15
1858	916	942	25	15	10
912	454	458	23	14	8
1964	951	1013	22	12	10
4402	2156	2246	15	9	6
4724	2454	2270	74	42	32
4315	2208	2107	67	31	36
1363	781	582	32	12	19
2487	1246	1241	42	18	24
992	495	496	39	13	25
2207	1114	1093	55	35	19
872	428	444	32	28	4
1758	845	913	39	23	16
975	476	499	28	12	16
17423	8971	8453	190	104	86
810	377	433	38	23	15
311	171	139	7	4	3
876	382	494	20	10	10
2262	1186	1076	28	14	14
790	380	411	14	9	5
1395	777	618	29	11	18
887	434	452	10	5	5
341	160	181	12	5	7
220	108	111	6	4	3
284	147	138	3	1	2
575	283	292	12	7	5

2-50 各地区镇分性别、户口登记状况的人口

单位：人

地区	Region	人口数 Population			住本乡、镇、街道，户口在本乡、镇、街道 Residing in the Townships, Towns and Street Communities with Permanent Household Registration There		
		合计 Total	男 Male	女 Female	小计 Sub-total	男 Male	女 Female
全 国	**National Total**	**251189**	**126621**	**124567**	**230840**	**116758**	**114081**
北 京	Beijing	511	250	261	379	187	193
天 津	Tianjin	1144	595	549	1047	530	517
河 北	Hebei	12840	6561	6278	12341	6305	6035
山 西	Shanxi	6768	3454	3314	6065	3104	2961
内蒙古	Inner Mongolia	4893	2485	2408	4212	2146	2067
辽 宁	Liaoning	6667	3362	3305	6246	3151	3096
吉 林	Jilin	4221	2144	2078	4092	2075	2018
黑龙江	Heilongjiang	6324	3239	3084	5604	2879	2725
上 海	Shanghai	1353	672	681	1120	550	570
江 苏	Jiangsu	18138	8870	9268	16835	8225	8610
浙 江	Zhejiang	13336	6683	6652	11370	5685	5686
安 徽	Anhui	12787	6618	6169	12034	6255	5779
福 建	Fujian	9216	4563	4652	7009	3400	3609
江 西	Jiangxi	9356	4752	4604	8689	4438	4250
山 东	Shandong	20317	10271	10045	19520	9866	9654
河 南	Henan	16250	8159	8090	15891	7976	7915
湖 北	Hubei	9013	4559	4453	8640	4373	4267
湖 南	Hunan	12886	6642	6244	12497	6452	6045
广 东	Guangdong	19756	9641	10115	16405	8334	8071
广 西	Guangxi	9835	5171	4664	9291	4925	4366
海 南	Hainan	2496	1320	1175	2355	1246	1109
重 庆	Chongqing	7668	3879	3789	6957	3493	3464
四 川	Sichuan	15267	7474	7793	14178	6965	7213
贵 州	Guizhou	6416	3288	3128	5705	2933	2772
云 南	Yunnan	8310	4209	4102	8018	4044	3975
西 藏	Tibet	347	170	177	345	169	176
陕 西	Shaanxi	7687	3896	3791	6973	3544	3429
甘 肃	Gansu	3311	1645	1666	3247	1615	1632
青 海	Qinghai	1111	558	553	953	479	474
宁 夏	Ningxia	1011	514	496	879	449	430
新 疆	Xinjiang	1955	974	982	1939	967	973

Town Population by Sex, Household Registration Status and Region

(person)

住本乡、镇、街道，户口在外乡、镇、街道，离开户口登记地半年以上 Residing in Townships, Towns and Street Communities, with Permanent Household Registration Elsewhere, Having Been Away from That Places For More Than 6 Months.			住本乡、镇、街道，户口待定 Residing in Townships, Towns and Street Communities, with Place of Permanent Household Registration Unsettled		
小 计 Sub-total	男 Male	女 Female	小 计 Sub-total	男 Male	女 Female
18801	**9085**	**9715**	**1548**	**778**	**771**
131	63	68			
95	64	32	2	1	1
456	232	224	44	25	19
651	325	326	52	25	27
666	330	336	15	10	5
403	207	196	17	5	13
123	65	58	5	4	2
712	355	357	7	5	2
233	122	111			
1192	584	608	111	61	51
1855	949	906	110	49	60
635	305	330	118	58	60
2081	1097	984	125	66	59
595	277	318	72	36	35
734	372	362	62	33	29
304	160	144	55	24	32
326	167	159	47	19	27
328	160	167	61	30	31
3188	1221	1968	163	86	76
482	216	266	62	30	32
116	59	57	24	15	9
658	366	291	53	20	33
983	455	528	105	54	52
603	303	300	109	53	56
252	144	108	40	21	18
			1	1	
668	328	340	47	25	22
44	19	25	20	11	9
149	75	74	9	5	5
126	63	63	6	2	3
10	3	7	6	4	2

2-51 各地区乡村分性别、户口登记状况的人口

单位：人

地 区	Region	人口数 Population			住本乡、镇、街道，户口在本乡、镇、街道 Residing in the Townships, Towns and Street Communities with Permanent Household Registration There		
		合 计 Total	男 Male	女 Female	小 计 Sub-total	男 Male	女 Female
全 国	**National Total**	**617508**	**316300**	**301208**	**598473**	**306903**	**291570**
北 京	Beijing	2280	1183	1097	1756	890	866
天 津	Tianjin	2387	1261	1126	2273	1185	1088
河 北	Hebei	36167	18496	17671	35334	18083	17251
山 西	Shanxi	16672	8620	8052	16194	8388	7805
内蒙古	Inner Mongolia	10384	5414	4970	10199	5330	4869
辽 宁	Liaoning	15354	7871	7483	14897	7681	7216
吉 林	Jilin	11391	5935	5455	11037	5777	5260
黑龙江	Heilongjiang	15193	7810	7384	14646	7546	7100
上 海	Shanghai	1915	949	966	1611	791	821
江 苏	Jiangsu	31242	15205	16037	29209	14184	15026
浙 江	Zhejiang	19221	9794	9427	17796	9059	8737
安 徽	Anhui	32507	16627	15880	31977	16346	15631
福 建	Fujian	16084	8152	7932	14693	7428	7265
江 西	Jiangxi	22977	11856	11121	22432	11592	10840
山 东	Shandong	43946	22303	21643	43361	21987	21374
河 南	Henan	53720	27318	26402	53213	27032	26181
湖 北	Hubei	27876	14468	13407	27442	14268	13174
湖 南	Hunan	32872	16942	15929	32397	16729	15667
广 东	Guangdong	31133	15836	15297	27818	14114	13703
广 西	Guangxi	26522	14038	12483	26110	13862	12249
海 南	Hainan	3954	2126	1828	3786	2047	1738
重 庆	Chongqing	12646	6410	6236	12157	6268	5889
四 川	Sichuan	45361	23080	22281	44215	22531	21684
贵 州	Guizhou	23948	12477	11471	23368	12237	11131
云 南	Yunnan	27110	14201	12908	26844	14095	12749
西 藏	Tibet	1977	982	995	1971	979	991
陕 西	Shaanxi	19397	9908	9490	18981	9685	9295
甘 肃	Gansu	15879	8135	7744	15773	8078	7695
青 海	Qinghai	2912	1471	1441	2855	1445	1410
宁 夏	Ningxia	3028	1552	1476	2953	1514	1439
新 疆	Xinjiang	11453	5879	5574	11176	5751	5425

Rural Population by Sex, Household Registration Status and Region

(person)

住本乡、镇、街道，户口在外乡、镇、街道，离开户口登记地半年以上 Residing in Townships, Towns and Street Communities, with Permanent Household Registration Elsewhere, Having Been Away from That Places For More Than 6 Months.			住本乡、镇、街道，户口待定 Residing in Townships, Towns and Street Communities, with Place of Permanent Household Registration Unsettled		
小计 Sub-total	男 Male	女 Female	小计 Sub-total	男 Male	女 Female
14319	**7048**	**7271**	**4716**	**2349**	**2367**
513	286	227	11	7	4
109	74	36	5	2	3
587	284	303	246	129	117
345	173	172	133	58	74
159	71	87	27	13	14
402	164	238	55	26	29
329	146	183	24	11	13
501	236	265	46	28	18
299	156	142	5	2	3
1776	875	901	257	146	111
1268	649	619	158	86	71
317	162	155	212	118	94
1130	595	535	261	129	132
252	114	138	293	150	143
403	219	184	182	97	86
227	140	87	280	145	135
261	117	144	173	83	89
221	89	132	254	124	130
2861	1515	1345	455	207	248
155	43	112	257	134	123
109	49	59	60	30	30
404	103	301	85	39	46
704	322	383	442	227	215
238	84	153	343	157	186
119	46	73	146	61	86
1		1	5	2	3
289	168	122	127	54	73
53	31	21	53	26	27
34	15	18	24	11	13
54	29	25	21	9	12
201	93	108	76	36	40

2-52 各地区60岁及以上分性别、主要生活来源的人口
Population Aged 60 and Over by Sex, Main Source of Support and Region

单位：人 (person)

地 区	Region	60岁及以上人口 Population Aged 60 and over			劳动收入 Labour Income		
		合计 Total	男 Male	女 Female	小计 Sub-total	男 Male	女 Female
全 国	**National Total**	**168579**	**83322**	**85256**	**59787**	**35988**	**23799**
北 京	Beijing	2098	986	1112	128	89	39
天 津	Tianjin	1656	787	869	168	113	55
河 北	Hebei	8767	4328	4439	3178	1979	1199
山 西	Shanxi	3739	1850	1889	1128	723	405
内蒙古	Inner Mongolia	2676	1352	1324	796	513	283
辽 宁	Liaoning	6464	3175	3290	1521	971	550
吉 林	Jilin	3386	1702	1685	847	561	286
黑龙江	Heilongjiang	4640	2298	2342	952	646	305
上 海	Shanghai	3392	1619	1773	134	92	42
江 苏	Jiangsu	12154	5831	6323	4669	2631	2038
浙 江	Zhejiang	7462	3775	3687	2343	1668	675
安 徽	Anhui	8255	4190	4064	3678	2254	1424
福 建	Fujian	4628	2259	2369	1275	874	401
江 西	Jiangxi	4793	2392	2402	1599	1058	541
山 东	Shandong	12140	5859	6281	4937	2879	2058
河 南	Henan	11261	5419	5842	4918	2789	2129
湖 北	Hubei	7946	4048	3898	3278	1960	1318
湖 南	Hunan	9354	4738	4616	3439	2178	1261
广 东	Guangdong	9002	4453	4549	2174	1444	730
广 西	Guangxi	5880	2856	3024	2524	1392	1132
海 南	Hainan	901	428	473	257	144	113
重 庆	Chongqing	4590	2343	2247	2135	1220	914
四 川	Sichuan	13097	6566	6532	5779	3270	2509
贵 州	Guizhou	4162	2076	2086	1972	1078	894
云 南	Yunnan	4919	2366	2553	1666	919	747
西 藏	Tibet	263	111	152	93	49	44
陕 西	Shaanxi	4968	2497	2471	1971	1177	794
甘 肃	Gansu	2986	1488	1498	1212	695	517
青 海	Qinghai	515	246	269	155	87	68
宁 夏	Ningxia	563	282	281	178	110	68
新 疆	Xinjiang	1922	1004	917	684	426	258

注：其他包括失业保险金、下岗生活费、内退生活费、原有积蓄、出租房屋及其他生活来源(以下表同)。

Note: Others include unemployment insurance payment ,subsistence allowances for laid-off workers,allowances for early retirement,previous savings, house-renting and other sources of support.The same applies to the tables following.

2-52 续表 1 continued

单位：人 (person)

地 区	Region	离退休金、养老金 Pensions for Retirement 小计 Sub-total	男 Male	女 Female	最低生活保障金 Minimum Living Guarantee 小计 Sub-total	男 Male	女 Female
全 国	**National Total**	**42005**	**24637**	**17368**	**4831**	**2334**	**2497**
北 京	Beijing	1558	787	771	46	13	32
天 津	Tianjin	1073	568	505	25	10	14
河 北	Hebei	1655	1064	591	168	88	80
山 西	Shanxi	919	611	308	167	69	98
内蒙古	Inner Mongolia	712	444	268	213	106	107
辽 宁	Liaoning	3015	1624	1391	142	60	82
吉 林	Jilin	1215	721	495	160	59	101
黑龙江	Heilongjiang	1861	1148	713	245	77	168
上 海	Shanghai	3116	1489	1628	33	12	21
江 苏	Jiangsu	2968	1748	1221	294	141	154
浙 江	Zhejiang	2154	1169	984	182	100	81
安 徽	Anhui	1130	693	437	370	194	176
福 建	Fujian	807	510	296	110	67	43
江 西	Jiangxi	1082	665	417	96	48	48
山 东	Shandong	1890	1200	690	152	79	74
河 南	Henan	1822	1106	715	298	154	144
湖 北	Hubei	1924	1092	832	200	109	91
湖 南	Hunan	1926	1140	786	203	118	85
广 东	Guangdong	2344	1408	935	182	102	80
广 西	Guangxi	885	557	328	147	76	71
海 南	Hainan	244	142	102	49	30	19
重 庆	Chongqing	1052	574	477	128	77	51
四 川	Sichuan	2719	1657	1062	431	214	217
贵 州	Guizhou	553	367	185	174	88	86
云 南	Yunnan	870	541	328	209	93	115
西 藏	Tibet	6	3	2	4	1	3
陕 西	Shaanxi	1047	666	381	147	58	89
甘 肃	Gansu	581	378	203	114	48	66
青 海	Qinghai	113	75	37	13	4	10
宁 夏	Ningxia	160	98	62	28	11	17
新 疆	Xinjiang	605	388	217	101	28	74

2-52 续表 2 continued

单位：人 (person)

地 区	Region	家庭其他成员供养 Supplied by Other Members of the Family			其 他 Others		
		小计 Sub-total	男 Male	女 Female	小计 Sub-total	男 Male	女 Female
全 国	**National Total**	**58065**	**18506**	**39559**	**3889**	**1859**	**2033**
北 京	Beijing	305	76	229	60	21	41
天 津	Tianjin	361	83	278	29	13	16
河 北	Hebei	3502	1037	2465	264	160	104
山 西	Shanxi	1446	407	1039	79	40	39
内蒙古	Inner Mongolia	859	246	613	96	44	53
辽 宁	Liaoning	1606	432	1174	180	87	93
吉 林	Jilin	1075	315	760	90	46	44
黑龙江	Heilongjiang	1489	387	1102	94	40	54
上 海	Shanghai	93	21	72	15	5	11
江 苏	Jiangsu	3901	1147	2754	321	164	158
浙 江	Zhejiang	2564	730	1834	220	106	112
安 徽	Anhui	2913	968	1945	164	81	83
福 建	Fujian	2359	765	1594	76	42	35
江 西	Jiangxi	1907	569	1337	111	52	59
山 东	Shandong	4884	1569	3315	278	132	146
河 南	Henan	3897	1252	2644	327	119	209
湖 北	Hubei	2442	843	1599	103	45	60
湖 南	Hunan	3570	1202	2369	214	99	116
广 东	Guangdong	4103	1391	2711	200	108	91
广 西	Guangxi	2160	761	1399	163	71	92
海 南	Hainan	332	104	228	18	7	10
重 庆	Chongqing	1181	424	756	94	48	49
四 川	Sichuan	3970	1318	2652	198	106	91
贵 州	Guizhou	1411	522	889	52	21	31
云 南	Yunnan	2029	741	1288	145	71	74
西 藏	Tibet	154	55	99	7	2	4
陕 西	Shaanxi	1677	536	1141	126	61	65
甘 肃	Gansu	1000	332	668	80	35	45
青 海	Qinghai	224	74	150	10	6	5
宁 夏	Ningxia	182	57	125	15	6	10
新 疆	Xinjiang	470	141	329	61	21	40

2-53　各地区城市60岁及以上分性别、主要生活来源的人口

City Population Aged 60 and Over by Sex, Main Source of Support and Region

单位：人　　(person)

地区	Region	60岁及以上人口 Population Aged 60 and over			劳动收入 Labour Income		
		合计 Total	男 Male	女 Female	小计 Sub-total	男 Male	女 Female
全国	**National Total**	**42966**	**20895**	**22071**	**3148**	**2104**	**1044**
北京	Beijing	1675	784	890	42	31	11
天津	Tianjin	1238	584	654	25	21	4
河北	Hebei	2142	1050	1092	332	234	99
山西	Shanxi	952	462	490	59	35	24
内蒙古	Inner Mongolia	791	374	417	20	17	3
辽宁	Liaoning	2940	1399	1541	102	76	26
吉林	Jilin	1362	658	704	55	40	15
黑龙江	Heilongjiang	2015	952	1063	83	63	20
上海	Shanghai	2697	1298	1399	43	36	8
江苏	Jiangsu	2775	1360	1414	314	181	133
浙江	Zhejiang	1870	924	946	161	122	40
安徽	Anhui	1192	584	608	60	39	21
福建	Fujian	920	422	498	103	71	32
江西	Jiangxi	982	510	472	109	78	31
山东	Shandong	2503	1186	1317	356	236	121
河南	Henan	1949	901	1047	250	144	107
湖北	Hubei	2002	995	1007	166	97	69
湖南	Hunan	2044	1031	1013	99	82	17
广东	Guangdong	2873	1425	1447	234	182	52
广西	Guangxi	933	472	461	63	39	24
海南	Hainan	108	52	57	8	6	2
重庆	Chongqing	896	425	471	144	75	69
四川	Sichuan	2022	1027	995	99	60	40
贵州	Guizhou	527	265	262	42	22	19
云南	Yunnan	820	416	404	37	24	13
西藏	Tibet	26	10	17	4	2	2
陕西	Shaanxi	992	470	521	53	31	22
甘肃	Gansu	720	364	356	37	26	11
青海	Qinghai	126	59	66	2	1	1
宁夏	Ningxia	178	86	92	10	7	2
新疆	Xinjiang	700	351	349	35	27	8

2-53 续表 1 continued

单位：人 (person)

地 区	Region	离退休金、养老金 Pensions for Retirement			最低生活保障金 Minimum Living Guarantee		
		小计 Sub-total	男 Male	女 Female	小计 Sub-total	男 Male	女 Female
全 国	**National Total**	**29748**	**16174**	**13574**	**895**	**290**	**604**
北 京	Beijing	1457	719	739	19	4	15
天 津	Tianjin	1021	534	487	14	2	12
河 北	Hebei	1166	664	501	15	6	9
山 西	Shanxi	649	396	253	29	4	26
内蒙古	Inner Mongolia	500	300	200	31	12	19
辽 宁	Liaoning	2499	1255	1244	41	14	28
吉 林	Jilin	971	539	432	44	10	35
黑龙江	Heilongjiang	1349	787	562	88	17	71
上 海	Shanghai	2594	1248	1346	24	6	19
江 苏	Jiangsu	1840	986	854	37	12	25
浙 江	Zhejiang	1341	699	643	48	20	29
安 徽	Anhui	730	407	323	127	51	76
福 建	Fujian	499	261	238	8	4	4
江 西	Jiangxi	693	388	305	10	3	7
山 东	Shandong	1268	699	569	33	14	19
河 南	Henan	974	558	416	34	16	18
湖 北	Hubei	1501	802	699	38	10	27
湖 南	Hunan	1454	793	661	42	23	19
广 东	Guangdong	1610	907	703	17	7	10
广 西	Guangxi	589	347	242	14	6	8
海 南	Hainan	63	35	28	3	3	1
重 庆	Chongqing	606	303	303	20	9	11
四 川	Sichuan	1559	880	679	42	16	26
贵 州	Guizhou	376	223	153	1		1
云 南	Yunnan	597	337	260	12	3	9
西 藏	Tibet	5	2	2	3	1	2
陕 西	Shaanxi	700	391	309	20	3	17
甘 肃	Gansu	489	300	189	25	5	20
青 海	Qinghai	82	51	31	5	1	4
宁 夏	Ningxia	122	71	51	9	3	6
新 疆	Xinjiang	443	289	155	40	8	32

2-53 续表 2 continued

单位：人 (person)

地 区	Region	家庭其他成员供养 Supplied by Other Members of the Family			其 他 Others		
		小计 Sub-total	男 Male	女 Female	小计 Sub-total	男 Male	女 Female
全 国	**National Total**	**8152**	**1879**	**6272**	**1022**	**448**	**576**
北 京	Beijing	125	24	101	31	7	23
天 津	Tianjin	166	22	144	12	5	6
河 北	Hebei	590	127	463	38	19	19
山 西	Shanxi	201	25	176	14	3	11
内蒙古	Inner Mongolia	209	36	173	31	10	21
辽 宁	Liaoning	261	42	218	37	12	25
吉 林	Jilin	261	54	207	30	16	15
黑龙江	Heilongjiang	459	67	392	36	17	19
上 海	Shanghai	27	5	22	9	3	5
江 苏	Jiangsu	491	133	358	93	50	44
浙 江	Zhejiang	283	63	221	36	21	14
安 徽	Anhui	254	76	178	22	11	11
福 建	Fujian	285	74	211	25	13	14
江 西	Jiangxi	142	29	113	27	11	16
山 东	Shandong	744	191	553	102	47	55
河 南	Henan	609	158	452	81	26	56
湖 北	Hubei	264	74	190	34	11	23
湖 南	Hunan	389	105	284	59	28	32
广 东	Guangdong	900	271	629	111	57	54
广 西	Guangxi	230	60	170	38	20	19
海 南	Hainan	30	7	24	4	1	3
重 庆	Chongqing	108	33	75	19	5	13
四 川	Sichuan	302	60	242	20	12	8
贵 州	Guizhou	100	17	83	8	3	5
云 南	Yunnan	139	37	102	35	16	20
西 藏	Tibet	13	4	10	1		1
陕 西	Shaanxi	193	31	162	26	15	11
甘 肃	Gansu	153	27	126	15	5	10
青 海	Qinghai	34	5	29	3	1	1
宁 夏	Ningxia	32	3	28	7	2	5
新 疆	Xinjiang	156	21	135	26	6	20

2-54 各地区镇60岁及以上分性别、主要生活来源的人口

Town Population Aged 60 and Over by Sex, Main Source of Support and Region

单位：人 (person)

地 区	Region	60岁及以上人口 Population Aged 60 and over			劳动收入 Labour Income		
		合计 Total	男 Male	女 Female	小计 Sub-total	男 Male	女 Female
全 国	**National Total**	**34697**	**16959**	**17738**	**10534**	**6461**	**4073**
北 京	Beijing	70	28	42	13	7	6
天 津	Tianjin	136	66	71	29	21	8
河 北	Hebei	1650	851	799	560	361	199
山 西	Shanxi	726	357	369	174	112	62
内蒙古	Inner Mongolia	510	243	267	106	64	42
辽 宁	Liaoning	1144	558	586	304	196	108
吉 林	Jilin	616	310	305	113	83	30
黑龙江	Heilongjiang	848	410	438	145	86	59
上 海	Shanghai	251	118	132	24	16	9
江 苏	Jiangsu	3131	1477	1654	1124	653	471
浙 江	Zhejiang	1979	985	994	553	421	132
安 徽	Anhui	1709	868	841	661	430	231
福 建	Fujian	1167	564	603	257	165	93
江 西	Jiangxi	1043	521	523	266	182	85
山 东	Shandong	2884	1408	1476	1133	682	452
河 南	Henan	2341	1087	1254	749	420	329
湖 北	Hubei	1325	656	669	442	259	184
湖 南	Hunan	1705	844	861	518	342	176
广 东	Guangdong	2296	1132	1164	434	284	150
广 西	Guangxi	1285	608	676	458	252	206
海 南	Hainan	295	137	159	73	42	31
重 庆	Chongqing	1349	664	685	514	293	221
四 川	Sichuan	2566	1263	1303	705	409	296
贵 州	Guizhou	726	358	367	242	135	107
云 南	Yunnan	1034	486	548	281	152	129
西 藏	Tibet	40	18	21	14	8	7
陕 西	Shaanxi	1075	542	533	378	227	150
甘 肃	Gansu	401	197	204	149	89	60
青 海	Qinghai	101	49	52	23	14	9
宁 夏	Ningxia	102	52	50	29	18	11
新 疆	Xinjiang	193	101	91	61	40	21

2-54 续表 1 continued

单位：人 (person)

地 区	Region	离退休金、养老金 Pensions for Retirement			最低生活保障金 Minimum Living Guarantee		
		小计 Sub-total	男 Male	女 Female	小计 Sub-total	男 Male	女 Female
全 国	**National Total**	**8204**	**5377**	**2826**	**1280**	**565**	**715**
北 京	Beijing	24	15	8			
天 津	Tianjin	23	16	7	5	5	1
河 北	Hebei	273	201	72	8	4	4
山 西	Shanxi	185	136	50	34	13	20
内蒙古	Inner Mongolia	161	110	51	40	13	26
辽 宁	Liaoning	354	234	119	26	11	15
吉 林	Jilin	200	142	58	55	18	37
黑龙江	Heilongjiang	351	249	102	62	13	49
上 海	Shanghai	196	94	101			
江 苏	Jiangsu	662	412	250	100	49	51
浙 江	Zhejiang	506	288	219	48	23	25
安 徽	Anhui	270	168	102	86	42	44
福 建	Fujian	199	152	46	27	15	12
江 西	Jiangxi	299	194	106	32	12	20
山 东	Shandong	368	271	97	45	25	19
河 南	Henan	659	392	266	126	53	73
湖 北	Hubei	327	201	127	26	14	12
湖 南	Hunan	350	234	117	45	12	33
广 东	Guangdong	616	404	212	57	35	22
广 西	Guangxi	210	137	74	42	20	23
海 南	Hainan	74	44	30	15	9	6
重 庆	Chongqing	339	210	128	42	20	22
四 川	Sichuan	814	534	280	159	66	93
贵 州	Guizhou	108	80	28	60	34	27
云 南	Yunnan	193	135	58	42	25	17
西 藏	Tibet	1	1		1		
陕 西	Shaanxi	236	172	64	40	14	26
甘 肃	Gansu	78	66	12	25	11	15
青 海	Qinghai	26	20	5	3	1	2
宁 夏	Ningxia	25	18	7	4	1	3
新 疆	Xinjiang	76	47	29	24	6	18

2-54 续表 2 continued

单位：人 (person)

地区	Region	家庭其他成员供养 Supplied by Other Members of the Family			其他 Others		
		小计 Sub-total	男 Male	女 Female	小计 Sub-total	男 Male	女 Female
全国	**National Total**	**13682**	**4057**	**9625**	**998**	**500**	**499**
北京	Beijing	32	6	26	1		1
天津	Tianjin	72	20	52	7	3	4
河北	Hebei	685	196	490	124	89	34
山西	Shanxi	311	83	228	22	13	9
内蒙古	Inner Mongolia	182	48	134	22	9	13
辽宁	Liaoning	392	85	307	68	31	36
吉林	Jilin	233	62	171	15	6	10
黑龙江	Heilongjiang	277	57	220	13	5	7
上海	Shanghai	27	7	20	3	1	2
江苏	Jiangsu	1187	327	859	60	36	24
浙江	Zhejiang	801	220	581	71	35	37
安徽	Anhui	631	201	430	60	27	34
福建	Fujian	664	219	445	21	14	7
江西	Jiangxi	428	125	303	18	7	10
山东	Shandong	1270	390	880	68	41	28
河南	Henan	748	201	546	59	20	40
湖北	Hubei	506	173	333	23	9	14
湖南	Hunan	757	242	514	35	13	21
广东	Guangdong	1166	395	772	21	14	7
广西	Guangxi	532	185	347	42	16	28
海南	Hainan	127	38	89	6	3	3
重庆	Chongqing	427	127	300	28	14	14
四川	Sichuan	818	220	598	70	34	36
贵州	Guizhou	295	103	192	22	8	13
云南	Yunnan	482	157	325	36	18	18
西藏	Tibet	23	10	14	1		1
陕西	Shaanxi	374	107	267	48	22	26
甘肃	Gansu	120	22	98	29	9	20
青海	Qinghai	47	12	34	2	2	1
宁夏	Ningxia	42	13	29	2	1	
新疆	Xinjiang	27	6	21	5	2	3

2-55 各地区乡村60岁及以上分性别、主要生活来源的人口

Rural Population Aged 60 and Over by Sex, Main Source of Support and Region

单位：人 (person)

地 区	Region	60岁及以上人口 Population Aged 60 and over			劳动收入 Labour Income		
		合计 Total	男 Male	女 Female	小计 Sub-total	男 Male	女 Female
全 国	**National Total**	**90915**	**45468**	**45448**	**46105**	**27423**	**18682**
北 京	Beijing	353	173	180	73	51	22
天 津	Tianjin	282	138	144	114	71	44
河 北	Hebei	4975	2427	2548	2286	1385	901
山 西	Shanxi	2061	1030	1031	895	575	319
内蒙古	Inner Mongolia	1375	734	640	670	432	238
辽 宁	Liaoning	2381	1218	1163	1115	699	416
吉 林	Jilin	1409	733	676	679	438	241
黑龙江	Heilongjiang	1778	937	841	724	497	227
上 海	Shanghai	444	203	241	66	41	26
江 苏	Jiangsu	6248	2993	3254	3231	1797	1434
浙 江	Zhejiang	3613	1866	1747	1629	1125	504
安 徽	Anhui	5354	2739	2615	2956	1785	1172
福 建	Fujian	2541	1272	1269	914	638	276
江 西	Jiangxi	2768	1362	1407	1223	798	425
山 东	Shandong	6753	3265	3488	3447	1962	1485
河 南	Henan	6971	3431	3540	3918	2225	1693
湖 北	Hubei	4619	2397	2223	2670	1604	1065
湖 南	Hunan	5605	2863	2742	2822	1754	1068
广 东	Guangdong	3834	1896	1938	1506	978	528
广 西	Guangxi	3663	1776	1887	2003	1101	903
海 南	Hainan	497	240	257	176	96	80
重 庆	Chongqing	2345	1254	1091	1477	852	625
四 川	Sichuan	8509	4276	4234	4975	2801	2174
贵 州	Guizhou	2910	1453	1457	1689	922	767
云 南	Yunnan	3064	1463	1601	1348	743	605
西 藏	Tibet	197	83	114	75	39	36
陕 西	Shaanxi	2901	1484	1416	1541	919	622
甘 肃	Gansu	1865	927	938	1026	580	446
青 海	Qinghai	288	138	151	131	73	58
宁 夏	Ningxia	283	144	139	139	84	55
新 疆	Xinjiang	1029	552	477	588	358	230

2-55 续表 1 continued

单位：人 (person)

地 区	Region	离退休金、养老金 Pensions for Retirement			最低生活保障金 Minimum Living Guarantee		
		小计 Sub-total	男 Male	女 Female	小计 Sub-total	男 Male	女 Female
全 国	**National Total**	**4054**	**3086**	**968**	**2656**	**1479**	**1178**
北 京	Beijing	77	53	24	26	9	17
天 津	Tianjin	29	17	12	5	4	1
河 北	Hebei	216	198	17	145	78	67
山 西	Shanxi	85	79	5	104	52	52
内蒙古	Inner Mongolia	51	35	17	143	81	61
辽 宁	Liaoning	163	135	28	74	35	39
吉 林	Jilin	44	39	5	61	32	29
黑龙江	Heilongjiang	161	112	49	95	47	48
上 海	Shanghai	326	146	180	8	6	2
江 苏	Jiangsu	467	350	117	158	80	78
浙 江	Zhejiang	306	183	123	85	58	28
安 徽	Anhui	130	118	12	157	100	57
福 建	Fujian	109	97	12	75	48	27
江 西	Jiangxi	89	82	6	54	32	21
山 东	Shandong	254	230	24	74	40	35
河 南	Henan	189	156	33	138	85	54
湖 北	Hubei	95	89	6	137	85	52
湖 南	Hunan	122	113	8	116	83	33
广 东	Guangdong	117	96	21	108	60	48
广 西	Guangxi	86	73	13	92	50	41
海 南	Hainan	106	62	44	30	18	12
重 庆	Chongqing	108	61	46	66	48	18
四 川	Sichuan	346	243	103	231	133	98
贵 州	Guizhou	69	65	4	113	54	59
云 南	Yunnan	80	70	10	155	66	89
西 藏	Tibet						
陕 西	Shaanxi	112	103	8	87	41	46
甘 肃	Gansu	15	12	3	63	32	31
青 海	Qinghai	5	4	1	5	2	3
宁 夏	Ningxia	14	9	4	14	6	8
新 疆	Xinjiang	86	52	33	37	13	24

2-55 续表 2 continued

单位：人 (person)

地 区	Region	家庭其他成员供养 Supplied by Other Members of the Family			其 他 Others		
		小计 Sub-total	男 Male	女 Female	小计 Sub-total	男 Male	女 Female
全 国	**National Total**	**36231**	**12570**	**23661**	**1870**	**909**	**959**
北 京	Beijing	149	47	102	28	13	15
天 津	Tianjin	123	42	82	10	4	6
河 北	Hebei	2226	714	1512	101	51	50
山 西	Shanxi	934	299	635	43	24	19
内蒙古	Inner Mongolia	469	162	306	43	25	18
辽 宁	Liaoning	954	304	650	75	45	31
吉 林	Jilin	580	199	382	45	25	20
黑龙江	Heilongjiang	752	263	490	45	18	28
上 海	Shanghai	39	9	30	3		3
江 苏	Jiangsu	2223	687	1537	170	80	89
浙 江	Zhejiang	1479	447	1032	113	52	61
安 徽	Anhui	2027	691	1336	84	45	38
福 建	Fujian	1411	473	938	31	17	14
江 西	Jiangxi	1337	415	921	66	33	33
山 东	Shandong	2870	989	1881	108	44	64
河 南	Henan	2540	893	1646	186	73	115
湖 北	Hubei	1672	596	1076	46	23	23
湖 南	Hunan	2425	855	1570	120	58	62
广 东	Guangdong	2036	725	1311	67	37	29
广 西	Guangxi	1398	516	882	84	36	47
海 南	Hainan	175	59	116	9	3	4
重 庆	Chongqing	646	265	381	49	28	22
四 川	Sichuan	2850	1038	1812	108	60	47
贵 州	Guizhou	1016	402	614	23	11	12
云 南	Yunnan	1408	547	861	75	39	36
西 藏	Tibet	117	42	75	4	1	3
陕 西	Shaanxi	1110	398	712	52	24	28
甘 肃	Gansu	726	282	444	35	20	15
青 海	Qinghai	143	57	86	4	2	2
宁 夏	Ningxia	108	41	67	7	2	4
新 疆	Xinjiang	287	114	173	31	14	16

2-56 全国60岁及以上分年龄、性别、主要生活来源的人口
Population Aged 60 and Over by Age, Sex and Main Source of Support

单位：人 (person)

年 龄 Age	60岁及以上人口 Population Aged 60 and over			劳动收入 Labour Income		
	合计 Total	男 Male	女 Female	小计 Sub-total	男 Male	女 Female
合 计 Total	**168579**	**83322**	**85256**	**59787**	**35988**	**23799**
60-64	**55638**	**28324**	**27315**	**30930**	**17981**	**12950**
60	13551	6977	6575	8100	4733	3367
61	11580	5877	5704	6758	3835	2923
62	11271	5715	5556	6207	3640	2567
63	9873	4987	4886	5079	2952	2127
64	9362	4768	4594	4786	2820	1966
65-69	**40048**	**20251**	**19797**	**16816**	**10224**	**6592**
65	9081	4673	4407	4299	2595	1704
66	7937	4023	3913	3600	2164	1435
67	7789	3895	3894	3299	2010	1288
68	7823	3902	3921	3058	1876	1182
69	7419	3758	3661	2560	1578	982
70-74	**32438**	**16233**	**16205**	**7832**	**5119**	**2713**
70	6665	3340	3326	1768	1161	607
71	7168	3621	3547	1912	1249	663
72	6517	3254	3262	1516	975	542
73	6208	3082	3126	1457	965	492
74	5880	2936	2944	1179	770	409
75-79	**22468**	**10963**	**11506**	**3276**	**2083**	**1193**
75	5400	2630	2770	982	609	373
76	5191	2588	2603	784	511	273
77	4297	2103	2194	672	419	252
78	3738	1799	1939	460	293	167
79	3842	1843	1999	378	250	128
80-84	**11751**	**5160**	**6592**	**726**	**457**	**269**
80	2976	1376	1600	198	130	68
81	2760	1265	1495	190	117	73
82	2366	994	1372	142	87	55
83	1900	794	1106	110	66	45
84	1750	730	1019	85	57	28
85-89	**4758**	**1952**	**2806**	**184**	**110**	**75**
85	1403	587	816	55	30	25
86	1089	478	611	49	36	14
87	917	384	533	32	16	17
88	724	271	453	30	18	12
89	625	233	392	19	10	8
90-94	**1171**	**359**	**811**	**13**	**10**	**3**
90	377	117	260	6	6	
91	276	89	187	6	3	3
92	241	67	174			
93	158	56	103	1	1	
94	118	31	87			
95+	**306**	**81**	**225**	**10**	**4**	**5**

2-56 续表 1 continued

单位：人 (person)

年 龄 Age	离退休金、养老金 Pensions for Retirement			最低生活保障金 Minimum Living Guarantee		
	小计 Sub-total	男 Male	女 Female	小计 Sub-total	男 Male	女 Female
合 计 Total	**42005**	**24637**	**17368**	**4831**	**2334**	**2497**
60-64	**12551**	**7080**	**5472**	**823**	**426**	**397**
60	2908	1572	1336	179	89	90
61	2499	1392	1108	139	76	64
62	2571	1438	1134	177	90	87
63	2382	1410	972	179	92	88
64	2191	1268	923	149	80	69
65-69	**10336**	**5913**	**4423**	**1029**	**529**	**500**
65	2198	1284	913	230	113	117
66	1907	1106	801	185	97	88
67	2061	1149	912	194	95	99
68	2079	1162	917	205	101	104
69	2091	1211	880	214	123	91
70-74	**9050**	**5349**	**3701**	**1194**	**589**	**605**
70	1849	1064	785	236	125	111
71	1917	1126	791	268	126	142
72	1876	1123	753	232	121	110
73	1736	1024	711	233	113	120
74	1672	1012	660	226	103	123
75-79	**6067**	**3794**	**2273**	**902**	**440**	**462**
75	1474	888	586	230	128	102
76	1451	900	550	221	102	120
77	1173	738	435	137	56	81
78	987	637	351	147	70	77
79	982	631	351	167	84	83
80-84	**2788**	**1757**	**1031**	**537**	**226**	**311**
80	758	494	264	127	59	68
81	642	427	214	132	60	71
82	583	336	247	111	45	66
83	447	275	172	69	24	45
84	357	224	133	98	37	60
85-89	**966**	**611**	**355**	**253**	**95**	**158**
85	313	192	121	87	35	51
86	232	157	75	42	17	25
87	190	127	63	42	14	28
88	123	74	48	34	10	24
89	109	61	47	49	19	30
90-94	**199**	**109**	**90**	**66**	**23**	**44**
90	71	44	27	25	9	16
91	43	23	20	20	8	12
92	36	18	18	7	2	5
93	26	14	12	3		3
94	23	10	13	11	4	7
95+	**48**	**24**	**24**	**25**	**5**	**20**

2-56 续表 2 continued

单位：人 (person)

年 龄 Age	家庭其他成员供养 Supplied by Other Members of the Family			其 他 Others		
	小计 Sub-total	男 Male	女 Female	小计 Sub-total	男 Male	女 Female
合 计 Total	**58065**	**18506**	**39559**	**3889**	**1859**	**2033**
60-64	**10233**	**2306**	**7927**	**1101**	**531**	**570**
60	2107	458	1649	258	124	134
61	1938	447	1491	245	127	119
62	2096	445	1651	220	104	116
63	2053	458	1594	181	76	106
64	2040	498	1541	197	101	95
65-69	**11017**	**3170**	**7847**	**850**	**415**	**435**
65	2169	580	1588	185	100	86
66	2078	575	1503	165	81	86
67	2079	570	1509	156	71	86
68	2297	672	1624	184	91	94
69	2395	772	1623	159	73	86
70-74	**13526**	**4793**	**8732**	**836**	**382**	**454**
70	2650	927	1723	164	64	100
71	2904	1045	1859	166	74	92
72	2716	947	1769	177	89	88
73	2606	898	1709	175	82	95
74	2649	977	1672	154	73	81
75-79	**11591**	**4335**	**7256**	**633**	**312**	**321**
75	2554	930	1624	161	75	86
76	2577	988	1589	157	86	72
77	2191	820	1371	125	69	55
78	2045	762	1284	99	37	62
79	2223	835	1388	93	43	49
80-84	**7387**	**2572**	**4815**	**314**	**146**	**166**
80	1817	659	1158	76	34	41
81	1725	619	1106	70	40	31
82	1455	488	967	75	37	38
83	1224	408	816	49	21	28
84	1166	398	768	43	14	29
85-89	**3237**	**1080**	**2157**	**117**	**57**	**60**
85	910	314	596	38	14	24
86	742	256	485	25	12	12
87	632	209	423	22	19	3
88	520	164	357	17	5	12
89	433	136	297	17	7	10
90-94	**862**	**207**	**655**	**31**	**11**	**20**
90	268	54	214	7	4	4
91	200	54	146	7	2	5
92	194	47	147	5		5
93	120	37	83	8	3	4
94	80	14	65	3	2	1
95+	**212**	**43**	**169**	**10**	**4**	**6**

2-57 全国城市60岁及以上分年龄、性别、主要生活来源的人口

City Population Aged 60 and Over by Age, Sex and Main Source of Support

单位：人 (person)

年 龄 Age	60岁及以上人口 Population Aged 60 and over			劳动收入 Labour Income		
	合计 Total	男 Male	女 Female	小计 Sub-total	男 Male	女 Female
合 计 Total	42966	20895	22071	3148	2104	1044
60-64	13572	6611	6961	1932	1266	665
60	3336	1650	1686	574	403	172
61	2738	1362	1376	407	265	142
62	2729	1291	1438	372	255	117
63	2509	1218	1291	311	176	135
64	2260	1091	1169	267	167	100
65-69	10139	4906	5233	732	496	235
65	2243	1110	1133	200	142	58
66	1931	958	974	160	113	47
67	1980	924	1056	138	91	47
68	1991	951	1040	138	88	50
69	1993	963	1030	96	62	34
70-74	8764	4256	4508	314	218	96
70	1815	842	974	65	51	14
71	1861	891	971	78	54	23
72	1803	877	926	59	38	20
73	1681	829	852	57	37	20
74	1603	817	786	56	38	18
75-79	5945	2984	2961	122	85	37
75	1447	717	730	35	23	12
76	1356	660	696	28	17	11
77	1154	586	568	25	19	6
78	972	511	461	14	11	3
79	1015	510	505	21	16	5
80-84	3011	1468	1544	34	24	10
80	830	428	401	7	7	
81	686	350	336	7	6	2
82	646	276	370	9	6	4
83	457	225	232	6	2	4
84	392	188	204	5	4	1
85-89	1151	540	611	13	13	
85	347	156	191			
86	247	129	119	2	2	
87	233	114	119	2	2	
88	177	74	103	6	6	
89	147	67	80	3	3	
90-94	297	103	194			
90	97	41	56			
91	62	19	43			
92	64	19	45			
93	38	15	23			
94	36	8	28			
95+	87	27	60	2	1	1

2-57 续表 1 continued

单位：人 (person)

年龄 Age	离退休金、养老金 Pensions for Retirement			最低生活保障金 Minimum Living Guarantee		
	小计 Sub-total	男 Male	女 Female	小计 Sub-total	男 Male	女 Female
合 计 Total	**29748**	**16174**	**13574**	**895**	**290**	**604**
60-64	**8919**	**4678**	**4242**	**185**	**76**	**109**
60	2136	1100	1037	37	15	22
61	1772	951	821	40	17	23
62	1797	904	893	45	18	27
63	1703	928	775	32	15	17
64	1510	795	715	31	11	20
65-69	**7204**	**3791**	**3413**	**173**	**67**	**106**
65	1554	824	730	44	20	24
66	1310	704	606	33	15	19
67	1449	734	715	37	17	20
68	1424	740	684	26	7	19
69	1467	789	678	33	8	25
70-74	**6404**	**3500**	**2904**	**214**	**57**	**157**
70	1279	682	597	48	11	37
71	1340	713	627	49	15	34
72	1335	730	605	33	10	23
73	1252	693	559	46	12	33
74	1198	681	517	39	8	30
75-79	**4328**	**2509**	**1818**	**156**	**45**	**111**
75	1068	589	479	26	12	14
76	996	568	428	41	8	33
77	849	493	356	27	6	21
78	709	436	273	27	10	17
79	706	422	283	35	9	26
80-84	**2020**	**1195**	**825**	**89**	**22**	**66**
80	565	346	219	17	5	12
81	463	284	179	20	6	14
82	436	227	209	28	5	23
83	303	186	117	9	1	7
84	253	153	100	14	5	9
85-89	**691**	**408**	**283**	**52**	**20**	**31**
85	227	127	100	15	3	12
86	161	103	58	7	2	4
87	136	86	50	9	5	4
88	86	48	37	11	2	9
89	82	44	38	10	8	3
90-94	**140**	**75**	**65**	**18**	**2**	**16**
90	49	29	20	5	2	4
91	32	17	15	5		5
92	22	10	11	3		3
93	21	11	9	1		1
94	16	7	9	5		5
95+	**42**	**19**	**24**	**8**		**8**

2-57 续表 2 continued

单位：人 (person)

年　龄 Age	家庭其他成员供养 Supplied by Other Members of the Family			其　他 Others		
	小计 Sub-total	男 Male	女 Female	小计 Sub-total	男 Male	女 Female
合 计 Total	**8152**	**1879**	**6272**	**1022**	**448**	**576**
60-64	**2152**	**423**	**1729**	**383**	**167**	**217**
60	502	98	404	86	35	52
61	442	95	348	75	34	42
62	424	76	348	90	37	53
63	403	72	331	61	26	35
64	381	82	298	70	35	35
65-69	**1770**	**424**	**1345**	**259**	**127**	**133**
65	382	89	294	63	35	28
66	366	91	275	62	34	27
67	316	69	247	40	13	27
68	348	85	262	55	30	25
69	357	90	267	40	13	27
70-74	**1649**	**412**	**1236**	**184**	**69**	**115**
70	372	78	295	52	19	33
71	365	96	270	29	13	16
72	340	86	254	36	12	24
73	287	73	214	41	14	25
74	284	79	204	28	10	17
75-79	**1242**	**301**	**941**	**97**	**43**	**53**
75	300	83	216	19	9	11
76	269	54	215	23	13	10
77	231	60	171	23	8	15
78	205	47	158	18	8	9
79	237	57	180	16	5	11
80-84	**803**	**195**	**607**	**66**	**33**	**34**
80	220	59	162	20	12	8
81	180	47	134	15	8	8
82	159	34	125	14	4	9
83	131	31	100	8	5	4
84	112	25	88	7	2	5
85-89	**374**	**93**	**281**	**22**	**6**	**16**
85	96	24	72	9	2	7
86	76	21	55	2		2
87	83	18	65	3	2	1
88	70	16	54	4	2	2
89	49	13	35	4		4
90-94	**132**	**24**	**108**	**8**	**3**	**5**
90	38	8	30	5	3	3
91	23	3	21	3		3
92	40	9	31			
93	16	4	13			
94	15	1	14			
95+	**30**	**6**	**24**	**4**	**1**	**3**

2-58 全国镇60岁及以上分年龄、性别、主要生活来源的人口
Town Population Aged 60 and Over by Age, Sex and Main Source of Support

单位：人 (person)

年龄 Age	60岁及以上人口 Population Aged 60 and over			劳动收入 Labour Income		
	合计 Total	男 Male	女 Female	小计 Sub-total	男 Male	女 Female
合计 Total	**34697**	**16959**	**17738**	**10534**	**6461**	**4073**
60-64	**11508**	**5819**	**5689**	**5654**	**3354**	**2301**
60	2747	1410	1337	1490	924	566
61	2382	1216	1166	1232	729	504
62	2315	1167	1147	1128	656	473
63	2121	1060	1061	963	568	395
64	1944	966	978	840	477	363
65-69	**8229**	**4146**	**4083**	**2909**	**1817**	**1092**
65	1850	972	878	742	464	278
66	1655	823	832	635	407	228
67	1571	797	775	578	363	214
68	1689	829	860	524	330	194
69	1464	726	738	430	253	177
70-74	**6583**	**3267**	**3316**	**1342**	**891**	**450**
70	1383	697	685	292	193	100
71	1427	725	701	323	223	101
72	1332	651	681	274	169	104
73	1251	600	651	239	162	78
74	1191	594	597	213	145	68
75-79	**4597**	**2206**	**2391**	**503**	**330**	**173**
75	1141	547	594	143	92	51
76	1125	571	554	140	92	48
77	834	400	435	100	64	36
78	777	352	425	69	49	20
79	720	336	383	51	33	18
80-84	**2435**	**1009**	**1425**	**93**	**53**	**40**
80	553	249	304	25	14	11
81	615	272	343	31	14	17
82	492	194	298	19	8	11
83	424	153	271	8	8	1
84	351	141	210	10	9	1
85-89	**1041**	**429**	**613**	**30**	**14**	**15**
85	307	134	173	7	3	4
86	243	111	132	9	8	2
87	199	84	115	6	2	4
88	165	53	112	3		3
89	127	46	81	3	1	2
90-94	**240**	**73**	**168**	**3**	**1**	**2**
90	66	23	43	1	1	
91	64	18	46	2		2
92	53	11	41			
93	34	11	23			
94	24	10	14			
95+	**63**	**10**	**53**			

2-58 续表 1 continued

单位：人 (person)

年 龄 Age	离退休金、养老金 Pensions for Retirement			最低生活保障金 Minimum Living Guarantee		
	小计 Sub-total	男 Male	女 Female	小计 Sub-total	男 Male	女 Female
合 计 Total	**8204**	**5377**	**2826**	**1280**	**565**	**715**
60-64	**2502**	**1559**	**943**	**250**	**119**	**131**
60	554	311	243	54	22	32
61	516	302	215	32	17	15
62	503	327	177	54	29	25
63	453	307	147	65	27	38
64	474	312	162	45	24	21
65-69	**2115**	**1338**	**777**	**272**	**121**	**151**
65	447	305	142	55	24	31
66	396	244	152	44	19	25
67	404	256	148	57	18	39
68	450	266	183	63	30	34
69	418	267	151	53	30	23
70-74	**1714**	**1134**	**580**	**307**	**142**	**165**
70	374	227	148	57	34	23
71	370	253	118	77	32	45
72	344	236	108	57	25	32
73	315	207	109	57	25	32
74	309	212	97	59	27	33
75-79	**1180**	**837**	**343**	**219**	**96**	**123**
75	281	197	83	70	25	45
76	313	227	87	59	25	34
77	207	148	60	33	14	19
78	188	130	58	22	12	11
79	190	135	55	35	20	14
80-84	**483**	**354**	**129**	**129**	**47**	**82**
80	121	92	28	30	15	15
81	124	96	27	28	7	21
82	94	71	23	27	11	16
83	83	53	31	26	6	20
84	62	42	20	18	9	10
85-89	**171**	**132**	**39**	**77**	**26**	**51**
85	54	44	11	32	10	22
86	50	39	11	11	4	8
87	31	25	6	17	5	12
88	22	15	7	9	2	6
89	14	8	6	8	5	3
90-94	**36**	**20**	**16**	**18**	**12**	**6**
90	12	8	4	7	4	3
91	5	3	2	6	4	2
92	9	5	4			
93	4	3	1			
94	5	2	4	4	4	1
95+	**3**	**3**		**7**	**1**	**6**

2-58 续表 2 continued

单位：人 (person)

年 龄 Age	家庭其他成员供养 Supplied by Other Members of the Family			其 他 Others		
	小计 Sub-total	男 Male	女 Female	小计 Sub-total	男 Male	女 Female
合 计 Total	**13682**	**4057**	**9625**	**998**	**500**	**499**
60-64	**2818**	**632**	**2187**	**283**	**156**	**128**
60	578	110	469	70	42	28
61	532	125	407	69	44	25
62	575	131	445	54	25	28
63	593	140	453	46	17	29
64	539	126	413	44	26	18
65-69	**2690**	**748**	**1941**	**243**	**122**	**122**
65	549	147	402	58	32	25
66	534	131	403	45	21	24
67	484	138	346	49	22	27
68	595	175	420	56	28	28
69	527	157	370	36	19	17
70-74	**3020**	**999**	**2020**	**200**	**100**	**100**
70	624	230	394	35	14	20
71	615	202	413	41	16	25
72	608	193	415	49	28	21
73	606	192	414	33	14	19
74	566	183	384	44	27	16
75-79	**2532**	**870**	**1661**	**164**	**73**	**92**
75	611	216	395	36	17	19
76	553	197	356	60	30	30
77	466	161	304	28	13	16
78	478	156	321	19	4	15
79	424	140	284	20	9	11
80-84	**1668**	**528**	**1140**	**61**	**26**	**34**
80	364	121	243	14	7	7
81	423	149	274	10	7	4
82	339	94	245	14	10	4
83	294	85	209	11	1	10
84	249	80	169	12	2	10
85-89	**729**	**238**	**491**	**34**	**17**	**17**
85	207	73	134	6	4	2
86	162	55	108	10	6	4
87	138	47	92	6	5	1
88	124	34	90	7	2	6
89	98	30	67	5	2	3
90-94	**176**	**35**	**141**	**7**	**5**	**2**
90	46	10	36			
91	50	12	38			
92	43	6	37			
93	24	5	20	5	3	1
94	12	2	10	2	2	
95+	**49**	**6**	**44**	**4**	**1**	**3**

2-59 全国乡村60岁及以上分年龄、性别、主要生活来源的人口

Rural Population Aged 60 and Over by Age, Sex and Main Source of Support

单位：人 (person)

年 龄 Age	60岁及以上人口 Population Aged 60 and over			劳动收入 Labour Income		
	合计 Total	男 Male	女 Female	小计 Sub-total	男 Male	女 Female
合 计 Total	**90915**	**45468**	**45448**	**46105**	**27423**	**18682**
60-64	**30558**	**15893**	**14665**	**23344**	**13360**	**9984**
60	7468	3917	3552	6036	3406	2629
61	6461	3299	3161	5118	2841	2277
62	6227	3257	2970	4707	2730	1977
63	5243	2709	2534	3805	2208	1598
64	5158	2712	2447	3678	2176	1502
65-69	**21680**	**11199**	**10481**	**13175**	**7910**	**5265**
65	4987	2591	2396	3356	1989	1367
66	4350	2243	2108	2805	1644	1161
67	4238	2174	2063	2583	1556	1027
68	4143	2121	2021	2397	1458	939
69	3962	2068	1893	2034	1263	771
70-74	**17091**	**8710**	**8381**	**6176**	**4010**	**2166**
70	3467	1801	1667	1411	917	494
71	3880	2005	1875	1511	972	539
72	3382	1726	1656	1184	767	417
73	3276	1653	1622	1160	767	393
74	3086	1525	1562	910	587	323
75-79	**11927**	**5773**	**6154**	**2651**	**1668**	**983**
75	2812	1366	1446	804	494	310
76	2710	1357	1353	617	402	214
77	2309	1117	1191	548	337	211
78	1989	936	1054	377	233	144
79	2107	997	1111	306	201	105
80-84	**6305**	**2683**	**3623**	**598**	**380**	**219**
80	1593	699	894	166	109	57
81	1458	642	816	152	97	55
82	1228	524	704	114	74	40
83	1019	416	603	96	56	40
84	1007	401	606	70	44	26
85-89	**2565**	**983**	**1582**	**142**	**82**	**60**
85	748	296	452	48	27	21
86	599	239	361	38	26	12
87	486	186	299	23	11	12
88	382	143	238	20	12	8
89	350	119	232	13	6	7
90-94	**633**	**184**	**449**	**10**	**10**	**1**
90	213	52	161	5	5	
91	150	51	98	4	3	1
92	125	37	88			
93	87	30	57	1	1	
94	59	13	45			
95+	**156**	**43**	**112**	**8**	**3**	**5**

2-59 续表 1 continued

单位：人 (person)

年 龄 Age	离退休金、养老金 Pensions for Retirement			最低生活保障金 Minimum Living Guarantee		
	小计 Sub-total	男 Male	女 Female	小计 Sub-total	男 Male	女 Female
合 计 Total	**4054**	**3086**	**968**	**2656**	**1479**	**1178**
60-64	**1130**	**843**	**287**	**388**	**231**	**158**
60	217	161	56	87	51	35
61	210	139	71	68	42	26
62	271	207	63	78	43	35
63	225	175	50	82	49	33
64	206	161	45	73	45	28
65-69	**1018**	**785**	**233**	**583**	**341**	**243**
65	197	156	41	131	68	63
66	201	158	43	108	63	44
67	209	160	49	100	60	40
68	205	155	50	116	64	52
69	206	155	50	129	85	44
70-74	**932**	**715**	**217**	**673**	**390**	**283**
70	195	154	41	130	80	51
71	206	161	46	143	80	63
72	197	156	41	141	86	55
73	169	125	44	130	76	54
74	164	119	46	128	67	60
75-79	**559**	**448**	**112**	**528**	**299**	**229**
75	125	101	24	135	91	44
76	141	105	36	121	69	53
77	116	97	19	77	35	41
78	90	71	20	98	49	49
79	87	74	13	97	55	43
80-84	**285**	**208**	**76**	**319**	**156**	**162**
80	72	56	16	80	39	41
81	55	47	8	84	48	36
82	54	38	15	56	30	26
83	60	37	24	34	16	18
84	43	29	13	65	24	41
85-89	**104**	**71**	**33**	**124**	**49**	**75**
85	32	22	10	39	22	17
86	21	14	7	24	11	13
87	23	15	8	16	4	12
88	15	11	4	15	6	9
89	13	9	4	31	7	24
90-94	**24**	**14**	**10**	**30**	**9**	**21**
90	10	7	3	12	3	9
91	6	3	3	9	4	5
92	5	3	2	4	2	2
93	1		1	2		2
94	2	1		2		2
95+	**3**	**2**	**1**	**11**	**4**	**6**

2-59 续表 2 continued

单位：人 (person)

年 龄 Age	家庭其他成员供养 Supplied by Other Members of the Family			其 他 Others		
	小计 Sub-total	男 Male	女 Female	小计 Sub-total	男 Male	女 Female
合 计 Total	**36231**	**12570**	**23661**	**1870**	**909**	**959**
60-64	**5263**	**1251**	**4012**	**432**	**207**	**225**
60	1026	250	776	101	48	55
61	964	228	736	101	49	51
62	1097	238	859	75	41	36
63	1057	246	811	74	31	42
64	1120	290	829	82	39	43
65-69	**6557**	**1997**	**4561**	**347**	**167**	**179**
65	1237	344	893	66	34	32
66	1178	353	825	58	23	34
67	1278	363	915	68	36	32
68	1353	411	942	71	32	39
69	1510	525	986	82	40	42
70-74	**8858**	**3382**	**5476**	**452**	**212**	**239**
70	1653	619	1034	77	31	46
71	1923	747	1177	97	46	51
72	1768	668	1100	91	48	43
73	1713	633	1081	103	52	50
74	1799	715	1085	84	37	48
75-79	**7817**	**3163**	**4654**	**370**	**195**	**176**
75	1643	630	1013	106	49	56
76	1756	737	1018	75	43	32
77	1495	600	895	73	49	24
78	1363	558	804	62	24	38
79	1561	638	923	56	30	27
80-84	**4917**	**1849**	**3068**	**187**	**89**	**97**
80	1233	480	753	41	15	26
81	1122	424	698	45	25	19
82	958	360	598	47	24	25
83	800	292	507	29	15	14
84	805	294	511	24	10	13
85-89	**2133**	**748**	**1385**	**62**	**34**	**30**
85	607	217	390	24	8	14
86	503	180	323	13	7	6
87	410	144	266	13	12	1
88	326	114	212	6	1	5
89	287	93	194	8	5	3
90-94	**554**	**148**	**406**	**15**	**3**	**12**
90	185	36	148	2	1	1
91	126	39	87	4	2	2
92	111	32	79	5		5
93	79	29	51	3		3
94	53	11	42	1		1
95+	**132**	**32**	**101**	**2**	**2**	

第三部分

Chapter Three

2009年劳动力抽样调查主要数据

Main Data from 2009 Labor Force Survey

3-1 分地区全国就业人员受教育程度构成
Educational Attainment of Employed Persons by Region

单位：% (%)

地 区	Region	就业人员 Employed Persons	男 Male	女 Female	未上过学 No Schooling	小学 Primary School	初中 Junior Secondary School	高中 Senior Secondary School	大学专科 College	大学本科 University	研究生及以上 Graduate and Higher Level
全 国	**National Total**	**100.0**	**54.0**	**46.0**	**4.8**	**26.3**	**48.7**	**12.8**	**4.7**	**2.5**	**0.23**
北 京	Beijing	100.0	57.5	42.5	1.1	7.7	32.0	23.4	15.2	17.4	3.38
天 津	Tianjin	100.0	55.0	45.0	1.1	11.4	42.9	26.7	10.1	7.4	0.49
河 北	Hebei	100.0	55.3	44.7	2.6	22.3	58.4	11.0	3.5	1.9	0.30
山 西	Shanxi	100.0	59.2	40.8	2.2	18.5	57.2	14.2	5.4	2.4	0.08
内蒙古	Inner Mongolia	100.0	57.0	43.0	5.5	24.8	47.9	13.7	6.0	2.1	0.05
辽 宁	Liaoning	100.0	56.4	43.6	1.3	19.4	54.0	13.1	7.4	4.6	0.23
吉 林	Jilin	100.0	57.1	42.9	1.6	23.4	51.3	15.1	4.9	3.4	0.25
黑龙江	Heilongjiang	100.0	57.0	43.0	1.9	20.7	55.9	14.3	4.6	2.4	0.11
上 海	Shanghai	100.0	58.1	41.9	0.9	6.9	34.2	26.7	15.4	13.9	2.02
江 苏	Jiangsu	100.0	51.1	48.9	3.9	24.2	50.2	14.5	4.5	2.4	0.37
浙 江	Zhejiang	100.0	57.1	42.9	4.4	29.7	42.4	13.0	6.2	4.0	0.18
安 徽	Anhui	100.0	53.5	46.5	10.5	28.1	49.3	8.2	2.7	1.1	0.09
福 建	Fujian	100.0	55.9	44.1	4.3	30.1	39.5	14.0	9.0	2.9	0.13
江 西	Jiangxi	100.0	53.3	46.7	2.8	27.8	45.1	16.8	5.1	2.2	0.13
山 东	Shandong	100.0	52.9	47.1	4.2	23.1	54.5	12.3	3.8	2.0	0.14
河 南	Henan	100.0	51.8	48.2	4.4	19.4	59.5	11.8	3.6	1.3	0.06
湖 北	Hubei	100.0	53.7	46.3	5.2	26.0	46.1	14.9	5.3	2.4	0.17
湖 南	Hunan	100.0	54.6	45.4	2.8	26.1	51.1	14.2	3.6	1.8	0.28
广 东	Guangdong	100.0	53.1	46.9	1.4	19.6	52.1	19.2	5.0	2.4	0.32
广 西	Guangxi	100.0	53.5	46.5	2.9	28.5	54.2	9.9	3.0	1.4	0.05
海 南	Hainan	100.0	54.9	45.1	4.1	20.9	55.4	13.5	4.4	1.6	0.14
重 庆	Chongqing	100.0	53.3	46.7	4.8	38.9	41.2	9.7	3.7	1.7	0.06
四 川	Sichuan	100.0	52.4	47.6	7.2	39.2	39.3	8.8	3.4	1.9	0.16
贵 州	Guizhou	100.0	52.7	47.3	11.2	40.8	38.9	5.4	2.3	1.3	0.02
云 南	Yunnan	100.0	53.5	46.5	11.1	44.6	35.0	6.1	2.2	1.0	0.04
西 藏	Tibet	100.0	51.1	49.0	38.9	47.5	11.6	1.8	0.3		
陕 西	Shaanxi	100.0	52.9	47.1	5.6	26.0	47.7	12.3	5.1	3.1	0.22
甘 肃	Gansu	100.0	52.1	47.9	15.8	34.1	35.8	9.2	3.2	1.7	0.14
青 海	Qinghai	100.0	53.1	47.0	13.4	40.1	28.0	8.3	6.1	4.0	0.10
宁 夏	Ningxia	100.0	54.2	45.8	8.9	25.5	45.0	11.2	6.2	3.0	0.10
新 疆	Xinjiang	100.0	54.4	45.6	2.5	28.7	47.0	10.5	8.1	3.1	0.09

资料来源：2009年11月劳动力调查资料(下表同)。
Data Source: Labor Force Survey in Nov.2008. The same applies to the tables following.

3-2 分地区全国男性就业人员受教育程度构成

Educational Attainment of Male Employed Persons by Region

单位：% (%)

地区	Region	男性就业人员 Male Employed Persons	未上过学 No Schooling	小学 Primary School	初中 Junior Secondary School	高中 Senior Secondary School	大学专科 College	大学本科 University	研究生及以上 Graduate and Higher Level
全国	**National Total**	**100.0**	**2.8**	**23.0**	**51.6**	**14.7**	**4.9**	**2.7**	**0.27**
北京	Beijing	100.0	0.7	7.2	34.3	24.3	13.6	16.4	3.49
天津	Tianjin	100.0	0.6	10.9	45.5	26.4	9.3	6.9	0.50
河北	Hebei	100.0	1.7	19.1	60.9	12.7	3.5	1.8	0.35
山西	Shanxi	100.0	1.5	16.0	59.8	15.2	5.1	2.2	0.08
内蒙古	Inner Mongolia	100.0	3.2	21.6	52.2	15.0	5.8	2.0	0.05
辽宁	Liaoning	100.0	1.0	16.8	56.1	13.7	7.5	4.7	0.23
吉林	Jilin	100.0	1.2	20.1	53.7	16.7	4.8	3.3	0.28
黑龙江	Heilongjiang	100.0	1.4	17.7	58.6	15.1	4.7	2.4	0.14
上海	Shanghai	100.0	0.6	5.9	35.3	28.4	14.9	12.8	2.02
江苏	Jiangsu	100.0	1.8	19.8	52.2	17.7	5.1	2.8	0.51
浙江	Zhejiang	100.0	2.6	28.7	44.6	14.1	6.0	3.8	0.23
安徽	Anhui	100.0	5.9	24.0	55.0	10.5	3.1	1.4	0.08
福建	Fujian	100.0	2.1	25.6	45.6	14.8	8.4	3.3	0.17
江西	Jiangxi	100.0	1.7	21.7	47.6	20.3	5.7	2.9	0.19
山东	Shandong	100.0	2.2	19.1	56.9	15.2	4.1	2.4	0.19
河南	Henan	100.0	2.9	15.7	62.0	14.1	3.9	1.5	0.08
湖北	Hubei	100.0	3.1	22.3	48.9	17.0	5.8	2.7	0.19
湖南	Hunan	100.0	1.7	23.2	52.6	16.1	4.0	2.0	0.30
广东	Guangdong	100.0	0.7	16.1	52.8	21.9	5.4	2.7	0.34
广西	Guangxi	100.0	1.3	24.5	57.5	11.9	3.1	1.7	0.08
海南	Hainan	100.0	1.9	16.2	57.5	17.2	5.2	1.8	0.13
重庆	Chongqing	100.0	2.9	36.6	43.7	10.8	4.1	1.8	0.09
四川	Sichuan	100.0	4.1	37.5	42.1	10.3	3.5	2.3	0.16
贵州	Guizhou	100.0	5.0	38.0	45.9	6.8	2.7	1.6	0.02
云南	Yunnan	100.0	6.6	42.4	40.4	7.2	2.3	1.1	0.03
西藏	Tibet	100.0	32.0	51.9	13.9	1.9	0.2		
陕西	Shaanxi	100.0	3.7	22.2	50.5	14.6	5.5	3.3	0.23
甘肃	Gansu	100.0	10.1	31.2	41.0	11.8	3.7	2.1	0.19
青海	Qinghai	100.0	7.3	38.9	33.7	9.5	6.4	4.2	0.13
宁夏	Ningxia	100.0	5.4	21.7	50.2	12.9	6.3	3.3	0.12
新疆	Xinjiang	100.0	2.4	27.0	48.9	11.1	7.5	3.0	0.12

3-3 分地区全国女性就业人员受教育程度构成

Educational Attainment of Female Employed Persons by Region

单位：%　　　　(%)

地区	Region	女性就业人员 Female Employed Persons	未上过学 No Schooling	小学 Primary School	初中 Junior Secondary School	高中 Senior Secondary School	大学专科 College	大学本科 University	研究生及以上 Graduate and Higher Level
全　国	**National Total**	**100.0**	**7.1**	**30.2**	**45.3**	**10.5**	**4.5**	**2.3**	**0.19**
北　京	Beijing	100.0	1.6	8.3	28.8	22.0	17.3	18.7	3.23
天　津	Tianjin	100.0	1.8	12.1	39.7	27.0	11.1	7.9	0.49
河　北	Hebei	100.0	3.7	26.3	55.3	8.9	3.4	2.2	0.24
山　西	Shanxi	100.0	3.1	22.2	53.3	12.9	5.8	2.7	0.06
内蒙古	Inner Mongolia	100.0	8.4	29.0	42.3	11.9	6.2	2.2	0.04
辽　宁	Liaoning	100.0	1.6	22.7	51.2	12.4	7.4	4.4	0.23
吉　林	Jilin	100.0	2.0	27.9	48.2	13.0	5.1	3.7	0.21
黑龙江	Heilongjiang	100.0	2.6	24.7	52.3	13.3	4.5	2.5	0.09
上　海	Shanghai	100.0	1.3	8.2	32.6	24.4	16.1	15.4	2.01
江　苏	Jiangsu	100.0	6.1	28.7	48.0	11.1	3.9	2.0	0.24
浙　江	Zhejiang	100.0	6.8	31.1	39.5	11.7	6.6	4.2	0.12
安　徽	Anhui	100.0	15.8	32.8	42.8	5.6	2.2	0.8	0.10
福　建	Fujian	100.0	7.1	35.8	31.7	13.0	9.8	2.5	0.07
江　西	Jiangxi	100.0	4.0	34.6	42.3	12.9	4.6	1.5	0.07
山　东	Shandong	100.0	6.4	27.7	51.7	9.0	3.4	1.6	0.10
河　南	Henan	100.0	5.9	23.5	56.8	9.3	3.3	1.1	0.05
湖　北	Hubei	100.0	7.7	30.3	42.9	12.4	4.6	2.0	0.14
湖　南	Hunan	100.0	4.1	29.6	49.3	11.9	3.2	1.6	0.25
广　东	Guangdong	100.0	2.2	23.5	51.2	16.0	4.6	2.1	0.30
广　西	Guangxi	100.0	4.7	33.2	50.4	7.7	2.9	1.1	0.02
海　南	Hainan	100.0	6.9	26.6	52.8	9.1	3.3	1.2	0.16
重　庆	Chongqing	100.0	6.9	41.6	38.3	8.5	3.2	1.5	0.03
四　川	Sichuan	100.0	10.6	41.0	36.4	7.1	3.3	1.4	0.15
贵　州	Guizhou	100.0	18.0	44.0	31.1	3.8	2.0	1.0	0.02
云　南	Yunnan	100.0	16.4	47.2	28.7	4.8	2.1	0.8	0.04
西　藏	Tibet	100.0	46.0	42.9	9.2	1.7	0.3		
陕　西	Shaanxi	100.0	7.7	30.3	44.5	9.7	4.7	2.9	0.20
甘　肃	Gansu	100.0	22.0	37.4	30.2	6.3	2.6	1.4	0.09
青　海	Qinghai	100.0	20.3	41.5	21.6	7.0	5.8	3.8	0.07
宁　夏	Ningxia	100.0	13.1	29.8	38.9	9.3	6.1	2.8	0.07
新　疆	Xinjiang	100.0	2.6	30.8	44.7	9.8	8.9	3.1	0.06

3-4 按年龄、性别分的全国就业人员受教育程度构成

Educational Attainment of Employed Persons by Age and Sex

单位：% (%)

年 龄 Age	就业人员 Employed Persons	未上过学 No Schooling	小学 Primary School	初中 Junior Secondary School	高中 Senior Secondary School	大学专科 College	大学本科 University	研究生及以上 Graduate and Higher Level
总计 Total	**100.0**	**4.8**	**26.3**	**48.7**	**12.8**	**4.7**	**2.5**	**0.2**
16-19	100.0	0.8	10.1	73.9	14.1	1.0	0.1	
20-24	100.0	0.8	8.0	62.9	19.2	6.4	2.7	0.1
25-29	100.0	0.9	9.4	57.1	17.3	8.8	5.9	0.5
30-34	100.0	1.3	14.6	56.4	15.4	7.5	4.3	0.5
35-39	100.0	1.6	20.0	56.3	12.8	5.7	3.2	0.3
40-44	100.0	2.2	25.0	54.6	11.1	4.3	2.5	0.2
45-49	100.0	3.1	25.6	48.0	16.8	4.1	2.1	0.3
50-54	100.0	6.6	39.0	37.2	12.5	3.3	1.2	0.1
55-59	100.0	10.7	51.7	28.9	5.8	2.0	0.8	0.1
60-64	100.0	16.3	60.5	20.3	2.2	0.4	0.3	0.1
65+	100.0	29.0	56.3	12.5	1.6	0.3	0.2	0.0
男 Male	**100.0**	**2.8**	**23.0**	**51.6**	**14.7**	**4.9**	**2.7**	**0.3**
16-19	100.0	0.7	9.9	75.0	13.5	0.8	0.0	
20-24	100.0	0.6	7.3	63.4	20.5	5.7	2.4	0.0
25-29	100.0	0.7	8.0	57.8	18.8	8.5	5.8	0.5
30-34	100.0	0.8	11.7	57.6	17.6	7.5	4.3	0.5
35-39	100.0	1.0	15.6	58.7	14.6	6.2	3.6	0.3
40-44	100.0	1.2	19.2	58.4	13.1	4.8	2.9	0.3
45-49	100.0	1.3	18.2	52.3	20.1	4.9	2.8	0.3
50-54	100.0	2.8	30.3	44.1	16.9	4.1	1.6	0.2
55-59	100.0	5.0	45.1	37.0	8.6	3.0	1.2	0.1
60-64	100.0	8.5	60.0	27.0	3.4	0.6	0.3	0.1
65+	100.0	18.8	61.7	16.5	2.3	0.4	0.3	0.0
女 Female	**100.0**	**7.1**	**30.2**	**45.3**	**10.5**	**4.5**	**2.3**	**0.2**
16-19	100.0	1.0	10.3	72.7	14.7	1.2	0.1	
20-24	100.0	0.9	8.8	62.3	17.7	7.2	3.0	0.1
25-29	100.0	1.3	11.0	56.4	15.6	9.2	6.1	0.6
30-34	100.0	1.8	17.7	55.1	13.0	7.5	4.3	0.5
35-39	100.0	2.3	24.8	53.8	10.8	5.3	2.8	0.2
40-44	100.0	3.3	31.3	50.5	9.0	3.8	1.9	0.1
45-49	100.0	5.0	33.7	43.2	13.2	3.3	1.4	0.2
50-54	100.0	11.6	50.4	28.2	6.7	2.2	0.8	0.1
55-59	100.0	18.5	60.8	17.7	2.1	0.6	0.2	0.0
60-64	100.0	27.0	61.2	11.0	0.6	0.1	0.1	0.0
65+	100.0	45.6	47.5	6.1	0.5	0.1	0.1	0.0

3-5 按受教育程度、性别分的全国就业人员年龄构成

Age Composition of Employed Persons by Educational Attainment and Sex

单位：%　　　　(%)

年龄 Age	就业人员 Employed Persons	未上过学 No Schooling	小学 Primary School	初中 Junior Secondary School	高中 Senior Secondary School	大学专科 College	大学本科 University	研究生及以上 Graduate and Higher Level
总计 Total	**100.0**	**100.0**	**100.0**	**100.0**	**100.0**	**100.0**	**100.0**	**100.0**
16-19	3.2	0.6	1.2	4.9	3.5	0.7	0.1	
20-24	9.2	1.5	2.8	11.9	13.8	12.6	9.7	2.0
25-29	9.6	1.9	3.4	11.2	12.9	18.0	22.3	21.2
30-34	10.3	2.8	5.7	11.9	12.4	16.4	17.5	21.6
35-39	14.1	4.8	10.7	16.3	14.0	17.2	17.8	17.5
40-44	14.9	7.0	14.2	16.7	13.0	13.8	14.4	15.6
45-49	11.9	7.6	11.6	11.7	15.7	10.5	10.0	13.1
50-54	9.8	13.5	14.5	7.5	9.6	6.8	4.7	5.2
55-59	8.2	18.3	16.1	4.8	3.7	3.5	2.6	2.4
60-64	4.6	15.6	10.5	1.9	0.8	0.4	0.4	1.0
65+	4.4	26.5	9.4	1.1	0.6	0.3	0.4	0.6
男 Male	**100.0**	**100.0**	**100.0**	**100.0**	**100.0**	**100.0**	**100.0**	**100.0**
16-19	3.1	0.8	1.4	4.6	2.9	0.5	0.0	
20-24	8.8	2.0	2.8	10.9	12.3	10.3	7.8	1.1
25-29	9.5	2.3	3.3	10.6	12.1	16.3	20.1	16.8
30-34	10.0	2.9	5.1	11.1	11.9	15.2	15.8	18.7
35-39	13.6	4.8	9.2	15.4	13.4	17.0	18.0	17.7
40-44	14.4	6.3	12.0	16.3	12.7	14.1	15.4	18.4
45-49	11.6	5.6	9.2	11.8	15.8	11.6	11.8	15.2
50-54	10.3	10.6	13.6	8.8	11.9	8.6	5.9	7.0
55-59	8.8	15.7	17.2	6.3	5.1	5.4	4.0	2.9
60-64	4.9	15.1	12.8	2.6	1.1	0.6	0.6	1.4
65+	5.0	33.9	13.4	1.6	0.8	0.4	0.6	0.8
女 Female	**100.0**	**100.0**	**100.0**	**100.0**	**100.0**	**100.0**	**100.0**	**100.0**
16-19	3.3	0.5	1.1	5.3	4.6	0.9	0.2	
20-24	9.6	1.2	2.8	13.2	16.2	15.5	12.5	3.4
25-29	9.7	1.7	3.5	12.1	14.4	20.0	25.4	28.1
30-34	10.6	2.7	6.2	12.9	13.2	18.0	19.7	26.1
35-39	14.6	4.8	12.0	17.4	15.1	17.4	17.4	17.2
40-44	15.6	7.3	16.2	17.4	13.4	13.4	13.1	11.0
45-49	12.2	8.5	13.7	11.7	15.4	9.0	7.5	9.7
50-54	9.1	14.9	15.2	5.7	5.8	4.5	3.1	2.4
55-59	7.5	19.5	15.1	2.9	1.5	1.0	0.7	1.5
60-64	4.2	15.7	8.4	1.0	0.2	0.1	0.2	0.3
65+	3.6	23.2	5.7	0.5	0.2	0.1	0.1	0.2

3-6 按行业、性别分的全国就业人员受教育程度构成

Educational Attainment of Employed Persons by Sector and Sex

单位：% (%)

受教育程度	Educational Attainment	就业人员 Employed Persons	农、林、牧、渔业 Agriculture, Forestry, Animal Husbandry and Fishery	采矿业 Mining	制造业 Manu-facturing	电力、燃气及水的生产和供应业 Production and Distribution of Electricity, Gas and Water	建筑业 Construction	交通运输、仓储和邮政业 Transport, Storage and Post
总 计	**Total**	**100.0**	**100.0**	**100.0**	**100.0**	**100.0**	**100.0**	**100.0**
未上过学	No Schooling	4.8	7.7	0.7	0.9	0.3	1.4	0.6
小 学	Primary School	26.3	37.5	14.8	13.1	4.6	19.2	9.4
初 中	Junior Secondary School	48.7	48.9	58.5	56.8	29.8	60.7	55.3
高 中	Senior Secondary School	12.8	5.5	18.4	20.6	37.5	13.4	25.4
大学专科	College	4.7	0.4	5.0	5.9	20.0	3.6	6.7
大学本科	University	2.5	0.05	2.4	2.5	7.3	1.7	2.5
研究生及以上	Graduate and Higher Level	0.2	0.00	0.2	0.2	0.6	0.0	0.1
男	**Male**	**100.0**	**100.0**	**100.0**	**100.0**	**100.0**	**100.0**	**100.0**
未上过学	No Schooling	2.8	4.7	0.5	0.5	0.3	1.2	0.5
小 学	Primary School	23.0	34.1	15.5	10.8	4.8	18.7	9.6
初 中	Junior Secondary School	51.6	53.3	60.8	55.7	31.5	62.6	58.3
高 中	Senior Secondary School	14.7	7.5	17.0	23.4	37.0	13.1	24.2
大学专科	College	4.9	0.5	4.0	6.5	18.9	2.8	5.4
大学本科	University	2.7	0.1	2.0	2.9	7.0	1.5	2.0
研究生及以上	Graduate and Higher Level	0.3	0.00	0.1	0.3	0.5	0.0	0.1
女	**Female**	**100.0**	**100.0**	**100.0**	**100.0**	**100.0**	**100.0**	**100.0**
未上过学	No Schooling	7.1	10.6	1.8	1.3	0.5	3.1	0.8
小 学	Primary School	30.2	40.9	11.1	15.9	4.1	22.2	8.5
初 中	Junior Secondary School	45.3	44.5	46.6	58.2	26.1	47.6	38.3
高 中	Senior Secondary School	10.5	3.6	25.8	17.3	38.4	15.1	32.1
大学专科	College	4.5	0.3	10.1	5.2	22.4	8.6	14.5
大学本科	University	2.3	0.04	4.4	1.9	7.9	3.2	5.6
研究生及以上	Graduate and Higher Level	0.2	0.01	0.3	0.1	0.7	0.1	0.2

注：人口变动调查自2003年开始使用新国民经济行业分类(下表同)。

Note:The new industry classification has been used since 2003 in National Sampling Survey of Population Changes. The same applies to the tables following.

3-6 续表 1 continued

单位：% (%)

受教育程度	Educational Attainment	信息传输、计算机服务和软件业 Information Transmission, Computer Service and Software	批发和零售业 Wholesale and Retail Trades	住宿和餐饮业 Hotels and Catering Services	金融业 Financial Intermediation	房地产业 Real Estate	租赁和商务服务业 Leasing and Business Services	科学研究、技术服务和地质勘查业 Scientific Research, Technical Services, and Geological Prospecting
总　计	**Total**	**100.0**	**100.0**	**100.0**	**100.0**	**100.0**	**100.0**	**100.0**
未上过学	No Schooling	0.2	1.0	1.1	0.1	0.8	0.5	0.5
小　学	Primary School	2.4	11.4	12.0	1.3	8.0	5.0	3.5
初　中	Junior Secondary School	21.7	51.7	58.9	12.3	31.9	29.5	24.2
高　中	Senior Secondary School	26.4	26.5	22.8	26.7	29.5	28.9	22.0
大学专科	College	26.3	7.0	4.2	34.2	19.0	19.5	20.6
大学本科	University	20.6	2.3	1.0	23.6	10.2	15.1	25.3
研究生及以上	Graduate and Higher Level	2.4	0.1	0.0	1.9	0.6	1.5	4.1
男	**Male**	**100.0**	**100.0**	**100.0**	**100.0**	**100.0**	**100.0**	**100.0**
未上过学	No Schooling	0.1	0.6	0.7	0.2	0.6	0.2	0.5
小　学	Primary School	2.3	11.1	9.8	1.2	8.1	5.3	3.0
初　中	Junior Secondary School	22.2	51.3	58.5	12.3	35.9	33.2	20.9
高　中	Senior Secondary School	24.8	26.6	25.6	25.2	29.5	30.0	23.5
大学专科	College	25.4	7.4	4.4	34.7	16.3	16.4	21.6
大学本科	University	22.6	2.8	1.0	24.5	8.8	13.5	26.2
研究生及以上	Graduate and Higher Level	2.6	0.2	0.0	2.1	0.7	1.4	4.4
女	**Female**	**100.0**	**100.0**	**100.0**	**100.0**	**100.0**	**100.0**	**100.0**
未上过学	No Schooling	0.3	1.4	1.5		1.1	0.9	0.7
小　学	Primary School	2.5	11.8	14.0	1.4	7.7	4.6	4.2
初　中	Junior Secondary School	20.9	52.0	59.2	12.3	25.1	23.8	29.6
高　中	Senior Secondary School	28.8	26.3	20.3	28.2	29.5	27.1	19.3
大学专科	College	27.7	6.6	4.1	33.7	23.5	24.3	18.9
大学本科	University	17.7	1.9	0.9	22.8	12.6	17.7	23.8
研究生及以上	Graduate and Higher Level	2.0	0.1	0.0	1.7	0.5	1.6	3.6

3-6 续表 2 continued

单位：% (%)

受教育程度	Educational Attainment	水利、环境和公共设施管理业 Management of Water Conservancy, Environment and Public Facilities	居民服务和其他服务业 Services to Households and Other Services	教育 Education	卫生、社会保障和社会福利业 Health, Social Securities and Social Welfare	文化、体育和娱乐业 Culture, Sports and Entertainment	公共管理和社会组织 Public Management and Social Organization	国际组织 International Organizations
总 计	**Total**	**100.0**	**100.0**	**100.0**	**100.0**	**100.0**	**100.0**	**100.0**
未上过学	No Schooling	1.7	1.8	0.2	0.3	0.7	0.4	
小 学	Primary School	13.3	14.5	1.9	3.3	5.8	2.8	
初 中	Junior Secondary School	38.1	55.7	9.6	16.5	32.1	13.8	25.0
高 中	Senior Secondary School	23.8	21.9	19.4	29.4	27.1	25.1	25.0
大学专科	College	13.2	4.5	34.8	31.8	17.2	35.4	50.0
大学本科	University	8.9	1.6	29.5	17.3	15.7	21.3	
研究生及以上	Graduate and Higher Level	0.9	0.1	4.6	1.4	1.5	1.1	
男	**Male**	**100.0**	**100.0**	**100.0**	**100.0**	**100.0**	**100.0**	**100.0**
未上过学	No Schooling	0.7	1.1	0.2	0.2	0.4	0.3	
小 学	Primary School	11.0	12.7	1.8	3.5	5.0	2.9	
初 中	Junior Secondary School	39.9	56.9	8.9	19.5	28.0	14.6	25.0
高 中	Senior Secondary School	23.8	23.4	19.5	29.1	29.7	25.2	25.0
大学专科	College	14.5	4.4	33.4	26.2	19.1	35.3	50.0
大学本科	University	8.9	1.4	30.4	19.6	16.1	20.7	
研究生及以上	Graduate and Higher Level	1.2	0.1	5.8	1.9	1.7	1.1	
女	**Female**	**100.0**	**100.0**	**100.0**	**100.0**	**100.0**	**100.0**	**100.0**
未上过学	No Schooling	3.2	2.8	0.3	0.4	1.0	0.6	
小 学	Primary School	16.8	16.9	2.0	3.1	6.7	2.7	
初 中	Junior Secondary School	35.4	54.0	10.2	14.1	36.7	12.2	
高 中	Senior Secondary School	23.8	19.9	19.4	29.6	24.3	24.9	
大学专科	College	11.3	4.5	35.9	36.1	15.0	35.6	100.0
大学本科	University	8.9	1.7	28.8	15.5	15.2	22.7	
研究生及以上	Graduate and Higher Level	0.6	0.1	3.5	1.0	1.2	1.3	

3-7 按职业、性别分的全国就业人员受教育程度构成

Educational Attainment of Employed Persons by Occupation and Sex

单位：% (%)

受教育程度	Educational Attainment	就业人员 Employed Persons	单位负责人 Unit Head	专业技术人员 Technical Personnel	办事人员和有关人员 Clerk and Related Workers	商业、服务业人员 Business Service Personnel	农林牧渔水利业生产人员 Producers in the Sectors of Agriculture, Forestry, Animal Husbandry, Fishery and Water Conservancy	生产运输设备操作人员及有关人员 Production, Transport Equipment Operators and Related Workers	其他 Others
总　计	**Total**	**100.0**	**100.0**	**100.0**	**100.0**	**100.0**	**100.0**	**100.0**	**100.0**
未上过学	No Schooling	4.8	0.6	0.3	0.3	1.2	7.6	1.0	1.7
小　学	Primary School	26.3	5.8	3.0	4.0	12.1	37.5	15.0	14.5
初　中	Junior Secondary School	48.7	34.0	18.8	21.8	53.1	48.9	61.2	51.9
高　中	Senior Secondary School	12.8	26.7	25.2	28.3	24.9	5.6	18.2	21.0
大学专科	College	4.7	18.4	29.1	27.5	6.3	0.3	3.6	7.8
大学本科	University	2.5	13.2	21.1	16.8	2.2	0.0	1.0	3.1
研究生及以上	Graduate and Higher Level	0.2	1.3	2.5	1.2	0.1	0.0	0.0	0.1
男	**Male**	**100.0**	**100.0**	**100.0**	**100.0**	**100.0**	**100.0**	**100.0**	**100.0**
未上过学	No Schooling	2.8	0.4	0.3	0.3	0.7	4.7	0.7	1.4
小　学	Primary School	23.0	5.7	3.6	4.8	11.0	34.0	13.7	13.7
初　中	Junior Secondary School	51.6	34.9	21.2	23.9	53.4	53.3	61.1	52.9
高　中	Senior Secondary School	14.7	26.6	24.0	27.7	25.6	7.5	19.7	21.1
大学专科	College	4.9	17.9	26.3	26.4	6.6	0.4	3.7	8.2
大学本科	University	2.7	13.2	21.5	15.8	2.5	0.1	1.0	2.9
研究生及以上	Graduate and Higher Level	0.3	1.2	3.1	1.1	0.1	0.0	0.0	
女	**Female**	**100.0**	**100.0**	**100.0**	**100.0**	**100.0**	**100.0**	**100.0**	**100.0**
未上过学	No Schooling	7.1	1.5	0.4	0.3	1.7	10.6	1.5	2.2
小　学	Primary School	30.2	6.2	2.3	2.6	13.3	40.9	17.8	16.2
初　中	Junior Secondary School	45.3	30.4	16.3	17.6	52.8	44.5	61.3	50.1
高　中	Senior Secondary School	10.5	26.9	26.3	29.5	24.1	3.7	15.2	20.9
大学专科	College	4.5	20.5	32.0	29.6	6.1	0.3	3.3	7.0
大学本科	University	2.3	13.0	20.6	18.9	1.9	0.0	0.9	3.5
研究生及以上	Graduate and Higher Level	0.2	1.4	2.0	1.4	0.1	0.0	0.0	0.2

3-8 按受教育程度、性别分的全国就业人员职业构成

Occupation of Employed Persons by Educational Attainment and Sex

单位：%　　　　(%)

受教育程度	Educational Attainment	就业人员 Employed Persons	单位负责人 Unit Head	专业技术人员 Technical Personnel	办事人员和有关人员 Clerk and Related Workers	商业、服务业人员 Business Service Personnel	农林牧渔水利业生产人员 Producers in the Sectors of Agriculture, Forestry, Animal Husbandry, Fishery and Water Conservancy	生产运输设备操作人员及有关人员 Production, Transport Equipment Operators and Related Workers	其他 Others
总　计	**Total**	**100.0**	**1.0**	**5.8**	**4.0**	**13.9**	**57.5**	**17.6**	**0.3**
未上过学	No Schooling	100.0	0.1	0.4	0.3	3.5	92.0	3.6	0.1
小　学	Primary School	100.0	0.2	0.7	0.6	6.4	81.9	10.0	0.1
初　中	Junior Secondary School	100.0	0.7	2.2	1.8	15.1	57.8	22.1	0.3
高　中	Senior Secondary School	100.0	2.2	11.3	8.9	27.0	25.2	25.0	0.4
大学专科	College	100.0	4.1	35.7	23.5	18.7	4.3	13.3	0.4
大学本科	University	100.0	5.4	47.7	26.6	11.9	1.1	6.9	0.3
研究生及以上	Graduate and Higher Level	100.0	5.7	62.7	21.0	6.7	0.9	3.0	0.1
男	**Male**	**100.0**	**1.5**	**5.4**	**4.9**	**12.8**	**53.1**	**21.9**	**0.3**
未上过学	No Schooling	100.0	0.2	0.6	0.6	3.3	89.5	5.6	0.2
小　学	Primary School	100.0	0.4	0.8	1.0	6.1	78.4	13.0	0.2
初　中	Junior Secondary School	100.0	1.0	2.2	2.3	13.3	54.9	26.0	0.3
高　中	Senior Secondary School	100.0	2.8	8.8	9.3	22.3	27.1	29.3	0.4
大学专科	College	100.0	5.6	28.9	26.5	17.3	4.6	16.5	0.5
大学本科	University	100.0	7.4	42.4	28.4	11.8	1.2	8.3	0.3
研究生及以上	Graduate and Higher Level	100.0	7.1	62.8	20.5	6.0	0.9	2.9	
女	**Female**	**100.0**	**0.5**	**6.2**	**2.9**	**15.0**	**62.7**	**12.4**	**0.2**
未上过学	No Schooling	100.0	0.1	0.3	0.1	3.6	93.1	2.7	0.1
小　学	Primary School	100.0	0.1	0.5	0.2	6.6	85.1	7.3	0.1
初　中	Junior Secondary School	100.0	0.3	2.2	1.1	17.6	61.7	16.8	0.2
高　中	Senior Secondary School	100.0	1.2	15.5	8.3	34.6	22.0	18.0	0.4
大学专科	College	100.0	2.1	44.5	19.6	20.5	3.8	9.1	0.3
大学本科	University	100.0	2.6	55.2	24.1	12.0	0.9	4.9	0.3
研究生及以上	Graduate and Higher Level	100.0	3.4	62.7	21.9	7.8	1.1	3.1	0.2

3-9 按年龄、性别分的全国就业人员就业身份构成
Employment Status of Employed Persons by Age and Sex

单位：%　　(%)

年龄 Age	就业人员 Employed Persons	雇员 Employee	雇主 Employer	自营劳动者 Self-Employed	家庭帮工 Unpaid Familial Worker
总计 Total	**100.0**	**31.7**	**2.3**	**64.2**	**1.8**
16-19	100.0	42.7	0.4	54.2	2.7
20-24	100.0	45.9	1.2	50.2	2.7
25-29	100.0	45.8	2.4	49.5	2.3
30-34	100.0	41.3	3.3	53.2	2.2
35-39	100.0	36.3	3.3	58.4	2.0
40-44	100.0	31.4	2.8	64.0	1.8
45-49	100.0	30.6	2.7	64.9	1.8
50-54	100.0	23.4	1.9	73.4	1.3
55-59	100.0	15.9	1.4	81.6	1.1
60-64	100.0	7.3	0.9	90.9	1.0
65+	100.0	4.1	0.5	94.4	1.0
男 Male	**100.0**	**34.3**	**3.1**	**61.8**	**0.8**
16-19	100.0	40.7	0.5	55.8	3.0
20-24	100.0	45.9	1.6	50.1	2.4
25-29	100.0	47.2	3.2	48.3	1.4
30-34	100.0	43.1	4.4	51.7	0.7
35-39	100.0	38.7	4.5	56.3	0.4
40-44	100.0	34.4	4.0	61.3	0.3
45-49	100.0	35.1	3.9	60.7	0.3
50-54	100.0	30.5	2.7	66.5	0.3
55-59	100.0	23.0	2.1	74.5	0.4
60-64	100.0	10.0	1.2	88.2	0.6
65+	100.0	5.2	0.7	93.4	0.7
女 Female	**100.0**	**28.7**	**1.3**	**66.9**	**3.1**
16-19	100.0	45.0	0.3	52.3	2.3
20-24	100.0	45.9	0.8	50.4	2.9
25-29	100.0	44.2	1.5	51.0	3.4
30-34	100.0	39.2	2.0	54.9	3.9
35-39	100.0	33.6	2.0	60.7	3.7
40-44	100.0	28.1	1.6	66.9	3.5
45-49	100.0	25.7	1.4	69.5	3.4
50-54	100.0	13.9	0.9	82.6	2.6
55-59	100.0	6.1	0.5	91.4	1.9
60-64	100.0	3.5	0.3	94.6	1.5
65+	100.0	2.3	0.3	96.0	1.5

3-10 按就业身份、性别分的全国就业人员年龄构成

Age Composition of Employed Persons by Employment Status and Sex

单位: % (%)

年 龄 Age	就业人员 Employed Persons	雇 员 Employee	雇 主 Employer	自营劳动者 Self-Employed	家庭帮工 Unpaid Familial Worker
总计 Total	**100.0**	**100.0**	**100.0**	**100.0**	**100.0**
16-19	3.2	4.3	0.6	2.7	4.7
20-24	9.2	13.3	5.0	7.2	13.3
25-29	9.6	13.8	10.1	7.4	11.9
30-34	10.3	13.4	14.9	8.5	12.4
35-39	14.1	16.1	20.7	12.8	15.2
40-44	14.9	14.8	18.5	14.9	14.8
45-49	11.9	11.5	14.2	12.0	11.5
50-54	9.8	7.2	8.3	11.2	6.9
55-59	8.2	4.1	5.1	10.4	4.7
60-64	4.6	1.0	1.7	6.5	2.4
65+	4.4	0.6	1.0	6.4	2.3
男 Male	**100.0**	**100.0**	**100.0**	**100.0**	**100.0**
16-19	3.1	3.7	0.5	2.8	12.2
20-24	8.8	11.8	4.6	7.2	27.5
25-29	9.5	13.0	9.7	7.4	16.6
30-34	10.0	12.6	14.4	8.4	8.9
35-39	13.6	15.3	19.9	12.4	7.4
40-44	14.4	14.4	18.4	14.3	5.6
45-49	11.6	11.9	14.5	11.4	5.0
50-54	10.3	9.2	9.0	11.1	4.4
55-59	8.8	5.9	5.9	10.5	4.6
60-64	4.9	1.4	2.0	7.0	3.7
65+	5.0	0.8	1.2	7.6	4.2
女 Female	**100.0**	**100.0**	**100.0**	**100.0**	**100.0**
16-19	3.3	5.2	0.8	2.6	2.5
20-24	9.6	15.3	6.0	7.2	9.1
25-29	9.7	14.9	11.1	7.4	10.5
30-34	10.6	14.5	16.3	8.7	13.4
35-39	14.6	17.1	22.6	13.3	17.5
40-44	15.6	15.2	18.6	15.6	17.5
45-49	12.2	10.9	13.3	12.7	13.4
50-54	9.1	4.4	6.4	11.3	7.7
55-59	7.5	1.6	3.1	10.2	4.7
60-64	4.2	0.5	1.1	5.9	2.1
65+	3.6	0.3	0.7	5.2	1.7

3-11　按受教育程度、性别分的全国就业人员就业身份构成

Employment Status of Employed Persons by Educational Attainment and Sex

单位：%　　(%)

受教育程度	Educational Attainment	就业人员 Employed Persons	雇　员 Employee	雇　主 Employer	自营劳动者 Self-Employed	家庭帮工 Unpaid Familial Worker
总　计	**Total**	**100.0**	**31.7**	**2.3**	**64.2**	**1.8**
未上过学	No Schooling	100.0	4.9	0.4	93.4	1.3
小　学	Primary School	100.0	11.4	1.0	86.2	1.4
初　中	Junior Secondary School	100.0	29.0	2.5	66.3	2.2
高　中	Senior Secondary School	100.0	59.0	4.5	34.3	2.2
大学专科	College	100.0	88.8	3.0	7.3	1.0
大学本科	University	100.0	95.5	2.3	2.0	0.2
研究生及以上	Graduate and Higher Level	100.0	96.1	2.2	1.6	0.1
男	**Male**	**100.0**	**34.3**	**3.1**	**61.8**	**0.8**
未上过学	No Schooling	100.0	7.0	0.7	91.9	0.5
小　学	Primary School	100.0	13.7	1.4	84.4	0.5
初　中	Junior Secondary School	100.0	30.2	3.3	65.7	0.9
高　中	Senior Secondary School	100.0	56.0	5.4	37.5	1.2
大学专科	College	100.0	87.2	3.9	8.3	0.7
大学本科	University	100.0	94.6	3.0	2.3	0.1
研究生及以上	Graduate and Higher Level	100.0	96.2	2.4	1.3	0.1
女	**Female**	**100.0**	**28.7**	**1.3**	**66.9**	**3.1**
未上过学	No Schooling	100.0	4.0	0.3	94.1	1.6
小　学	Primary School	100.0	9.4	0.6	87.8	2.3
初　中	Junior Secondary School	100.0	27.5	1.5	67.1	4.0
高　中	Senior Secondary School	100.0	63.9	3.2	29.0	3.9
大学专科	College	100.0	90.9	1.8	6.0	1.3
大学本科	University	100.0	96.8	1.3	1.6	0.4
研究生及以上	Graduate and Higher Level	100.0	96.1	1.8	2.1	

3-12 按就业身份、性别分的全国就业人员受教育程度构成

Educational Attainment of Employed Persons by Employment Status and Sex

单位：% (%)

受教育程度	Educational Attainment	就业人员 Employed Persons	雇员 Employee	雇主 Employer	自营劳动者 Self-Employed	家庭帮工 Unpaid Familial Worker
总 计	**Total**	**100.0**	**100.0**	**100.0**	**100.0**	**100.0**
未上过学	No Schooling	4.8	0.7	0.9	6.9	3.3
小 学	Primary School	26.3	9.5	11.2	35.3	20.1
初 中	Junior Secondary School	48.7	44.5	53.4	50.3	58.5
高 中	Senior Secondary School	12.8	23.8	25.6	6.8	15.2
大学专科	College	4.7	13.1	6.2	0.5	2.5
大学本科	University	2.5	7.6	2.5	0.1	0.3
研究生及以上	Graduate and Higher Level	0.2	0.7	0.2	0.0	0.0
男	**Male**	**100.0**	**100.0**	**100.0**	**100.0**	**100.0**
未上过学	No Schooling	2.8	0.6	0.6	4.1	1.6
小 学	Primary School	23.0	9.2	10.5	31.4	13.3
初 中	Junior Secondary School	51.6	45.4	54.4	54.8	57.9
高 中	Senior Secondary School	14.7	24.1	25.6	8.9	22.1
大学专科	College	4.9	12.5	6.1	0.7	4.5
大学本科	University	2.7	7.5	2.6	0.1	0.5
研究生及以上	Graduate and Higher Level	0.3	0.7	0.2	0.0	0.0
女	**Female**	**100.0**	**100.0**	**100.0**	**100.0**	**100.0**
未上过学	No Schooling	7.1	1.0	1.5	10.0	3.8
小 学	Primary School	30.2	9.8	13.3	39.6	22.2
初 中	Junior Secondary School	45.3	43.3	50.6	45.4	58.7
高 中	Senior Secondary School	10.5	23.3	25.8	4.5	13.2
大学专科	College	4.5	14.1	6.2	0.4	1.9
大学本科	University	2.3	7.8	2.3	0.1	0.3
研究生及以上	Graduate and Higher Level	0.2	0.6	0.3	0.0	

3-13 按年龄、性别分的城镇就业人员就业身份构成
Employment Status of Urban Employed Persons by Age and Sex

单位：% (%)

年龄 Age	城镇就业人员 Urban Employed Persons	雇员 Employee	雇主 Employer	自营劳动者 Self-Employed	家庭帮工 Unpaid Familial Worker
总计 Total	**100.0**	**55.0**	**3.9**	**38.1**	**2.9**
16-19	100.0	67.1	0.7	28.0	4.1
20-24	100.0	68.2	1.8	26.3	3.7
25-29	100.0	67.6	3.4	26.0	3.0
30-34	100.0	62.5	4.9	29.6	3.1
35-39	100.0	57.6	5.1	34.3	3.0
40-44	100.0	53.6	4.7	38.8	2.9
45-49	100.0	53.7	4.6	38.9	2.8
50-54	100.0	46.4	3.6	47.7	2.2
55-59	100.0	36.1	3.1	59.0	1.9
60-64	100.0	17.3	2.1	78.4	2.2
65+	100.0	11.8	1.5	84.2	2.4
男 Male	**100.0**	**56.3**	**5.1**	**37.4**	**1.2**
16-19	100.0	63.2	0.8	31.2	4.9
20-24	100.0	65.7	2.3	28.4	3.6
25-29	100.0	67.4	4.5	26.4	1.7
30-34	100.0	62.0	6.4	30.6	1.0
35-39	100.0	58.2	6.7	34.4	0.7
40-44	100.0	54.7	6.3	38.5	0.5
45-49	100.0	56.8	6.2	36.4	0.6
50-54	100.0	54.3	4.5	40.7	0.5
55-59	100.0	46.6	3.9	48.7	0.7
60-64	100.0	22.7	2.9	73.3	1.1
65+	100.0	14.5	2.0	81.7	1.7
女 Female	**100.0**	**53.5**	**2.4**	**39.1**	**5.0**
16-19	100.0	71.3	0.6	24.8	3.3
20-24	100.0	70.8	1.3	24.0	3.9
25-29	100.0	67.8	2.2	25.6	4.4
30-34	100.0	63.0	3.2	28.4	5.4
35-39	100.0	56.9	3.3	34.2	5.6
40-44	100.0	52.3	2.9	39.1	5.8
45-49	100.0	49.9	2.6	42.0	5.5
50-54	100.0	32.9	2.1	59.8	5.3
55-59	100.0	16.3	1.4	78.2	4.1
60-64	100.0	9.0	0.8	86.3	3.9
65+	100.0	7.0	0.7	88.6	3.7

3-14 按就业身份、性别分的城镇就业人员年龄构成

Age Composition of Urban Employed Persons by Employment Status and Sex

单位：%　　(%)

年龄 Age	城镇就业人员 Urban Employed Persons	雇员 Employee	雇主 Employer	自营劳动者 Self-Employed	家庭帮工 Unpaid Familial Worker
总计 Total	**100.0**	**100.0**	**100.0**	**100.0**	**100.0**
16-19	2.6	3.2	0.5	1.9	3.7
20-24	9.4	11.7	4.4	6.5	12.2
25-29	11.3	13.9	9.8	7.7	11.6
30-34	12.3	13.9	15.3	9.5	13.1
35-39	16.0	16.8	20.9	14.4	16.5
40-44	15.7	15.3	18.8	16.0	15.9
45-49	12.6	12.3	14.8	12.9	12.1
50-54	9.0	7.6	8.4	11.3	7.0
55-59	6.2	4.0	4.8	9.5	4.0
60-64	2.6	0.8	1.4	5.4	2.0
65+	2.2	0.5	0.9	4.9	1.9
男 Male	**100.0**	**100.0**	**100.0**	**100.0**	**100.0**
16-19	2.4	2.7	0.4	2.0	10.0
20-24	8.7	10.1	3.9	6.6	26.8
25-29	10.8	12.9	9.5	7.6	15.5
30-34	11.8	13.0	14.7	9.6	10.5
35-39	15.4	15.9	20.1	14.2	8.9
40-44	15.3	14.9	18.7	15.8	6.5
45-49	12.6	12.7	15.3	12.3	6.3
50-54	10.3	9.9	9.1	11.2	4.4
55-59	7.3	6.0	5.6	9.5	4.5
60-64	2.9	1.2	1.7	5.7	2.8
65+	2.5	0.7	1.0	5.6	3.8
女 Female	**100.0**	**100.0**	**100.0**	**100.0**	**100.0**
16-19	2.9	3.8	0.7	1.8	1.9
20-24	10.4	13.7	5.5	6.4	8.0
25-29	11.9	15.1	10.6	7.8	10.5
30-34	12.9	15.2	16.8	9.4	13.8
35-39	16.8	17.9	23.1	14.7	18.7
40-44	16.1	15.8	19.1	16.1	18.6
45-49	12.7	11.8	13.6	13.6	13.7
50-54	7.5	4.6	6.5	11.4	7.8
55-59	4.8	1.5	2.8	9.6	3.9
60-64	2.3	0.4	0.8	5.1	1.8
65+	1.8	0.2	0.5	4.0	1.3

3-15 按受教育程度、性别分的城镇就业人员就业身份构成

Employment Status of Urban Employed Persons by Educational Attainment and Sex

单位：% (%)

受教育程度	Educational Attainment	城镇就业人员 Urban Employed Persons	雇员 Employee	雇主 Employer	自营劳动者 Self-Employed	家庭帮工 Unpaid Familial Worker
总计	**Total**	**100.0**	**55.0**	**3.9**	**38.1**	**2.9**
未上过学	No Schooling	100.0	14.2	1.3	80.8	3.7
小学	Primary School	100.0	24.1	2.4	70.1	3.4
初中	Junior Secondary School	100.0	46.0	4.3	46.0	3.7
高中	Senior Secondary School	100.0	72.1	5.4	20.0	2.5
大学专科	College	100.0	91.5	3.1	4.6	0.9
大学本科	University	100.0	95.9	2.3	1.6	0.2
研究生及以上	Graduate and Higher Level	100.0	96.7	2.2	1.0	0.1
男	**Male**	**100.0**	**56.3**	**5.1**	**37.4**	**1.2**
未上过学	No Schooling	100.0	19.2	2.3	77.2	1.3
小学	Primary School	100.0	27.4	3.5	68.1	1.0
初中	Junior Secondary School	100.0	46.4	5.6	46.6	1.4
高中	Senior Secondary School	100.0	69.8	6.5	22.4	1.3
大学专科	College	100.0	90.0	4.0	5.4	0.6
大学本科	University	100.0	94.9	3.0	1.9	0.1
研究生及以上	Graduate and Higher Level	100.0	96.5	2.4	0.9	0.1
女	**Female**	**100.0**	**53.4**	**2.4**	**39.1**	**5.0**
未上过学	No Schooling	100.0	12.0	0.8	82.3	4.8
小学	Primary School	100.0	21.0	1.4	71.9	5.7
初中	Junior Secondary School	100.0	45.5	2.6	45.2	6.6
高中	Senior Secondary School	100.0	75.5	3.8	16.5	4.2
大学专科	College	100.0	93.3	1.9	3.5	1.2
大学本科	University	100.0	97.3	1.3	1.1	0.3
研究生及以上	Graduate and Higher Level	100.0	97.0	1.8	1.1	

3-16 按就业身份、性别分的城镇就业人员受教育程度构成
Educational Attainment of Urban Employed Persons by Employment Status and Sex

单位：% (%)

受教育程度	Educational Attainment	城镇就业人员 Urban Employed Persons	雇员 Employee	雇主 Employer	自营劳动者 Self-Employed	家庭帮工 Unpaid Familial Worker
总　计	**Total**	**100.0**	**100.0**	**100.0**	**100.0**	**100.0**
未上过学	No Schooling	2.1	0.5	0.7	4.5	2.8
小　学	Primary School	15.4	6.7	9.3	28.2	18.3
初　中	Junior Secondary School	45.6	38.1	49.8	55.0	57.7
高　中	Senior Secondary School	20.7	27.1	28.7	10.8	17.8
大学专科	College	9.9	16.4	7.8	1.2	3.0
大学本科	University	5.8	10.1	3.4	0.2	0.4
研究生及以上	Graduate and Higher Level	0.5	0.9	0.3	0.0	0.0
男	**Male**	**100.0**	**100.0**	**100.0**	**100.0**	**100.0**
未上过学	No Schooling	1.2	0.4	0.5	2.4	1.4
小　学	Primary School	13.4	6.5	9.0	24.3	12.0
初　中	Junior Secondary School	46.6	38.4	50.6	58.2	55.7
高　中	Senior Secondary School	22.2	27.5	28.3	13.3	25.1
大学专科	College	10.0	15.9	7.7	1.4	5.2
大学本科	University	6.0	10.2	3.6	0.3	0.5
研究生及以上	Graduate and Higher Level	0.6	1.0	0.3	0.0	0.1
女	**Female**	**100.0**	**100.0**	**100.0**	**100.0**	**100.0**
未上过学	No Schooling	3.3	0.7	1.1	7.0	3.2
小　学	Primary School	17.9	7.0	10.2	32.9	20.1
初　中	Junior Secondary School	44.2	37.7	47.9	51.2	58.3
高　中	Senior Secondary School	18.9	26.6	29.8	7.9	15.7
大学专科	College	9.8	17.1	7.8	0.9	2.4
大学本科	University	5.5	9.9	2.9	0.2	0.3
研究生及以上	Graduate and Higher Level	0.5	0.8	0.3	0.0	

3-17 按年龄、性别分的城镇就业人员行业构成

Urban Employed Persons by Age, Sex and Sector

单位: % (%)

年 龄 Age	城镇就业人员 Urban Employed Persons	农、林、牧、渔业 Agriculture, Forestry, Animal Husbandry and Fishery	采矿业 Mining	制造业 Manu-facturing	电力、燃气及水的生产和供应业 Production and Distribution of Electricity, Gas and Water	建筑业 Construction	交通运输、仓储和邮政业 Transport, Storage and Post
总计 Total	**100.0**	**27.0**	**1.2**	**20.4**	**1.3**	**4.9**	**5.6**
16-19	100.0	24.7	0.3	37.4	0.4	3.2	2.0
20-24	100.0	19.7	0.7	29.1	0.6	3.6	4.0
25-29	100.0	16.3	1.0	24.3	1.2	4.0	5.8
30-34	100.0	17.0	1.2	22.9	1.5	4.7	6.6
35-39	100.0	20.8	1.6	21.7	1.5	5.7	6.6
40-44	100.0	25.2	1.7	19.7	1.4	6.1	6.4
45-49	100.0	26.2	1.7	18.0	1.6	5.6	6.5
50-54	100.0	36.8	1.3	14.6	1.7	5.6	5.5
55-59	100.0	49.1	0.7	11.9	1.2	4.6	3.9
60-64	100.0	69.8	0.3	7.4	0.4	3.2	1.6
65+	100.0	78.2	0.3	4.7	0.2	1.6	0.8
男 Male	**100.0**	**23.7**	**1.8**	**20.8**	**1.6**	**7.6**	**8.3**
16-19	100.0	26.9	0.5	34.5	0.6	5.6	3.2
20-24	100.0	19.6	1.1	30.6	0.9	6.0	6.0
25-29	100.0	14.6	1.5	25.5	1.7	6.3	8.8
30-34	100.0	14.8	1.8	23.3	1.7	7.3	10.3
35-39	100.0	17.7	2.3	21.5	1.8	8.8	10.1
40-44	100.0	21.8	2.3	19.1	1.7	9.1	9.7
45-49	100.0	21.2	2.4	18.4	1.9	8.6	9.3
50-54	100.0	27.8	1.8	16.9	1.9	8.1	8.1
55-59	100.0	37.4	1.1	14.8	1.7	6.6	5.6
60-64	100.0	62.6	0.5	9.2	0.5	5.0	2.4
65+	100.0	74.6	0.4	5.5	0.2	2.4	1.1
女 Female	**100.0**	**31.0**	**0.6**	**20.1**	**0.9**	**1.7**	**2.2**
16-19	100.0	22.4	0.0	40.5	0.2	0.6	0.7
20-24	100.0	19.8	0.3	27.5	0.4	1.1	1.8
25-29	100.0	18.3	0.5	23.0	0.7	1.4	2.4
30-34	100.0	19.6	0.6	22.4	1.2	1.8	2.4
35-39	100.0	24.3	0.8	21.9	1.2	2.1	2.5
40-44	100.0	29.2	0.9	20.4	1.2	2.4	2.6
45-49	100.0	32.4	0.8	17.4	1.1	1.9	3.0
50-54	100.0	52.4	0.4	10.6	1.3	1.2	1.2
55-59	100.0	71.1	0.1	6.4	0.3	0.8	0.8
60-64	100.0	81.0	0.1	4.6	0.2	0.4	0.5
65+	100.0	84.7	0.1	3.2	0.0	0.1	0.3

3-17 续表 1 continued

单位：% (%)

年 龄 Age	信息传输、计算机服务和软件业 Information Transmission, Computer Service and Software	批发和零售业 Wholesale and Retail Trades	住宿和餐饮业 Hotels and Catering Services	金融业 Financial Intermediation	房地产业 Real Estate	租赁和商务服务业 Leasing and Business Services	科学研究、技术服务和地质勘查业 Scientific Research, Technical Services,and Geological Prospecting
总计 Total	**0.9**	**14.6**	**4.3**	**1.5**	**0.7**	**1.1**	**0.6**
16-19	1.0	13.6	7.7	0.2	0.4	0.8	0.1
20-24	1.9	17.6	6.8	1.4	0.7	1.5	0.4
25-29	2.2	17.7	5.4	1.8	1.0	1.8	0.8
30-34	1.5	17.9	4.7	1.6	0.8	1.3	0.7
35-39	0.8	16.0	4.2	1.8	0.6	1.1	0.7
40-44	0.6	14.6	3.7	1.6	0.7	0.9	0.6
45-49	0.5	13.4	4.0	1.6	0.8	0.9	0.8
50-54	0.3	10.5	2.8	1.3	0.9	0.8	0.7
55-59	0.2	8.7	2.1	0.6	0.9	0.8	0.5
60-64	0.1	6.8	1.7	0.1	0.3	0.4	0.2
65+	0.0	5.6	1.4	0.1	0.2	0.2	0.1
男 Male	**1.0**	**12.2**	**3.6**	**1.3**	**0.8**	**1.2**	**0.7**
16-19	0.8	10.9	7.7	0.1	0.5	0.9	0.1
20-24	1.9	13.7	6.0	1.1	0.7	1.5	0.5
25-29	2.6	14.0	4.8	1.6	1.1	1.9	0.9
30-34	1.7	14.6	4.1	1.4	0.8	1.4	0.8
35-39	0.9	13.2	3.5	1.6	0.6	1.2	0.8
40-44	0.7	12.4	2.8	1.4	0.7	1.0	0.7
45-49	0.5	11.7	3.1	1.5	0.8	1.0	0.9
50-54	0.3	10.2	2.6	1.3	1.3	1.0	0.8
55-59	0.2	9.2	2.1	0.8	1.2	1.0	0.7
60-64	0.1	7.4	1.6	0.2	0.5	0.5	0.3
65+	0.0	5.8	1.3	0.2	0.3	0.4	0.1
女 Female	**0.9**	**17.6**	**5.1**	**1.6**	**0.6**	**1.0**	**0.5**
16-19	1.1	16.4	7.7	0.3	0.4	0.8	0.1
20-24	1.9	21.7	7.7	1.7	0.7	1.5	0.3
25-29	1.8	22.0	6.1	2.1	0.8	1.7	0.7
30-34	1.2	21.7	5.4	1.9	0.7	1.2	0.5
35-39	0.7	19.2	5.1	2.0	0.7	1.0	0.5
40-44	0.5	17.2	4.7	1.8	0.6	0.8	0.6
45-49	0.4	15.6	5.1	1.8	0.8	0.8	0.6
50-54	0.1	11.1	3.2	1.2	0.3	0.4	0.4
55-59	0.1	7.9	2.1	0.2	0.4	0.4	0.1
60-64	0.0	6.0	2.0		0.1	0.2	0.0
65+		5.4	1.6			0.0	0.1

3-17 续表 2 continued

单位：% (%)

年 龄 Age	水利、环境和公共设施管理业 Management of Water Conservancy, Environment and Public Facilities	居民服务和其他服务业 Services to Households and Other Services	教 育 Education	卫生、社会保障和社会福利业 Health, Social Securities and Social Welfare	文化、体育和娱乐业 Culture, Sports and Entertainment	公共管理和社会组织 Public Management and Social Organization	国际组织 International Organizations
总计 Total	**0.6**	**3.9**	**3.8**	**1.9**	**1.0**	**4.7**	**0.00**
16-19	0.2	5.0	0.7	0.5	1.4	0.5	
20-24	0.3	4.5	2.3	1.5	1.5	1.9	
25-29	0.4	4.2	4.6	2.2	1.3	3.8	0.00
30-34	0.6	4.0	4.7	2.3	1.0	5.1	
35-39	0.6	4.0	3.9	2.1	1.0	5.4	
40-44	0.6	3.9	4.3	1.8	0.8	5.5	0.00
45-49	0.9	4.0	4.6	2.0	1.0	6.0	0.00
50-54	0.8	3.3	4.1	2.1	0.9	6.1	0.00
55-59	0.9	3.3	3.2	1.7	0.8	4.9	
60-64	0.5	2.6	1.3	1.1	0.3	1.8	
65+	0.3	2.8	0.6	1.4	0.2	1.2	
男 Male	**0.6**	**3.9**	**3.0**	**1.4**	**1.0**	**5.7**	**0.00**
16-19	0.2	5.5	0.1	0.2	1.1	0.7	
20-24	0.2	4.9	1.2	0.6	1.2	2.3	
25-29	0.5	4.6	2.8	1.4	1.3	4.4	
30-34	0.6	4.1	3.2	1.6	0.9	5.7	
35-39	0.5	3.7	2.7	1.4	0.9	6.6	
40-44	0.6	3.8	3.5	1.5	0.9	6.5	0.01
45-49	0.8	3.6	4.0	1.4	1.0	7.6	0.00
50-54	0.9	3.5	3.7	1.6	0.8	7.5	0.01
55-59	1.1	3.4	3.9	1.8	0.9	6.6	
60-64	0.6	2.8	1.8	1.3	0.3	2.3	
65+	0.3	3.2	0.7	1.8	0.2	1.5	
女 Female	**0.6**	**3.9**	**4.9**	**2.5**	**1.1**	**3.4**	**0.00**
16-19	0.2	4.5	1.3	0.7	1.7	0.3	
20-24	0.3	4.2	3.5	2.4	1.8	1.5	
25-29	0.3	3.8	6.7	3.2	1.3	3.1	0.01
30-34	0.5	4.0	6.4	3.2	1.1	4.4	
35-39	0.6	4.2	5.2	2.8	1.1	4.0	
40-44	0.7	4.0	5.2	2.1	0.8	4.3	
45-49	0.9	4.4	5.2	2.6	0.9	4.0	
50-54	0.8	3.0	4.8	2.9	1.0	3.7	
55-59	0.6	3.1	1.9	1.5	0.5	1.6	
60-64	0.3	2.2	0.5	0.7	0.4	0.9	
65+	0.4	2.1	0.3	0.8	0.2	0.6	

3-18 按行业、性别分的城镇就业人员年龄构成

Age Composition of Urban Employed Persons by Sector and Sex

单位：% (%)

年 龄 Age	城镇就业人员 Urban Employed Persons	农、林、牧、渔业 Agriculture, Forestry, Animal Husbandry and Fishery	采矿业 Mining	制造业 Manu-facturing	电力、燃气及水的生产和供应业 Production and Distribution of Electricity, Gas and Water	建筑业 Construction	交通运输、仓储和邮政业 Transport, Storage and Post
总计 Total	**100.0**	**100.0**	**100.0**	**100.0**	**100.0**	**100.0**	**100.0**
16-19	2.6	2.4	0.6	4.7	0.7	1.7	0.9
20-24	9.4	6.9	5.3	13.4	4.6	6.9	6.7
25-29	11.3	6.8	9.4	13.4	10.7	9.1	11.8
30-34	12.3	7.8	11.9	13.7	14.1	11.8	14.4
35-39	16.0	12.4	20.4	17.0	18.7	18.6	18.9
40-44	15.7	14.6	21.2	15.1	17.6	19.3	18.0
45-49	12.6	12.3	17.3	11.1	15.2	14.3	14.8
50-54	9.0	12.4	9.2	6.4	11.6	10.2	9.0
55-59	6.2	11.2	3.6	3.6	5.8	5.8	4.3
60-64	2.6	6.9	0.7	1.0	0.8	1.7	0.8
65+	2.2	6.4	0.5	0.5	0.3	0.7	0.3
男 Male	**100.0**	**100.0**	**100.0**	**100.0**	**100.0**	**100.0**	**100.0**
16-19	2.4	2.7	0.7	3.9	0.8	1.8	0.9
20-24	8.7	7.2	5.4	12.8	4.7	6.9	6.3
25-29	10.8	6.6	9.0	13.3	11.3	8.9	11.5
30-34	11.8	7.3	11.7	13.2	12.9	11.3	14.6
35-39	15.4	11.5	19.8	16.0	17.4	18.0	18.8
40-44	15.3	14.1	20.3	14.1	16.3	18.5	17.8
45-49	12.6	11.3	17.2	11.2	15.1	14.3	14.2
50-54	10.3	12.1	10.2	8.4	12.3	11.1	10.0
55-59	7.3	11.5	4.3	5.2	7.7	6.4	4.9
60-64	2.9	7.7	0.8	1.3	0.9	1.9	0.8
65+	2.5	8.0	0.5	0.7	0.4	0.8	0.3
女 Female	**100.0**	**100.0**	**100.0**	**100.0**	**100.0**	**100.0**	**100.0**
16-19	2.9	2.1	0.1	5.8	0.5	1.0	1.0
20-24	10.4	6.6	4.8	14.2	4.3	6.8	8.7
25-29	11.9	7.0	10.8	13.7	9.2	10.1	13.3
30-34	12.9	8.2	12.4	14.4	16.4	14.2	13.9
35-39	16.8	13.2	22.9	18.3	21.4	21.6	19.5
40-44	16.1	15.2	24.8	16.4	20.2	23.5	19.3
45-49	12.7	13.3	17.4	11.0	15.4	14.1	17.7
50-54	7.5	12.6	5.3	3.9	10.2	5.5	4.2
55-59	4.8	11.0	0.8	1.5	1.8	2.4	1.7
60-64	2.3	6.1	0.3	0.5	0.5	0.5	0.5
65+	1.8	4.8	0.4	0.3	0.1	0.1	0.2

3-18 续表 1 continued

单位：% (%)

年 龄 Age	信息传输、计算机服务和软件业 Information Transmission, Computer Service and Software	批发和零售业 Wholesale and Retail Trades	住宿和餐饮业 Hotels and Catering Services	金融业 Financial Intermediation	房地产业 Real Estate	租赁和商务服务业 Leasing and Business Services	科学研究、技术服务和地质勘查业 Scientific Research, Technical Services,and Geological Prospecting
总计 Total	**100.0**	**100.0**	**100.0**	**100.0**	**100.0**	**100.0**	**100.0**
16-19	2.7	2.4	4.7	0.3	1.5	2.0	0.4
20-24	18.7	11.4	15.1	9.2	8.8	12.7	5.9
25-29	26.1	13.7	14.3	14.3	14.6	18.7	14.7
30-34	18.8	15.1	13.6	13.5	12.8	15.0	13.2
35-39	13.7	17.6	15.9	20.1	13.7	16.0	17.4
40-44	9.5	15.7	13.5	17.4	14.1	12.9	16.1
45-49	6.6	11.7	12.0	14.3	14.0	10.2	16.2
50-54	2.5	6.5	6.0	7.9	11.1	6.6	9.8
55-59	1.1	3.7	3.0	2.6	7.7	4.4	4.9
60-64	0.2	1.2	1.1	0.2	1.2	1.0	0.8
65+	0.1	0.9	0.7	0.2	0.5	0.5	0.5
男 Male	**100.0**	**100.0**	**100.0**	**100.0**	**100.0**	**100.0**	**100.0**
16-19	2.0	2.1	5.2	0.2	1.3	1.8	0.3
20-24	15.9	9.8	14.6	7.5	7.3	10.7	6.0
25-29	27.2	12.4	14.5	13.4	13.6	17.2	13.9
30-34	19.0	14.1	13.7	12.4	11.9	14.4	12.5
35-39	14.1	16.8	15.0	19.5	11.5	15.8	16.9
40-44	10.1	15.6	12.0	17.0	12.8	12.4	14.2
45-49	6.5	12.1	11.1	14.4	12.5	10.5	15.9
50-54	3.4	8.6	7.5	10.2	16.0	9.2	11.7
55-59	1.3	5.5	4.2	4.5	10.6	6.0	7.1
60-64	0.3	1.8	1.3	0.4	1.6	1.3	1.1
65+	0.1	1.2	1.0	0.4	0.9	0.8	0.4
女 Female	**100.0**	**100.0**	**100.0**	**100.0**	**100.0**	**100.0**	**100.0**
16-19	3.7	2.7	4.3	0.5	1.8	2.2	0.8
20-24	22.9	12.8	15.6	10.9	11.3	15.7	5.7
25-29	24.5	14.9	14.2	15.2	16.3	20.9	16.3
30-34	18.3	16.0	13.5	14.5	14.1	15.7	14.4
35-39	13.2	18.4	16.7	20.8	17.6	16.3	18.3
40-44	8.5	15.8	14.8	17.7	16.0	13.7	19.7
45-49	6.7	11.3	12.7	14.1	16.5	10.0	16.7
50-54	1.2	4.7	4.7	5.6	3.1	2.9	6.5
55-59	0.7	2.1	2.0	0.7	2.9	2.0	0.9
60-64	0.1	0.8	0.9		0.5	0.5	0.2
65+		0.5	0.6			0.1	0.5

3-18 续表 2 continued

单位：% (%)

年龄 Age	水利、环境和公共设施管理业 Management of Water Conservancy, Environment and Public Facilities	居民服务和其他服务业 Services to Households and Other Services	教育 Education	卫生、社会保障和社会福利业 Health, Social Securities and Social Welfare	文化、体育和娱乐业 Culture, Sports and Entertainment	公共管理和社会组织 Public Management and Social Organization	国际组织 International Organizations
总计 Total	**100.0**	**100.0**	**100.0**	**100.0**	**100.0**	**100.0**	**100.0**
16-19	0.9	3.3	0.5	0.6	3.6	0.3	
20-24	4.0	10.9	5.7	7.4	14.2	3.8	
25-29	7.2	12.2	13.6	13.2	14.8	9.2	25.0
30-34	11.5	12.7	15.1	14.9	12.4	13.4	
35-39	15.4	16.2	16.3	17.6	15.7	18.5	
40-44	16.9	15.7	17.7	14.6	13.3	18.5	25.0
45-49	18.1	12.9	15.2	13.0	12.2	16.4	25.0
50-54	12.9	7.6	9.7	10.0	8.0	11.8	25.0
55-59	9.8	5.2	5.2	5.5	4.6	6.5	
60-64	2.1	1.7	0.9	1.5	0.9	1.0	
65+	1.3	1.6	0.3	1.6	0.4	0.6	
男 Male	**100.0**	**100.0**	**100.0**	**100.0**	**100.0**	**100.0**	**100.0**
16-19	0.6	3.4	0.1	0.3	2.7	0.3	
20-24	3.2	10.8	3.4	4.0	11.2	3.5	
25-29	8.0	12.6	10.0	10.5	14.6	8.3	
30-34	12.0	12.3	12.5	13.2	11.2	11.8	
35-39	13.3	14.6	13.9	15.9	14.8	17.9	
40-44	15.3	14.9	18.1	16.0	14.4	17.5	50.0
45-49	16.5	11.7	17.2	12.8	13.8	16.9	25.0
50-54	14.5	9.2	12.8	11.9	8.9	13.5	25.0
55-59	12.7	6.3	9.6	9.3	6.8	8.4	
60-64	2.6	2.1	1.8	2.7	1.0	1.2	
65+	1.3	2.1	0.6	3.3	0.5	0.7	
女 Female	**100.0**	**100.0**	**100.0**	**100.0**	**100.0**	**100.0**	**100.0**
16-19	1.2	3.3	0.8	0.8	4.5	0.3	
20-24	5.3	11.0	7.4	9.7	17.6	4.5	
25-29	6.0	11.6	16.3	15.1	15.1	11.1	100.0
30-34	11.0	13.1	17.0	16.1	13.8	16.8	
35-39	18.2	18.2	18.1	18.7	16.6	19.9	
40-44	19.2	16.7	17.4	13.6	12.0	20.7	
45-49	20.4	14.4	13.6	13.2	10.4	15.3	
50-54	10.5	5.7	7.3	8.7	6.9	8.2	
55-59	5.6	3.7	1.9	2.9	2.1	2.4	
60-64	1.4	1.3	0.2	0.6	0.8	0.7	
65+	1.2	0.9	0.1	0.5	0.3	0.3	

3-19 按受教育程度、性别分的城镇就业人员行业构成

Urban Employed Persons by Sex, Educational Attainment and Sector

单位：% (%)

受教育程度	Educational Attainment	城镇就业人员 Urban Employed Persons	农、林、牧、渔业 Agriculture, Forestry, Animal Husbandry and Fishery	采矿业 Mining	制造业 Manu-facturing	电力、燃气及水的生产和供应业 Production and Distribution of Electricity, Gas and Water	建筑业 Construction	交通运输、仓储和邮政业 Transport, Storage and Post
总　计	**Total**	**100.0**	**27.0**	**1.2**	**20.4**	**1.3**	**4.9**	**5.6**
未上过学	No Schooling	100.0	74.4	0.3	6.4	0.2	2.8	1.4
小　学	Primary School	100.0	58.5	0.7	13.8	0.3	5.2	2.9
初　中	Junior Secondary School	100.0	31.3	1.4	23.4	0.7	6.0	6.1
高　中	Senior Secondary School	100.0	9.2	1.5	24.4	2.5	4.3	8.0
大学专科	College	100.0	1.7	1.0	16.8	2.9	3.1	4.8
大学本科	University	100.0	0.6	0.9	12.9	1.9	2.6	3.2
研究生及以上	Graduate and Higher Level	100.0	0.6	0.6	12.0	1.6	0.7	1.2
男	**Male**	**100.0**	**23.7**	**1.8**	**20.8**	**1.6**	**7.6**	**8.3**
未上过学	No Schooling	100.0	67.8	0.5	6.6	0.4	6.6	3.5
小　学	Primary School	100.0	52.9	1.3	13.3	0.4	9.0	5.1
初　中	Junior Secondary School	100.0	28.7	2.1	22.6	0.9	9.4	9.5
高　中	Senior Secondary School	100.0	10.0	1.9	25.2	2.8	6.0	10.7
大学专科	College	100.0	2.0	1.2	18.3	3.4	3.7	5.8
大学本科	University	100.0	0.8	1.0	14.5	2.1	3.2	3.6
研究生及以上	Graduate and Higher Level	100.0	0.5	0.8	14.0	1.6	0.7	1.2
女	**Female**	**100.0**	**31.0**	**0.6**	**20.1**	**0.9**	**1.7**	**2.2**
未上过学	No Schooling	100.0	77.3	0.2	6.3	0.1	1.1	0.5
小　学	Primary School	100.0	63.6	0.2	14.2	0.1	1.6	0.8
初　中	Junior Secondary School	100.0	34.8	0.6	24.6	0.5	1.5	1.7
高　中	Senior Secondary School	100.0	8.0	0.9	23.2	2.0	1.9	4.0
大学专科	College	100.0	1.5	0.7	14.8	2.3	2.3	3.6
大学本科	University	100.0	0.5	0.6	10.7	1.5	1.6	2.6
研究生及以上	Graduate and Higher Level	100.0	0.8	0.5	8.9	1.5	0.7	1.1

3-19 续表 1 continued

单位：% (%)

受教育程度	Educational Attainment	信息传输、计算机服务和软件业 Information Transmission, Computer Service and Software	批发和零售业 Wholesale and Retail Trades	住宿和餐饮业 Hotels and Catering Services	金融业 Financial Intermediation	房地产业 Real Estate	租赁和商务服务业 Leasing and Business Services	科学研究、技术服务和地质勘查业 Scientific Research, Technical Services,and Geological Prospecting
总 计	**Total**	**0.9**	**14.6**	**4.3**	**1.5**	**0.7**	**1.1**	**0.6**
未上过学	No Schooling	0.0	6.2	2.2	0.1	0.3	0.2	0.2
小 学	Primary School	0.1	9.4	2.9	0.1	0.4	0.3	0.1
初 中	Junior Secondary School	0.4	15.5	5.2	0.4	0.5	0.6	0.2
高 中	Senior Secondary School	1.2	20.7	5.3	1.8	1.1	1.6	0.7
大学专科	College	2.7	12.2	2.2	5.1	1.5	2.3	1.4
大学本科	University	3.8	7.1	0.9	6.2	1.4	3.1	3.0
研究生及以上	Graduate and Higher Level	4.8	3.9	0.3	5.3	0.9	3.4	5.3
男	**Male**	**1.0**	**12.2**	**3.6**	**1.3**	**0.8**	**1.2**	**0.7**
未上过学	No Schooling	0.1	6.2	1.9	0.2	0.4	0.2	0.3
小 学	Primary School	0.1	9.0	2.3	0.0	0.5	0.3	0.1
初 中	Junior Secondary School	0.4	12.4	4.2	0.3	0.6	0.8	0.3
高 中	Senior Secondary School	1.2	16.1	4.6	1.4	1.2	1.7	0.8
大学专科	College	2.8	10.9	2.0	4.6	1.4	2.1	1.6
大学本科	University	4.3	7.0	0.8	5.5	1.3	2.9	3.4
研究生及以上	Graduate and Higher Level	5.1	4.0	0.2	4.8	1.1	3.2	5.7
女	**Female**	**0.9**	**17.6**	**5.1**	**1.6**	**0.6**	**1.0**	**0.5**
未上过学	No Schooling	0.0	6.2	2.4		0.2	0.3	0.1
小 学	Primary School	0.1	9.9	3.5	0.1	0.2	0.2	0.1
初 中	Junior Secondary School	0.3	19.6	6.6	0.4	0.3	0.5	0.2
高 中	Senior Secondary School	1.3	27.3	6.3	2.5	1.0	1.4	0.6
大学专科	College	2.5	13.8	2.6	5.8	1.5	2.5	1.1
大学本科	University	3.0	7.4	1.1	7.1	1.5	3.4	2.5
研究生及以上	Graduate and Higher Level	4.3	3.9	0.3	6.2	0.7	3.8	4.4

3-19 续表 2 continued

单位：% (%)

受教育程度	Educational Attainment	水利、环境和公共设施管理业 Management of Water Conservancy, Environment and Public Facilities	居民服务和其他服务业 Services to Households and Other Services	教育 Education	卫生、社会保障和社会福利业 Health, Social Securities and Social Welfare	文化、体育和娱乐业 Culture, Sports and Entertainment	公共管理和社会组织 Public Management and Social Organization	国际组织 International Organizations
总 计	**Total**	**0.6**	**3.9**	**3.8**	**1.9**	**1.0**	**4.7**	**0.0**
未上过学	No Schooling	0.5	3.5	0.3	0.2	0.3	0.6	
小 学	Primary School	0.4	3.3	0.4	0.3	0.3	0.7	
初 中	Junior Secondary School	0.5	4.5	0.7	0.6	0.7	1.2	0.0
高 中	Senior Secondary School	0.7	4.6	3.0	2.5	1.4	5.5	0.0
大学专科	College	0.9	2.1	13.3	6.6	1.8	17.5	0.0
大学本科	University	1.0	1.3	22.1	6.6	3.0	18.5	
研究生及以上	Graduate and Higher Level	1.2	0.8	37.8	5.8	3.1	10.7	
男	**Male**	**0.6**	**3.9**	**3.0**	**1.4**	**1.0**	**5.7**	**0.0**
未上过学	No Schooling	0.4	3.5	0.2	0.3	0.2	0.9	
小 学	Primary School	0.4	3.3	0.3	0.3	0.3	0.9	
初 中	Junior Secondary School	0.5	4.5	0.5	0.5	0.5	1.5	0.0
高 中	Senior Secondary School	0.7	4.6	2.1	1.6	1.3	6.2	0.0
大学专科	College	1.1	2.1	9.5	4.1	1.9	21.5	0.0
大学本科	University	1.1	1.2	17.5	5.6	2.8	21.3	
研究生及以上	Graduate and Higher Level	1.5	0.7	35.2	5.4	3.1	11.2	
女	**Female**	**0.6**	**3.9**	**4.9**	**2.5**	**1.1**	**3.4**	**0.0**
未上过学	No Schooling	0.5	3.4	0.3	0.2	0.3	0.4	
小 学	Primary School	0.4	3.3	0.4	0.3	0.3	0.4	
初 中	Junior Secondary School	0.4	4.6	1.0	0.7	0.9	0.8	
高 中	Senior Secondary School	0.7	4.7	4.4	3.9	1.4	4.4	
大学专科	College	0.7	2.1	18.1	9.9	1.7	12.5	0.0
大学本科	University	1.0	1.5	28.3	8.0	3.2	14.6	
研究生及以上	Graduate and Higher Level	0.8	1.0	42.0	6.4	3.0	9.8	

3-20 按行业、性别分的城镇就业人员受教育程度构成
Educational Attainment of Urban Employed Persons by Sector and Sex

单位：% (%)

受教育程度	Educational Attainment	城镇就业人员 Urban Employed Persons	农、林、牧、渔业 Agriculture, Forestry, Animal Husbandry and Fishery	采矿业 Mining	制造业 Manu-facturing	电力、燃气及水的生产和供应业 Production and Distribution of Electricity, Gas and Water	建筑业 Construction	交通运输、仓储和邮政业 Transport, Storage and Post
总　计	**Total**	**100.0**	**100.0**	**100.0**	**100.0**	**100.0**	**100.0**	**100.0**
未上过学	No Schooling	2.1	5.9	0.5	0.7	0.3	1.2	0.5
小　学	Primary School	15.4	33.3	9.3	10.3	3.0	16.1	8.0
初　中	Junior Secondary School	45.6	52.9	53.1	52.2	25.4	55.3	49.9
高　中	Senior Secondary School	20.7	7.1	25.0	24.7	39.8	18.2	29.6
大学专科	College	9.9	0.6	7.8	8.1	22.4	6.1	8.6
大学本科	University	5.8	0.1	4.0	3.6	8.3	3.0	3.3
研究生及以上	Graduate and Higher Level	0.5	0.0	0.3	0.3	0.7	0.1	0.1
男	**Male**	**100.0**	**100.0**	**100.0**	**100.0**	**100.0**	**100.0**	**100.0**
未上过学	No Schooling	1.2	3.4	0.3	0.4	0.3	1.0	0.5
小　学	Primary School	13.4	29.8	10.2	8.5	3.2	16.0	8.2
初　中	Junior Secondary School	46.6	56.4	55.6	50.7	26.4	58.0	53.1
高　中	Senior Secondary School	22.2	9.3	23.5	26.9	39.8	17.5	28.6
大学专科	College	10.0	0.8	6.6	8.8	21.6	4.9	6.9
大学本科	University	6.0	0.2	3.5	4.2	8.2	2.6	2.6
研究生及以上	Graduate and Higher Level	0.6	0.0	0.3	0.4	0.6	0.1	0.1
女	**Female**	**100.0**	**100.0**	**100.0**	**100.0**	**100.0**	**100.0**	**100.0**
未上过学	No Schooling	3.3	8.2	1.1	1.0	0.5	2.2	0.7
小　学	Primary School	17.9	36.7	5.9	12.7	2.7	16.8	6.7
初　中	Junior Secondary School	44.2	49.7	43.3	54.1	23.6	40.4	35.1
高　中	Senior Secondary School	18.9	4.9	30.9	21.8	39.9	21.9	34.5
大学专科	College	9.8	0.5	12.4	7.2	24.0	13.3	16.3
大学本科	University	5.5	0.1	5.9	2.9	8.6	5.2	6.4
研究生及以上	Graduate and Higher Level	0.5	0.0	0.4	0.2	0.7	0.2	0.2

3-20 续表 1 continued

单位：% (%)

受教育程度	Educational Attainment	信息传输、计算机服务和软件业 Information Transmission, Computer Service and Software	批发和零售业 Wholesale and Retail Trades	住宿和餐饮业 Hotels and Catering Services	金融业 Financial Intermediation	房地产业 Real Estate	租赁和商务服务业 Leasing and Business Services	科学研究、技术服务和地质勘查业 Scientific Research, Technical Services,and Geological Prospecting
总　计	**Total**	**100.0**	**100.0**	**100.0**	**100.0**	**100.0**	**100.0**	**100.0**
未上过学	No Schooling	0.0	0.9	1.1	0.1	0.8	0.5	0.6
小　学	Primary School	1.8	10.0	10.5	0.8	7.3	3.8	2.4
初　中	Junior Secondary School	17.9	48.5	56.0	11.1	30.2	27.0	18.2
高　中	Senior Secondary School	26.6	29.4	25.9	26.4	30.3	29.7	23.4
大学专科	College	28.1	8.3	5.2	35.1	19.8	20.8	22.6
大学本科	University	22.9	2.8	1.3	24.5	10.9	16.5	28.3
研究生及以上	Graduate and Higher Level	2.7	0.1	0.0	2.0	0.7	1.7	4.6
男	**Male**	**100.0**	**100.0**	**100.0**	**100.0**	**100.0**	**100.0**	**100.0**
未上过学	No Schooling	0.1	0.6	0.6	0.2	0.5	0.2	0.5
小　学	Primary School	1.6	9.9	8.7	0.5	7.7	3.9	2.1
初　中	Junior Secondary School	17.9	47.5	54.8	11.4	33.6	30.4	16.5
高　中	Senior Secondary School	25.0	29.4	29.0	24.4	30.7	31.2	24.4
大学专科	College	27.2	8.9	5.5	35.8	17.2	17.9	22.9
大学本科	University	25.3	3.5	1.4	25.7	9.5	14.9	28.7
研究生及以上	Graduate and Higher Level	3.0	0.2	0.0	2.2	0.8	1.6	4.8
女	**Female**	**100.0**	**100.0**	**100.0**	**100.0**	**100.0**	**100.0**	**100.0**
未上过学	No Schooling	0.1	1.2	1.6		1.2	0.9	0.8
小　学	Primary School	2.0	10.0	12.1	1.2	6.7	3.5	2.9
初　中	Junior Secondary School	17.9	49.4	57.0	11.0	24.4	22.1	21.2
高　中	Senior Secondary School	29.1	29.3	23.2	28.3	29.7	27.6	21.4
大学专科	College	29.3	7.7	4.9	34.4	24.2	25.2	22.0
大学本科	University	19.4	2.3	1.2	23.4	13.2	18.8	27.4
研究生及以上	Graduate and Higher Level	2.3	0.1	0.0	1.7	0.5	1.8	4.2

3-20 续表 2 continued

单位: % (%)

受教育程度	Educational Attainment	水利、环境和公共设施管理业 Management of Water Conservancy, Environment and Public Facilities	居民服务和其他服务业 Services to Households and Other Services	教育 Education	卫生、社会保障和社会福利业 Health, Social Securities and Social Welfare	文化、体育和娱乐业 Culture, Sports and Entertainment	公共管理和社会组织 Public Management and Social Organization	国际组织 International Organizations
总 计	**Total**	**100.0**	**100.0**	**100.0**	**100.0**	**100.0**	**100.0**	**100.0**
未上过学	No Schooling	1.6	1.9	0.1	0.3	0.6	0.3	
小 学	Primary School	10.8	13.1	1.6	2.7	4.5	2.2	
初 中	Junior Secondary School	35.9	53.1	8.4	13.2	30.5	11.8	25.0
高 中	Senior Secondary School	25.4	24.6	16.5	27.7	27.9	24.4	25.0
大学专科	College	15.0	5.3	34.6	34.5	17.8	37.2	50.0
大学本科	University	10.1	2.0	33.4	20.0	17.2	22.9	
研究生及以上	Graduate and Higher Level	1.1	0.1	5.3	1.6	1.6	1.2	
男	**Male**	**100.0**	**100.0**	**100.0**	**100.0**	**100.0**	**100.0**	**100.0**
未上过学	No Schooling	0.7	1.1	0.1	0.2	0.3	0.2	
小 学	Primary School	8.4	11.4	1.4	3.2	3.6	2.1	
初 中	Junior Secondary School	37.2	54.1	7.9	15.4	25.9	12.1	25.0
高 中	Senior Secondary School	25.5	26.1	15.8	26.0	30.7	24.4	25.0
大学专科	College	16.7	5.4	32.0	28.8	19.7	37.5	50.0
大学本科	University	10.1	1.9	35.7	24.1	17.8	22.6	
研究生及以上	Graduate and Higher Level	1.5	0.1	7.1	2.3	1.9	1.2	
女	**Female**	**100.0**	**100.0**	**100.0**	**100.0**	**100.0**	**100.0**	**100.0**
未上过学	No Schooling	3.0	2.9	0.2	0.3	0.9	0.4	
小 学	Primary School	14.2	15.3	1.6	2.5	5.4	2.4	
初 中	Junior Secondary School	34.1	51.8	8.7	11.7	35.5	11.0	
高 中	Senior Secondary School	25.5	22.7	17.1	28.9	24.7	24.6	
大学专科	College	12.5	5.2	36.6	38.4	15.7	36.5	100.0
大学本科	University	10.0	2.1	31.7	17.2	16.4	23.7	
研究生及以上	Graduate and Higher Level	0.7	0.1	4.0	1.2	1.3	1.4	

3-21 按年龄、性别分的城镇就业人员职业构成

Occupation of Urban Employed Persons by Age and Sex

单位：% (%)

年龄 Age	城镇就业人员 Urban Employed Persons	单位负责人 Unit Head	专业技术人员 Technical Personnel	办事人员和有关人员 Clerk and Related Workers	商业、服务业人员 Business Service Personnel	农林牧渔水利业生产人员 Producers in the Sectors of Agriculture, Forestry, Animal Husbandry, Fishery and Water Conservancy	生产运输设备操作人员及有关人员 Production, Transport Equipment Operators and Related Workers	其他 Others
总计 Total	**100.0**	**2.0**	**11.5**	**8.6**	**25.3**	**27.1**	**19.1**	**6.4**
16-19	100.0	0.2	3.9	3.2	27.7	24.8	34.5	5.8
20-24	100.0	0.8	9.6	6.9	31.4	19.9	25.7	5.6
25-29	100.0	1.3	15.2	9.4	30.0	16.5	20.8	6.8
30-34	100.0	2.1	14.6	9.5	29.1	17.2	20.5	7.0
35-39	100.0	2.4	12.8	8.9	26.7	21.1	20.9	7.3
40-44	100.0	2.3	11.8	8.7	25.0	25.4	19.9	7.0
45-49	100.0	2.8	12.1	9.8	24.3	26.5	17.6	7.0
50-54	100.0	2.6	10.4	10.0	19.7	37.0	14.4	5.9
55-59	100.0	2.4	7.2	8.6	16.7	49.2	11.3	4.7
60-64	100.0	1.2	3.9	3.5	12.2	70.0	6.6	2.7
65+	100.0	0.7	2.9	2.7	10.6	78.0	3.7	1.4
男 Male	**100.0**	**2.8**	**10.1**	**10.1**	**22.2**	**23.9**	**22.0**	**8.8**
16-19	100.0	0.2	3.1	3.2	24.9	26.9	34.6	7.1
20-24	100.0	0.8	7.4	6.6	27.2	19.9	30.2	7.8
25-29	100.0	1.8	12.6	10.0	26.4	14.9	24.5	9.9
30-34	100.0	2.8	11.7	10.6	26.0	15.0	23.5	10.3
35-39	100.0	3.4	10.9	10.4	23.2	18.1	23.9	10.2
40-44	100.0	3.3	10.7	10.3	21.3	22.1	22.7	9.6
45-49	100.0	4.0	11.0	11.9	20.7	21.4	21.4	9.5
50-54	100.0	3.7	10.2	12.4	19.5	28.0	18.3	8.0
55-59	100.0	3.4	8.7	12.2	17.3	37.5	14.6	6.3
60-64	100.0	1.8	5.3	5.2	12.4	62.6	9.1	3.7
65+	100.0	1.0	3.6	3.9	10.8	74.3	4.4	1.9
女 Female	**100.0**	**1.0**	**13.2**	**6.7**	**29.1**	**31.1**	**15.5**	**3.4**
16-19	100.0	0.2	4.9	3.2	30.6	22.5	34.4	4.4
20-24	100.0	0.7	12.0	7.2	35.9	20.0	21.0	3.3
25-29	100.0	0.7	18.1	8.7	34.1	18.2	16.6	3.5
30-34	100.0	1.4	17.8	8.1	32.7	19.6	17.1	3.3
35-39	100.0	1.3	15.0	7.2	30.6	24.5	17.5	3.9
40-44	100.0	1.1	13.1	6.7	29.3	29.3	16.6	3.8
45-49	100.0	1.3	13.4	7.2	28.7	32.8	12.8	3.9
50-54	100.0	0.9	10.6	5.9	20.1	52.3	7.8	2.4
55-59	100.0	0.4	4.3	1.6	15.7	71.1	5.1	1.7
60-64	100.0	0.2	1.7	0.9	11.8	81.4	2.7	1.2
65+	100.0	0.3	1.7	0.4	10.2	84.6	2.5	0.4

3-22 按职业、性别分的城镇就业人员年龄构成
Age Composition of Urban Employed Persons by Occupation and Sex

单位：% (%)

年 龄 Age	城镇就业人员 Urban Employed Persons	单位负责人 Unit Head	专业技术人员 Technical Personnel	办事人员和有关人员 Clerk and Related Workers	商业、服务业人员 Business Service Personnel	农林牧渔水利业生产人员 Producers in the Sectors of Agriculture, Forestry, Animal Husbandry, Fishery and Water Conservancy	生产运输设备操作人员及有关人员 Production, Transport Equipment Operators and Related Workers	其他 Others
总计 Total	**100.0**	**100.0**	**100.0**	**100.0**	**100.0**	**100.0**	**100.0**	**100.0**
16-19	2.6	0.3	0.9	1.0	2.8	2.4	4.7	2.3
20-24	9.4	3.5	7.9	7.6	11.7	6.9	12.7	8.2
25-29	11.3	7.5	14.9	12.4	13.4	6.8	12.3	12.1
30-34	12.3	13.0	15.6	13.6	14.1	7.8	13.2	13.5
35-39	16.0	19.1	17.9	16.7	16.9	12.4	17.5	18.2
40-44	15.7	17.7	16.1	15.9	15.5	14.7	16.3	17.1
45-49	12.6	17.5	13.3	14.5	12.2	12.3	11.6	13.8
50-54	9.0	11.9	8.2	10.5	7.0	12.3	6.8	8.4
55-59	6.2	7.3	3.8	6.2	4.1	11.2	3.6	4.6
60-64	2.6	1.5	0.9	1.1	1.3	6.8	0.9	1.1
65+	2.2	0.8	0.6	0.7	0.9	6.3	0.4	0.5
男 Male	**100.0**	**100.0**	**100.0**	**100.0**	**100.0**	**100.0**	**100.0**	**100.0**
16-19	2.4	0.2	0.7	0.8	2.7	2.7	3.7	1.9
20-24	8.7	2.6	6.4	5.7	10.6	7.2	11.9	7.7
25-29	10.8	7.0	13.5	10.7	12.8	6.7	12.0	12.1
30-34	11.8	11.6	13.7	12.4	13.8	7.4	12.6	13.8
35-39	15.4	18.3	16.6	15.9	16.1	11.6	16.7	17.8
40-44	15.3	17.8	16.2	15.7	14.7	14.2	15.8	16.8
45-49	12.6	17.8	13.8	14.9	11.8	11.3	12.3	13.6
50-54	10.3	13.3	10.4	12.6	9.0	12.1	8.5	9.4
55-59	7.3	8.7	6.3	8.8	5.7	11.4	4.8	5.2
60-64	2.9	1.8	1.5	1.5	1.6	7.6	1.2	1.2
65+	2.5	0.9	0.9	1.0	1.2	7.9	0.5	0.6
女 Female	**100.0**	**100.0**	**100.0**	**100.0**	**100.0**	**100.0**	**100.0**	**100.0**
16-19	2.9	0.5	1.0	1.4	3.0	2.1	6.3	3.7
20-24	10.4	6.9	9.4	11.2	12.8	6.7	14.0	10.0
25-29	11.9	9.0	16.3	15.6	14.0	7.0	12.8	12.3
30-34	12.9	18.1	17.4	15.8	14.5	8.1	14.2	12.7
35-39	16.8	21.9	19.0	18.0	17.7	13.2	18.9	19.7
40-44	16.1	17.6	16.0	16.3	16.3	15.2	17.3	18.3
45-49	12.7	16.1	12.8	13.6	12.5	13.3	10.5	14.6
50-54	7.5	6.7	6.0	6.6	5.2	12.5	3.7	5.3
55-59	4.8	2.2	1.6	1.1	2.6	11.0	1.6	2.4
60-64	2.3	0.5	0.3	0.3	0.9	6.1	0.4	0.9
65+	1.8	0.5	0.2	0.1	0.6	4.8	0.3	0.2

3-23 按受教育程度、性别分的城镇就业人员职业构成

Occupation of Urban Employed Persons by Educational Attainment and Sex

单位：%　　　　(%)

受教育程度	Educational Attainment	城镇就业人员 Urban Employed Persons	单位负责人 Unit Head	专业技术人员 Technical Personnel	办事人员和有关人员 Clerk and Related Workers	商业、服务业人员 Business Service Personnel	农林牧渔水利业生产人员 Producers in the Sectors of Agriculture, Forestry, Animal Husbandry, Fishery and Water Conservancy	生产运输设备操作人员及有关人员 Production, Transport Equipment Operators and Related Workers	其他 Others
总　计	**Total**	**100.0**	**2.0**	**11.5**	**8.6**	**25.3**	**27.1**	**25.1**	**0.4**
未上过学	No Schooling	100.0	0.3	1.1	1.0	13.7	74.3	9.3	0.3
小　学	Primary School	100.0	0.6	1.5	1.7	17.4	58.6	19.8	0.3
初　中	Junior Secondary School	100.0	1.3	3.8	3.6	27.7	31.6	31.6	0.4
高　中	Senior Secondary School	100.0	2.6	13.7	11.8	34.0	9.6	27.9	0.4
大学专科	College	100.0	4.2	35.8	25.3	19.4	1.6	13.2	0.4
大学本科	University	100.0	5.5	47.8	27.1	11.9	0.7	6.7	0.3
研究生及以上	Graduate and Higher Level	100.0	5.7	63.3	21.2	6.5	0.4	3.0	0.1
男	**Male**	**100.0**	**2.8**	**10.1**	**10.1**	**22.2**	**23.9**	**30.4**	**0.4**
未上过学	No Schooling	100.0	0.6	1.7	2.0	13.3	67.2	14.9	0.3
小　学	Primary School	100.0	1.0	1.9	2.8	16.0	53.0	24.9	0.3
初　中	Junior Secondary School	100.0	1.8	3.6	4.6	23.6	29.0	36.9	0.5
高　中	Senior Secondary School	100.0	3.4	10.5	12.6	28.7	10.4	33.8	0.5
大学专科	College	100.0	5.7	28.4	28.9	18.1	1.9	16.6	0.5
大学本科	University	100.0	7.5	42.4	29.0	11.8	0.8	8.1	0.3
研究生及以上	Graduate and Higher Level	100.0	7.0	63.2	20.6	5.8	0.4	3.0	
女	**Female**	**100.0**	**1.0**	**13.2**	**6.7**	**29.1**	**31.1**	**18.6**	**0.3**
未上过学	No Schooling	100.0	0.3	0.8	0.6	13.9	77.4	6.8	0.3
小　学	Primary School	100.0	0.2	1.1	0.7	18.7	63.8	15.1	0.2
初　中	Junior Secondary School	100.0	0.6	4.1	2.4	33.1	35.0	24.5	0.3
高　中	Senior Secondary School	100.0	1.5	18.3	10.6	41.7	8.3	19.3	0.4
大学专科	College	100.0	2.2	45.2	20.9	21.1	1.3	9.0	0.3
大学本科	University	100.0	2.6	55.3	24.4	12.1	0.5	4.8	0.3
研究生及以上	Graduate and Higher Level	100.0	3.4	63.3	22.1	7.9	0.2	3.0	0.2

3-24 按职业、性别分的城镇就业人员受教育程度构成

Educational Attainment of Urban Employed Persons by Occupation and Sex

单位：% (%)

受教育程度	Educational Attainment	城镇就业人员 Urban Employed Persons	单位负责人 Unit Head	专业技术人员 Technical Personnel	办事人员和有关人员 Clerk and Related Workers	商业、服务业人员 Business Service Personnel	农林牧渔水利业生产人员 Producers in the Sectors of Agriculture, Forestry, Animal Husbandry, Fishery and Water Conservancy	生产运输设备操作人员及有关人员 Production, Transport Equipment Operators and Related Workers	其他 Others
总　计	**Total**	**100.0**	**100.0**	**100.0**	**100.0**	**100.0**	**100.0**	**100.0**	**100.0**
未上过学	No Schooling	2.1	0.4	0.2	0.2	1.2	5.8	0.8	1.6
小　学	Primary School	15.4	4.6	2.0	3.1	10.6	33.2	12.1	10.8
初　中	Junior Secondary School	45.6	29.9	15.2	19.2	49.9	53.0	57.2	48.8
高　中	Senior Secondary School	20.7	27.3	24.7	28.5	27.9	7.3	23.0	23.7
大学专科	College	9.9	20.6	30.9	29.3	7.6	0.6	5.2	10.6
大学本科	University	5.8	15.7	24.0	18.3	2.7	0.1	1.5	4.5
研究生及以上	Graduate and Higher Level	0.5	1.5	3.0	1.3	0.1	0.0	0.1	0.1
男	**Male**	**100.0**	**100.0**	**100.0**	**100.0**	**100.0**	**100.0**	**100.0**	**100.0**
未上过学	No Schooling	1.2	0.2	0.2	0.2	0.7	3.3	0.6	0.8
小　学	Primary School	13.4	4.7	2.6	3.8	9.6	29.6	10.9	10.1
初　中	Junior Secondary School	46.6	30.3	16.9	21.2	49.5	56.4	56.7	51.1
高　中	Senior Secondary School	22.2	27.1	23.2	27.8	28.8	9.7	24.7	22.7
大学专科	College	10.0	20.2	28.0	28.5	8.1	0.8	5.4	11.0
大学本科	University	6.0	16.0	25.4	17.3	3.2	0.2	1.6	4.3
研究生及以上	Graduate and Higher Level	0.6	1.5	3.8	1.2	0.2	0.0	0.1	
女	**Female**	**100.0**	**100.0**	**100.0**	**100.0**	**100.0**	**100.0**	**100.0**	**100.0**
未上过学	No Schooling	3.3	0.8	0.2	0.3	1.6	8.2	1.2	3.1
小　学	Primary School	17.9	4.3	1.5	1.9	11.5	36.6	14.5	12.2
初　中	Junior Secondary School	44.2	28.6	13.6	15.7	50.4	49.7	58.4	44.9
高　中	Senior Secondary School	18.9	28.0	26.1	29.9	27.0	5.0	19.6	25.3
大学专科	College	9.8	22.1	33.6	30.8	7.1	0.4	4.7	9.8
大学本科	University	5.5	14.5	22.8	20.0	2.3	0.1	1.4	4.8
研究生及以上	Graduate and Higher Level	0.5	1.6	2.2	1.5	0.1	0.0	0.1	0.2

3-25 城镇就业人员调查周平均工作时间

Weekly Working Hours of Urban Employed Persons

单位：小时／周 (hours/per week)

分组	Group	2004年11月 Nov.2004	2005年11月 Nov.2005	2006年11月 Nov.2006	2007年11月 Nov.2007	2008年11月 Nov.2008	2009年11月 Nov.2009
全 部	**Total**	**45.5**	**47.8**	**47.3**	**45.5**	**44.6**	**44.7**
一、按年龄分组	**By Age**						
	16-19	48.7	51.8	49.9	48.1	45.8	46.8
	20-24	46.4	49.4	48.4	46.9	45.6	46.1
	25-29	45.9	48.6	48.1	46.5	45.7	45.9
	30-34	45.9	48.6	48.4	46.9	46.0	46.1
	35-39	46.0	48.4	48.3	46.7	45.9	46.1
	40-44	45.3	47.7	47.7	46.1	45.4	45.4
	45-49	44.7	46.9	46.5	45.2	44.5	44.5
	50-54	44.5	45.9	45.2	43.9	43.3	42.9
	55-59	44.0	44.8	43.9	41.8	41.0	41.1
	60-64	43.0	42.9	41.8	38.4	37.3	37.8
	65+	40.7		36.8	33.4	32.7	33.4
二、按职业分组	**By Occupation**						
单位负责人	Unit Head	44.0	47.2	47.3	47.7	47.5	47.5
专业技术人员	Technical Personnel	43.4	43.2	44.1	43.4	43.0	42.8
办事人员和有关人员	Clerk and Related Workers	42.4	44.4	44.4	43.8	43.5	43.3
商业、服务业人员	Business Service Personnel	49.3	52.0	52.0	50.3	49.1	49.0
农林牧渔水利业生产人员	Producers in the Sectors of Agriculture, Forestry,Animal Husbandry,Fishery and Water Conservancy	42.9	43.0	41.9	38.2	37.7	37.7
生产、运输设备操作人员及有关人员	Production, Transport Equipment Operators and Related Workers	48.1	51.4	50.8	49.8	48.2	48.9
其 他	Others	46.8	48.9	48.4	46.7	46.8	46.3
三、按受教育程度分组	**By Educational Attaiment**						
未上过学	No Schooling	44.8	44.4	41.5	37.3	36.4	36.9
小 学	Primary School	46.1	47.8	46.4	43.4	41.7	42.3
初 中	Junior Secondary School	47.4	50.0	49.3	47.3	46.1	46.1
高 中	Senior Secondary School	44.9	47.8	47.7	46.8	46.0	46.1
大 专	College	42.0	43.2	43.8	42.9	43.0	42.9
大学本科	University	41.2	41.9	42.1	41.7	41.7	41.5
研究生及以上	Graduate and Higher Level	40.9	41.3	42.2	41.4	41.1	41.1

注：1.11月相对应的调查周是10月25日至10月31日。

2.甲栏就业身份和行业职业按主业分组，工作时间包括主业和兼职工作时间(下表同)。

Note: a)The referent week in November is 25th to 31st, October.

b)The items about employment status, sectors and occupation are for the first job. The working hours both include the first and sencond job. The same applies to the tables following.

3-25 续表 continued

单位：小时／周 (hours/per week)

分 组	Group	2004年11月 Nov.2004	2005年11月 Nov.2005	2006年11月 Nov.2006	2007年11月 Nov.2007	2008年11月 Nov.2008	2009年11月 Nov.2009
四、按行业分组	**By Sector**						
农、林、牧、渔业	Agriculture, Forestry, Animal Husbandry and Fishery	42.9	42.9	41.9	38.2	37.6	37.6
采矿业	Mining	45.4	47.5	47.8	46.1	45.2	46.1
制造业	Manufacturing	46.9	51.1	50.4	49.4	47.9	48.5
电力、燃气及水的生产和供应业	Production and Distribution of Electricity, Gas and Water	42.4	43.4	43.5	43.2	43.0	42.6
建筑业	Construction	48.0	51.6	51.3	49.7	48.2	48.4
交通运输、仓储和邮政业	Transport, Storage and Post	46.5	49.9	50.0	49.1	48.1	47.8
信息传输、计算机服务和软件业	Information Transmission, Computer Serviceand Software	43.6	45.6	46.3	45.1	45.4	44.1
批发和零售业	Wholesale and Retail Trades	50.1	52.5	52.5	50.9	49.6	49.6
住宿和餐饮业	Hotels and Catering Services	49.1	53.9	54.4	52.1	50.7	50.1
金融业	Financial Intermediation	41.7	42.4	42.6	42.4	42.3	41.9
房地产业	Real Estate	42.4	45.8	45.8	45.7	44.9	45.4
租赁和商务服务业	Leasing and Business Services	45.2	45.8	46.4	45.0	44.5	44.7
科学研究、技术服务和地质勘查业	Scientific Research, Technical Services and Geological Prospecting	42.2	42.7	42.5	42.2	42.3	42.6
水利、环境和公共设施管理业	Management of Water Conservancy, Environment and Public Facilities	42.2	45.3	44.3	44.4	43.7	43.9
居民服务和其他服务业	Services to Households and Other Services	47.0	52.3	52.1	50.2	49.0	48.8
教 育	Education	41.1	42.3	42.4	41.7	41.5	41.4
卫生、社会保障和社会福利业	Health, Social Securities and Social Welfare	43.0	44.6	45.3	44.2	44.1	43.8
文化、体育和娱乐业	Cultrue, Sports and Entertainment	44.1	46.3	46.8	45.2	45.4	46.1
公共管理和社会组织	Public Management and Social Organization	41.1	42.2	42.0	41.8	41.5	41.3
国际组织	International Organizations	43.0	43.4	47.8	40.0	40.0	37.5

3-26 城镇男性就业人员调查周平均工作时间
Weekly Working Hours of Urban Male Employed Persons

单位：小时／周 (hours/per week)

分 组	Group	2004年11月 Nov.2004	2005年11月 Nov.2005	2006年11月 Nov.2006	2007年11月 Nov.2007	2008年11月 Nov.2008	2009年11月 Nov.2009
全 部	**Total**	**46.0**	**48.7**	**48.3**	**46.8**	**45.7**	**45.9**
一、按年龄分组	**By Age**						
	16-19	47.9	51.4	49.7	48.2	45.8	46.7
	20-24	46.9	50.2	49.3	47.9	46.5	47.2
	25-29	46.6	49.6	49.3	47.8	46.9	47.1
	30-34	46.4	49.6	49.4	48.1	47.1	47.2
	35-39	46.6	49.3	49.5	47.9	47.0	47.3
	40-44	46.0	48.6	48.8	47.4	46.5	46.7
	45-49	45.3	48.0	47.8	46.6	45.8	45.8
	50-54	45.0	47.2	46.9	45.7	44.9	44.7
	55-59	44.3	46.2	45.7	44.2	43.3	43.3
	60-64	43.7	44.8	43.7	40.9	39.9	40.7
	65+	41.6		38.8	35.5	34.7	35.2
二、按职业分组	**By Occupation**						
单位负责人	Unit Head	44.0	47.2	48.3	47.8	47.6	47.6
专业技术人员	Technical Personnel	44.0	43.9	44.7	43.9	43.3	43.3
办事人员和有关人员	Clerk and Related Workers	42.6	45.0	44.9	44.4	44.0	43.8
商业、服务业人员	Business Service Personnel	50.0	52.2	52.4	50.7	49.6	49.5
农林牧渔水利业生产	Producers in the Sectors of Agriculture, Forestry,Animal Husbandry,Fishery and Water Conservancy	44.6	45.1	44.5	41.0	40.2	40.2
生产、运输设备操作及有关人员	Production, Transport Equipment Operators and Related Workers	48.2	51.4	50.9	50.0	48.5	49.0
其 他	Others	47.4	49.6	48.9	48.3	46.7	47.2
三、按受教育程度分组	**By Educational Attaiment**						
未上过学	No Schooling	46.1	46.2	43.3	40.3	39.2	40.2
小 学	Primary School	46.9	49.2	48.2	45.5	43.6	44.4
初 中	Junior Secondary School	47.9	50.7	50.3	48.5	47.2	47.3
高 中	Senior Secondary School	45.4	48.4	48.3	47.4	46.5	46.7
大 专	College	42.3	43.6	44.3	43.3	43.3	43.1
大学本科	University	41.4	42.2	42.5	42.0	42.0	41.6
研究生及以上	Graduate and Higher Level	41.0	41.7	42.8	41.4	41.3	41.3

3-26 续表 continued

单位：小时／周 (hours/per week)

分 组	Group	2004年11月 Nov.2004	2005年11月 Nov.2005	2006年11月 Nov.2006	2007年11月 Nov.2007	2008年11月 Nov.2008	2009年11月 Nov.2009
四、按行业分组	**By Sector**						
农、林、牧、渔业	Agriculture, Forestry, Animal Husbandry工资and Fishery	44.4	45.0	44.37	40.9	40.1	40.1
采矿业	Mining	45.9	48.2	48.84	46.9	46.0	47.0
制造业	Manufacturing	46.5	51.0	50.3	49.6	48.0	48.6
电力、燃气及水的生产和供应业	Production and Distribution of Electricity, Gas and Water	42.6	43.9	43.9	43.8	43.5	43.2
建筑业	Construction	48.6	52.2	51.9	50.3	48.8	48.9
交通运输、仓储和邮政业	Transport, Storage and Post	47.3	50.8	51.0	49.9	48.8	48.6
信息传输、计算机服务和软件业	Information Transmission, Computer Service and Software	44.1	45.8	46.5	45.5	45.8	44.3
批发和零售业	Wholesale and Retail Trades	50.6	52.9	53.0	51.4	50.1	50.3
住宿和餐饮业	Hotels and Catering Services	49.8	54.5	54.9	52.6	51.8	50.9
金融业	Financial Intermediation	41.8	42.7	42.8	42.6	42.6	42.1
房地产业	Real Estate	42.8	46.6	46.6	46.1	45.2	46.1
租赁和商务服务业	Leasing and Business Services	45.5	46.7	47.5	45.9	45.2	45.5
科学研究、技术服务和地质勘查业	Scientific Research, Technical Services and Geological Prospecting	42.4	43.1	43.0	42.6	42.5	42.4
水利、环境和公共设施管理业	Management of Water Conservancy, Environment and Public Facilities	42.3	45.2	44.6	44.4	43.4	43.5
居民服务和其他服务业	Services to Households and Other Services	47.7	52.7	52.7	51.0	49.9	49.5
教 育	Education	41.2	42.6	42.9	41.9	41.6	41.5
卫生、社会保障和社会福利业	Health, Social Securities and Social Welfare	43.5	45.6	46.3	44.9	44.9	44.5
文化、体育和娱乐业	Cultrue, Sports and Entertainment	44.1	46.4	47.3	45.7	45.4	45.8
公共管理和社会组织	Public Management and Social Organization	41.4	42.6	42.3	42.1	41.7	41.6
国际组织	International Organizations	44.6	44.7	53.8		40.0	37.0

3-27 城镇女性就业人员调查周平均工作时间

Weekly Working Hours of Urban Female Employed Persons

单位：小时／周 (hours/per week)

分 组	Group	2004年11月 Nov.2004	2005年11月 Nov.2005	2006年11月 Nov.2006	2007年11月 Nov.2007	2008年11月 Nov.2008	2009年11月 Nov.2009
全 部	**Total**	**44.9**	**46.7**	**45.9**	**44.0**	**43.1**	**43.2**
一、按年龄分组	**By Age**						
	16-19	49.3	52.0	50.2	48.0	45.8	46.9
	20-24	45.9	48.6	47.5	46.0	44.7	45.0
	25-29	45.1	47.4	46.8	45.1	44.4	44.6
	30-34	45.2	47.5	47.2	45.5	44.7	44.9
	35-39	45.2	47.2	46.9	45.2	44.6	44.8
	40-44	44.5	46.5	46.4	44.5	44.1	44.0
	45-49	43.9	45.3	44.8	43.4	43.0	43.0
	50-54	43.4	43.6	42.4	40.8	40.5	39.8
	55-59	43.2	41.7	40.4	37.2	36.5	37.0
	60-64	41.3	39.2	38.4	34.5	33.3	33.4
	65+	38.4		33.1	29.4	29.6	30.1
二、按职业分组	**By Occupation**						
单位负责人	Unit Head	44.1	47.1	48.8	47.6	47.1	46.9
专业技术人员	Technical Personnel	42.6	42.6	43.6	43.0	42.6	42.4
办事人员和有关人员	Clerk and Related Workers	42.1	43.0	43.3	42.8	42.5	42.2
商业、服务业人员	Business Service Personnel	48.7	51.7	51.6	49.9	48.7	48.6
农林牧渔水利业生产人员	Producers in the Sectors of Agriculture, Forestry,Animal Husbandry,Fishery and Water Conservancy	41.3	40.9	39.5	35.6	35.3	35.3
生产、运输设备操作人员及有关人员	Production, Transport Equipment Operators and Related Workers	47.8	51.5	50.7	49.3	47.7	48.7
其 他	Others	45.9	47.6	47.8	43.9	46.8	44.7
三、按受教育程度分组	**By Educational Attaiment**						
未上过学	No Schooling	44.1	43.6	40.7	36.1	35.2	35.5
小 学	Primary School	45.2	46.3	44.7	41.4	40.0	40.4
初 中	Junior Secondary School	46.8	48.9	47.9	45.7	44.5	44.5
高 中	Senior Secondary School	44.3	46.9	46.8	45.8	45.4	45.3
大 专	College	41.7	42.6	43.1	42.5	42.5	42.6
大学本科	University	41.0	41.4	41.5	41.3	41.3	41.3
研究生及以上	Graduate and Higher Level	40.6	40.6	40.9	41.3	40.6	40.7

3-27 续表 continued

单位：小时／周 (hours/per week)

分 组	Group	2004年11月 Nov.2004	2005年11月 Nov.2005	2006年11月 Nov.2006	2007年11月 Nov.2007	2008年11月 Nov.2008	2009年11月 Nov.2009
四、按行业分组	**By Sector**						
农、林、牧、渔业	Agriculture, Forestry, Animal Husbandry and Fishery	41.2	40.8	39.4	35.6	35.3	35.2
采矿业	Mining	43.6	44.8	44.1	43.2	42.8	42.9
制造业	Manufacturing	47.5	51.3	50.5	49.2	47.7	48.4
电力、燃气及水的生产和供应业	Production and Distribution of Electricity, Gas and Water	41.9	42.2	42.4	41.9	41.9	41.5
建筑业	Construction	44.3	47.7	47.9	46.0	44.8	45.4
交通运输、仓储和邮政业	Transport, Storage and Post	43.3	45.6	45.4	45.0	44.6	44.0
信息传输、计算机服务和软件业	Information Transmission, Computer Service and Software	42.9	45.3	46.0	44.5	44.8	43.8
批发和零售业	Wholesale and Retail Trades	49.7	52.2	52.0	50.4	49.2	49.1
住宿和餐饮业	Hotels and Catering Services	48.6	53.4	53.9	51.6	49.8	49.4
金融业	Financial Intermediation	41.6	42.2	42.3	42.2	42.0	41.6
房地产业	Real Estate	41.9	44.5	44.4	44.8	44.3	44.2
租赁和商务服务业	Leasing and Business Services	44.9	44.4	44.5	43.8	43.7	43.5
科学研究、技术服务和地质勘查业	Scientific Research, Technical Services and Geological Prospecting	42.0	41.8	41.6	41.6	41.8	43.0
水利、环境和公共设施管理业	Management of Water Conservancy, Environment and Public Facilities	42.0	45.4	43.8	44.5	44.2	44.4
居民服务和其他服务业	Services to Households and Other Services	46.3	51.9	51.4	49.2	47.9	48.0
教 育	Education	41.0	42.0	42.1	41.6	41.3	41.3
卫生、社会保障和社会福利业	Health, Social Securities and Social Welfare	42.7	43.9	44.5	43.7	43.5	43.3
文化、体育和娱乐业	Cultrue, Sports and Entertainment	44.1	46.1	46.0	44.6	45.5	46.5
公共管理和社会组织	Public Management and Social Organization	40.7	41.3	41.3	41.2	40.9	40.7
国际组织	International Organizations	39.7	41.7	40.0	40.0	40.0	40.0

3-28 按年龄、性别分的城镇就业人员工作时间构成

Working Hours of Urban Employed Persons by Age and Sex

单位：%　　(%)

年 龄 Age	城 镇 就业人员 Urban Employed Persons	1-8小时 1-8 Hours	9-19小时 9-19 Hours	20-39小时 20-39 Hours	40小时 40 Hours	41-48小时 41-48 Hours	48小时以上 48 Hours and Above
总计 Total	**100.0**	**0.6**	**2.1**	**14.2**	**34.2**	**18.5**	**30.5**
16-19	100.0	0.8	2.3	14.9	21.5	20.4	40.1
20-24	100.0	0.9	1.7	11.5	30.1	21.1	34.7
25-29	100.0	0.5	1.2	9.7	36.8	20.1	31.6
30-34	100.0	0.4	1.3	9.7	36.7	19.9	32.1
35-39	100.0	0.3	1.2	11.0	35.4	18.9	33.1
40-44	100.0	0.4	1.4	12.9	35.1	18.4	31.8
45-49	100.0	0.5	1.7	13.4	37.7	18.3	28.5
50-54	100.0	0.8	2.5	17.9	37.0	16.1	25.7
55-59	100.0	1.1	4.0	23.7	31.2	15.5	24.4
60-64	100.0	1.1	8.3	35.3	19.8	13.3	22.2
65+	100.0	2.5	13.3	41.5	18.2	10.0	14.5
男 Male	**100.0**	**0.4**	**1.3**	**11.3**	**34.5**	**19.2**	**33.2**
16-19	100.0	0.9	2.3	15.6	20.0	20.3	40.9
20-24	100.0	0.7	1.0	10.5	27.8	21.8	38.3
25-29	100.0	0.4	0.6	7.6	35.3	20.8	35.2
30-34	100.0	0.2	0.7	7.6	35.5	20.7	35.2
35-39	100.0	0.2	0.7	8.0	35.4	19.3	36.4
40-44	100.0	0.3	0.7	9.7	35.3	19.4	34.6
45-49	100.0	0.3	0.9	9.8	38.8	19.0	31.1
50-54	100.0	0.5	1.1	12.7	39.7	17.8	28.3
55-59	100.0	0.7	2.2	16.9	35.6	17.3	27.3
60-64	100.0	0.7	5.2	29.3	22.4	15.1	27.2
65+	100.0	1.6	11.4	39.2	19.5	11.6	16.7
女 Female	**100.0**	**0.8**	**3.1**	**17.7**	**33.9**	**17.5**	**27.1**
16-19	100.0	0.7	2.4	14.2	22.9	20.5	39.3
20-24	100.0	1.1	2.4	12.5	32.5	20.5	31.0
25-29	100.0	0.6	1.9	12.1	38.4	19.4	27.5
30-34	100.0	0.5	1.9	12.0	38.2	18.8	28.6
35-39	100.0	0.4	1.8	14.5	35.5	18.5	29.3
40-44	100.0	0.5	2.1	16.6	34.9	17.3	28.5
45-49	100.0	0.7	2.7	17.9	36.2	17.3	25.2
50-54	100.0	1.3	5.0	26.9	32.3	13.2	21.3
55-59	100.0	1.8	7.5	36.8	22.7	12.2	19.0
60-64	100.0	1.8	13.2	44.4	15.8	10.5	14.3
65+	100.0	4.0	16.7	45.7	15.9	7.2	10.6

3-29 按受教育程度、性别分的城镇就业人员工作时间构成

Working Hours of Urban Employed Persons by Educational Attainment and Sex

单位：% (%)

受教育程度	Educational Attainment	城镇就业人员 Urban Employed Persons	1-8小时 1-8 Hours	9-19小时 9-19 Hours	20-39小时 20-39 Hours	40小时 40 Hours	41-48小时 41-48 Hours	48小时以上 48 Hours and Above
总　计	**Total**	**100.0**	**0.6**	**2.1**	**14.2**	**34.2**	**18.5**	**30.5**
未上过学	No Schooling	100.0	1.7	10.1	37.1	17.4	11.6	22.1
小　学	Primary School	100.0	1.0	5.0	26.9	18.8	16.6	31.7
初　中	Junior Secondary School	100.0	0.7	2.1	15.4	24.4	19.5	37.9
高　中	Senior Secondary School	100.0	0.3	0.7	6.8	41.3	21.2	29.7
大学专科	College	100.0	0.3	0.2	5.4	64.8	16.4	12.9
大学本科	University	100.0	0.4	0.1	4.9	75.5	12.2	6.9
研究生及以上	Graduate and Higher Level	100.0	0.2	0.1	2.6	83.2	8.9	5.0
男	**Male**	**100.0**	**0.4**	**1.3**	**11.3**	**34.5**	**19.2**	**33.2**
未上过学	No Schooling	100.0	1.0	6.1	32.2	20.0	12.4	28.3
小　学	Primary School	100.0	0.7	3.7	21.6	19.6	17.9	36.5
初　中	Junior Secondary School	100.0	0.5	1.4	12.5	24.2	20.5	40.9
高　中	Senior Secondary School	100.0	0.3	0.5	6.4	40.1	21.1	31.7
大学专科	College	100.0	0.2	0.2	5.4	63.9	16.4	13.9
大学本科	University	100.0	0.4	0.1	4.8	74.5	12.7	7.4
研究生及以上	Graduate and Higher Level	100.0	0.2	0.1	2.8	81.8	9.4	5.6
女	**Female**	**100.0**	**0.8**	**3.1**	**17.7**	**33.9**	**17.5**	**27.1**
未上过学	No Schooling	100.0	2.0	11.9	39.3	16.3	11.2	19.4
小　学	Primary School	100.0	1.3	6.3	31.7	18.0	15.4	27.2
初　中	Junior Secondary School	100.0	0.9	3.1	19.2	24.6	18.1	34.0
高　中	Senior Secondary School	100.0	0.3	0.9	7.5	43.1	21.5	26.7
大学专科	College	100.0	0.3	0.3	5.4	66.0	16.3	11.7
大学本科	University	100.0	0.3	0.2	5.2	76.9	11.5	6.0
研究生及以上	Graduate and Higher Level	100.0	0.2		2.2	85.4	8.1	3.9

3-30 按户口性质、性别分的城镇就业人员工作时间构成

Working Hours of Urban Employed Persons by Household Registration and Sex

单位：%　　(%)

户口性质	Household Registration	城镇就业人员 Urban Employed Persons	1-8小时 1-8 Hours	9-19小时 9-19 Hours	20-39小时 20-39 Hours	40小时 40 Hours	41-48小时 41-48 Hours	48小时以上 48 Hours and Above
总　计	**Total**	**100.0**	**0.6**	**2.1**	**14.2**	**34.2**	**18.5**	**30.5**
农　业	Agriculture	100.0	0.9	3.4	20.3	20.6	18.7	36.1
非农业	Non-Agriculture	100.0	0.3	0.5	6.6	50.8	18.1	23.6
男	**Male**	**100.0**	**0.4**	**1.3**	**11.3**	**34.5**	**19.2**	**33.2**
农　业	Agriculture	100.0	0.6	2.2	16.1	20.4	20.2	40.6
非农业	Non-Agriculture	100.0	0.3	0.4	5.9	50.5	18.2	24.8
女	**Female**	**100.0**	**0.8**	**3.1**	**17.7**	**33.9**	**17.5**	**27.0**
农　业	Agriculture	100.0	1.2	4.9	25.3	20.8	17.0	30.8
非农业	Non-Agriculture	100.0	0.3	0.8	7.5	51.3	18.1	22.0

3-31 按就业身份、性别分的城镇就业人员工作时间构成

Working Hours of Urban Employed Persons by Employment Status and Sex

单位：%　　(%)

就业身份	Employment Status	城镇就业人员 Urban Employed Persons	1-8小时 1-8 Hours	9-19小时 9-19 Hours	20-39小时 20-39 Hours	40小时 40 Hours	41-48小时 41-48 Hours	48小时以上 48 Hours and Above
总　计	**Total**	**100.0**	**0.6**	**2.1**	**14.2**	**34.2**	**18.5**	**30.5**
雇　员	Employee	100.0	0.2	0.3	5.2	46.1	20.6	27.5
雇　主	Employer	100.0	0.2	0.4	4.9	22.1	16.9	55.6
自营劳动者	Self-Employed	100.0	1.2	4.9	28.0	19.3	15.8	30.7
家庭帮工	Unpaid Familial Worker	100.0	0.5	2.3	16.5	18.3	13.5	48.9
男	**Male**	**100.0**	**0.4**	**1.3**	**11.3**	**34.5**	**19.2**	**33.2**
雇　员	Employee	100.0	0.2	0.3	4.8	45.8	20.4	28.5
雇　主	Employer	100.0	0.2	0.4	4.7	21.7	17.4	55.6
自营劳动者	Self-Employed	100.0	0.8	3.0	22.1	19.5	17.9	36.7
家庭帮工	Unpaid Familial Worker	100.0	0.5	2.3	14.6	17.0	15.8	49.7
女	**Female**	**100.0**	**0.8**	**3.1**	**17.7**	**33.9**	**17.5**	**27.0**
雇　员	Employee	100.0	0.3	0.4	5.8	46.4	21.0	26.2
雇　主	Employer	100.0	0.2	0.6	5.2	23.0	15.3	55.7
自营劳动者	Self-Employed	100.0	1.7	7.2	35.0	19.1	13.4	23.6
家庭帮工	Unpaid Familial Worker	100.0	0.6	2.3	17.0	18.7	12.8	48.6

3-32 按行业、性别分的城镇就业人员工作时间构成

单位：%

项　目	Item	城　镇 就业人员 Urban Employed Persons	1-8小时 1-8 Hours
总　计	**Total**	**100.0**	**0.6**
农、林、牧、渔业	Agriculture,Forestry, Animal Husbandry and Fishery	100.0	1.6
采矿业	Mining	100.0	0.2
制造业	Manufacturing	100.0	0.3
电力、燃气及水的生产和供应业	Production and Distribution of Electricity,Gas and Water	100.0	0.3
建筑业	Construction	100.0	0.2
交通运输、仓储和邮政业	Transport,Storage and Post	100.0	0.2
信息传输、计算机服务和软件业	Information Transmission, Computer Service and Software	100.0	0.1
批发和零售业	Wholesale and Retail Trades	100.0	0.2
住宿和餐饮业	Hotels and Catering Services	100.0	0.2
金融业	Financial Intermediation	100.0	0.1
房地产业	Real Estate	100.0	0.1
租赁和商务服务业	Leasing and Business Services	100.0	0.2
科学研究、技术服务和地质勘查业	Scientific Research,Technical Services and Geologic Prospecting	100.0	0.8
水利、环境和公共设施管理业	Management of Water Conservancy,Environment and Public Facilities	100.0	0.5
居民服务和其他服务业	Services to Households and Other Services	100.0	0.2
教　育	Education	100.0	0.6
卫生、社会保障和社会福利业	Health,Social Securities and Social Welfare	100.0	0.2
文化、体育和娱乐业	Culture, Sports and Entertainment	100.0	0.1
公共管理和社会组织	Public Management and Social Organization	100.0	0.1
国际组织	International Organizations	100.0	
男	**Male**	**100.0**	**0.4**
农、林、牧、渔业	Agriculture,Forestry, Animal Husbandry and Fishery	100.0	1.1
采矿业	Mining	100.0	
制造业	Manufacturing	100.0	0.3
电力、燃气及水的生产和供应业	Production and Distribution of Electricity,Gas and Water	100.0	0.2
建筑业	Construction	100.0	0.2
交通运输、仓储和邮政业	Transport,Storage and Post	100.0	0.2
信息传输、计算机服务和软件业	Information Transmission, Computer Service and Software	100.0	0.1
批发和零售业	Wholesale and Retail Trades	100.0	0.2
住宿和餐饮业	Hotels and Catering Services	100.0	0.1
金融业	Financial Intermediation	100.0	0.0

Working Hours of Urban Employed Persons by Sector and Sex

(%)

9-19小时 9-19 Hours	20-39小时 20-39 Hours	40小时 40 Hours	41-48小时 41-48 Hours	48小时以上 48 Hours and Above
2.1	**14.2**	**34.2**	**18.5**	**30.5**
6.8	35.4	21.0	15.6	19.6
0.3	4.9	42.5	24.5	27.6
0.4	4.9	32.4	24.2	37.8
0.2	5.1	68.0	13.9	12.5
0.6	7.8	28.3	19.0	44.0
0.5	6.8	37.2	17.3	38.0
0.4	5.7	57.7	17.1	19.1
0.5	7.1	26.2	20.0	46.0
0.5	6.7	25.0	21.4	46.3
0.0	8.7	66.8	15.1	9.3
0.2	3.3	52.2	23.6	20.6
0.3	6.9	50.2	19.9	22.5
0.3	5.6	66.9	12.8	13.7
1.0	6.9	55.4	16.2	19.9
1.0	10.6	24.7	17.8	45.6
0.2	5.4	74.9	11.0	7.9
0.4	5.7	56.1	21.0	16.7
0.3	6.3	50.1	15.0	28.1
0.3	7.1	75.1	10.0	7.4
		75.0	25.0	
1.3	**11.3**	**34.5**	**19.2**	**33.2**
4.5	29.4	22.3	18.4	24.3
0.2	4.1	39.6	25.0	31.1
0.4	4.0	32.6	24.5	38.2
0.1	5.1	65.1	14.7	14.8
0.5	7.5	25.9	19.2	46.6
0.5	6.9	33.2	17.6	41.7
0.3	5.1	57.8	16.4	20.4
0.4	6.1	25.9	19.4	48.0
0.5	5.6	23.9	21.6	48.3
0.0	9.2	66.0	14.3	10.5

3-32 续表

单位：%

项目	Item	城镇就业人员 Urban Employed Persons	1-8小时 1-8 Hours
房地产业	Real Estate	100.0	
租赁和商务服务业	Leasing and Business Services	100.0	0.2
科学研究、技术服务和地质勘查业	Scientific Research,Technical Services and Geologic Prospecting	100.0	1.0
水利、环境和公共设施管理业	Management of Water Conservancy,Environment and Public Facilities	100.0	0.7
居民服务和其他服务业	Services to Households and Other Services	100.0	0.1
教　育	Education	100.0	0.6
卫生、社会保障和社会福利业	Health,Social Securities and Social Welfare	100.0	0.2
文化、体育和娱乐业	Culture, Sports and Entertainment	100.0	0.2
公共管理和社会组织	Public Management and Social Organization	100.0	0.1
国际组织	International Organizations	100.0	
女	**Female**	**100.0**	**0.8**
农、林、牧、渔业	Agriculture,Forestry, Animal Husbandry and Fishery	100.0	2.1
采矿业	Mining	100.0	0.8
制造业	Manufacturing	100.0	0.3
电力、燃气及水的生产和供应业	Production and Distribution of Electricity,Gas and Water	100.0	0.6
建筑业	Construction	100.0	0.5
交通运输、仓储和邮政业	Transport,Storage and Post	100.0	0.3
信息传输、计算机服务和软件业	Information Transmission, Computer Service and Software	100.0	0.1
批发和零售业	Wholesale and Retail Trades	100.0	0.2
住宿和餐饮业	Hotels and Catering Services	100.0	0.2
金融业	Financial Intermediation	100.0	0.2
房地产业	Real Estate	100.0	0.2
租赁和商务服务业	Leasing and Business Services	100.0	0.2
科学研究、技术服务和地质勘查业	Scientific Research,Technical Services and Geologic Prospecting	100.0	0.6
水利、环境和公共设施管理业	Management of Water Conservancy,Environment and Public Facilities	100.0	0.3
居民服务和其他服务业	Services to Households and Other Services	100.0	0.3
教　育	Education	100.0	0.5
卫生、社会保障和社会福利业	Health,Social Securities and Social Welfare	100.0	0.2
文化、体育和娱乐业	Culture, Sports and Entertainment	100.0	0.1
公共管理和社会组织	Public Management and Social Organization	100.0	0.1
国际组织	International Organizations	100.0	

continued

(%)

9-19小时 9-19 Hours	20-39小时 20-39 Hours	40小时 40 Hours	41-48小时 41-48 Hours	48小时以上 48 Hours and Above
0.3	3.1	49.7	23.8	23.1
0.1	5.1	48.5	20.8	25.3
0.2	6.0	67.8	12.8	12.4
1.2	5.9	59.7	15.3	17.1
0.8	9.1	24.2	17.7	48.0
0.1	4.9	75.3	10.7	8.3
0.5	6.2	51.5	21.9	19.6
0.3	6.1	51.4	15.1	26.9
0.2	6.4	74.3	10.8	8.2
		66.7	33.3	
3.1	**17.7**	**33.9**	**17.5**	**27.1**
9.0	41.2	19.8	12.8	15.1
0.5	8.1	54.0	22.5	14.3
0.5	6.1	32.1	23.8	37.1
0.3	5.1	74.0	12.2	7.8
0.8	9.5	41.8	18.0	29.5
0.4	6.5	56.1	16.1	20.6
0.4	6.5	57.7	18.1	17.1
0.5	7.9	26.5	20.5	44.3
0.5	7.6	26.0	21.2	44.6
	8.1	67.5	15.9	8.2
0.1	3.7	56.4	23.3	16.2
0.6	9.4	52.8	18.6	18.4
0.5	4.9	65.2	12.9	16.0
0.8	8.4	49.2	17.4	24.1
1.4	12.5	25.3	17.8	42.6
0.3	5.7	74.6	11.3	7.6
0.4	5.3	59.3	20.3	14.7
0.4	6.6	48.5	14.8	29.5
0.4	8.4	77.0	8.3	5.6
		100.0		

3-33 按职业、性别分的城镇就业人员工作时间构成

Working Hours of Urban Employed Persons by Occupation and Sex

单位：% (%)

职业	Occupation	城镇就业人员 Urban Employed Persons	1-8小时 1-8 Hours	9-19小时 9-19 Hours	20-39小时 20-39 Hours	40小时 40 Hours	41-48小时 41-48 Hours	48小时以上 48 Hours and Above
合　计	**Total**	**100.0**	**0.6**	**2.1**	**14.2**	**34.2**	**18.5**	**30.5**
单位负责人	Unit Head	100.0	0.1	0.5	4.5	43.4	17.4	34.1
专业技术人员	Technical Personnel	100.0	0.3	0.3	5.7	63.9	16.3	13.5
办事人员和有关人员	Clerk and Related Workers	100.0	0.2	0.2	5.2	65.3	15.1	14.0
商业、服务业人员	Business Service Personnel	100.0	0.2	0.6	7.6	28.1	20.0	43.6
农林牧渔水利业生产人员	Producers in the Sectors of Agriculture, Forestry, Animal Husbandry, Fishery and Water Conservancy	100.0	1.6	6.7	35.2	21.1	15.6	19.8
生产运输设备操作人员及有关人员	Production,Transport Equipment Operators and Related Workers	100.0	0.2	0.5	6.1	29.3	22.2	41.7
其　他	Others	100.0	0.2	1.6	8.9	38.2	16.7	34.5
男	**Male**	**100.0**	**0.4**	**1.3**	**11.3**	**34.5**	**19.2**	**33.2**
单位负责人	Unit Head	100.0	0.1	0.5	4.3	42.9	17.5	34.7
专业技术人员	Technical Personnel	100.0	0.3	0.2	5.5	62.0	16.4	15.4
办事人员和有关人员	Clerk and Related Workers	100.0	0.2	0.2	4.9	62.9	15.8	16.1
商业、服务业人员	Business Service Personnel	100.0	0.2	0.5	6.7	28.2	19.5	44.9
农林牧渔水利业生产人员	Producers in the Sectors of Agriculture, Forestry, Animal Husbandry, Fishery and Water Conservancy	100.0	1.2	4.4	29.1	22.4	18.4	24.5
生产运输设备操作人员及有关人员	Production,Transport Equipment Operators and Related Workers	100.0	0.2	0.5	5.7	28.9	22.0	42.8
其　他	Others	100.0	0.3	1.5	7.0	36.8	15.5	39.0
女	**Female**	**100.0**	**0.8**	**3.1**	**17.7**	**33.9**	**17.5**	**27.1**
单位负责人	Unit Head	100.0	0.3	0.6	5.0	45.0	16.9	32.1
专业技术人员	Technical Personnel	100.0	0.3	0.3	5.9	65.7	16.2	11.6
办事人员和有关人员	Clerk and Related Workers	100.0	0.2	0.3	5.8	70.0	13.6	10.0
商业、服务业人员	Business Service Personnel	100.0	0.2	0.6	8.5	27.9	20.5	42.2
农林牧渔水利业生产人员	Producers in the Sectors of Agriculture, Forestry, Animal Husbandry, Fishery and Water Conservancy	100.0	2.1	8.9	41.0	19.8	12.9	15.3
生产运输设备操作人员及有关人员	Production,Transport Equipment Operators and Related Workers	100.0	0.2	0.6	7.0	30.1	22.6	39.4
其　他	Others	100.0		1.7	12.2	40.9	18.7	26.5

3-34 按年龄、性别分的城镇失业人员失业原因构成
Reason for Unemployment of Urban Unemployed Persons by Age and Sex

单位：% (%)

年龄 Age	城镇失业人员 Urban Unemployed Persons	离退休 Retired	料理家务 Do Housework	毕业后未工作 Job-off After Graduated	因单位原因失去工作 Lost Job for Working Unit Reasons	因个人原因失去工作 Lost Job for Individual Reasons	承包土地被征用 Land Expropriated	其他 Others
总计 Total	**100.0**	**2.2**	**12.9**	**23.3**	**27.5**	**19.9**	**3.3**	**10.9**
16-19	100.0		2.0	74.7	2.7	10.8		9.7
20-24	100.0		3.8	62.6	5.4	16.1	1.3	10.8
25-29	100.0	0.1	14.4	28.0	11.5	29.8	3.0	13.3
30-34	100.0		21.4	4.5	25.8	29.0	4.2	14.9
35-39	100.0	0.1	22.1	1.8	38.4	22.0	3.2	12.4
40-44	100.0	0.3	18.4	0.6	48.7	18.0	5.6	8.3
45-49	100.0	2.0	12.8	0.1	55.8	16.0	4.5	8.8
50-54	100.0	10.4	7.4		54.3	14.6	5.0	8.2
55-59	100.0	16.3	12.8		48.9	13.1	3.2	5.8
60-64	100.0	50.0	20.0	2.9	4.3	2.9	7.1	12.9
65+	100.0	61.5	7.7		7.7	5.8	7.7	9.6
男 Male	**100.0**	**2.1**	**2.0**	**28.1**	**30.3**	**20.9**	**3.5**	**13.0**
16-19	100.0		1.7	75.7	3.7	10.1		8.8
20-24	100.0		0.7	67.5	3.8	15.4	1.0	11.4
25-29	100.0		2.0	36.3	11.8	30.9	3.6	15.4
30-34	100.0		1.3	6.5	35.8	32.8	5.9	17.7
35-39	100.0		2.0	1.8	43.5	27.9	5.0	19.8
40-44	100.0	0.5	3.1	0.7	54.7	23.4	6.4	11.2
45-49	100.0		1.5	0.2	59.6	19.7	4.7	14.2
50-54	100.0	4.2	3.4		62.4	15.7	4.2	10.1
55-59	100.0	10.7	4.7		62.7	13.7	1.3	6.9
60-64	100.0	64.1	2.6		7.7	2.6	12.8	10.3
65+	100.0	68.6	5.7		8.6		11.4	5.7
女 Female	**100.0**	**2.3**	**23.2**	**18.8**	**24.8**	**18.9**	**3.0**	**9.0**
16-19	100.0		2.0	74.0	1.6	11.6		10.8
20-24	100.0		7.7	56.3	7.4	17.0	1.7	10.0
25-29	100.0	0.1	24.6	21.1	11.3	28.9	2.4	11.6
30-34	100.0		33.7	3.3	19.9	26.7	3.2	13.2
35-39	100.0	0.1	34.6	1.7	35.3	18.3	2.1	7.7
40-44	100.0	0.3	29.2	0.3	44.6	14.2	5.0	6.3
45-49	100.0	3.6	21.3		52.9	13.2	4.3	4.7
50-54	100.0	26.6	17.5		33.6	11.9	7.0	3.5
55-59	100.0	33.8	36.3		7.5	11.3	8.8	2.5
60-64	100.0	35.5	38.7	6.5		3.2	3.2	12.9
65+	100.0	44.4	11.1		11.1	16.7		16.7

3-35 按失业原因、性别分的城镇失业人员年龄构成
Age Composition of Urban Unemployed Persons by Reason and Sex

单位：% (%)

年 龄 Age	城镇失业人员 Urban Unemployed Persons	离退休 Retired	料理家务 Do Housework	毕业后未工作 Job-off After Graduated	因单位原因失去工作 Lost Job for Working Unit Reasons	因个人原因失去工作 Lost Job for Individual Reasons	承包土地被征用 Land Expropriated	其他 Others
总计 Total	**100.0**	**100.0**	**100.0**	**100.0**	**100.0**	**100.0**	**100.0**	**100.0**
16-19	6.2		1.0	20.0	0.6	3.4		5.5
20-24	21.9		6.4	58.7	4.3	17.8	8.8	21.6
25-29	14.8	0.5	16.4	17.7	6.2	22.1	13.7	18.0
30-34	11.1		18.4	2.2	10.4	16.2	14.4	15.1
35-39	13.1	0.5	22.4	1.0	18.3	14.5	13.0	14.8
40-44	11.6	2.0	16.6	0.3	20.6	10.5	20.0	8.9
45-49	10.6	9.7	10.5	0.0	21.6	8.6	14.7	8.6
50-54	5.7	27.0	3.3		11.3	4.2	8.8	4.3
55-59	3.6	26.0	3.5		6.4	2.4	3.5	1.9
60-64	0.8	17.9	1.2	0.1	0.1	0.1	1.8	0.9
65+	0.6	16.3	0.4		0.2	0.2	1.4	0.5
男 Male	**100.0**	**100.0**	**100.0**	**100.0**	**100.0**	**100.0**	**100.0**	**100.0**
16-19	7.0		5.9	18.7	0.9	3.4		4.7
20-24	25.1		9.4	60.4	3.2	18.6	7.4	22.0
25-29	13.8		14.1	17.8	5.4	20.3	14.2	16.2
30-34	8.8		5.9	2.0	10.3	13.8	14.9	11.9
35-39	10.4		10.6	0.7	15.0	14.0	14.9	15.9
40-44	9.9	2.2	16.5	0.3	17.8	11.0	17.6	8.5
45-49	9.4		7.1	0.1	18.5	8.9	12.8	10.3
50-54	8.4	16.5	14.1		17.2	6.3	10.1	6.5
55-59	5.5	27.5	12.9		11.3	3.6	2.0	2.9
60-64	0.9	27.5	1.2		0.2	0.1	3.4	0.7
65+	0.8	26.4	2.4		0.2		2.7	0.4
女 Female	**100.0**	**100.0**	**100.0**	**100.0**	**100.0**	**100.0**	**100.0**	**100.0**
16-19	5.5		0.5	21.9	0.4	3.4		6.7
20-24	18.8		6.2	56.4	5.6	16.9	10.2	21.0
25-29	15.7	0.9	16.6	17.6	7.1	23.9	12.4	20.3
30-34	13.3		19.3	2.4	10.6	18.8	13.9	19.6
35-39	15.6	0.9	23.3	1.4	22.3	15.1	10.9	13.4
40-44	13.3	1.9	16.7	0.2	23.9	10.0	22.6	9.4
45-49	11.8	17.9	10.8		25.1	8.2	16.8	6.2
50-54	3.2	34.9	2.4		4.3	2.0	7.3	1.2
55-59	1.8	25.5	2.8		0.5	1.1	5.1	0.5
60-64	0.7	10.4	1.1	0.2		0.1	0.7	1.0
65+	0.4	7.5	0.2		0.2	0.4		0.7

3-36 按受教育程度、性别分的城镇失业人员失业原因构成

Reason for Unemployment of Urban Unemployed Persons by Educational Attainment and Sex

单位：% (%)

受教育程度	Educational Attainment	城镇失业人员 Urban Unemployed Persons	离退休 Retired	料理家务 Do Housework	毕业后未工作 Job-off After Graduated	因单位原因失去工作 Lost Job for Working Unit Reasons	因个人原因失去工作 Lost Job for Individual Reasons	承包土地被征用 Land Expropriated	其他 Others
总计	**Total**	**100.0**	**2.2**	**12.9**	**23.3**	**27.5**	**19.9**	**3.3**	**10.9**
未上过学	No Schooling	100.0		23.8	4.8	20.6	27.0	12.7	11.1
小学	Primary School	100.0	4.7	20.1	3.7	20.4	26.8	9.7	14.7
初中	Junior Secondary School	100.0	2.5	16.7	13.1	30.0	20.7	4.4	12.6
高中	Senior Secondary School	100.0	2.2	11.3	24.3	32.5	18.2	1.3	10.2
大学专科	College	100.0	1.1	5.4	47.1	17.3	19.6	1.8	7.6
大学本科	University	100.0	0.8	2.4	62.8	13.2	14.4		6.4
研究生及以上	Graduate and Higher Level	100.0			59.1	18.2	13.6		9.1
男	**Male**	**100.0**	**2.1**	**2.0**	**28.1**	**30.3**	**20.9**	**3.5**	**13.0**
未上过学	No Schooling	100.0		13.0	4.3	21.7	26.1	21.7	13.0
小学	Primary School	100.0	6.1	5.4	5.4	26.3	28.1	9.0	19.8
初中	Junior Secondary School	100.0	2.1	2.4	17.0	35.0	23.1	5.1	15.3
高中	Senior Secondary School	100.0	1.7	1.4	30.8	33.8	18.4	1.6	12.4
大学专科	College	100.0	2.0	1.1	50.0	18.6	20.3	1.3	6.8
大学本科	University	100.0	1.1	0.7	65.3	11.2	13.4		8.2
研究生及以上	Graduate and Higher Level	100.0			66.7	20.0	13.3		
女	**Female**	**100.0**	**2.3**	**23.2**	**18.8**	**24.8**	**18.9**	**3.0**	**9.0**
未上过学	No Schooling	100.0		32.5	5.0	20.0	27.5	7.5	7.5
小学	Primary School	100.0	3.4	32.8	2.2	15.0	25.9	10.3	10.3
初中	Junior Secondary School	100.0	2.9	29.9	9.4	25.5	18.5	3.8	10.1
高中	Senior Secondary School	100.0	2.7	20.6	18.3	31.2	18.1	1.1	8.1
大学专科	College	100.0	0.2	9.8	44.7	16.0	18.9	2.3	8.2
大学本科	University	100.0	0.4	4.7	59.7	15.5	15.5		4.3
研究生及以上	Graduate and Higher Level	100.0			42.9		28.6		28.6

3-37 按失业原因、性别分的城镇失业人员受教育程度构成

Educational Attainment of Urban Unemployed Persons by Reason and Sex

单位：% (%)

受教育程度	Educational Attainment	城镇失业人员 Urban Unemployed Persons	离退休 Retired	料理家务 Do Housework	毕业后未工作 Job-off After Graduated	因单位原因失去工作 Lost Job for Working Unit Reasons	因个人原因失去工作 Lost Job for Individual Reasons	承包土地被征用 Land Expropriated	其他 Others
总计	**Total**	**100.0**	**100.0**	**100.0**	**100.0**	**100.0**	**100.0**	**100.0**	**100.0**
未上过学	No Schooling	0.7		1.3	0.1	0.5	1.0	2.8	0.7
小学	Primary School	6.8	14.3	10.6	1.1	5.1	9.2	20.4	9.2
初中	Junior Secondary School	41.4	46.4	53.3	23.2	45.2	43.2	56.5	47.6
高中	Senior Secondary School	32.3	31.1	28.3	33.7	38.2	29.7	13.3	30.2
大学专科	College	12.8	6.1	5.4	25.9	8.1	12.7	7.0	8.9
大学本科	University	5.7	2.0	1.1	15.4	2.7	4.1		3.3
研究生及以上	Graduate and Higher Level	0.3			0.6	0.2	0.2		0.2
男	**Male**	**100.0**	**100.0**	**100.0**	**100.0**	**100.0**	**100.0**	**100.0**	**100.0**
未上过学	No Schooling	0.5		3.5	0.1	0.4	0.7	3.4	0.5
小学	Primary School	6.5	18.7	17.6	1.3	5.7	8.8	16.9	9.9
初中	Junior Secondary School	41.0	40.7	47.1	24.7	47.4	45.3	60.1	48.2
高中	Senior Secondary School	32.1	25.3	22.4	35.1	35.9	28.3	14.9	30.5
大学专科	College	13.1	12.1	7.1	23.3	8.1	12.7	4.7	6.9
大学本科	University	6.3	3.3	2.4	14.6	2.3	4.1		4.0
研究生及以上	Graduate and Higher Level	0.4			0.8	0.2	0.2		
女	**Female**	**100.0**	**100.0**	**100.0**	**100.0**	**100.0**	**100.0**	**100.0**	**100.0**
未上过学	No Schooling	0.9		1.2	0.2	0.7	1.3	2.2	0.7
小学	Primary School	7.1	10.4	10.0	0.8	4.3	9.7	24.1	8.2
初中	Junior Secondary School	41.7	50.9	53.7	20.9	42.8	41.0	52.6	47.3
高中	Senior Secondary School	32.5	36.8	28.8	31.7	40.8	31.1	11.7	29.5
大学专科	College	12.5	0.9	5.3	29.7	8.0	12.4	9.5	11.4
大学本科	University	5.2	0.9	1.1	16.4	3.2	4.2		2.5
研究生及以上	Graduate and Higher Level	0.2			0.4		0.2		0.5

3-38 按年龄、性别分的城镇失业人员受教育程度构成

Educational Attainment of Urban Unemployed Persons by Age and Sex

单位：% (%)

年龄 Age	城镇失业人员 Urban Unemployed Persons	未上过学 No Schooling	小学 Primary School	初中 Junior Secondary School	高中 Senior Secondary School	大学专科 College	大学本科 University	研究生及以上 Graduate and Higher Level
总计 Total	**100.0**	**0.7**	**6.8**	**41.4**	**32.3**	**12.8**	**5.7**	**0.3**
16-19	100.0	0.5	2.7	52.2	39.4	4.6	0.5	
20-24	100.0	0.2	2.0	27.9	32.1	25.1	12.6	0.2
25-29	100.0	0.4	3.1	31.2	29.9	21.8	12.7	0.9
30-34	100.0	0.6	6.0	44.2	34.9	10.5	3.5	0.3
35-39	100.0	0.7	7.8	49.2	32.7	8.2	1.4	
40-44	100.0	0.4	8.4	52.4	31.0	5.8	1.6	0.3
45-49	100.0	1.1	9.1	47.0	36.5	4.7	1.6	
50-54	100.0	1.6	15.4	46.1	33.1	3.0	0.8	
55-59	100.0	3.8	19.8	54.6	17.9	2.6	1.3	
60-64	100.0	1.4	38.6	32.9	17.1	8.6	1.4	
65+	100.0	1.9	36.5	28.8	21.2	7.7	3.8	
男 Male	**100.0**	**0.5**	**6.5**	**41.0**	**32.1**	**13.1**	**6.3**	**0.4**
16-19	100.0	0.7	3.4	55.7	37.2	2.4	0.7	
20-24	100.0	0.1	2.4	27.2	34.7	22.7	12.5	0.2
25-29	100.0	0.5	3.8	28.0	29.7	23.7	13.1	1.2
30-34	100.0	0.8	6.7	41.9	33.3	12.6	4.3	0.3
35-39	100.0	0.9	6.5	47.5	34.0	8.6	2.5	
40-44	100.0	0.5	8.6	52.7	27.4	7.9	2.1	0.7
45-49	100.0	0.2	6.0	49.1	36.2	5.5	3.0	
50-54	100.0	0.8	12.4	49.7	32.9	3.7	0.6	
55-59	100.0	1.3	16.3	58.8	18.9	3.4	1.3	
60-64	100.0		33.3	35.9	17.9	10.3	2.6	
65+	100.0	2.9	28.6	34.3	17.1	11.4	5.7	
女 Female	**100.0**	**0.9**	**7.1**	**41.7**	**32.5**	**12.5**	**5.2**	**0.2**
16-19	100.0	0.4	2.0	47.6	42.0	7.2	0.8	
20-24	100.0	0.4	1.4	28.7	28.7	28.1	12.5	0.1
25-29	100.0	0.3	2.5	33.8	30.3	20.2	12.4	0.6
30-34	100.0	0.5	5.5	45.6	35.7	9.2	3.2	0.3
35-39	100.0	0.6	8.7	50.2	31.9	7.9	0.7	
40-44	100.0	0.3	8.3	52.3	33.6	4.3	1.2	
45-49	100.0	1.7	11.5	45.4	36.7	4.1	0.6	
50-54	100.0	3.5	23.1	37.8	32.9	1.4	1.4	
55-59	100.0	12.5	30.0	41.3	15.0		1.3	
60-64	100.0	3.2	45.2	29.0	16.1	6.5		
65+	100.0		50.0	22.2	27.8			

3-39 按受教育程度、性别分的城镇失业人员年龄构成

Age Composition of Urban Unemployed Persons by Educational Attainment and Sex

单位：%　　　　　　　　　　　　　　　　　　　　　　　　　　　　　　　　　　　(%)

年龄 Age	城镇失业人员 Urban Unemployed Persons	未上过学 No Schooling	小学 Primary School	初中 Junior Secondary School	高中 Senior Secondary School	大学专科 College	大学本科 University	研究生及以上 Graduate and Higher Level
总计 Total	**100.0**	**100.0**	**100.0**	**100.0**	**100.0**	**100.0**	**100.0**	**100.0**
16-19	6.2	4.8	2.5	7.9	7.6	2.2	0.6	
20-24	21.9	6.3	6.4	14.8	21.7	42.9	48.2	13.6
25-29	14.8	7.9	6.7	11.1	13.7	25.2	32.8	54.5
30-34	11.1	9.5	9.7	11.8	12.0	9.1	6.8	18.2
35-39	13.1	12.7	15.1	15.6	13.3	8.4	3.2	
40-44	11.6	6.3	14.5	14.7	11.2	5.3	3.2	13.6
45-49	10.6	15.9	14.2	12.1	12.0	3.9	3.0	
50-54	5.7	12.7	12.9	6.3	5.8	1.3	0.8	
55-59	3.6	20.6	10.4	4.7	2.0	0.7	0.8	
60-64	0.8	1.6	4.5	0.6	0.4	0.5	0.2	
65+	0.6	1.6	3.2	0.4	0.4	0.4	0.4	
男 Male	**100.0**	**100.0**	**100.0**	**100.0**	**100.0**	**100.0**	**100.0**	**100.0**
16-19	7.0	8.7	3.6	9.5	8.1	1.3	0.7	
20-24	25.1	4.3	9.4	16.7	27.2	43.5	49.6	13.3
25-29	13.8	13.0	7.9	9.4	12.7	24.9	28.7	53.3
30-34	8.8	13.0	9.0	9.0	9.1	8.4	6.0	6.7
35-39	10.4	17.4	10.4	12.1	11.1	6.8	4.1	
40-44	9.9	8.7	12.9	12.6	8.4	5.9	3.4	26.7
45-49	9.4	4.3	8.6	11.3	10.6	3.9	4.5	
50-54	8.4	13.0	16.2	10.1	8.6	2.3	0.7	
55-59	5.5	13.0	13.7	7.9	3.2	1.4	1.1	
60-64	0.9		4.7	0.8	0.5	0.7	0.4	
65+	0.8	4.3	3.6	0.7	0.4	0.7	0.7	
女 Female	**100.0**	**100.0**	**100.0**	**100.0**	**100.0**	**100.0**	**100.0**	**100.0**
16-19	5.5	2.5	1.6	6.3	7.2	3.2	0.9	
20-24	18.8	7.5	3.8	12.9	16.6	42.3	45.5	14.3
25-29	15.7	5.0	5.6	12.7	14.6	25.4	37.8	57.1
30-34	13.3	7.5	10.3	14.5	14.6	9.8	8.2	28.6
35-39	15.6	10.0	19.1	18.8	15.3	10.0	2.1	
40-44	13.3	5.0	15.6	16.6	13.7	4.6	3.0	
45-49	11.8	22.5	19.1	12.8	13.3	3.9	1.3	
50-54	3.2	12.5	10.3	2.9	3.2	0.4	0.9	
55-59	1.8	25.0	7.5	1.8	0.8		0.4	
60-64	0.7	2.5	4.4	0.5	0.3	0.4		
65+	0.4		2.8	0.2	0.3			

3-40 按年龄、性别分的城镇失业人员寻找工作方式构成

Method of Job-seeking of Urban Unemployed Persons by Age and Sex

单位：% (%)

年 龄 Age	城 镇 失业人员 Urban Unemployed Persons	在职业介绍机构登记 Register in Employment Agency Office	委托亲友找工作 Ask Friends and Relatives about Job	参加招聘会 Take Part in Employment Advertise Meeting	应答或刊登广告 Answer the Wanted Ad. or Advertise for the job	为自己经营作准备 Prepare for Own Business	其 他 Others
总计 Total	**100.0**	**11.3**	**53.5**	**11.6**	**2.6**	**6.0**	**15.0**
16-19	100.0	9.0	60.3	12.1	2.7	3.8	12.1
20-24	100.0	13.3	40.5	25.4	2.6	5.5	12.7
25-29	100.0	12.1	45.9	15.7	5.5	6.8	14.0
30-34	100.0	11.0	56.2	6.5	3.5	6.7	16.2
35-39	100.0	9.8	58.7	5.5	1.6	7.6	16.9
40-44	100.0	9.9	62.7	6.1	0.8	6.2	14.2
45-49	100.0	11.4	60.4	4.0	1.6	5.6	17.1
50-54	100.0	11.4	60.5	5.0	2.2	6.8	14.0
55-59	100.0	10.2	61.7	3.5	1.9	1.9	20.8
60-64	100.0	2.9	54.3	1.4	2.9	2.9	35.7
65+	100.0	9.6	61.5	1.9	1.9	3.8	21.2
男 Male	**100.0**	**12.1**	**50.9**	**12.4**	**2.2**	**7.5**	**14.8**
16-19	100.0	8.8	62.2	10.8	3.0	4.7	10.5
20-24	100.0	13.8	40.8	25.3	1.7	5.6	12.8
25-29	100.0	13.7	42.0	18.3	3.9	8.4	13.8
30-34	100.0	10.5	52.4	6.2	3.2	11.6	16.1
35-39	100.0	13.1	49.5	5.4	1.4	11.5	19.1
40-44	100.0	7.9	61.3	5.7	1.2	10.3	13.6
45-49	100.0	12.7	57.9	3.7	1.7	7.0	17.0
50-54	100.0	12.4	60.7	5.6	1.4	7.0	12.9
55-59	100.0	13.7	57.1	4.7	2.6	2.1	19.7
60-64	100.0		64.1		2.6		33.3
65+	100.0	11.4	60.0		2.9	5.7	20.0
女 Female	**100.0**	**10.5**	**55.8**	**10.9**	**3.0**	**4.6**	**15.2**
16-19	100.0	9.2	58.0	13.6	2.4	2.8	14.0
20-24	100.0	12.9	40.1	25.4	3.7	5.3	12.6
25-29	100.0	10.9	49.1	13.6	6.8	5.5	14.0
30-34	100.0	11.4	58.6	6.5	3.7	3.7	16.2
35-39	100.0	7.8	64.5	5.5	1.7	5.1	15.5
40-44	100.0	11.4	63.6	6.3	0.5	3.3	14.9
45-49	100.0	10.4	62.1	4.1	1.5	4.7	17.1
50-54	100.0	9.1	59.4	3.5	4.2	6.3	17.5
55-59	100.0		75.0			1.3	23.8
60-64	100.0	6.5	38.7	3.2	6.5	6.5	38.7
65+	100.0	11.1	61.1	5.6			22.2

3-41 按受教育程度、性别分的城镇失业人员寻找工作方式构成

Method of Job-seeking of Urban Unemployed Persons by Educational Attainment and Sex

单位：% (%)

受教育程度	Educational Attainment	城镇失业人员 Urban Unemployed Persons	在职业介绍机构登记 Register in Employment Agency Office	委托亲友找工作 Ask Friends and Relatives about Job	参加招聘会 Take Part in Employment Advertise Meeting	应答或刊登广告 Answer the Wanted Ad. or Advertise for the job	为自己经营作准备 Prepare for Own Business	其他 Others
总计	**Total**	**100.0**	**11.3**	**53.5**	**11.6**	**2.6**	**6.0**	**15.0**
未上过学	No Schooling	100.0	3.2	84.1	1.6	4.8	3.2	3.2
小学	Primary School	100.0	6.0	64.5	2.3	1.8	7.2	18.1
初中	Junior Secondary School	100.0	9.0	60.4	5.3	2.3	6.1	16.8
高中	Senior Secondary School	100.0	12.1	54.8	10.2	2.6	5.4	14.8
大学专科	College	100.0	16.5	33.1	27.9	3.7	6.3	12.4
大学本科	University	100.0	18.4	24.8	39.4	2.8	7.2	7.4
研究生及以上	Graduate and Higher Level	100.0	9.1	31.8	45.5	4.5		9.1
男	**Male**	**100.0**	**12.1**	**50.9**	**12.4**	**2.2**	**7.5**	**14.8**
未上过学	No Schooling	100.0	4.3	87.0		8.7		
小学	Primary School	100.0	6.1	65.5	2.9	0.7	10.4	14.4
初中	Junior Secondary School	100.0	10.0	57.5	5.2	1.4	7.7	18.0
高中	Senior Secondary School	100.0	13.8	53.2	9.9	2.3	7.0	13.8
大学专科	College	100.0	15.8	31.0	29.6	3.9	7.9	11.8
大学本科	University	100.0	16.8	21.6	44.0	3.4	6.3	7.8
研究生及以上	Graduate and Higher Level	100.0	6.7	26.7	60.0	6.7		
女	**Female**	**100.0**	**10.5**	**55.8**	**10.9**	**3.0**	**4.6**	**15.2**
未上过学	No Schooling	100.0	2.5	82.5	2.5	2.5	5.0	5.0
小学	Primary School	100.0	5.9	64.1	1.6	2.8	4.4	21.3
初中	Junior Secondary School	100.0	8.1	63.1	5.4	3.1	4.7	15.7
高中	Senior Secondary School	100.0	10.6	56.3	10.5	3.0	3.8	15.8
大学专科	College	100.0	17.3	35.2	26.3	3.4	4.8	13.0
大学本科	University	100.0	20.2	28.3	33.9	2.1	8.6	6.9
研究生及以上	Graduate and Higher Level	100.0	14.3	28.6	28.6			28.6

3-42 按年龄、性别分的城镇失业人员失业前的行业构成

Sector of Urban Unemployed Persons (Prior to Unemployment) by Age and Sex

单位：% (%)

年 龄 Age	城 镇 失业人员 Urban Unemployed Persons	农、林、牧、渔业 Agriculture, Forestry, Animal Husbandry and Fishery	采矿业 Mining	制造业 Manufacturing	电力、燃气及水的生产和供应业 Production and Distribution of Electricity, Gas and Water	建筑业 Construction	交通运输、仓储和邮政业 Transport, Storage and Post
总计 Total	**100.0**	**9.0**	**2.1**	**32.3**	**0.9**	**5.8**	**5.4**
16-19	100.0	12.1		28.0		4.7	4.7
20-24	100.0	6.1	1.1	27.0	0.5	4.7	5.2
25-29	100.0	5.6	1.1	26.2	0.7	5.7	4.1
30-34	100.0	5.5	1.3	29.2	0.8	4.1	5.8
35-39	100.0	6.7	3.1	34.4	1.2	6.2	5.2
40-44	100.0	8.2	2.0	37.4	1.4	6.6	5.4
45-49	100.0	8.2	2.1	37.1	1.3	6.8	7.4
50-54	100.0	17.1	2.7	31.7	0.2	7.3	5.0
55-59	100.0	21.2	4.2	37.9	0.8	5.3	5.3
60-64	100.0	33.3	12.3	24.6		3.5	3.5
65+	100.0	55.3	2.1	8.5		2.1	2.1
男 Male	**100.0**	**9.1**	**2.7**	**33.3**	**1.0**	**9.2**	**8.3**
16-19	100.0	5.2		36.2		8.6	8.6
20-24	100.0	4.8	0.4	25.7	0.7	8.2	8.9
25-29	100.0	6.4	1.0	26.8	0.6	10.9	7.3
30-34	100.0	5.7	2.0	31.0	1.0	5.3	10.0
35-39	100.0	6.4	3.8	34.2	1.5	9.4	7.9
40-44	100.0	7.8	3.6	36.5	1.6	11.9	7.3
45-49	100.0	5.2	3.0	38.4	1.1	11.3	11.6
50-54	100.0	14.4	2.2	36.1	0.3	9.4	6.6
55-59	100.0	16.3	4.3	40.2	1.0	6.7	6.7
60-64	100.0	38.9	13.9	22.2		5.6	2.8
65+	100.0	62.5	3.1	12.5		3.1	3.1
女 Female	**100.0**	**9.0**	**1.6**	**31.4**	**0.9**	**2.9**	**3.0**
16-19	100.0	20.8		18.8			
20-24	100.0	7.7	1.7	27.5	0.7	1.4	2.1
25-29	100.0	5.0	1.1	25.3	0.7	2.0	1.8
30-34	100.0	5.2	0.8	28.3	0.6	3.6	3.2
35-39	100.0	7.0	2.7	34.6	0.8	4.3	3.5
40-44	100.0	8.5	0.8	38.0	1.4	2.7	4.1
45-49	100.0	10.6	1.5	36.5	1.7	3.3	4.2
50-54	100.0	22.5	4.2	19.2	0.8	1.7	0.8
55-59	100.0	36.4	3.6	27.3		1.8	
60-64	100.0	28.6	4.8	28.6			4.8
65+	100.0	40.0		6.7			

3-42 续表 1 continued

单位：%　　　　　　　　　　　　　　　　　　　　　　　　　　　　　　　(%)

年龄 Age	信息传输、计算机服务和软件业 Information Transmission, Computer Service and Software	批发和零售业 Wholesale and Retail Trades	住宿和餐饮业 Hotels and Catering Services	金融业 Financial Intermediation	房地产业 Real Estate	租赁和商务服务业 Leasing and Business Services	科学研究、技术服务和地质勘查业 Scientific Research, Technical Services,and Geological Prospecting
总计 Total	**1.2**	**20.8**	**6.5**	**1.3**	**2.1**	**1.8**	**0.5**
16-19	2.8	13.1	17.8	1.9	0.9	1.9	
20-24	4.0	20.5	12.2	3.1	2.2	1.8	0.7
25-29	3.3	27.5	6.1	2.6	1.9	2.5	0.4
30-34	1.1	29.2	5.8	0.9	1.8	1.9	0.8
35-39	0.5	21.5	7.7	0.9	1.8	1.6	0.7
40-44	0.6	18.8	5.5	0.6	2.4	1.5	
45-49	0.1	17.1	4.8	1.3	3.3	1.3	0.6
50-54	0.2	14.4	5.2	0.9	1.1	2.1	0.5
55-59		10.6	2.3		3.0	1.9	
60-64		7.0	1.8			1.8	
65+		14.9					
男 Male	**1.3**	**14.8**	**4.7**	**1.2**	**2.5**	**2.2**	**0.3**
16-19	1.7	12.1	10.3	3.4		1.7	
20-24	3.3	16.7	9.7	3.3	3.7	2.2	0.4
25-29	5.4	15.3	4.2	2.6	2.2	2.9	
30-34	1.3	19.7	7.0	0.3	1.3	2.3	0.3
35-39	0.5	16.3	5.4	0.8	2.6	1.8	1.0
40-44	0.8	13.7	5.2	0.5	2.1	2.8	
45-49		13.5	1.9	1.4	4.7	1.7	0.3
50-54		14.1	2.2	1.3	1.3	1.9	0.3
55-59		11.5	2.4		3.8	2.4	
60-64						2.8	
65+		3.1					
女 Female	**1.2**	**26.0**	**8.0**	**1.3**	**1.8**	**1.4**	**0.6**
16-19	2.1	14.6	27.1		2.1	2.1	
20-24	4.2	23.3	15.0	2.8	0.7	1.4	1.0
25-29	2.0	35.9	7.7	2.7	1.6	2.3	0.7
30-34	1.0	35.1	4.8	1.2	2.0	1.6	0.8
35-39	0.7	24.8	9.2	1.2	1.3	1.5	0.5
40-44	0.6	22.8	5.8	0.6	2.7	0.6	
45-49	0.2	19.6	6.7	1.3	2.3	1.0	0.8
50-54	0.8	15.8	13.3		0.8	2.5	0.8
55-59		9.1	1.8				
60-64		19.0	4.8				
65+		33.3					

3-42 续表 2 continued

单位：% (%)

年 龄 Age	水利、环境和公共设施管理业 Management of Water Conservancy, Environment and Public Facilities	居民服务和其他服务业 Services to Households and Other Services	教 育 Education	卫生、社会保障和社会福利业 Health, Social Securities and Social Welfare	文化、体育和娱乐业 Culture, Sports and Entertainment	公共管理和社会组织 Public Management and Social Organization	国际组织 International Organizations
总计 Total	**0.4**	**6.0**	**1.0**	**0.6**	**0.7**	**1.6**	**0.02**
16-19		5.6	0.9		5.6		
20-24		5.9	0.5	0.9	2.0	1.6	
25-29	0.3	7.0	1.3	0.5	1.3	2.1	
30-34	0.3	8.9	1.1	0.6	0.3	0.9	
35-39	0.2	6.0	0.5	0.2	0.4	0.9	
40-44	0.4	5.5	0.6	0.9	0.4	1.5	
45-49	0.6	4.6	0.8	0.5		2.0	0.1
50-54	1.1	5.9	0.7	0.7	0.5	2.7	
55-59	0.4	3.4	1.9	0.8		1.1	
60-64	1.8		7.0			3.5	
65+	2.1		8.5			4.3	
男 Male	**0.4**	**5.1**	**0.7**	**0.2**	**0.6**	**2.3**	**0.0**
16-19		6.9	1.7		3.4		
20-24		6.3	0.4		2.6	2.6	
25-29	0.6	8.3	0.3	0.6	1.0	3.5	
30-34		8.3	1.3		0.7	2.3	
35-39	0.3	5.9	0.5		0.3	1.5	
40-44	0.3	3.4		0.5		2.1	
45-49	0.8	1.9	0.6			2.2	0.3
50-54	0.9	5.0	0.6	0.3	0.3	2.8	
55-59		1.9	1.4	0.5		1.0	
60-64	2.8		5.6			5.6	
65+			6.3			6.3	
女 Female	**0.3**	**6.8**	**1.2**	**0.9**	**0.7**	**0.9**	
16-19		4.2			8.3		
20-24		5.6	0.7	1.7	1.7	0.7	
25-29		6.1	2.0	0.5	1.6	1.1	
30-34	0.4	9.2	1.0	1.0			
35-39		6.2	0.5	0.3	0.5	0.5	
40-44	0.6	7.1	1.0	1.2	0.6	1.2	
45-49	0.2	6.7	1.0	0.6		1.9	
50-54	1.7	8.3	0.8	2.5	0.8	2.5	
55-59	1.8	9.1	5.5	1.8		1.8	
60-64			9.5				
65+	6.7		13.3				

3-43 按受教育程度、性别分的城镇失业人员失业前的行业构成

Sector of Urban Unemployed Persons (Prior to Unemployment) by Educational Attainment and Sex

单位：% (%)

受教育程度	Educational Attainment	城镇失业人员 Urban Unemployed Persons	农、林、牧、渔业 Agriculture, Forestry, Animal Husbandry and Fishery	采矿业 Mining	制造业 Manu-facturing	电力、燃气及水的生产和供应业 Production and Distribution of Electricity, Gas and Water	建筑业 Construction	交通运输、仓储和邮政业 Transport, Storage and Post
总 计	**Total**	**100.0**	**9.0**	**2.1**	**32.3**	**0.9**	**5.8**	**5.4**
未上过学	No Schooling	100.0	15.7	7.8	15.7		13.7	
小 学	Primary School	100.0	18.4	3.5	27.1	0.4	8.7	6.9
初 中	Junior Secondary School	100.0	10.2	2.7	32.2	0.8	5.7	6.2
高 中	Senior Secondary School	100.0	6.8	1.2	35.6	1.2	5.5	4.7
大学专科	College	100.0	3.9	1.0	30.0	1.0	4.9	3.5
大学本科	University	100.0	3.1		22.6	0.6	4.4	6.3
研究生及以上	Graduate and Higher Level	100.0			37.5			
男	**Male**	**100.0**	**9.1**	**2.7**	**33.3**	**1.0**	**9.2**	**8.3**
未上过学	No Schooling	100.0	23.5		23.5		23.5	
小 学	Primary School	100.0	17.1	5.1	29.5	0.9	15.7	10.1
初 中	Junior Secondary School	100.0	10.6	3.7	32.2	0.7	9.2	9.0
高 中	Senior Secondary School	100.0	6.9	1.6	36.2	1.3	8.8	7.7
大学专科	College	100.0	4.1	0.4	33.7	1.2	6.1	4.1
大学本科	University	100.0	1.2		31.7	1.2	3.7	13.4
研究生及以上	Graduate and Higher Level	100.0						
女	**Female**	**100.0**	**9.0**	**1.6**	**31.4**	**0.9**	**2.9**	**3.0**
未上过学	No Schooling	100.0	8.8	11.8	17.6		8.8	
小 学	Primary School	100.0	19.6	2.0	24.5		2.4	4.1
初 中	Junior Secondary School	100.0	9.9	1.8	32.1	0.9	2.6	3.7
高 中	Senior Secondary School	100.0	6.8	1.0	34.8	1.2	2.9	2.3
大学专科	College	100.0	3.7	1.9	26.6	0.7	3.7	2.6
大学本科	University	100.0	5.2		14.3		5.2	
研究生及以上	Graduate and Higher Level	100.0			66.7			

3-43 续表 1 continued

单位：% (%)

受教育程度	Educational Attainment	信息传输、计算机服务和软件业 Information Transmission, Computer Service and Software	批发和零售业 Wholesale and Retail Trades	住宿和餐饮业 Hotels and Catering Services	金融业 Financial Intermediation	房地产业 Real Estate	租赁和商务服务业 Leasing and Business Services	科学研究、技术服务和地质勘查业 Scientific Research, Technical Services,and Geological Prospecting
总　计	**Total**	**1.2**	**20.8**	**6.5**	**1.3**	**2.1**	**1.8**	**0.5**
未上过学	No Schooling	2.0	15.7	9.8		11.8		
小　学	Primary School		16.0	6.3		1.9	1.3	
初　中	Junior Secondary School	0.3	20.1	7.2	0.8	1.8	1.4	0.3
高　中	Senior Secondary School	1.2	22.1	6.8	1.2	2.3	2.0	0.5
大学专科	College	4.7	24.4	2.7	3.7	2.3	2.5	1.2
大学本科	University	8.8	20.8	2.5	5.7	2.5	5.7	2.5
研究生及以上	Graduate and Higher Level	25.0					12.5	
男	**Male**	**1.3**	**14.8**	**4.7**	**1.2**	**2.5**	**2.2**	**0.3**
未上过学	No Schooling		11.8			11.8		
小　学	Primary School		8.3	2.3		2.3	1.8	
初　中	Junior Secondary School	0.5	14.8	5.0	0.9	2.3	1.7	0.1
高　中	Senior Secondary School	1.3	15.8	5.9	1.4	2.8	2.5	0.5
大学专科	College	5.3	17.5	2.8	2.4	2.4	2.4	
大学本科	University	6.1	9.8	1.2	4.9	3.7	7.3	3.7
研究生及以上	Graduate and Higher Level	25.0					25.0	
女	**Female**	**1.2**	**26.0**	**8.0**	**1.3**	**1.8**	**1.4**	**0.6**
未上过学	No Schooling	2.9	14.7	14.7		11.8		
小　学	Primary School		22.9	9.8		2.0	0.8	
初　中	Junior Secondary School	0.1	24.8	9.3	0.9	1.3	1.1	0.6
高　中	Senior Secondary School	1.1	27.0	7.5	1.0	1.9	1.5	0.5
大学专科	College	3.7	31.1	2.6	4.9	2.2	2.6	1.9
大学本科	University	11.7	32.5	3.9	5.2	1.3	2.6	1.3
研究生及以上	Graduate and Higher Level	33.3						

3-43 续表 2 continued

单位: % (%)

受教育程度	Educational Attainment	水利、环境和公共设施管理业 Management of Water Conservancy, Environment and Public Facilities	居民服务和其他服务业 Services to Households and Other Services	教育 Education	卫生、社会保障和社会福利业 Health, Social Securities and Social Welfare	文化、体育和娱乐业 Culture, Sports and Entertainment	公共管理和社会组织 Public Management and Social Organization	国际组织 International Organizations
总 计	**Total**	**0.4**	**6.0**	**1.0**	**0.6**	**0.7**	**1.6**	**0.0**
未上过学	No Schooling		5.9	2.0				
小 学	Primary School	0.2	7.1	1.1	0.4	0.6		
初 中	Junior Secondary School	0.5	6.8	0.5	0.3	0.7	1.3	
高 中	Senior Secondary School	0.4	5.3	0.6	0.7	0.4	1.7	0.1
大学专科	College	0.4	5.1	2.7	1.4	1.4	3.3	
大学本科	University		1.9	6.3	1.3	1.3	3.8	
研究生及以上	Graduate and Higher Level						25.0	
男	**Male**	**0.4**	**5.1**	**0.7**	**0.2**	**0.6**	**2.3**	**0.0**
未上过学	No Schooling		5.9					
小 学	Primary School	0.5	5.5			0.9		
初 中	Junior Secondary School	0.5	5.7	0.4	0.1	0.5	2.1	
高 中	Senior Secondary School	0.2	4.2	0.5	0.2		2.0	0.1
大学专科	College	0.8	6.1	2.8	0.8	2.0	4.9	
大学本科	University		2.4	4.9		1.2	3.7	
研究生及以上	Graduate and Higher Level						50.0	
女	**Female**	**0.3**	**6.8**	**1.2**	**0.9**	**0.7**	**0.9**	
未上过学	No Schooling		5.9	2.9				
小 学	Primary School		8.6	2.0	0.8	0.4		
初 中	Junior Secondary School	0.4	7.8	0.7	0.6	0.9	0.5	
高 中	Senior Secondary School	0.4	6.1	0.8	1.0	0.7	1.4	
大学专科	College		4.5	3.0	1.9	0.7	1.5	
大学本科	University		2.6	7.8	2.6		3.9	
研究生及以上	Graduate and Higher Level							

3-44 按年龄、性别分的城镇失业人员失业前的职业构成

Occupation of Urban Unemployed Persons (Prior to Unemployment) by Age and Sex

单位：%　　　　(%)

年龄 Age	城镇失业人员 Urban Unemployed Persons	单位负责人 Unit Head	专业技术人员 Technical Personnel	办事人员和有关人员 Clerk and Related Workers	商业、服务业人员 Business Service Personnel	农林牧渔水利业生产人员 Producers in the Sectors of Agriculture, Forestry, Animal Husbandry, Fishery and Water Conservancy	生产运输设备操作人员及有关人员 Production, Transport Equipment Operators and Related Workers	其他 Others
总计 Total	**100.0**	**0.8**	**8.1**	**6.1**	**39.4**	**9.2**	**28.9**	**7.5**
16-19	100.0		6.5	3.7	48.6	10.3	26.2	4.7
20-24	100.0	0.2	10.1	6.5	43.9	6.1	27.3	5.9
25-29	100.0	0.1	11.1	8.9	47.0	4.9	23.1	4.9
30-34	100.0	0.9	8.0	5.6	44.7	6.3	26.2	8.3
35-39	100.0	1.3	6.7	4.6	40.7	7.4	32.6	6.6
40-44	100.0	1.1	6.9	4.4	37.2	8.5	34.4	7.5
45-49	100.0	1.0	8.2	5.7	35.6	8.7	30.9	9.9
50-54	100.0	0.5	6.8	8.2	31.2	17.5	27.6	8.2
55-59	100.0	1.5	6.1	9.1	26.5	18.9	27.3	10.6
60-64	100.0		7.0	3.5	17.5	38.6	19.3	14.0
65+	100.0		10.6	8.5	17.0	57.4	4.3	2.1
男 Male	**100.0**	**1.1**	**8.0**	**8.1**	**30.3**	**9.1**	**32.6**	**10.7**
16-19	100.0		10.3	6.9	39.7	1.7	34.5	6.9
20-24	100.0		7.4	7.8	39.8	5.2	33.5	6.3
25-29	100.0		13.4	11.8	34.8	5.4	26.5	8.0
30-34	100.0	1.3	5.7	9.0	33.7	6.7	31.0	12.7
35-39	100.0	2.0	6.4	5.4	35.2	6.6	33.9	10.5
40-44	100.0	1.8	7.0	7.0	27.2	7.3	39.6	10.1
45-49	100.0	1.4	10.2	6.1	24.9	5.8	35.4	16.3
50-54	100.0	0.6	6.9	9.1	26.0	15.0	32.0	10.3
55-59	100.0	1.4	6.2	11.0	25.8	15.3	28.7	11.5
60-64	100.0		5.6	5.6	8.3	41.7	25.0	13.9
65+	100.0		6.3	15.6	3.1	68.8	6.3	
女 Female	**100.0**	**0.6**	**8.2**	**4.3**	**47.2**	**9.2**	**25.6**	**4.7**
16-19	100.0				60.4	20.8	16.7	2.1
20-24	100.0	0.3	12.5	5.2	47.7	7.0	21.6	5.6
25-29	100.0	0.2	9.5	6.8	55.5	4.5	20.8	2.7
30-34	100.0	0.4	9.4	3.6	51.8	5.8	23.3	5.6
35-39	100.0	0.8	7.2	4.2	44.1	7.8	31.8	4.2
40-44	100.0	0.6	6.8	2.3	44.8	9.7	30.5	5.4
45-49	100.0	0.6	6.9	5.4	44.0	10.8	27.3	5.0
50-54	100.0	0.8	6.7	5.8	44.2	24.2	15.8	2.5
55-59	100.0	1.8	7.3	3.6	27.3	32.7	20.0	7.3
60-64	100.0		9.5		33.3	28.6	9.5	19.0
65+	100.0		20.0		46.7	26.7		6.7

3-45 按受教育程度、性别分的城镇失业人员失业前的职业构成
Occupation of Urban Unemployed Persons (Prior to Unemployment) by Educational Attainment and Sex

单位：% (%)

受教育程度	Educational Attainment	城镇失业人员 Urban Unemployed Persons	单位负责人 Unit Head	专业技术人员 Technical Personnel	办事人员和有关人员 Clerk and Related Workers	商业、服务业人员 Business Service Personnel	农林牧渔水利业生产人员 Producers in the Sectors of Agriculture, Forestry, Animal Husbandry, Fishery and Water Conservancy	生产运输设备操作人员及有关人员 Production, Transport Equipment Operators and Related Workers	其他 Others
总　计	**Total**	**100.0**	**0.8**	**8.1**	**6.1**	**39.4**	**9.2**	**28.9**	**7.5**
未上过学	No Schooling	100.0		4.0		52.0	18.0	22.0	4.0
小　学	Primary School	100.0	1.1	3.5	2.6	35.1	18.2	31.2	8.4
初　中	Junior Secondary School	100.0	0.7	4.5	4.2	40.6	10.4	30.4	9.0
高　中	Senior Secondary School	100.0	0.6	7.5	5.9	41.4	6.9	30.8	7.1
大学专科	College	100.0	1.8	25.2	16.4	30.9	4.3	18.9	2.5
大学本科	University	100.0	0.6	34.0	17.0	33.3	3.1	10.1	1.9
研究生及以上	Graduate and Higher Level	100.0		25.0	37.5	12.5		25.0	
男	**Male**	**100.0**	**1.1**	**8.0**	**8.1**	**30.4**	**9.1**	**32.7**	**10.7**
未上过学	No Schooling	100.0		5.9		23.5	29.4	41.2	
小　学	Primary School	100.0	0.5	4.1	4.6	19.8	16.1	43.8	11.1
初　中	Junior Secondary School	100.0	0.9	4.5	6.8	31.0	10.5	33.3	12.9
高　中	Senior Secondary School	100.0	0.8	7.0	7.0	34.1	6.7	33.9	10.5
大学专科	College	100.0	3.7	22.4	16.7	26.8	4.1	23.2	3.3
大学本科	University	100.0	1.2	40.2	20.7	23.2	3.7	9.8	1.2
研究生及以上	Graduate and Higher Level	100.0		25.0	50.0	25.0			
女	**Female**	**100.0**	**0.6**	**8.2**	**4.4**	**47.3**	**9.3**	**25.6**	**4.7**
未上过学	No Schooling	100.0		3.1		68.8	9.4	12.5	6.3
小　学	Primary School	100.0	1.6	2.9	0.4	49.0	20.0	20.0	6.1
初　中	Junior Secondary School	100.0	0.5	4.5	1.9	49.4	10.3	27.8	5.5
高　中	Senior Secondary School	100.0	0.4	7.9	5.0	47.1	7.0	28.2	4.4
大学专科	College	100.0		27.8	16.5	34.2	4.5	15.0	1.9
大学本科	University	100.0		28.6	13.0	42.9	3.9	10.4	1.3
研究生及以上	Graduate and Higher Level	100.0		33.3				66.7	

3-46 按受教育程度、性别分的城镇失业人员未工作时间构成
Unemployment Duration of Urban Unemployed Persons by Educational Attainment and Sex

单位：% (%)

受教育程度	Educational Attainment	城镇失业人员 Urban Unemployed Persons	1个月 1 Month	2-3个月 2-3 Months	4-6个月 4-6 Months	7-12个月 7-12 Months	13-24个月 13-24 Months	25个月以上 25+ Months+
总 计	**Total**	**100.0**	**4.3**	**13.1**	**16.2**	**28.8**	**21.7**	**15.8**
未上过学	No Schooling	100.0	12.7	3.2	17.5	25.4	25.4	15.9
小 学	Primary School	100.0	7.5	13.2	11.2	26.4	23.6	18.1
初 中	Junior Secondary School	100.0	3.9	11.9	14.5	28.9	22.3	18.4
高 中	Senior Secondary School	100.0	4.2	12.4	15.6	30.2	21.9	15.7
大学专科	College	100.0	3.7	16.0	20.3	28.5	21.6	10.0
大学本科	University	100.0	4.0	19.6	28.4	24.6	14.6	8.8
研究生及以上	Graduate and Higher Level	100.0	9.1	9.1	27.3	27.3	22.7	4.5
男	**Male**	**100.0**	**4.6**	**15.0**	**17.3**	**26.9**	**19.8**	**16.4**
未上过学	No Schooling	100.0	4.3		8.7	26.1	34.8	26.1
小 学	Primary School	100.0	6.8	15.5	13.3	23.4	20.5	20.5
初 中	Junior Secondary School	100.0	4.2	13.5	15.8	27.7	20.7	18.1
高 中	Senior Secondary School	100.0	4.9	14.1	16.9	26.6	20.2	17.3
大学专科	College	100.0	4.3	19.4	19.2	29.0	18.3	9.9
大学本科	University	100.0	3.4	21.6	29.5	22.0	13.8	9.7
研究生及以上	Graduate and Higher Level	100.0	13.3	6.7	33.3	33.3	13.3	
女	**Female**	**100.0**	**4.1**	**11.2**	**15.2**	**30.6**	**23.6**	**15.3**
未上过学	No Schooling	100.0	15.0	5.0	20.0	25.0	25.0	10.0
小 学	Primary School	100.0	8.1	11.3	9.7	28.4	26.3	16.3
初 中	Junior Secondary School	100.0	3.7	10.4	13.3	30.1	23.8	18.7
高 中	Senior Secondary School	100.0	3.7	10.8	14.3	33.4	23.5	14.2
大学专科	College	100.0	3.0	12.6	21.4	27.9	24.9	10.1
大学本科	University	100.0	4.7	16.7	27.9	27.5	15.5	7.7
研究生及以上	Graduate and Higher Level	100.0		14.3	28.6	14.3	42.9	

3-47 按年龄、性别分的城镇失业人员未工作时间构成

Unemployment Duration of Urban Unemployed Persons by Age and Sex

单位：% (%)

年龄 Age	城镇失业人员 Urban Unemployed Persons	1个月 1 Month	2-3个月 2-3 Months	4-6个月 4-6 Months	7-12个月 7-12 Months	13-24个月 13-24 Months	25个月以上 25+ Months+
总计 Total	**100.0**	**4.3**	**13.1**	**16.2**	**28.8**	**21.7**	**15.8**
16-19	100.0	2.2	17.9	28.4	28.2	13.9	9.3
20-24	100.0	4.3	18.1	22.6	26.9	17.1	11.0
25-29	100.0	4.9	13.8	17.7	29.9	20.3	13.4
30-34	100.0	4.3	12.4	13.4	29.9	23.6	16.5
35-39	100.0	5.7	8.8	14.4	29.2	23.1	18.8
40-44	100.0	3.7	9.8	12.1	32.1	24.3	18.0
45-49	100.0	4.7	11.8	10.0	29.7	25.2	18.6
50-54	100.0	4.2	9.2	10.4	30.7	23.2	22.2
55-59	100.0	1.9	9.3	10.5	20.8	31.9	25.6
60-64	100.0	1.4	8.6	5.7	25.7	32.9	25.7
65+	100.0	3.8	13.5	7.7	9.6	46.2	19.2
男 Male	**100.0**	**4.6**	**15.0**	**17.3**	**26.9**	**19.8**	**16.4**
16-19	100.0	2.7	15.5	26.0	26.7	16.9	12.2
20-24	100.0	3.7	18.4	22.0	25.8	16.3	13.8
25-29	100.0	5.6	16.0	20.5	27.5	16.4	14.0
30-34	100.0	6.2	17.5	13.4	28.5	22.6	11.8
35-39	100.0	7.4	11.3	20.0	26.6	19.6	15.1
40-44	100.0	6.0	14.3	13.4	31.7	19.3	15.3
45-49	100.0	4.7	15.2	9.0	27.7	23.7	19.7
50-54	100.0	2.2	9.3	11.0	31.5	20.2	25.8
55-59	100.0	1.7	10.7	11.2	19.3	28.3	28.8
60-64	100.0	2.6	12.8	7.7	10.3	41.0	25.6
65+	100.0		11.4	8.6	8.6	54.3	17.1
女 Female	**100.0**	**4.1**	**11.2**	**15.2**	**30.6**	**23.6**	**15.3**
16-19	100.0	2.0	20.8	31.2	29.6	10.4	6.0
20-24	100.0	5.0	17.8	23.3	28.3	18.1	7.6
25-29	100.0	4.2	11.9	15.4	32.0	23.6	12.9
30-34	100.0	3.2	9.2	13.5	30.6	24.0	19.5
35-39	100.0	4.7	7.2	10.8	30.9	25.2	21.1
40-44	100.0	2.3	6.8	11.2	31.9	27.9	19.9
45-49	100.0	4.5	9.2	10.5	32.0	26.2	17.5
50-54	100.0	8.4	9.1	9.1	28.7	31.5	13.3
55-59	100.0	2.5	5.0	8.8	25.0	42.5	16.3
60-64	100.0		6.5	3.2	38.7	25.8	25.8
65+	100.0	11.1	16.7	5.6	11.1	33.3	22.2

第四部分

Chapter Four

2009年城镇单位就业人员统计数据

Data from Statistics on Employment in Urban Units in 2009

4-1 各地区分行业国有单位就业人员数

Employed Persons in State-owned Units by Sector and Region

单位：人 (person)

地 区	Region	国有单位合计 Total	(一)中央 I. Under Central Government	(二)省、自治区、直辖市 II. Under Provincial Government	(三)地区 III. Under Prefectural Government	(四)县及县以下 IV. At and Below County Level	(五)其他 V. Other	(一)企业 I. Enterprises	#地方 Local
总 计	**National Total**	**64201597**	**10820150**	**11000663**	**12217018**	**29659209**	**504557**	**24133265**	**15192290**
北 京	Beijing	1856503	824945	431451	489465	70071	40571	709723	307298
天 津	Tianjin	812106	144467	365600	193758	90727	17554	352082	235421
河 北	Hebei	3288434	503870	395963	590562	1796299	1740	1188243	751902
山 西	Shanxi	2466550	372924	641851	372079	1075454	4242	1099545	755323
内蒙古	Inner Mongolia	1666703	289630	248303	341693	784719	2358	628775	368384
辽 宁	Liaoning	2817260	559267	287229	759377	1179324	32063	1292563	788458
吉 林	Jilin	1646279	308916	264876	346081	722236	4170	592867	335120
黑龙江	Heilongjiang	3343865	789379	1175150	480055	898024	1257	2073937	1321173
上 海	Shanghai	1418293	506007	417036	460131	34091	1028	724562	333442
江 苏	Jiangsu	2788255	345796	381016	538369	1481548	41526	818970	544226
浙 江	Zhejiang	2072504	203136	251688	379323	1220707	17650	549366	384716
安 徽	Anhui	2021481	195200	388811	389049	1005572	42849	640251	472489
福 建	Fujian	1515214	159119	224093	349187	779131	3684	592437	464484
江 西	Jiangxi	1991287	224107	341320	370979	1052464	2417	707480	521939
山 东	Shandong	4280652	586575	602372	779688	2284489	27528	1608123	1117598
河 南	Henan	3805964	391254	341296	696896	2296577	79941	1125719	764727
湖 北	Hubei	2837568	639766	279643	522155	1393645	2359	1144046	601776
湖 南	Hunan	2644959	307781	374210	445804	1493805	23359	755363	496430
广 东	Guangdong	3891660	412076	421939	923797	2060454	73394	1160616	886324
广 西	Guangxi	1969944	188262	292188	445113	1042042	2339	617156	461033
海 南	Hainan	544681	25053	266034	62471	182828	8295	268031	251207
重 庆	Chongqing	1197864	165998	314194	420004	277192	20476	444720	302064
四 川	Sichuan	3288118	649922	386855	561580	1678655	11106	1156613	625414
贵 州	Guizhou	1508050	163733	307908	176683	853477	6249	514598	363862
云 南	Yunnan	1877744	186522	456090	203292	1029725	2115	573074	414217
西 藏	Tibet	196761	16496	44529	42198	93538		40938	30149
陕 西	Shaanxi	2439088	564867	402962	385662	1059576	26021	1080542	560832
甘 肃	Gansu	1472369	228522	345572	193381	701791	3103	558064	353895
青 海	Qinghai	367730	73053	98046	38834	157554	243	133952	67302
宁 夏	Ningxia	360344	63014	91010	71606	134501	213	120021	64511
新 疆	Xinjiang	1813367	730493	161428	187746	728993	4707	860888	246574

4-1 续表 1 continued

单位：人 (person)

地区	Region	(二) 事业 II. Institutions	#地方 Local	(三) 机关 III. Agencies and Organizations	#地方 Local	(四)民间非营利组织 IV. Civil Nonprofit Organizations	(五) 其他 V. Other	(一) 农、林、牧、渔业 I. Agriculture, Forestry, Animal Husbandry and Fishery	1.农业 1.Agriculture	2.林业 2.Forestry
总 计	**National Total**	**28174512**	**26842937**	**11813319**	**11274040**	**24737**	**55764**	**3561203**	**2000094**	**873840**
北 京	Beijing	842088	479518	290023	238173	10222	4447	13654	1567	1979
天 津	Tianjin	332965	315259	124516	114416	358	2185	6169	1177	168
河 北	Hebei	1444963	1408135	655228	624527			68255	45000	6250
山 西	Shanxi	933914	920600	431741	416353	320	1030	24340	6577	6404
内蒙古	Inner Mongolia	721729	710447	316199	298242			259195	106996	91779
辽 宁	Liaoning	1099631	1069449	425066	400086			267307	228425	14649
吉 林	Jilin	791025	752960	262387	249283			156373	33119	80772
黑龙江	Heilongjiang	908040	884046	361888	349267			921453	569509	308927
上 海	Shanghai	536279	428821	148897	141480	6071	2484	5668	3006	136
江 苏	Jiangsu	1433686	1382964	529351	509021		6248	98100	79850	5062
浙 江	Zhejiang	1051479	1034465	466954	445482	3153	1552	12272	1625	2650
安 徽	Anhui	994125	977125	381771	371333		5334	61822	32630	11428
福 建	Fujian	624712	609877	298003	281672	42	20	61995	31523	11403
江 西	Jiangxi	878873	855332	404719	389694	65	150	123433	59371	40073
山 东	Shandong	1877001	1809941	795528	766538			38016	6808	5075
河 南	Henan	1887866	1871729	776635	762510	929	14815	47700	20457	7495
湖 北	Hubei	1233953	1155889	457933	438501		1636	151168	114309	6942
湖 南	Hunan	1315136	1285838	566168	546827	2366	5926	48662	36219	7039
广 东	Guangdong	1871883	1789905	857604	801798	821	736	84581	37586	17819
广 西	Guangxi	1027055	1011170	325356	309102		377	100957	52126	26443
海 南	Hainan	194933	190480	81075	77299	48	594	144116	4674	135593
重 庆	Chongqing	550312	533798	202653	195825	75	104	13829	474	1334
四 川	Sichuan	1460636	1365812	670664	646765		205	46025	1817	18887
贵 州	Guizhou	694837	689598	296709	288951		1906	18604	3765	5338
云 南	Yunnan	878969	867136	425701	409869			80190	19413	24875
西 藏	Tibet	78053	77440	77770	72676			4616	423	396
陕 西	Shaanxi	906451	871539	448551	438306		3544	40360	5838	8490
甘 肃	Gansu	637965	619367	275039	269284		1301	51112	21451	12553
青 海	Qinghai	151448	148765	82076	78356		254	16151	3383	2237
宁 夏	Ningxia	172511	168929	67812	63890			24336	15930	3329
新 疆	Xinjiang	641994	556603	309302	278514	267	916	570744	455046	8315

4-1 续表 2 continued

单位：人 (person)

地 区	Region	3.畜牧业 3.Animal Husbandry	4.渔业 4.Fishery	5.农、林、牧、渔服务业 5.Service in support of Agriculture, Forestry, Animal Husbandry and Fishery	(二)采矿业 II. Mining	1.煤炭开采和洗选业 1.Mining and Washing of Coal	2.石油和天然气开采业 2.Extraction of Petroleum and Natural Gas	3.黑色金属矿采选业 3.Mining of Ferrous Metal Ores
总 计	**National Total**	**167906**	**27056**	**492307**	**2436602**	**1617033**	**560506**	**68392**
北 京	Beijing	7324	139	2645	955			955
天 津	Tianjin	1664	136	3024	10447		9921	
河 北	Hebei	3169	957	12879	120834	73722	23381	9559
山 西	Shanxi	998	212	10149	379559	378594		357
内蒙古	Inner Mongolia	24325	4457	31638	61065	55605	114	1442
辽 宁	Liaoning	3586	989	19658	81521	58614		13204
吉 林	Jilin	6257	3006	33219	67831	60163	3201	399
黑龙江	Heilongjiang	21983	2831	18203	190074	70759	116442	597
上 海	Shanghai	345	35	2146	418		316	
江 苏	Jiangsu	1590	1129	10469	82844	50990	17571	7253
浙 江	Zhejiang	342	173	7482	2906			
安 徽	Anhui	608	1027	16129	128603	125843		
福 建	Fujian	195	178	18696	19413	11197		1395
江 西	Jiangxi	1796	2943	19250	59220	46219		478
山 东	Shandong	303	938	24892	440481	289645	116108	10500
河 南	Henan	1540	583	17625	151111	77205	63636	
湖 北	Hubei	2918	3651	23348	43866	1433	35754	4169
湖 南	Hunan	463	136	4805	61073	47353		18
广 东	Guangdong	545	1870	26761	15924	180	6951	49
广 西	Guangxi	1062	302	21024	27103	9645		4426
海 南	Hainan	354	667	2828	7985	207	32	5418
重 庆	Chongqing	374	206	11441	34608	27941	5798	759
四 川	Sichuan	1500	103	23718	118895	61003	49380	3687
贵 州	Guizhou	610	17	8874	27319	25594	240	100
云 南	Yunnan	359	59	35484	48163	20067	57	2540
西 藏	Tibet	148		3649	1489	3		365
陕 西	Shaanxi	3425	71	22536	174881	84340	87518	265
甘 肃	Gansu	971	22	16115	32738	27445		
青 海	Qinghai	2262	35	8234	7531	1940	3457	
宁 夏	Ningxia	97	41	4939	4458	2176		
新 疆	Xinjiang	76793	143	30447	33287	9150	20629	457

4-1 续表 3 continued

单位: 人 (person)

地 区	Region	4.有色金属矿采选业 4.Mining of Non-ferrous Metal Ores	5.非金属矿采选业 5.Mining and Processing of Nonmetal Ores	6.其他采矿业 6.Mining of Other Ores	(三) 制造业 III. Manufacturing	1.农副食品加工业 1.Processing of Food from Agricultural Products	2.食品制造业 2.Manufacture of Foods	3.饮料制造业 3.Manufacture of Beverage
总 计	**National Total**	**105096**	**70823**	**14752**	**4377856**	**108664**	**62781**	**101167**
北 京	Beijing				65960	1683	1077	8961
天 津	Tianjin		526		82478	1464	1263	1554
河 北	Hebei	2862	11310		331293	3494	2536	2643
山 西	Shanxi	5	558	45	150399	3239	1167	10889
内蒙古	Inner Mongolia	2513	1057	334	23984	553	512	482
辽 宁	Liaoning	5971	3732		311135	4965	3063	1530
吉 林	Jilin	3853	156	59	104660	599	276	135
黑龙江	Heilongjiang	1799	396	81	239913	4788	2143	5421
上 海	Shanghai	36	66		133506	573	111	104
江 苏	Jiangsu	78	6952		146885	2722	1399	2702
浙 江	Zhejiang	769	2137		59986	4288	1023	1005
安 徽	Anhui	1864	896		86286	1696	1184	6375
福 建	Fujian	107	6469	245	42173	703	1692	387
江 西	Jiangxi	10939	1269	315	137561	4200	2939	4527
山 东	Shandong	20437	3791		283251	11917	6118	7778
河 南	Henan	8043	2227		159627	4020	17120	5838
湖 北	Hubei	509	1830	171	278825	2321	5195	2841
湖 南	Hunan	10387	3152	163	149309	2545	850	2180
广 东	Guangdong	2452	6284	8	111988	13748	4376	1118
广 西	Guangxi	9542	3440	50	145554	12199	1249	2745
海 南	Hainan	225	2103		8479	1821	73	41
重 庆	Chongqing	51	59		133184	4631	935	2286
四 川	Sichuan	1775	2885	165	251779	1621	778	4330
贵 州	Guizhou	751	634		118894	947	2005	19170
云 南	Yunnan	9930	5018	10551	182482	10094	438	861
西 藏	Tibet	922	199		4242	211	166	
陕 西	Shaanxi	2462	296		339981	1320	1112	1806
甘 肃	Gansu	4663	347	283	210427	2129	429	2868
青 海	Qinghai	28	2106		26852	521	50	94
宁 夏	Ningxia			2282	13977	54	10	
新 疆	Xinjiang	2123	928		42786	3598	1492	496

4-1 续表 4 continued

单位：人 (person)

地 区	Region	4.烟草制品业 4.Manufacture of Tobacco	5.纺织业 5.Manufacture of Textile	6.纺织服装、鞋、帽制造业 6.Manufacture of Textile Wearing Apparel, Footware and Caps	7.皮革、毛皮、羽毛(绒)及其制品业 7.Manufacture of Leather, Fur, Feather and Its Products	8.木材加工及木、竹、藤、棕、草制品业 8.Processing of Timbers, Manufacture of Wood, Bamboo, Rattan, Palm and Straw Products	9.家具制造业 9.Manufacture of Furniture	10.造纸及纸制品业 10.Manufacture of Paper and Paper Products
总 计	**National Total**	**150755**	**150901**	**41934**	**11852**	**36894**	**27724**	**53277**
北 京	Beijing	851	156	352		59	106	452
天 津	Tianjin	918	2895	497	15	346		302
河 北	Hebei	6202	35920	5081	1247	284	371	3489
山 西	Shanxi		4436	2268	100	210	161	35
内蒙古	Inner Mongolia	625		1677	748	89	130	6
辽 宁	Liaoning	2	3133	1323	108	350	56	3989
吉 林	Jilin	3997	17	190		9313	1006	21
黑龙江	Heilongjiang	2757	5879	3	8	11064	834	2111
上 海	Shanghai	3635	2426	485	707	333	120	529
江 苏	Jiangsu	5865	9226	6975	450		77	2925
浙 江	Zhejiang	3018	479	132	239	578		76
安 徽	Anhui	6100	4012	534	9	59		1350
福 建	Fujian	3270	228	137	5	27	175	1129
江 西	Jiangxi	8218	3134	1382	3084	1118	695	2176
山 东	Shandong	4335	23470	1393	346	507	252	7915
河 南	Henan	9124	10141	1024	1441	118		2395
湖 北	Hubei	5281	13748	9733	140	787	829	466
湖 南	Hunan	18550	2087	241	31	943		10300
广 东	Guangdong	5807	4347	1807	100	652	706	7103
广 西	Guangxi	3189	1154	664	157	2439	5	3358
海 南	Hainan		68	3		220	6	197
重 庆	Chongqing	2017	1159	69	36	105	223	136
四 川	Sichuan	9498	3360	282	1096	1061	1476	243
贵 州	Guizhou	8518	460	2695		1063	279	790
云 南	Yunnan	29427	466	700		2954	18667	756
西 藏	Tibet		120		85	1155	42	
陕 西	Shaanxi	6173	10146	355	745	580	122	677
甘 肃	Gansu	2099	1289		955	333	977	57
青 海	Qinghai			554				
宁 夏	Ningxia	391	49	95			347	
新 疆	Xinjiang	888	6896	1283		147	62	294

4-1 续表 5 continued

单位：人 (person)

地区	Region	11.印刷业和记录媒介的复制 11.Printing, Reproduction of Recording Media	12.文教体育用品制造业 12.Manufacture of Articles for Culture, Education and Sport Activities	13.石油加工、炼焦及核燃料加工业 13.Processing of Petroleum, Coking, Processing of Nuclear Fuel	14.化学原料及化学制品制造业 14.Manufacture of Chemical Raw Material and Chemical Products	15.医药制造业 15.Manufacture of Medicines	16.化学纤维制造业 16.Manufacture of Chemical Fiber	17.橡胶制品业 17.Manufacture of Rubber
总　计	**National Total**	**111735**	**7641**	**127283**	**373083**	**102073**	**18195**	**31028**
北　京	Beijing	10457	243	57	2325	2173		112
天　津	Tianjin	1276	196	9333	3964	829	447	903
河　北	Hebei	7607	34	8884	40764	18709	3755	1277
山　西	Shanxi	4023	511	3325	14773	1711	20	2083
内蒙古	Inner Mongolia	1214			1094	1088		
辽　宁	Liaoning	2613	1065	11770	18568	18568	67	266
吉　林	Jilin	1693		804	11680	2596		28
黑龙江	Heilongjiang	4073	244	39314	9620	1291	11	66
上　海	Shanghai	4479	394	1611	4080	2137	137	2362
江　苏	Jiangsu	3216	9	763	12929	1309		1396
浙　江	Zhejiang	811	9	1004	16756	450	566	1037
安　徽	Anhui	691	8	910	4544	1347		4
福　建	Fujian	2550	339	224	6695	1563		64
江　西	Jiangxi	3028	189	3735	7952	9557	8	95
山　东	Shandong	6509	579	6780	24438	7794	308	2002
河　南	Henan	3758		37	15445	3027	9454	1243
湖　北	Hubei	3362	8	9854	8301	4443	37	721
湖　南	Hunan	4447	1	49	10908	364		292
广　东	Guangdong	4522	2024	3942	5009	3942	22	2376
广　西	Guangxi	3281		885	11285	2023		3154
海　南	Hainan	329			181	1371		103
重　庆	Chongqing	673			13118	3693		3021
四　川	Sichuan	5831	1657	683	17942	3051	612	93
贵　州	Guizhou	2252	81		27297	122		4714
云　南	Yunnan	18935	50	373	19556	1009		870
西　藏	Tibet	359				926		
陕　西	Shaanxi	3954		6407	12754	2803		2682
甘　肃	Gansu	2465		3819	29946	3428	2129	
青　海	Qinghai	650		1409	9983			
宁　夏	Ningxia	58			9228			
新　疆	Xinjiang	2619		11311	1948	749	622	64

4-1 续表 6 continued

单位：人 (person)

地 区	Region	18.塑料制品业 18.Manufacture of Plastic	19.非金属矿物制品业 19.Manufacture of Non-metallic Mineral Products	20.黑色金属冶炼及压延加工业 20.Manufacture and Processing of Ferrous Metals	21.有色金属冶炼及压延加工业 21.Manufacture and Processing of Non-ferrous Metals	22.金属制品业 22.Manufacture of Metal Products	23.通用设备制造业 23.Manufacture of General Purpose Machinery	24.专用设备制造业 24.Manufacture of Special Purpose Machinery
总 计	**National Total**	**21939**	**235999**	**623782**	**285782**	**65707**	**311813**	**342694**
北 京	Beijing	238	1869	272	384	431	3192	7643
天 津	Tianjin	505	979	18066	346	4987	3221	14287
河 北	Hebei	4511	16649	61454	1223	5608	28479	30273
山 西	Shanxi	821	11121	11336	12813	928	19740	17609
内蒙古	Inner Mongolia	2103	2871		3820	12	487	2715
辽 宁	Liaoning	813	6593	156014	3911	6737	17037	22812
吉 林	Jilin	152	4239	862		635	269	4545
黑龙江	Heilongjiang	1105	13263	7849	5879	5790	31412	29160
上 海	Shanghai	1160	5184	13632	1913	3107	16217	13990
江 苏	Jiangsu	1064	8644	710	9731	2581	18915	6776
浙 江	Zhejiang	434	1337	10143	910	374	3978	3018
安 徽	Anhui	772	6191	157	20819	881	19775	733
福 建	Fujian	88	1809	45	3560	103	3332	2339
江 西	Jiangxi	911	15993	2911	25414	2311	5132	6305
山 东	Shandong	412	34390	17933	14955	2781	34241	14726
河 南	Henan	543	11514	6441	6001	5181	8878	12236
湖 北	Hubei	679	9327	78852	17268	4318	23904	4816
湖 南	Hunan	93	13329	36923	3626	716	7125	13495
广 东	Guangdong	292	5811	88	1580	3770	8543	3309
广 西	Guangxi	494	14093	15696	10565	718	6499	26421
海 南	Hainan	45	2132			212	5	416
重 庆	Chongqing	1211	4194	28920	3723	1113	15957	14427
四 川	Sichuan	361	13367	79952	2492	3544	4893	28847
贵 州	Guizhou	251	7108	3750	4160	2321	4662	3874
云 南	Yunnan	196	2472	24013	29622	735	2742	7128
西 藏	Tibet		1085		49			7
陕 西	Shaanxi	661	7711	5510	15333	3965	15959	44431
甘 肃	Gansu	1759	7639	31073	82099	1496	6205	4250
青 海	Qinghai		341	10578	330		366	1129
宁 夏	Ningxia		1415	17	1711		436	56
新 疆	Xinjiang	265	3329	585	1545	352	212	921

4-1 续表 7 continued

单位：人 (person)

地区	Region	25.交通运输设备制造业 25.Manufacture of Transport Equipment	26.电气机械及器材制造业 26.Manufacture of Electrical Machinery and Equipment	27.通信设备、计算机及其他电子设备制造业 27.Manufacture of Communication Equipment, Computer and Other Electronic Equipment	28.仪器仪表及文化、办公用机械制造业 28.Manufacture of Measuring Instrument and Machinery for Cultural Activity and Office Work	29.工艺品及其他制造业 29.Manufacture of Artwork, Other Manufacture	30.废弃资源和废旧材料回收加工业 30.Recycling and Disposal of Waste
总　计	**National Total**	**663210**	**119662**	**90996**	**69499**	**20638**	**9148**
北　京	Beijing	12408	680	3982	3072	2478	247
天　津	Tianjin	6658	445	4255	2431	96	
河　北	Hebei	29745	9024	1332	489	209	
山　西	Shanxi	12795	7338	5082	432	1296	137
内蒙古	Inner Mongolia	2569	319	860		10	
辽　宁	Liaoning	14770	3558	3373	2622	1278	181
吉　林	Jilin	61091	411	61	40		
黑龙江	Heilongjiang	38013	12016	3453	2263	83	
上　海	Shanghai	45554	4715	1812	1411	438	150
江　苏	Jiangsu	30034	10421	1636	3465	940	5
浙　江	Zhejiang	4370	1159	1447	1215	130	
安　徽	Anhui	5756	1219	1151	5	4	
福　建	Fujian	4153	2193	5017	203	59	84
江　西	Jiangxi	7518	3769	4402	4158	2625	75
山　东	Shandong	38331	6574	3432	1562	1473	
河　南	Henan	20712	1835	876	342	836	47
湖　北	Hubei	41730	10425	16868	2542	23	6
湖　南	Hunan	8156	3096	2937	4453	1448	124
广　东	Guangdong	14477	4393	5520	1250	1303	51
广　西	Guangxi	16767	3582	1188	1272	472	
海　南	Hainan	674	79	486		17	
重　庆	Chongqing	22648	1930	1718	4384	819	38
四　川	Sichuan	53130	2705	6967	1479	428	
贵　州	Guizhou	18800	1179	286	466	1360	284
云　南	Yunnan	6250	2316	564	1255	33	
西　藏	Tibet					37	
陕　西	Shaanxi	134102	18678	11488	28461	2046	
甘　肃	Gansu	8965	5210	803	227	59	7719
青　海	Qinghai	64	145			638	
宁　夏	Ningxia	5	105				
新　疆	Xinjiang	2965	143				

4-1 续表 8 continued

单位：人 (person)

地 区	Region	(四) 电力、燃气及水的生产和供应业 IV. Production and Distribution of Electricity, Gas and Water	1.电力、热力的生产和供应业 1.Production and Supply of Electric Power and Heat Power	2.燃气生产和供应业 2.Production and Distribution of Gas	3.水的生产和供应业 3.Production and Distribution of Water	(五) 建筑业 V. Construction	1.房屋和土木工程建筑业 1.Construction of Building and Civil Engineering	2.建筑安装业 2.Architectural Installation
总 计	**National Total**	**1986083**	**1526007**	**77788**	**382288**	**2626615**	**2253048**	**278907**
北 京	Beijing	20224	17696	1604	924	36355	30682	2443
天 津	Tianjin	16727	15505	690	532	20857	14468	6036
河 北	Hebei	162204	130675	7683	23846	113523	88928	22937
山 西	Shanxi	71974	53988	4349	13637	116339	107176	8065
内蒙古	Inner Mongolia	66171	53142	1888	11141	27352	23866	2908
辽 宁	Liaoning	96317	61566	8097	26654	93823	80078	13035
吉 林	Jilin	51563	36814	788	13961	41510	28752	12029
黑龙江	Heilongjiang	115041	71658	9239	34144	119125	109707	8381
上 海	Shanghai	40363	18071	10936	11356	38378	25830	11830
江 苏	Jiangsu	67240	51589	351	15300	50910	32333	16879
浙 江	Zhejiang	72289	58221	1237	12831	47914	40484	5838
安 徽	Anhui	55047	43607	1997	9443	84527	80116	2957
福 建	Fujian	55717	44779	1425	9513	74202	48266	20364
江 西	Jiangxi	70790	59586	672	10532	137792	115382	4890
山 东	Shandong	147065	119162	3062	24841	170434	135430	25349
河 南	Henan	122387	93122	2275	26990	124891	94625	20619
湖 北	Hubei	86354	68778	2617	14959	183331	166273	12617
湖 南	Hunan	78993	60320	372	18301	135352	122603	7603
广 东	Guangdong	111321	84616	2540	24165	144706	126386	9030
广 西	Guangxi	68357	55760	693	11904	40417	38611	1082
海 南	Hainan	14343	11222	605	2516	39071	35753	1443
重 庆	Chongqing	20445	10919	3473	6053	70547	68228	1502
四 川	Sichuan	80045	64098	4595	11352	297197	273591	20571
贵 州	Guizhou	52975	44210	396	8369	137221	127787	8863
云 南	Yunnan	43755	36524	2203	5028	62962	51396	10670
西 藏	Tibet	7537	5221	1719	597	3912	3891	
陕 西	Shaanxi	76536	61942	861	13733	91205	85269	3689
甘 肃	Gansu	54852	43621	1119	10112	56052	43457	11896
青 海	Qinghai	10296	8455		1841	19153	16954	1616
宁 夏	Ningxia	26071	22656	258	3157	7723	6529	550
新 疆	Xinjiang	23084	18484	44	4556	39834	30197	3215

4-1 续表 9 continued

单位：人 (person)

地 区	Region	3.建筑装饰业 3.Architectural Decoration	4.其他建筑业 4.Other Construction	(六) 交通运输、仓储和邮政业 VI. Transport, Storage and Post	1.铁路运输业 1.Transport Via Railway	2.道路运输业 2.Transport Via Road	3.城市公共交通业 3.Urban Public Traffic	4.水上运输业 4.Water Transport
总 计	**National Total**	**26107**	**68553**	**4139202**	**1710661**	**916081**	**445517**	**173407**
北 京	Beijing	1189	2041	112328	80442	3638	2777	
天 津	Tianjin	278	75	62932	16257	10976	16694	7826
河 北	Hebei	457	1201	203935	60041	72977	26302	5095
山 西	Shanxi	927	171	181369	109874	33504	6037	76
内蒙古	Inner Mongolia	63	515	146212	87757	27389	6525	176
辽 宁	Liaoning	283	427	241679	131789	50336	15675	8191
吉 林	Jilin	30	699	112768	64000	15356	6196	166
黑龙江	Heilongjiang	408	629	238506	120204	55078	8319	3187
上 海	Shanghai	64	654	133805	24605	5063	40866	27480
江 苏	Jiangsu	397	1301	180047	57042	30499	19490	17017
浙 江	Zhejiang	225	1367	129882	17008	29957	36069	12111
安 徽	Anhui	146	1308	92511	30250	26973	7425	1410
福 建	Fujian	481	5091	119138	31148	25682	23417	6657
江 西	Jiangxi	3217	14303	135433	63274	37621	11200	1689
山 东	Shandong	862	8793	223533	68644	54121	30377	30327
河 南	Henan	7108	2539	218311	93411	48005	29962	404
湖 北	Hubei	630	3811	238098	149937	42364	10339	10126
湖 南	Hunan	1418	3728	153986	74563	30014	17105	1961
广 东	Guangdong	2541	6749	245656	35350	71985	54327	12289
广 西	Guangxi	434	290	119070	45947	30156	7063	9572
海 南	Hainan	1659	216	17986	96	5581	1849	666
重 庆	Chongqing	568	249	91148	23705	25554	11189	10821
四 川	Sichuan	202	2833	171870	53811	42759	17602	4714
贵 州	Guizhou	181	390	77003	29011	15039	12040	953
云 南	Yunnan	122	774	96449	46156	27868	2958	359
西 藏	Tibet		21	7165	162	3420	464	23
陕 西	Shaanxi	1657	590	163498	84617	36329	16880	51
甘 肃	Gansu	473	226	85516	46393	20667	1377	60
青 海	Qinghai		583	27279	13246	9009	11	
宁 夏	Ningxia	26	618	27757	12734	6721	3632	
新 疆	Xinjiang	61	6361	84332	39187	21440	1350	

4-1 续表 10 continued

单位：人 (person)

地 区	Region	5.航空运输业 5.Air Transport	6.管道运输业 6.Transport Via Pipeline	7.装卸搬运和其他运输服务业 7.Loading, Unloading Portage and Other Transport Services	8.仓储业 8.Storage	9.邮政业 9.Post	(七)信息传输、计算机服务和软件业 VII. Information Transmission, Computer Services and Software	1.电信和其他信息传输服务业 1.Telecom and Other Information Transmission Services
总 计	**National Total**	**118088**	**13634**	**80761**	**161376**	**519677**	**645948**	**608391**
北 京	Beijing	2892		1426	6560	14593	11929	2868
天 津	Tianjin	1906		1910	3116	4247	3607	3071
河 北	Hebei	1089	1352	2572	6786	27721	31311	31048
山 西	Shanxi	1348		2755	7977	19798	31710	30817
内蒙古	Inner Mongolia	3548		1122	6257	13438	32729	32522
辽 宁	Liaoning	7900	1164	1562	8331	16731	20352	19139
吉 林	Jilin	4352		856	10107	11735	24672	24304
黑龙江	Heilongjiang	2507	496	6625	18591	23499	28311	27190
上 海	Shanghai	5307		2088	3584	24812	17848	15308
江 苏	Jiangsu	7490	7516	3482	4483	33028	25383	24997
浙 江	Zhejiang	3360		2236	1575	27566	21983	21137
安 徽	Anhui	1368		1870	4960	18255	21002	20820
福 建	Fujian	2780		7934	3079	18441	15222	14722
江 西	Jiangxi	1636		740	5399	13874	24863	18601
山 东	Shandong	4670	1201	6530	5322	22341	26195	25339
河 南	Henan	31		733	16899	28866	26983	26730
湖 北	Hubei	1181	537	3079	4368	16167	22603	20416
湖 南	Hunan	1567		2903	5346	20527	27943	27588
广 东	Guangdong	25092		4476	6738	35399	54988	52042
广 西	Guangxi	3704		3077	4078	15473	21137	20647
海 南	Hainan	1817		4168	355	3454	1985	1833
重 庆	Chongqing	4105		918	4625	10231	13168	13033
四 川	Sichuan	12711		8845	4936	26492	32678	31689
贵 州	Guizhou	3081		294	3034	13551	13832	13297
云 南	Yunnan	4753		960	1300	12095	19372	18974
西 藏	Tibet	870			145	2081	3706	3706
陕 西	Shaanxi	543	841	1047	4671	18519	34398	33364
甘 肃	Gansu	1223		2898	3678	9220	14156	11913
青 海	Qinghai	152	527	762	924	2648	6764	6730
宁 夏	Ningxia	1009		533	519	2609	4810	4686
新 疆	Xinjiang	4096		2360	3633	12266	10308	9860

4-1 续表 11 continued

单位：人 (person)

地 区	Region	2.计算机服务业 2.Computer Services	3.软件业 3.Software Industry	(八) 批发和零售业 VIII. Wholesale and Retail Trades	1.批发业 1.Wholesale Trade	2.零售业 2.Retail Trade	(九) 住宿和餐饮业 IX. Hotels and Catering Services	1.住宿业 1.Hotels
总 计	**National Total**	**28354**	**9203**	**1442080**	**1000045**	**442035**	**551530**	**455886**
北 京	Beijing	6905	2156	42660	29281	13379	55306	51731
天 津	Tianjin	247	289	35200	15417	19783	6096	5636
河 北	Hebei	177	86	93985	56306	37679	27604	21909
山 西	Shanxi	432	461	87914	66191	21723	19999	16550
内蒙古	Inner Mongolia	163	44	32021	24871	7150	10467	9741
辽 宁	Liaoning	907	306	47473	34138	13335	14629	11193
吉 林	Jilin	330	38	27660	22708	4952	13259	11160
黑龙江	Heilongjiang	666	455	74221	45705	28516	18236	11358
上 海	Shanghai	1073	1467	32640	19456	13184	15289	13132
江 苏	Jiangsu	347	39	48762	29646	19116	20217	17626
浙 江	Zhejiang	634	212	32840	25292	7548	19906	17953
安 徽	Anhui	152	30	53555	43453	10102	10813	8749
福 建	Fujian	209	291	40253	31238	9015	16533	13920
江 西	Jiangxi	6262		46995	32974	14021	10507	9021
山 东	Shandong	334	522	94985	60887	34098	51400	32109
河 南	Henan	241	12	141021	89965	51056	35067	28114
湖 北	Hubei	2152	35	53555	42468	11087	13918	11855
湖 南	Hunan	150	205	40445	24766	15679	22522	20787
广 东	Guangdong	1862	1084	87800	66181	21619	45468	33182
广 西	Guangxi	205	285	46482	31038	15444	16630	13517
海 南	Hainan	132	20	7187	5281	1906	8720	8367
重 庆	Chongqing	40	95	26088	16904	9184	8426	7699
四 川	Sichuan	410	579	64874	54568	10306	17895	15148
贵 州	Guizhou	503	32	36876	29992	6884	8771	7797
云 南	Yunnan	193	205	37743	29570	8173	14899	14097
西 藏	Tibet			4351	2403	1948	3857	3857
陕 西	Shaanxi	969	65	44160	30079	14081	19331	17361
甘 肃	Gansu	2243		22180	12457	9723	10691	10342
青 海	Qinghai	10	24	7365	4827	2538	2252	1573
宁 夏	Ningxia	124		8016	5276	2740	1311	1127
新 疆	Xinjiang	282	166	22773	16707	6066	11511	9275

4-1 续表 12 continued

单位：人 (person)

地区	Region	2.餐饮业 2.Catering Services	(十)金融业 X. Financial Intermediation	1.银行业 1.Bank	2.证券业 2.Security Activities	3.保险业 3.Insurance	4.其他金融活动 4.Other Financial Activities
总 计	**National Total**	**95644**	**1459902**	**1131415**	**18394**	**275971**	**34122**
北 京	Beijing	3575	20690	19023	936	719	12
天 津	Tianjin	460	8387	8321	14	7	45
河 北	Hebei	5695	50431	38222	1853	7891	2465
山 西	Shanxi	3449	56546	44452	447	9530	2117
内蒙古	Inner Mongolia	726	44079	33833	214	9133	899
辽 宁	Liaoning	3436	76310	64397	703	9666	1544
吉 林	Jilin	2099	41433	33896	114	6564	859
黑龙江	Heilongjiang	6878	48213	47126	229	296	562
上 海	Shanghai	2157	51506	46554	1735	1885	1332
江 苏	Jiangsu	2591	83645	54211	642	25890	2902
浙 江	Zhejiang	1953	65528	55635	1019	7582	1292
安 徽	Anhui	2064	53261	31526	1396	18991	1348
福 建	Fujian	2613	47292	33034	350	13043	865
江 西	Jiangxi	1486	43748	31552	367	11183	646
山 东	Shandong	19291	80059	59579	1056	18356	1068
河 南	Henan	6953	62628	43861	674	16657	1436
湖 北	Hubei	2063	74233	57428	208	14156	2441
湖 南	Hunan	1735	38760	31782	471	4047	2460
广 东	Guangdong	12286	132346	102178	2881	25685	1602
广 西	Guangxi	3113	48407	37514	68	8480	2345
海 南	Hainan	353	8407	7314	133	866	94
重 庆	Chongqing	727	27207	20739	49	5966	453
四 川	Sichuan	2747	93899	68534	440	22814	2111
贵 州	Guizhou	974	18347	16661		1298	388
云 南	Yunnan	802	41991	33976	186	7235	594
西 藏	Tibet		6658	6620			38
陕 西	Shaanxi	1970	46947	32485	2082	10825	1555
甘 肃	Gansu	349	30561	25698	40	4660	163
青 海	Qinghai	679	13690	10375	39	3121	155
宁 夏	Ningxia	184	12871	10318		2553	
新 疆	Xinjiang	2236	31822	24571	48	6872	331

4-1 续表 13 continued

单位：人 (person)

地 区	Region	(十一)房地产业 XI. Real Estate	#房地产开发经营 Development and Management of Real Estate	#物业管理 Property Management	#房地产中介服务 Agency Services for Real Estate	(十二)租赁和商务服务业 XII. Leasing and Business Services	1.租赁业 1.Leasing	2.商务服务业 2.Business Services
总 计	**National Total**	**435384**	**141805**	**166998**	**24250**	**1254201**	**10340**	**1243861**
北 京	Beijing	30923	3537	18303	661	217715	658	217057
天 津	Tianjin	7487	2683	4368		49932	81	49851
河 北	Hebei	17962	6287	7015	1005	29007	140	28867
山 西	Shanxi	8280	3732	2466	319	30992	352	30640
内蒙古	Inner Mongolia	8078	1210	1733	1144	18713	466	18247
辽 宁	Liaoning	23530	4176	9501	990	63430	137	63293
吉 林	Jilin	12540	1832	4876	1024	26930	142	26788
黑龙江	Heilongjiang	21880	2597	12554	187	20533	102	20431
上 海	Shanghai	27156	8686	13596	348	78978	20	78958
江 苏	Jiangsu	16965	5501	5061	508	53229	533	52696
浙 江	Zhejiang	15946	4113	5929	262	83266	323	82943
安 徽	Anhui	11441	3784	3397	642	22322	599	21723
福 建	Fujian	27115	6495	10850	1232	33997	110	33887
江 西	Jiangxi	11262	5029	1426	2055	20410	549	19861
山 东	Shandong	26003	12548	9354	1212	44052	930	43122
河 南	Henan	14215	7640	1625	4950	52198	927	51271
湖 北	Hubei	18268	12489	2668	957	28504	367	28137
湖 南	Hunan	14981	6393	5364	906	35013	1339	33674
广 东	Guangdong	42290	10221	25961	1749	141675	194	141481
广 西	Guangxi	11271	3907	3368	850	36769	150	36619
海 南	Hainan	4317	1486	1852	391	13644	245	13399
重 庆	Chongqing	11063	6558	2844	321	17370	69	17301
四 川	Sichuan	11722	5823	1689	633	38449	358	38091
贵 州	Guizhou	7545	2098	2142	138	9840	759	9081
云 南	Yunnan	4372	1775	847	624	19784	63	19721
西 藏	Tibet	258	87	53		363		363
陕 西	Shaanxi	11344	6142	2276	586	20227	315	19912
甘 肃	Gansu	6324	1278	510	94	14100	205	13895
青 海	Qinghai	2688	655	1668	84	5344	12	5332
宁 夏	Ningxia	3100	2000	782	140	3630	28	3602
新 疆	Xinjiang	5058	1043	2920	238	23785	167	23618

4-1 续表 14 continued

单位：人 (person)

地 区	Region	(十三)科学研究、技术服务和地质勘查业 XIII. Scientific Research, Technical Services and Geological Prospecting	1.研究与试验发展 1.Research and Experimental Development	自然科学研究与试验发展 Research and Experimental Development on Physical Science	工程和技术研究与试验发展 Research and Experimental Development on Engineering and Technical Research	农业科学研究与试验发展 Research and Experimental Development on Agricultural Science Research	医学研究与试验发展 Research and Experimental Development	社会人文科学研究与试验发展 Research and Experimental Development on Social Science and Humanities
总 计	**National Total**	**2094175**	**618935**	**124777**	**320265**	**99899**	**26121**	**47873**
北 京	Beijing	194243	108037	28121	61790	4299	4761	9066
天 津	Tianjin	39907	12772	5223	3968	846	2193	542
河 北	Hebei	74862	13226	1923	7810	2329	243	921
山 西	Shanxi	55920	17293	3476	8440	3245	776	1356
内蒙古	Inner Mongolia	40309	9145	418	3910	2748	381	1688
辽 宁	Liaoning	89781	24334	8592	8837	4021	1628	1256
吉 林	Jilin	54696	17219	4803	6501	3856	631	1428
黑龙江	Heilongjiang	105671	15270	4897	4969	4296	42	1066
上 海	Shanghai	175406	43040	19112	19210	1888	1409	1421
江 苏	Jiangsu	72192	28955	7270	15685	3433	1877	690
浙 江	Zhejiang	65558	11888	1373	4376	3598	657	1884
安 徽	Anhui	51864	11840	2777	6404	2131	212	316
福 建	Fujian	37215	6085	1272	1493	2141	271	908
江 西	Jiangxi	49335	11211	5148	1754	2357	1470	482
山 东	Shandong	82051	17368	4083	6880	3350	1379	1676
河 南	Henan	93115	24247	588	14723	6425	768	1743
湖 北	Hubei	93398	24585	3485	14625	3695	1285	1495
湖 南	Hunan	62516	13203	2407	3043	6563	293	897
广 东	Guangdong	95075	19145	1845	8695	6771	702	1132
广 西	Guangxi	58690	15213	4242	1079	5289	1213	3390
海 南	Hainan	12322	4928	101	145	3992	50	640
重 庆	Chongqing	26997	8898	68	5317	1506	599	1408
四 川	Sichuan	124837	50807	4325	37385	4419	1436	3242
贵 州	Guizhou	38381	4384	877	1416	1912	15	164
云 南	Yunnan	55799	16744	2375	6922	5854	736	857
西 藏	Tibet	6790	1308	228	239	686		155
陕 西	Shaanxi	118068	59756	2238	49461	1423	487	6147
甘 肃	Gansu	46297	13737	1271	8687	2883	329	567
青 海	Qinghai	18799	6279	567	4554	774	195	189
宁 夏	Ningxia	10810	2096	544	423	646	22	461
新 疆	Xinjiang	43271	5922	1128	1524	2523	61	686

4-1 续表 15 continued

单位：人 (person)

地 区	Region	2.专业技术服务业 Professional Technical Services	#气象服务 Weather Services	#地震服务 Earthquake Services	#海洋服务 Ocean Services	#测绘服务 Plotting Services	#技术检测 Technique Detection	#环境监测 Environmental Monitoring
总 计	**National Total**	**815318**	**53754**	**16850**	**6069**	**39537**	**157233**	**45581**
北 京	Beijing	60453	1749	1084	552	1551	15789	901
天 津	Tianjin	23456	390	444	737	84	4542	469
河 北	Hebei	27751	1926	693		1199	6678	1565
山 西	Shanxi	21176	1629	766		800	3422	2221
内蒙古	Inner Mongolia	17219	2649	595		921	4434	1699
辽 宁	Liaoning	44089	1881	474	169	1529	12328	3603
吉 林	Jilin	25768	1098	301		1419	6181	1611
黑龙江	Heilongjiang	25372	1555	288		2521	6037	1353
上 海	Shanghai	21992	523	14	707	448	4586	1629
江 苏	Jiangsu	28327	1616	657	181	1165	6372	3480
浙 江	Zhejiang	40260	2158	147	1238	3001	7382	2288
安 徽	Anhui	24503	2039	514		1363	3896	1664
福 建	Fujian	22165	1448	403	131	1112	3495	1413
江 西	Jiangxi	14870	1761	164		1039	3466	977
山 东	Shandong	34391	1966	769	1165	1764	6180	1931
河 南	Henan	43149	1942	730		2563	9915	3282
湖 北	Hubei	50366	1909	485	140	1809	5099	1826
湖 南	Hunan	28658	2323	240	45	1645	3476	855
广 东	Guangdong	60978	2554	428	782	2308	15403	2755
广 西	Guangxi	24740	2369	354		1522	4032	1384
海 南	Hainan	5191	455	224	206	459	737	363
重 庆	Chongqing	10278	738	20		1204	1030	489
四 川	Sichuan	48609	3394	2706		1254	6543	1585
贵 州	Guizhou	13391	1520	58		814	1085	745
云 南	Yunnan	20728	2258	1246	16	900	3114	1214
西 藏	Tibet	3321	1055	94			95	75
陕 西	Shaanxi	31609	2380	1114		3367	3827	2101
甘 肃	Gansu	13030	1797	849		216	2344	982
青 海	Qinghai	4848	1636	254		87	703	174
宁 夏	Ningxia	4608	513	316		472	1189	316
新 疆	Xinjiang	20022	2523	419		1001	3853	631

4-1 续表 16 continued

单位：人 (person)

地 区	Region	#工程技术与规划管理 Engineering Technic & Programming Management	3.科技交流和推广服务业 3.Services of Science and Technology Exchanges and Promotion	4.地质勘查业 4.Geological Prospecting	(十四) 水利、环境和公共设施管理业 XIV. Management of Water Conservancy, Enviroment and Public Facilities	1.水利管理业 1.Management of Water Conservancy	2.环境管理业 2.Environmental Management	3.公共设施管理业 3.Management of Public Facilities
总 计	**National Total**	**456901**	**336032**	**323890**	**1782947**	**441434**	**842417**	**499096**
北 京	Beijing	36096	21572	4181	60249	7152	29046	24051
天 津	Tianjin	14996	1805	1874	29788	6337	12075	11376
河 北	Hebei	14865	3515	30370	86630	18590	32424	35616
山 西	Shanxi	11496	5193	12258	54774	14694	25674	14406
内蒙古	Inner Mongolia	6603	3626	10319	63484	16898	35398	11188
辽 宁	Liaoning	19128	12209	9149	107731	18467	53888	35376
吉 林	Jilin	14639	6277	5432	63268	16802	33363	13103
黑龙江	Heilongjiang	12195	5046	59983	85204	14944	50362	19898
上 海	Shanghai	10529	108967	1407	49909	5300	32856	11753
江 苏	Jiangsu	13023	6602	8308	87737	29730	33349	24658
浙 江	Zhejiang	23835	7995	5415	57481	7351	33137	16993
安 徽	Anhui	14097	7015	8506	59230	19263	25602	14365
福 建	Fujian	12399	4874	4091	36511	7806	19846	8859
江 西	Jiangxi	6417	2851	20403	46202	8369	22461	15372
山 东	Shandong	18859	8003	22289	102405	23113	44272	35020
河 南	Henan	24675	13505	12214	110312	34143	39520	36649
湖 北	Hubei	36661	10817	7630	75407	26285	31748	17374
湖 南	Hunan	18839	9879	10776	74730	16022	36468	22240
广 东	Guangdong	35311	5868	9084	100288	25741	48073	26474
广 西	Guangxi	12712	14515	4222	66123	12497	38875	14751
海 南	Hainan	2518	1190	1013	17378	3969	9997	3412
重 庆	Chongqing	6658	3310	4511	27615	3478	14621	9516
四 川	Sichuan	32400	10698	14723	81564	13281	47485	20798
贵 州	Guizhou	8396	13825	6781	26704	5509	14458	6737
云 南	Yunnan	10886	10405	7922	43190	11924	19401	11865
西 藏	Tibet	1626	544	1617	1899	264	1282	353
陕 西	Shaanxi	17089	13245	13458	61155	24692	22923	13540
甘 肃	Gansu	6699	10111	9419	33641	17130	9273	7238
青 海	Qinghai	1854	2636	5036	9499	4995	3405	1099
宁 夏	Ningxia	1050	1318	2788	17532	5552	6572	5408
新 疆	Xinjiang	10350	8616	8711	45307	21136	14563	9608

4-1 续表 17 continued

单位：人 (person)

地 区	Region	(十五)居民服务和其他服务业 XV. Services to Households and Other Services	1.居民服务业 1.Services to Households	2.其他服务业 2.Other Services	(十六)教育 XVI. Education	#初等教育 Junior Education	#中等教育 Secondary Education	#高等教育 Senior Education
总 计	**National Total**	**282965**	**173916**	**109049**	**14906255**	**5787665**	**6565706**	**1767655**
北 京	Beijing	13280	7305	5975	332591	55308	92843	140317
天 津	Tianjin	40950	9646	31304	159775	30793	54359	40362
河 北	Hebei	15638	3636	12002	821940	358314	362481	67172
山 西	Shanxi	4345	2494	1851	467534	185551	214982	42691
内蒙古	Inner Mongolia	17075	3858	13217	339702	143040	149493	29285
辽 宁	Liaoning	15047	12015	3032	499451	157507	225440	86398
吉 林	Jilin	7135	3117	4018	365168	155847	135472	56910
黑龙江	Heilongjiang	43123	42235	888	448463	162539	190210	70623
上 海	Shanghai	9665	5784	3881	249971	40533	83917	80700
江 苏	Jiangsu	7104	5305	1799	819236	299981	365396	114486
浙 江	Zhejiang	6438	4721	1717	534919	179570	243037	76292
安 徽	Anhui	3079	2517	562	580214	252072	257601	55409
福 建	Fujian	10448	3696	6752	422122	170538	187603	42407
江 西	Jiangxi	3963	1845	2118	458988	218516	172065	49701
山 东	Shandong	22181	20340	1841	1023032	370588	506190	102973
河 南	Henan	6241	4786	1455	1001566	350924	516265	75231
湖 北	Hubei	7509	3515	3994	625136	197131	290058	107302
湖 南	Hunan	4701	2985	1716	643494	204520	338216	74430
广 东	Guangdong	15842	11402	4440	1049167	449603	463655	100210
广 西	Guangxi	2073	1702	371	549044	254795	232074	38207
海 南	Hainan	602	477	125	101873	45819	41248	8885
重 庆	Chongqing	1527	1010	517	326648	132973	142244	39712
四 川	Sichuan	3808	3035	773	813299	348729	361425	74198
贵 州	Guizhou	3027	2673	354	405177	215635	148012	23262
云 南	Yunnan	2608	1221	1387	499912	257599	178648	32360
西 藏	Tibet	195	25	170	39384	23113	13008	694
陕 西	Shaanxi	6551	4648	1903	515344	197645	223355	69540
甘 肃	Gansu	2957	2564	393	334822	132046	160020	28094
青 海	Qinghai	2555	2400	155	71342	31276	29768	5763
宁 夏	Ningxia	276	268	8	77778	32358	33067	6803
新 疆	Xinjiang	3022	2691	331	329163	132802	153554	27238

4-1 续表 18 continued

单位：人 (person)

地 区	Region	(十七) 卫生、社会保障和社会福利业 XVII. Health, Social Securities and Social Welfare	1.卫生 1.Health	2.社会保障业 2.Social Securities	3.社会福利业 3.Social Welfare	(十八) 文化、体育和娱乐业 XVIII. Culture, Sports and Entertainment	1.新闻出版业 1.Journalism and Publishing Activities	2.广播、电视、电影和音像业 2.Broadcasting, Movies, Television and Audiovisual Activities
总 计	**National Total**	**5299225**	**5039526**	**143202**	**116497**	**1118940**	**259743**	**376933**
北 京	Beijing	170063	160515	3520	6028	113696	60793	21423
天 津	Tianjin	81273	70627	8397	2249	16020	2991	3485
河 北	Hebei	240440	228745	5567	6128	43867	7516	17488
山 西	Shanxi	132999	123485	6440	3074	42886	8064	15106
内蒙古	Inner Mongolia	104029	96295	4815	2919	32370	4530	12169
辽 宁	Liaoning	220750	205084	7427	8239	50378	13592	14155
吉 林	Jilin	136475	129000	3741	3734	32898	6681	10564
黑龙江	Heilongjiang	179034	169772	4986	4276	37982	6342	12961
上 海	Shanghai	142985	132722	4736	5527	35477	5916	9427
江 苏	Jiangsu	257055	243697	8403	4955	48463	8371	21633
浙 江	Zhejiang	250901	240996	5240	4665	52248	10899	20663
安 徽	Anhui	156988	151493	2796	2699	30254	4458	13753
福 建	Fujian	126555	119218	4301	3036	31889	4807	14204
江 西	Jiangxi	152529	145406	4057	3066	30124	6037	11319
山 东	Shandong	346207	334442	6684	5081	59226	13694	22876
河 南	Henan	351340	338037	7894	5409	63953	16201	21583
湖 北	Hubei	258418	246840	5570	6008	46394	10282	18006
湖 南	Hunan	259512	249538	5814	4160	35458	6074	14998
广 东	Guangdong	431813	413226	7692	10895	69325	17697	20376
广 西	Guangxi	204994	193517	8206	3271	28063	5285	7932
海 南	Hainan	32860	31321	857	682	8893	2267	4231
重 庆	Chongqing	94873	90571	2046	2256	19839	7570	5949
四 川	Sichuan	260501	248709	6830	4962	39476	7155	12332
贵 州	Guizhou	106774	103744	1430	1600	16128	3360	5554
云 南	Yunnan	145218	139393	3409	2416	28156	3343	7200
西 藏	Tibet	13830	13336	10	484	6110	679	2883
陕 西	Shaanxi	165951	157688	4943	3320	34625	5321	10187
甘 肃	Gansu	89630	86840	1340	1450	24653	3201	9279
青 海	Qinghai	28425	26950	803	672	6410	761	2187
宁 夏	Ningxia	28947	27440	868	639	8772	1694	2992
新 疆	Xinjiang	127856	120879	4380	2597	24907	4162	10018

4-1 续表 19 continued

单位：人 (person)

地区	Region	3.文化艺术业 3.Cultural and Art Activitries	4.体育 4.Sports Activities	5.娱乐业 5.Entertainment	(十九)公共管理和社会组织 XIX. Public Management and Social Organization	#中国共产党机关 Organs of Communist Party of China	#国家机构 Government Agencies	#人民政协和民主党派 People's Political Consultative Conference and Demoncratic Parties	#群众社团、社会团体和宗教组织 Non-Governmental Organizations, Social Organizations, and Religion Organizations
总计	**National Total**	**381260**	**78490**	**22514**	**13800484**	**545203**	**12934592**	**94216**	**212724**
北京	Beijing	22250	7936	1294	343682	10547	312969	2034	17799
天津	Tianjin	6275	2637	632	134074	3495	127489	849	1747
河北	Hebei	13662	3122	2079	754713	30347	709310	5514	9189
山西	Shanxi	17113	2221	382	548671	18557	517564	3494	9056
内蒙古	Inner Mongolia	13830	1566	275	339668	16889	313316	3931	5532
辽宁	Liaoning	18536	3496	599	496616	21521	462186	3577	8628
吉林	Jilin	12555	2691	407	305440	12977	281369	1919	7899
黑龙江	Heilongjiang	13103	3543	2033	408882	13206	387787	2803	4653
上海	Shanghai	11708	7312	1114	179325	2357	172037	853	2899
江苏	Jiangsu	14214	3730	515	622241	15724	596758	2720	7039
浙江	Zhejiang	18307	1905	474	540241	18027	508749	3131	8801
安徽	Anhui	9881	1722	440	458662	15384	434312	2750	6120
福建	Fujian	9859	2764	255	297424	13843	274652	2567	6362
江西	Jiangxi	10441	1999	328	428132	18294	395562	3177	9080
山东	Shandong	18340	3053	1263	1020076	38874	963467	5082	12569
河南	Henan	22367	2592	1210	1023298	34596	970902	5292	12508
湖北	Hubei	15310	2038	758	538583	15404	509996	3620	9563
湖南	Hunan	12074	1815	497	757509	24917	719171	3947	9474
广东	Guangdong	20766	8296	2190	911407	28747	867138	3354	12168
广西	Guangxi	11950	2135	761	378803	16201	350739	2794	5632
海南	Hainan	2021	236	138	94513	3776	88329	610	1798
重庆	Chongqing	5648	468	204	233282	7690	221171	1784	2637
四川	Sichuan	17183	1954	852	739305	35816	687513	6247	9729
贵州	Guizhou	5593	1304	317	384632	16243	360483	2883	5023
云南	Yunnan	13092	2172	2349	450699	22614	413465	5707	7105
西藏	Tibet	2134	414		80399	7771	70015	984	1629
陕西	Shaanxi	17202	1503	412	474526	25212	438901	3824	6589
甘肃	Gansu	10299	1457	417	351660	24788	317985	4315	4572
青海	Qinghai	2840	571	51	85335	5452	77286	1202	1395
宁夏	Ningxia	3264	744	78	78169	3624	71910	902	1733
新疆	Xinjiang	9443	1094	190	340517	22310	312061	2350	3796

4-2 各地区分行业城镇集体单位就业人员数

Employed Persons in Urban Collective-owned Units by Sector and Region

单位：人 (person)

地 区 Region	城镇集体单位合计 Total	(一)企业 I. Enterprises	(二)事业 II. Institutions	(三)机关 III. Agencies and Organizations	(四)民间非营利组织 IV. Civil Nonprofit Organizations	(五)其他 V. Other	(一)农、林、牧、渔业 I.Agriculture, Forestry, Animal Husbandry and Fishery	1.农业 1.Agriculture	2.林业 2.Forestry
总 计 National Total	**6181304**	**5295071**	**826630**	**11857**	**13977**	**33769**	**49158**	**14681**	**6168**
北 京 Beijing	242643	198993	21383		5605	16662	6718	2788	1621
天 津 Tianjin	47573	40706	6239			628	1		
河 北 Hebei	272428	249788	21998	642			1875	16	25
山 西 Shanxi	241894	212746	27845	197	8	1098	1099	499	62
内蒙古 Inner Mongolia	91762	75154	16549			59	1413	481	
辽 宁 Liaoning	320248	297623	22225	400			1917	43	128
吉 林 Jilin	142554	122859	19425	270			643	5	74
黑龙江 Heilongjiang	290962	280036	10327	599			781	650	33
上 海 Shanghai	102667	66265	32741	926	2229	506	784		374
江 苏 Jiangsu	309799	208720	100231	646		202	3577	2031	14
浙 江 Zhejiang	294322	221626	69917	279	1041	1459	599	204	17
安 徽 Anhui	188016	130808	55566	762	364	516	621	68	
福 建 Fujian	163987	139260	24501	26	184	16	269	26	190
江 西 Jiangxi	140950	129973	10631	274		72	480	24	126
山 东 Shandong	567800	481164	81645	1229	309	3453	4519	29	86
河 南 Henan	489825	389296	91203	2499	2246	4581	4059	385	269
湖 北 Hubei	217918	190097	26813	778	222	8	4846	2689	756
湖 南 Hunan	292643	264912	25211		807	1713	1203	99	557
广 东 Guangdong	583334	540167	42742	50	270	105	1286	184	227
广 西 Guangxi	169078	164383	4113	333	80	169	951	4	838
海 南 Hainan	35066	29344	5383	59	54	226	795	382	371
重 庆 Chongqing	104000	87282	16475	58	123	62	1211	21	34
四 川 Sichuan	382563	319108	62185	1200	30	40	4107	2	
贵 州 Guizhou	72197	66664	4198	126	297	912	205	181	11
云 南 Yunnan	110125	105235	4380	383		127	341	109	89
西 藏 Tibet	4570	4562	4	4			19	15	
陕 西 Shaanxi	166292	148860	16675		80	677	711	196	81
甘 肃 Gansu	73227	69286	3454	15		472	168		63
青 海 Qinghai	18262	17819	437			6	211	60	122
宁 夏 Ningxia	7785	7397	388				95	87	
新 疆 Xinjiang	36814	34938	1746	102	28		3654	3403	

4-2 续表 1 continued

单位：人 (person)

地区	Region	3.畜牧业 3.Animal Husbandry	4.渔业 4.Fishery	5.农、林、牧、渔服务业 5.Service in support of Agriculture, Forestry, Animal Husbandry and Fishery	(二)采矿业 II. Mining	1.煤炭开采和洗选业 1.Mining and Washing of Coal	2.石油和天然气开采业 2.Extraction of Petroleum and Natural Gas	3.黑色金属矿采选业 3.Mining of Ferrous Metal Ores
总 计	**National Total**	**2633**	**1827**	**23849**	**176342**	**119525**	**142**	**15082**
北 京	Beijing	1184	99	1026	5134	4128		458
天 津	Tianjin			1	31			
河 北	Hebei	16		1818	470	103		367
山 西	Shanxi	27		511	24344	23791		527
内蒙古	Inner Mongolia	74		858	2966	688		951
辽 宁	Liaoning	24	785	937	12128	5913		3589
吉 林	Jilin	8	64	492	3102	2187		208
黑龙江	Heilongjiang	69		29	15729	15583		
上 海	Shanghai	3		407				
江 苏	Jiangsu	262	187	1083	2618	296		125
浙 江	Zhejiang	37	45	296	3818			
安 徽	Anhui		44	509	4042	3175		752
福 建	Fujian		23	30	1330	842		75
江 西	Jiangxi	53	122	155	1377	840		220
山 东	Shandong	40	119	4245	15260	5897		604
河 南	Henan	273	197	2935	11703	7185	99	154
湖 北	Hubei	167	71	1163	10868	3792		3709
湖 南	Hunan			547	35499	30012		1631
广 东	Guangdong	138	40	697	106			5
广 西	Guangxi	7	11	91	846			452
海 南	Hainan	22	20		22			
重 庆	Chongqing			1156	6170	5318	26	
四 川	Sichuan	3		4102	4597	3668		
贵 州	Guizhou	10		3	2551	1500		439
云 南	Yunnan	98		45	3665	518		272
西 藏	Tibet	4			123			101
陕 西	Shaanxi			434	4534	1857	12	370
甘 肃	Gansu	105			2099	1470		73
青 海	Qinghai			29	280			
宁 夏	Ningxia			8				
新 疆	Xinjiang	9		242	930	762	5	

4-2 续表 2 continued

单位：人 (person)

地 区	Region	4.有色金属矿采选业 4.Mining of Non-ferrous Metal Ores	5.非金属矿采选业 5.Mining and Processing of Nonmetal Ores	6.其他采矿业 6.Mining of Other Ores	(三) 制造业 III. Manufacturing	1.农副食品加工业 1.Processing of Food from Agricultural Products	2.食品制造业 2.Manufacture of Foods	3.饮料制造业 3.Manufacture of Beverage
总 计	**National Total**	**17302**	**23618**	**673**	**1485334**	**50976**	**34659**	**13544**
北 京	Beijing		548		49515	902	507	368
天 津	Tianjin		31		8997	36	341	78
河 北	Hebei				79803	1521	1347	597
山 西	Shanxi	13	13		53626	395	263	495
内蒙古	Inner Mongolia	1257	70		22014	306	201	246
辽 宁	Liaoning	1049	1577		136804	1915	320	554
吉 林	Jilin		284	423	49573	248	80	74
黑龙江	Heilongjiang		146		105725	597	235	1502
上 海	Shanghai				14407		436	
江 苏	Jiangsu		2197		72592	341	433	154
浙 江	Zhejiang		3818		57806	128	129	163
安 徽	Anhui	40	75		22048	752	17	88
福 建	Fujian	28	385		37485	324	1616	171
江 西	Jiangxi	226	68	23	14888	214	763	113
山 东	Shandong	6453	2306		192762	28110	1200	1505
河 南	Henan	66	4199		85850	3584	12684	1467
湖 北	Hubei	572	2795		46767	2249	785	1197
湖 南	Hunan	1728	2128		56230	1867	235	1115
广 东	Guangdong	25	76		157390	3494	7918	1132
广 西	Guangxi	123	96	175	32125	508	1244	423
海 南	Hainan	1	21		2012	147	38	90
重 庆	Chongqing		826		25691	1112	375	255
四 川	Sichuan	108	821		64525	887	1279	402
贵 州	Guizhou	57	555		12047	62	203	132
云 南	Yunnan	2550	273	52	18512	446	519	344
西 藏	Tibet		22		1648			66
陕 西	Shaanxi	2163	132		37439	626	1340	73
甘 肃	Gansu	556			16333	136	14	666
青 海	Qinghai	280			5879	33		52
宁 夏	Ningxia				1036			
新 疆	Xinjiang	7	156		3805	36	137	22

4-2 续表 3 continued

单位：人 (person)

地区	Region	4.烟草制品业 4.Manufacture of Tobacco	5.纺织业 5.Manufacture of Textile	6.纺织服装、鞋、帽制造业 6.Manufacture of Textile Wearing Apparel, Footware and Caps	7.皮革、毛皮、羽毛(绒)及其制品业 7.Manufacture of Leather, Fur, Feather and Its Products	8.木材加工及木、竹、藤、棕、草制品业 8.Processing of Timbers, Manufacture of Wood, Bamboo, Rattan, Palm and Straw Products	9.家具制造业 9.Manufacture of Furniture	10.造纸及纸制品业 10.Manufacture of Paper and Paper Products
总 计	**National Total**	**3624**	**60585**	**68084**	**31441**	**22599**	**14475**	**30833**
北 京	Beijing		1484	3844	336	245	418	2068
天 津	Tianjin		565	491	3	33	15	105
河 北	Hebei	416	4776	3661	210	38	2318	1181
山 西	Shanxi		2133	2652	233	466	685	503
内蒙古	Inner Mongolia		80	562	68	13	124	231
辽 宁	Liaoning	165	1585	2430	611	779	176	1003
吉 林	Jilin		213	1888	140	1302	420	398
黑龙江	Heilongjiang		2534	3963	2140	8601	4890	2376
上 海	Shanghai		513	2740	62	1	11	303
江 苏	Jiangsu		2657	3433	452	165	368	747
浙 江	Zhejiang		4510	2021	234	239		792
安 徽	Anhui	922	1340	1012	10	6	148	667
福 建	Fujian	16	2051	1131	6515	695	241	1803
江 西	Jiangxi		184	311	126	801	110	151
山 东	Shandong		15114	11681	3701	4233	456	4436
河 南	Henan	1366	2873	1737	691	229	336	338
湖 北	Hubei	217	1239	4226	49	1946	1831	955
湖 南	Hunan		1126	1010	692	679	165	1840
广 东	Guangdong		7602	14650	14122	587	377	5995
广 西	Guangxi		443	1663	232	296	416	816
海 南	Hainan		16	99		18	50	64
重 庆	Chongqing		2559	628	88	566	37	107
四 川	Sichuan	386	2987	483	322	165	36	1043
贵 州	Guizhou		112	97	5	37	210	229
云 南	Yunnan	104	1128	743	132	312	105	1188
西 藏	Tibet		82	137		30	86	
陕 西	Shaanxi	32	555	217	27	101	376	1092
甘 肃	Gansu		18	411	136	4	32	268
青 海	Qinghai			91	88			20
宁 夏	Ningxia						31	
新 疆	Xinjiang		106	72	16	12	7	114

4-2 续表 4 continued

单位：人 (person)

地 区	Region	11.印刷业和记录媒介的复制 11.Printing, Reproduction of Recording Media	12.文教体育用品制造业 12.Manufacture of Articles for Culture, Education and Sport Activities	13.石油加工、炼焦及核燃料加工业 13.Processing of Petroleum, Coking, Processing of Nuclear Fuel	14.化学原料及化学制品制造业 14.Manufacture of Chemical Raw Material and Chemical Products	15.医药制造业 15.Manufacture of Medicines	16.化学纤维制造业 16.Manufacture of Chemical Fiber
总 计	**National Total**	**43519**	**16704**	**19780**	**86802**	**25842**	**3936**
北 京	Beijing	5192	312	92	2019	543	
天 津	Tianjin	127	121	110	1653	5	9
河 北	Hebei	2534	210	794	3481	511	
山 西	Shanxi	1206		2058	1948	1	
内蒙古	Inner Mongolia	1178			889		
辽 宁	Liaoning	3538	266	9448	11278	886	2327
吉 林	Jilin	2189	15	171	2861	997	
黑龙江	Heilongjiang	3224	1566	237	1226	2436	
上 海	Shanghai	423	444		258	322	193
江 苏	Jiangsu	1096	571	207	6001	5961	338
浙 江	Zhejiang	721	143	51	4163	3031	577
安 徽	Anhui	1012	1094		740	612	
福 建	Fujian	1256	526		1118	294	
江 西	Jiangxi	222	18	439	217	1	
山 东	Shandong	2548	116	534	8513	823	13
河 南	Henan	2514	103	1790	6233	1545	
湖 北	Hubei	319	120		3912	445	397
湖 南	Hunan	1321	201	12	4249	116	1
广 东	Guangdong	4725	10603		5823	3439	4
广 西	Guangxi	1009	31		2475	765	
海 南	Hainan	195			455	119	7
重 庆	Chongqing	551	6		2027	115	
四 川	Sichuan	1821	7	35	6369	112	42
贵 州	Guizhou	749			756	76	
云 南	Yunnan	1731	49		803	450	2
西 藏	Tibet		31		20	246	
陕 西	Shaanxi	1399	109	25	5655	1896	26
甘 肃	Gansu	320	23	3764	492	95	
青 海	Qinghai	242	6		448		
宁 夏	Ningxia	90	13		25		
新 疆	Xinjiang	67		13	695		

4-2 续表 5 continued

单位：人 (person)

地区	Region	17.橡胶制品业 17.Manufacture of Rubber	18.塑料制品业 18.Manufacture of Plastic	19.非金属矿物制品业 19.Manufacture of Non-metallic Mineral Products	20.黑色金属冶炼及压延加工业 20.Manufacture and Processing of Ferrous Metals	21.有色金属冶炼及压延加工业 21.Manufacture and Processing of Non-ferrous Metals	22.金属制品业 22.Manufacture of Metal Products
总 计	**National Total**	**20772**	**48285**	**141656**	**77013**	**25339**	**101438**
北 京	Beijing	269	2372	6671	97	396	5521
天 津	Tianjin	104	1053	105	10	81	773
河 北	Hebei	2182	1898	5509	11268	294	7255
山 西	Shanxi	1075	886	2290	964	348	7618
内蒙古	Inner Mongolia		137	3049	2657	1834	1182
辽 宁	Liaoning	2283	3504	11522	9725	4422	10548
吉 林	Jilin	780	1331	2899	3657	159	935
黑龙江	Heilongjiang	2117	4936	5532	1891	758	10746
上 海	Shanghai	96	1049	151	859	45	517
江 苏	Jiangsu	945	2281	2403	559	2709	5055
浙 江	Zhejiang	326	3247	3816	567	232	2566
安 徽	Anhui	20	351	3494	366	102	848
福 建	Fujian	494	1778	4109	1772	1	1692
江 西	Jiangxi	384	640	2266	890	79	760
山 东	Shandong	2668	2596	16256	11701	1008	6213
河 南	Henan	1359	2591	6410	2909	837	6436
湖 北	Hubei	378	993	6541	745	778	4478
湖 南	Hunan	1695	1564	18391	3329	1885	1450
广 东	Guangdong	1697	8597	5056	70	65	9816
广 西	Guangxi	217	519	9590	224	1998	5369
海 南	Hainan	230	20	34	6		93
重 庆	Chongqing	188	866	3403	478	142	642
四 川	Sichuan	385	1324	5274	16815	292	6661
贵 州	Guizhou	325	228	3318	1808	176	708
云 南	Yunnan	122	868	3377	1261	541	1115
西 藏	Tibet			644			
陕 西	Shaanxi	415	1072	4446	311	725	1787
甘 肃	Gansu	18	692	1425	1570	3661	271
青 海	Qinghai		287	2541		1680	115
宁 夏	Ningxia		442	64			64
新 疆	Xinjiang		163	1070	504	91	204

4-2 续表 6 continued

单位：人 (person)

地 区	Region	23.通用设备制造业 23.Manufacture of General Purpose Machinery	24.专用设备制造业 24.Manufacture of Special Purpose Machinery	25.交通运输设备制造业 25.Manufacture of Transport Equipment	26.电气机械及器材制造业 26.Manufacture of Electrical Machinery and Equipment	27.通信设备、计算机及其他电子设备制造业 27.Manufacture of Communication Equipment, Computer and Other Electronic Equipment	28.仪器仪表及文化、办公用机械制造业 28.Manufacture of Measuring Instrument and Machinery for Cultural Activity and Office Work
总 计	**National Total**	**166008**	**70921**	**116985**	**82863**	**44804**	**26705**
北 京	Beijing	4911	1977	3521	2750	758	1133
天 津	Tianjin	617	937	531	609	240	213
河 北	Hebei	12418	3560	6287	3448	376	1204
山 西	Shanxi	8020	8814	5594	3621	71	458
内蒙古	Inner Mongolia	4168	136	2121	911		6
辽 宁	Liaoning	20788	9053	18157	6054	621	1589
吉 林	Jilin	2341	1289	23391	1057	4	477
黑龙江	Heilongjiang	21266	3838	8456	7337	1166	1685
上 海	Shanghai	1015	888	1813	898	371	624
江 苏	Jiangsu	7708	3892	5711	10384	3592	1517
浙 江	Zhejiang	3426	951	1363	6963	16368	955
安 徽	Anhui	1137	3763	1185	899		52
福 建	Fujian	625	4744	1289	1070	155	616
江 西	Jiangxi	1383	294	2330	280	685	588
山 东	Shandong	39269	5625	3212	9641	2142	808
河 南	Henan	6993	4652	7927	2750	2209	394
湖 北	Hubei	4611	3386	3082	1260		255
湖 南	Hunan	3135	2580	2813	2210	942	333
广 东	Guangdong	1600	2043	1786	14251	13825	11985
广 西	Guangxi	489	656	1113	489	98	699
海 南	Hainan		21	44	19		
重 庆	Chongqing	1630	597	7321	1153	212	353
四 川	Sichuan	9058	1068	4093	2224	168	393
贵 州	Guizhou	851	154	1514	168		
云 南	Yunnan	1506	143	501	621	10	64
西 藏	Tibet		7				
陕 西	Shaanxi	5826	5629	1348	988	791	304
甘 肃	Gansu	1016	37	186	588		
青 海	Qinghai	26	40	94	56		
宁 夏	Ningxia	59	91		101		
新 疆	Xinjiang	116	56	202	63		

4-2 续表 7 continued

单位：人 (person)

地 区	Region	29.工艺品及其他制造业 29.Manufacture of Artwork, Other Manufacture	30.废弃资源和废旧材料回收加工业 30.Recycling and Disposal of Waste	(四)电力、燃气及水的生产和供应业 IV. Production and Distribution of Electricity, Gas and Water	1.电力、热力的生产和供应业 1.Production and Supply of Electric Power and Heat Power	2.燃气生产和供应业 2.Production and Distribution of Gas	3.水的生产和供应业 3.Production and Distribution of Water
总 计	**National Total**	**30906**	**4236**	**51141**	**30190**	**3058**	**17893**
北 京	Beijing	498	311	887	737	13	137
天 津	Tianjin	31	1	230	177		53
河 北	Hebei	483	26	602	553		49
山 西	Shanxi	451	378	1909	1656		253
内蒙古	Inner Mongolia	1580	335	565	105		460
辽 宁	Liaoning	1049	208	2899	1628	103	1168
吉 林	Jilin	191	66	872	368	399	105
黑龙江	Heilongjiang	316	154	1127	842	4	281
上 海	Shanghai	375		533	533		
江 苏	Jiangsu	2559	353	3395	2267	20	1108
浙 江	Zhejiang	124		3330	1227	75	2028
安 徽	Anhui	87	1324	742	699	11	32
福 建	Fujian	1383		2106	1965	6	135
江 西	Jiangxi	639		291	40		251
山 东	Shandong	8490	150	1663	1475		188
河 南	Henan	2723	170	2688	1597	234	857
湖 北	Hubei	102	271	1019	412		607
湖 南	Hunan	1209	65	1945	1068	15	862
广 东	Guangdong	5979	149	14173	7206	35	6932
广 西	Guangxi	343		691	509		182
海 南	Hainan	247		309	233	13	63
重 庆	Chongqing	126	154	1448	737	12	699
四 川	Sichuan	327	67	3217	2005	447	765
贵 州	Guizhou	129		604	469		135
云 南	Yunnan	298	29	734	478		256
西 藏	Tibet	295	4				
陕 西	Shaanxi	227	21	860	767		93
甘 肃	Gansu	490		1985	249	1671	65
青 海	Qinghai	60		10			10
宁 夏	Ningxia	56					
新 疆	Xinjiang	39		307	188		119

4-2 续表 8 continued

单位：人 (person)

地 区	Region	(五) 建筑业 V. Construction	1.房屋和土木工程建筑业 1.Construction of Building and Civil Engineering	2.建筑安装业 2.Architectural Installation	3.建筑装饰业 3.Architectural Decoration	4.其他建筑业 4.Other Construction	(六) 交通运输、仓储和邮政业 VI. Transport, Storage and Post	1.铁路运输业 1.Transport Via Railway
总 计	**National Total**	**1636677**	**1450136**	**136677**	**25355**	**24509**	**205734**	**30079**
北 京	Beijing	19940	13654	4276	1567	443	8638	21
天 津	Tianjin	7260	4697	2478	59	26	1784	387
河 北	Hebei	60469	55327	4765	264	113	5438	790
山 西	Shanxi	23860	18027	5095	457	281	5083	62
内蒙古	Inner Mongolia	14765	13390	1351	24		2788	719
辽 宁	Liaoning	62967	43922	16611	480	1954	10037	1972
吉 林	Jilin	24903	8878	15840	148	37	11084	10188
黑龙江	Heilongjiang	77071	62753	6252	7574	492	8287	907
上 海	Shanghai	4060	2525	483	975	77	5150	2129
江 苏	Jiangsu	52877	46918	5173	410	376	10693	1990
浙 江	Zhejiang	76752	74473	1341	644	294	11515	3445
安 徽	Anhui	54862	46579	7576	303	404	7612	524
福 建	Fujian	49633	36235	2270	1237	9891	4287	80
江 西	Jiangxi	73946	71228	1579	1037	102	6419	1443
山 东	Shandong	120463	106995	11801	985	682	11219	653
河 南	Henan	106807	91253	11935	457	3162	17232	4203
湖 北	Hubei	73168	69774	2789	174	431	10983	266
湖 南	Hunan	117110	105596	9611	163	1740	12787	
广 东	Guangdong	176527	165847	5815	4643	222	19557	79
广 西	Guangxi	74194	70542	2512	1041	99	9640	
海 南	Hainan	14701	14448	234	19		810	
重 庆	Chongqing	35654	31810	1766	863	1215	2773	63
四 川	Sichuan	172415	166053	5515	737	110	10203	
贵 州	Guizhou	23996	22762	702	251	281	2684	101
云 南	Yunnan	35752	32491	2691	524	46	2322	4
西 藏	Tibet	2220	2220				20	
陕 西	Shaanxi	44425	40783	1722	172	1748	4835	
甘 肃	Gansu	23986	23347	401		238	899	53
青 海	Qinghai	5280	3733	1477	25	45	122	
宁 夏	Ningxia	1740	1306	434			19	
新 疆	Xinjiang	4874	2570	2182	122		814	

4-2 续表 9 continued

单位：人 (person)

地区	Region	2.道路运输业 2.Transport Via Road	3.城市公共交通业 3.Urban Public Traffic	4.水上运输业 4.Water Transport	5.航空运输业 5.Air Transport	6.管道运输业 6.Transport Via Pipeline	7.装卸搬运和其他运输服务业 7.Loading, Unloading Portage and Other Transport Services	8.仓储业 8.Storage
总 计	**National Total**	**76279**	**21259**	**22682**	**819**	**111**	**41803**	**10688**
北 京	Beijing	2208	3560		3		1220	1626
天 津	Tianjin	834	40				270	253
河 北	Hebei	3351	410				828	59
山 西	Shanxi	2288	164				1579	990
内蒙古	Inner Mongolia	362	36				1671	
辽 宁	Liaoning	4991	363	49			1567	1095
吉 林	Jilin	575	199				65	57
黑龙江	Heilongjiang	4676	136	27			2439	102
上 海	Shanghai	490	1269	28	505		391	338
江 苏	Jiangsu	5066	134	2256			590	196
浙 江	Zhejiang	4139	1491	628	76		1213	132
安 徽	Anhui	3017	421	2095			1555	
福 建	Fujian	1312	560	1034			1172	129
江 西	Jiangxi	591	757	1861			1697	70
山 东	Shandong	5651	1246	573			1084	2012
河 南	Henan	6103	2124	923			2413	1274
湖 北	Hubei	2418	400	1777			5911	113
湖 南	Hunan	6230	440	1122			4768	217
广 东	Guangdong	7184	5127	4217	64		2031	855
广 西	Guangxi	4030	25	4351			1175	59
海 南	Hainan	100	437	174	76		23	
重 庆	Chongqing	883	13	392	25		1272	125
四 川	Sichuan	6138	963	925		111	2009	57
贵 州	Guizhou	277	7	200			2014	45
云 南	Yunnan	847	425		15		950	59
西 藏	Tibet	20						
陕 西	Shaanxi	1564	423	50	55		1360	602
甘 肃	Gansu	558	72					216
青 海	Qinghai	106	16					
宁 夏	Ningxia							
新 疆	Xinjiang	270	1				536	7

4-2 续表 10 continued

单位：人 (person)

地 区	Region	9.邮政业 9.Post	(七) 信息传输、计算机服务和软件业 VII. Information Transmission, Computer Services and Software	1.电信和其他信息传输服务业 1.Telecom and Other Information Transmission Services	2.计算机服务业 2.Computer Services	3.软件业 3.Software Industry	(八) 批发和零售业 VIII. Wholesale and Retail Trades	1.批发业 1.Wholesale Trade
总 计	**National Total**	**2014**	**11373**	**7929**	**2940**	**504**	**524767**	**234595**
北 京	Beijing		1107	150	869	88	17600	7648
天 津	Tianjin		123	50	69	4	6535	3158
河 北	Hebei		138	93	45		38201	19416
山 西	Shanxi		79	75		4	38058	15649
内蒙古	Inner Mongolia		16		16		3798	1635
辽 宁	Liaoning		237	118	87	32	15049	8371
吉 林	Jilin		380		377	3	5009	2081
黑龙江	Heilongjiang		174	132	29	13	22269	7744
上 海	Shanghai		321	245		76	11708	4779
江 苏	Jiangsu	461	956	870	86		21117	9851
浙 江	Zhejiang	391	764	730		34	9562	5373
安 徽	Anhui		189	189			14412	9164
福 建	Fujian		29	25		4	13533	6025
江 西	Jiangxi		708	87	606	15	8772	2687
山 东	Shandong		1878	1732	46	100	54202	24768
河 南	Henan	192	438	431		7	89651	35475
湖 北	Hubei	98	31	9	22		13141	3930
湖 南	Hunan	10	136	136			6893	1955
广 东	Guangdong		590	538	44	8	38006	23398
广 西	Guangxi		99	61		38	15471	6863
海 南	Hainan		23	4	10	9	3428	1315
重 庆	Chongqing		160	160			6149	2628
四 川	Sichuan		2230	1983	240	7	15543	6547
贵 州	Guizhou	40	29		29		7413	3482
云 南	Yunnan	22	76	9	5	62	11812	4135
西 藏	Tibet						265	87
陕 西	Shaanxi	781	104	86	18		23289	7999
甘 肃	Gansu		354	12	342		6142	2362
青 海	Qinghai						1201	544
宁 夏	Ningxia	19					863	401
新 疆	Xinjiang		4	4			5675	5125

4-2 续表 11 continued

单位：人 (person)

地区	Region	2.零售业 2.Retail Trade	(九)住宿和餐饮业 IX. Hotels and Catering Services	1.住宿业 1.Hotels	2.餐饮业 2.Catering Services	(十)金融业 X. Financial Intermediation	1.银行业 1.Bank	2.证券业 2.Security Activities
总计	**National Total**	**290172**	**104369**	**72174**	**32195**	**531491**	**524210**	**47**
北京	Beijing	9952	11412	7155	4257			
天津	Tianjin	3377	812	600	212	3194	3194	
河北	Hebei	18785	3811	2012	1799	42500	42204	
山西	Shanxi	22409	3441	1968	1473	35080	34806	
内蒙古	Inner Mongolia	2163	1586	1077	509	21708	21440	
辽宁	Liaoning	6678	3513	2686	827	23853	23166	
吉林	Jilin	2928	2197	863	1334	19227	19227	
黑龙江	Heilongjiang	14525	3104	2612	492	19457	19451	
上海	Shanghai	6929	1391	236	1155	16		
江苏	Jiangsu	11266	3475	2522	953	23109	23088	
浙江	Zhejiang	4189	6807	5658	1149	14548	14344	47
安徽	Anhui	5248	1375	1082	293	16875	16678	
福建	Fujian	7508	3010	1597	1413	12186	11844	
江西	Jiangxi	6085	483	230	253	17730	17730	
山东	Shandong	29434	7658	4442	3216	37624	37468	
河南	Henan	54176	10900	8013	2887	35587	35483	
湖北	Hubei	9211	2696	2337	359	20559	20427	
湖南	Hunan	4938	2847	2666	181	13829	13744	
广东	Guangdong	14608	11711	6844	4867	50073	46173	
广西	Guangxi	8608	2960	2109	851	17319	17268	
海南	Hainan	2113	1294	1159	135	3182	3182	
重庆	Chongqing	3521	1869	1415	454	3374	3374	
四川	Sichuan	8996	4453	3048	1405	31936	31936	
贵州	Guizhou	3931	737	565	172	8918	8918	
云南	Yunnan	7677	3474	3215	259	18092	17870	
西藏	Tibet	178	170	42	128			
陕西	Shaanxi	15290	4578	3569	1009	16368	16318	
甘肃	Gansu	3780	659	621	38	11593	11354	
青海	Qinghai	657	609	609		1741	1741	
宁夏	Ningxia	462	74	23	51	3135	3135	
新疆	Xinjiang	550	1263	1199	64	8678	8647	

4-2 续表 12 continued

单位：人 (person)

地区	Region	3.保险业 3.Insurance	4.其他金融活动 4.Other Financial Activities	(十一)房地产业 XI. Real Estate	#房地产开发经营 Development and Management of Real Estate	#物业管理 Property Management	#房地产中介服务 Agency Services for Real Estate	(十二)租赁和商务服务业 XII. Leasing and Business Services	1.租赁业 1.Leasing
总计	**National Total**	**924**	**6310**	**87076**	**28575**	**34784**	**2883**	**367150**	**7321**
北京	Beijing			16374	494	9209	139	59260	622
天津	Tianjin			471	268	190	13	3420	
河北	Hebei		296	997	247	750		12756	306
山西	Shanxi	268	6	1405	945	169	170	25674	81
内蒙古	Inner Mongolia		268	70	38	32		1940	
辽宁	Liaoning		687	2011	111	1383	92	19032	33
吉林	Jilin			437	7	239	161	2393	20
黑龙江	Heilongjiang		6	3307	2557	718		9552	377
上海	Shanghai		16	2848	399	2051	22	21945	26
江苏	Jiangsu		21	2602	948	1061	40	15366	80
浙江	Zhejiang	23	134	4351	512	2805	56	31953	66
安徽	Anhui		197	881	160	444	11	5434	
福建	Fujian	94	248	2117	277	1014	148	10412	46
江西	Jiangxi			218	83	56		5203	5
山东	Shandong	150	6	5813	4131	1436	85	28520	2202
河南	Henan	104		3319	1000	1650	669	19857	2301
湖北	Hubei		132	1313	1075	149		2921	6
湖南	Hunan	67	18	2427	1349	425	19	11777	7
广东	Guangdong	81	3819	22877	7724	7094	256	38380	21
广西	Guangxi	51		1346	776	297	7	6973	342
海南	Hainan			1048	134	259	621	923	16
重庆	Chongqing			1291	722	518		1267	65
四川	Sichuan			1592	1324	176		6934	54
贵州	Guizhou			1827	536	637	41	4629	368
云南	Yunnan		222	808	170	272	97	6724	73
西藏	Tibet							77	
陕西	Shaanxi	50		2615	1156	706	166	4140	100
甘肃	Gansu	5	234	1755	1328	405	22	3361	98
青海	Qinghai			440		397	43	1462	6
宁夏	Ningxia			10	10			496	
新疆	Xinjiang	31		506	94	242	5	4369	

4-2 续表 13 continued

单位：人 (person)

地区	Region	2.商务服务业 2.Business Services	(十三) 科学研究、技术服务和地质勘查业 XIII. Scientific Research, Technical Services and Geological Prospecting	1.研究与试验发展 1.Research and Experimental Development	自然科学研究与试验发展 Research and Experimental Development on Physical Science	工程和技术研究与试验发展 Research and Experimental Development on Engineering and Technical Research	农业科学研究与试验发展 Research and Experimental Development on Agricultural Science Research	医学研究与试验发展 Research and Experimental Development
总计	**National Total**	**359829**	**41753**	**5059**	**179**	**3695**	**609**	**506**
北京	Beijing	58638	6558	1681	56	1461	57	88
天津	Tianjin	3420	419	21		10	11	
河北	Hebei	12450	241					
山西	Shanxi	25593	527	2		2		
内蒙古	Inner Mongolia	1940	166					
辽宁	Liaoning	18999	3685	201		173		23
吉林	Jilin	2373	753	21		3	18	
黑龙江	Heilongjiang	9175	1091	13		13		
上海	Shanghai	21919	2103	514		302	32	146
江苏	Jiangsu	15286	1123	68	7	61		
浙江	Zhejiang	31887	4515	25		6	12	7
安徽	Anhui	5434	1831	12			12	
福建	Fujian	10366	703	61		58		3
江西	Jiangxi	5198	44					
山东	Shandong	26318	3231	226	96	96	34	
河南	Henan	17556	2486	99	10	24	27	38
湖北	Hubei	2915	1067	314		115	199	
湖南	Hunan	11770	809	39		12	15	
广东	Guangdong	38359	3933	295	10	53	64	168
广西	Guangxi	6631	417					
海南	Hainan	907	457	196		196		
重庆	Chongqing	1202	278	71			71	
四川	Sichuan	6880	896	183		171	12	
贵州	Guizhou	4261	406	37			37	
云南	Yunnan	6651	1168	30		2	5	23
西藏	Tibet	77						
陕西	Shaanxi	4040	1432	370		357	3	10
甘肃	Gansu	3263	1036	580		580		
青海	Qinghai	1456	316					
宁夏	Ningxia	496						
新疆	Xinjiang	4369	62					

4-2 续表 14 continued

单位：人 (person)

地区	Region	社会人文科学研究与试验发展 Research and Experimental Development on Social Science and Humanities	2.专业技术服务业 Professional Technical Services	#气象服务 Weather Services	#地震服务 Earthquake Services	#海洋服务 Ocean Services	#测绘服务 Plotting Services	#技术检测 Technique Detection
总计	**National Total**	**70**	**26641**	**258**	**18**	**125**	**1062**	**6491**
北京	Beijing	19	2129				40	1262
天津	Tianjin		320			3	2	2
河北	Hebei		166				20	23
山西	Shanxi		416				38	163
内蒙古	Inner Mongolia		148				19	67
辽宁	Liaoning	5	2720				41	249
吉林	Jilin		567				19	12
黑龙江	Heilongjiang		859				16	15
上海	Shanghai	34	588				3	172
江苏	Jiangsu		827	1			75	218
浙江	Zhejiang		3018	32		5	382	670
安徽	Anhui		1612					130
福建	Fujian		621	68			28	74
江西	Jiangxi		39					39
山东	Shandong		2677				43	2135
河南	Henan		1811	46			155	240
湖北	Hubei		414	70			84	3
湖南	Hunan	12	679					72
广东	Guangdong		3186	3		16	32	380
广西	Guangxi		414	8		4	13	80
海南	Hainan		238				2	25
重庆	Chongqing		113				10	37
四川	Sichuan		443					31
贵州	Guizhou		241	16				37
云南	Yunnan		760					66
西藏	Tibet							
陕西	Shaanxi		858	14		97	40	38
甘肃	Gansu		436					214
青海	Qinghai		287		18			27
宁夏	Ningxia							
新疆	Xinjiang		54					10

4-2 续表 15 continued

单位：人 (person)

地 区	Region	#环境监测 Environmental Monitoring	#工程技术与规划管理 Engineering Technic & Programming Management	3.科技交流和推广服务业 3.Services of Science and Technology Exchanges and Promotion	4.地质勘查业 4.Geological Prospecting	（十四）水利、环境和公共设施管理业 XIV. Management of Water Conservancy, Enviroment and Public Facilities	1.水利管理业 1.Management of Water Conservancy	2.环境管理业 2.Environmental Management
总 计	**National Total**	**624**	**14190**	**9052**	**1001**	**105346**	**7185**	**81838**
北 京	Beijing	154	544	2692	56	3435	372	825
天 津	Tianjin		38	78		150	31	119
河 北	Hebei		84	37	38	1572	426	877
山 西	Shanxi	15	175	101	8	3971	176	3709
内蒙古	Inner Mongolia		62	18		3062	65	2983
辽 宁	Liaoning	18	1228	609	155	2649	179	1345
吉 林	Jilin	29	413	165		8353	141	7859
黑龙江	Heilongjiang		474	174	45	3584	18	3162
上 海	Shanghai		231	995	6	4683	110	3486
江 苏	Jiangsu	3	450	228		17655	451	15369
浙 江	Zhejiang		1915	1106	366	11624	685	8884
安 徽	Anhui		1466	207		976	139	464
福 建	Fujian	76	318	14	7	1326	271	638
江 西	Jiangxi			5		3532	45	3068
山 东	Shandong		438	208	120	3642	243	3026
河 南	Henan	32	1338	508	68	924	214	326
湖 北	Hubei		235	339		5908	323	4925
湖 南	Hunan		452	91		2427	428	1751
广 东	Guangdong	61	2103	446	6	12462	1760	8424
广 西	Guangxi		208	3		702	79	594
海 南	Hainan		179	23		111	96	
重 庆	Chongqing		61	92	2	2169	139	1873
四 川	Sichuan	236	176	270		5373	229	4444
贵 州	Guizhou		76	82	46	1972	110	1575
云 南	Yunnan		411	329	49	1931	23	1703
西 藏	Tibet							
陕 西	Shaanxi		651	204		974	432	254
甘 肃	Gansu		222	20		19		
青 海	Qinghai		242		29			
宁 夏	Ningxia					155		155
新 疆	Xinjiang			8		5		

4-2 续表 16 continued

单位：人 (person)

地区	Region	3.公共设施管理业 3.Management of Public Facilities	(十五) 居民服务和其他服务业 XV. Services to Households and Other Services	1.居民服务业 1.Services to Households	2.其他服务业 2.Other Services	(十六) 教育 XVI. Education	#初等教育 Junior Education	#中等教育 Secondary Education
总 计	**National Total**	**16323**	**82089**	**37096**	**44993**	**173975**	**74001**	**50263**
北 京	Beijing	2238	9409	3628	5781	12641	1307	1767
天 津	Tianjin		8123	839	7284	2792	2139	50
河 北	Hebei	269	3121	707	2414	1247		705
山 西	Shanxi	86	1616	447	1169	3177	1002	1368
内蒙古	Inner Mongolia	14	2118	1262	856	278		139
辽 宁	Liaoning	1125	3410	1660	1750	2406	454	208
吉 林	Jilin	353	1803	320	1483	729	407	113
黑龙江	Heilongjiang	404	13037	4351	8686	1320		39
上 海	Shanghai	1087	2748	1773	975	3355	194	1148
江 苏	Jiangsu	1835	1434	875	559	5698	1287	403
浙 江	Zhejiang	2055	1909	868	1041	12858	2525	4000
安 徽	Anhui	373	793	771	22	1971	593	852
福 建	Fujian	417	852	273	579	790	37	509
江 西	Jiangxi	419	633	150	483	53		
山 东	Shandong	373	1955	1367	588	21354	11958	6687
河 南	Henan	384	3822	1945	1877	72421	46311	21000
湖 北	Hubei	660	1946	169	1777	4159	827	1797
湖 南	Hunan	248	2102	1593	509	5300	1510	2496
广 东	Guangdong	2278	6683	4866	1817	8153	642	1026
广 西	Guangxi	29	2547	1549	998	1811	591	609
海 南	Hainan	15	33	2	31	286	46	186
重 庆	Chongqing	157	563	219	344	424	74	51
四 川	Sichuan	700	3440	2078	1362	1104	202	555
贵 州	Guizhou	287	1004	643	361	2192	657	1010
云 南	Yunnan	205	839	501	338	1872	25	61
西 藏	Tibet		4	4				
陕 西	Shaanxi	288	5134	3377	1757	4912	1213	3331
甘 肃	Gansu	19	319	303	16	551		138
青 海	Qinghai		403	403		1		
宁 夏	Ningxia							
新 疆	Xinjiang	5	289	153	136	120		15

4-2 续表 17 continued

单位：人 (person)

地 区	Region	#高等教育 Senior Education	(十七) 卫生、社会保障和社会福利业 XVII. Health,Social Securities and Social Welfare	1.卫生 1.Health	2.社会保障业 2.Social Securities	3.社会福利业 3.Social Welfare	(十八) 文化、体育和娱乐业 XVIII. Culture, Sports and Entertainment	1.新闻出版业 1.Journalism and Publishing Activities
总 计	**National Total**	**6518**	**498592**	**486385**	**3479**	**8728**	**21977**	**2400**
北 京	Beijing	2210	11243	9928	45	1270	1780	624
天 津	Tianjin		2704	2559	52	93	96	3
河 北	Hebei		16360	16321		39	1700	73
山 西	Shanxi		16605	16534	54	17	2240	303
内蒙古	Inner Mongolia	99	12468	12404		64	41	
辽 宁	Liaoning		16029	15405	18	606	359	45
吉 林	Jilin		10498	10122		376	236	158
黑龙江	Heilongjiang	952	5015	4858	6	151	45	37
上 海	Shanghai		21993	19322	1380	1291	1632	
江 苏	Jiangsu	52	68804	67954	306	544	2693	
浙 江	Zhejiang	639	38520	37141	694	685	734	21
安 徽	Anhui		49603	49581	3	19	956	26
福 建	Fujian		23028	22927	3	98	701	4
江 西	Jiangxi		5985	5785	122	78	11	
山 东	Shandong	24	50880	49995	9	876	1244	
河 南	Henan	139	17103	16688	148	267	1689	17
湖 北	Hubei	822	13141	12138	451	552	490	
湖 南	Hunan	190	18278	18138	35	105	465	9
广 东	Guangdong	360	18654	17932	4	718	1287	319
广 西	Guangxi	236	674	672	2		184	
海 南	Hainan		4976	4976			600	445
重 庆	Chongqing	2	12978	12841	8	129	216	35
四 川	Sichuan		49008	48458	62	488	829	
贵 州	Guizhou	11	774	770		4	79	
云 南	Yunnan	568	959	936		23	228	
西 藏	Tibet						24	
陕 西	Shaanxi	214	8727	8421	77	229	1168	101
甘 肃	Gansu		1798	1798			121	64
青 海	Qinghai		191	191			116	116
宁 夏	Ningxia		162	162				
新 疆	Xinjiang		1434	1428		6	13	

4-2 续表 18 continued

单位：人 (person)

地 区	Region	2.广播、电视、电影和音像业 2.Broadcasting, Movies, Television and Audiovisual Activities	3.文化艺术业 3.Cultural and Art Activitries	4.体育 4.Sports Activities	5.娱乐业 5.Entertainment	(十九)公共管理和社会组织 XIX. Public Management & Social Organization	#群众社团、社会团体和宗教组织 Non-Governmental Organizations, Social Organizations, and Religion Organizations
总 计	**National Total**	**4019**	**12471**	**510**	**2577**	**26960**	**8514**
北 京	Beijing	48	263	115	730	992	665
天 津	Tianjin		64		29	431	
河 北	Hebei	28	1523		76	1127	17
山 西	Shanxi	59	1755		123	100	86
内蒙古	Inner Mongolia		25		16		
辽 宁	Liaoning	19	231	17	47	1263	443
吉 林	Jilin	29	29		20	362	3
黑龙江	Heilongjiang		8			287	
上 海	Shanghai	697	842	60	33	2990	552
江 苏	Jiangsu	494	2081	15	103	15	15
浙 江	Zhejiang	120	433	39	121	2357	288
安 徽	Anhui	274	656			2793	227
福 建	Fujian	22	337	8	330	190	190
江 西	Jiangxi				11	177	73
山 东	Shandong	558	619	34	33	3913	572
河 南	Henan	769	809	8	86	3289	632
湖 北	Hubei	162	236	30	62	2895	2584
湖 南	Hunan	109	269	43	35	579	579
广 东	Guangdong	358	236	20	354	1486	606
广 西	Guangxi	63	18	4	99	128	128
海 南	Hainan	16	125		14	56	56
重 庆	Chongqing	9	172			315	309
四 川	Sichuan	69	596	101	63	161	122
贵 州	Guizhou	26	53			130	130
云 南	Yunnan	30		16	182	816	178
西 藏	Tibet		24				
陕 西	Shaanxi	57	1010			47	47
甘 肃	Gansu		57			49	
青 海	Qinghai						
宁 夏	Ningxia						
新 疆	Xinjiang	3			10	12	12

4-3 各地区分行业其他单位就业人员数

Employed Persons in Units of Other Types of Ownership by Sector and Region

单位：人 (person)

地区	Region	其他单位合计 Total	(一)内资 I. Domestic Funded	1.股份合作 1.Cooperative Units	2.联营 2.Joint Ownership Units	#国有联营 State Joint Ownership Units	#集体联营 Collective Joint Ownership Units	3.有限责任公司 3.Limited Liability Corporations	#国有独资 State Funded Corporations
总计	**National Total**	**55347449**	**38359222**	**1599505**	**371251**	**128764**	**67279**	**24334042**	**3373673**
北京	Beijing	4094332	3015894	126826	9338	1774	2178	2156485	309431
天津	Tianjin	1156822	603602	9200	3653	1903	188	353844	123601
河北	Hebei	1469764	1193727	63892	16016	14546	66	663407	163093
山西	Shanxi	1149531	1052858	30081	3014	797	346	815861	245790
内蒙古	Inner Mongolia	699811	655710	19482	2163	1320	105	445438	91094
辽宁	Liaoning	1957971	1439485	46966	13782	1711	349	854740	188739
吉林	Jilin	863765	762919	18193	1714	880	357	437354	30767
黑龙江	Heilongjiang	1055774	951624	142653	6725	103	142	510977	169690
上海	Shanghai	2333114	924895	47757	10700	2401	632	474159	36700
江苏	Jiangsu	4115393	2197624	67581	10483	1958	3092	1049570	83280
浙江	Zhejiang	5772485	3792687	150485	14177	2264	4764	2710813	129893
安徽	Anhui	1389071	1209402	45003	8343	1607	1013	759197	173058
福建	Fujian	3060404	1253731	75023	20816	8057	3016	750220	22022
江西	Jiangxi	764022	558234	28038	5853	315	108	313262	23485
山东	Shandong	4374136	2999300	155192	34001	22670	4833	1901119	197926
河南	Henan	3051516	2835109	91571	13737	2413	4408	1915619	158080
湖北	Hubei	1815340	1550278	45580	21306	7353	5991	973413	99509
湖南	Hunan	1872571	1638367	77971	16169	2285	8266	1029584	150432
广东	Guangdong	6075328	2191390	112412	90021	29557	9170	1388285	255601
广西	Guangxi	875130	727889	28407	6293	1790	418	449852	113558
海南	Hainan	213455	158318	4266	2173	1284	189	102240	2732
重庆	Chongqing	1185640	1061985	35513	25572	7821	11487	795648	97512
四川	Sichuan	1973113	1820400	79683	12300	4070	1037	1193487	84581
贵州	Guizhou	606765	575918	24116	4708	739	2060	412519	105702
云南	Yunnan	1132528	1075776	21306	2908	1710	576	447346	39090
西藏	Tibet	9793	9793		353	20	251	5144	3459
陕西	Shaanxi	918472	808365	25270	8459	4706	1627	566086	85119
甘肃	Gansu	384225	369123	10130	2710	502	107	237922	46277
青海	Qinghai	120262	106813	7452	101	6	48	78722	7641
宁夏	Ningxia	212910	202036	4714	697	95	303	155917	60734
新疆	Xinjiang	644006	615970	4742	2966	2107	152	385812	75077

4-3 续表 1 continued

单位：人 (person)

地 区	Region	4.股份有限公司 4.Share-holding Corporations Ltd	5.其他 5.Others	(二) 港、澳、台商投资 II.Units with funds Entrepreneurs from Hong Kong, Macao and Taiwan	(三) 外商投资 III. Foreign Funded Units	(一) 企业 I. Enterprises	(二) 事业 II. Institutions	(三) 机关 III. Agencies and Organi-zations	(四) 民间非营利组织 IV. Civil Nonprofit Organi-zations
总 计	**National Total**	**9563213**	**2491211**	**7209245**	**9778982**	**54698844**	**296798**	**7846**	**137725**
北 京	Beijing	584245	139000	366115	712323	3963334	26707		47381
天 津	Tianjin	122569	114336	140452	412768	1140782	7115		1134
河 北	Hebei	391227	59185	110829	165208	1468267	1497		
山 西	Shanxi	183351	20551	54588	42085	1135313	8511	148	1338
内蒙古	Inner Mongolia	179432	9195	14857	29244	697469	1770		
辽 宁	Liaoning	465585	58412	111300	407186	1952029	5942		
吉 林	Jilin	253079	52579	25500	75346	857946	4590		1074
黑龙江	Heilongjiang	289256	2013	36865	67285	1051309	4331	130	
上 海	Shanghai	371588	20691	396138	1012081	2314798	6258		7566
江 苏	Jiangsu	596991	472999	604234	1313535	4086350	23067	626	2771
浙 江	Zhejiang	852500	64712	868709	1111089	5721043	15018		11605
安 徽	Anhui	356847	40012	53860	125809	1367567	10972		7275
福 建	Fujian	280741	126931	1048824	757849	3054319	4762		1314
江 西	Jiangxi	151620	59461	89989	115799	755966	5008		284
山 东	Shandong	780405	128583	280300	1094536	4342066	15181		1909
河 南	Henan	626291	187891	101677	114730	2949652	42434		17201
湖 北	Hubei	434107	75872	88580	176482	1782510	23811	64	3855
湖 南	Hunan	411402	103241	109195	125009	1814850	24263		18074
广 东	Guangdong	540922	59750	2432617	1451321	6053353	18842	84	2191
广 西	Guangxi	146210	97127	70222	77019	865890	6406	17	952
海 南	Hainan	39373	10266	18063	37074	207267	1980	28	3173
重 庆	Chongqing	189322	15930	38942	84713	1173993	9970	28	648
四 川	Sichuan	488479	46451	55764	96949	1955954	9225	6666	19
贵 州	Guizhou	117969	16606	11882	18965	596464	2289		2300
云 南	Yunnan	149915	454301	25371	31381	1128446	4004	9	13
西 藏	Tibet	1585	2711			7349			
陕 西	Shaanxi	197252	11298	31067	79040	899884	10002		2604
甘 肃	Gansu	95695	22666	5366	9736	382574	1112	46	102
青 海	Qinghai	17694	2844	1476	11973	117365	145		2480
宁 夏	Ningxia	36342	4366	779	10095	212390	510		
新 疆	Xinjiang	211219	11231	15684	12352	642345	1076		462

4-3 续表 2 continued

单位：人 (person)

地 区	Region	(五) 其他 V.Other	(一) 农、林、牧、渔业 I. Agriculture, Forestry, Animal Husbandry and Fishery	1.农业 1.Agriculture	2.林业 2.Forestry	3.畜牧业 3.Animal Husbandry	4.渔业 4.Fishery	5.农、林、牧、渔服务业 5.Service in support of Agriculture, Forestry, Animal Husbandry and Fishery	(二) 采矿业 II. Mining
总 计	**National Total**	**206236**	**126451**	**40944**	**14006**	**38183**	**11998**	**21320**	**2923910**
北 京	Beijing	56910	11910	4799	941	4295	180	1695	44195
天 津	Tianjin	7791	1224	50	469	388	184	133	82220
河 北	Hebei		581	240	12	42		287	148912
山 西	Shanxi	4221	395	247	29	20	8	91	346369
内蒙古	Inner Mongolia	572	7106	2348		4662	56	40	114731
辽 宁	Liaoning		6867	1265	61	306	5080	155	260978
吉 林	Jilin	155	5236	385	4192	596	36	27	111744
黑龙江	Heilongjiang	4	6698	5651	12	724	183	128	222253
上 海	Shanghai	4492	6809	1862	160	3031	1684	72	479
江 苏	Jiangsu	2579	3384	537	122	531	857	1337	51244
浙 江	Zhejiang	24819	1994	655	178	531	466	164	9869
安 徽	Anhui	3257	11	3	8				170397
福 建	Fujian	9	6180	2374	1771	500	385	1150	30264
江 西	Jiangxi	2764	3027	1193	354	1415	65		24241
山 东	Shandong	14980	9147	1114	106	1153	719	6055	175168
河 南	Henan	42229	17904	4938	538	7498	21	4909	370429
湖 北	Hubei	5100	1866	89	117	1104	208	348	33339
湖 南	Hunan	15384	1704	21	48	228	1226	181	53537
广 东	Guangdong	858	6097	584	755	3877	373	508	17318
广 西	Guangxi	1865	7734	3859	1451	1826	30	568	15437
海 南	Hainan	1007	769	473	48	41	135	72	958
重 庆	Chongqing	1001	2044	672	124	1118	2	128	54565
四 川	Sichuan	1249	1172	164	503	383		122	95622
贵 州	Guizhou	5712	944	414	139	342	37	12	85529
云 南	Yunnan	56	4537	2389	1488	359	12	289	93686
西 藏	Tibet	2444	267	267					9
陕 西	Shaanxi	5982	413	55	25	304		29	52615
甘 肃	Gansu	391	1407	486				921	53289
青 海	Qinghai	272	3424	3042		382			11492
宁 夏	Ningxia	10	469		337	1		131	51060
新 疆	Xinjiang	123	5131	768	18	2526	51	1768	141961

4-3 续表 3 continued

单位：人 (person)

地区	Region	1.煤炭开采和洗选业 1.Mining and Washing of Coal	2.石油和天然气开采业 2.Extraction of Petroleum and Natural Gas	3.黑色金属矿采选业 3.Mining of Ferrous Metal Ores	4.有色金属矿采选业 4.Mining of Non-ferrous Metal Ores	5.非金属矿采选业 5.Mining and Processing of Nonmetal Ores	6.其他采矿业 6.Mining of Other Ores	(三)制造业 III. Manufacturing	1.农副食品加工业 1.Processing of Food from Agricultural Products
总　计	**National Total**	**2050960**	**490931**	**100161**	**158562**	**121799**	**1497**	**29055796**	**1027775**
北　京	Beijing	17360	23005	2757	8	1065		879091	29775
天　津	Tianjin	196	73358			8661	5	637487	10812
河　北	Hebei	121365	9812	11979	3740	2016		758726	26636
山　西	Shanxi	341527	534	2066	1919	323		493896	6196
内蒙古	Inner Mongolia	80585	4750	9051	12687	7658		331577	18363
辽　宁	Liaoning	101304	144374	4681	6179	4431	9	1012165	39514
吉　林	Jilin	16449	82275	5746	5365	1846	63	436181	35571
黑龙江	Heilongjiang	215027	2387	189	2537	2103	10	440668	41324
上　海	Shanghai					314	165	1259160	7280
江　苏	Jiangsu	34265		1100	1578	14202	99	2862571	42715
浙　江	Zhejiang	2111		1456	1371	4916	15	3213019	30387
安　徽	Anhui	149877		15861	1107	3552		597752	22639
福　建	Fujian	19774		2140	3815	4362	173	2184464	61773
江　西	Jiangxi	11747		1674	8289	2181	350	527699	13259
山　东	Shandong	154015	1494	2418	6742	10496	3	2896238	214710
河　南	Henan	314796	30930	3486	17868	3342	7	1302278	92930
湖　北	Hubei	11190		8527	4270	9292	60	859491	24506
湖　南	Hunan	33413		2539	10635	6921	29	781745	35062
广　东	Guangdong		1899	3823	7460	4136		4165213	51636
广　西	Guangxi	7209		992	4981	2255		414617	78133
海　南	Hainan			105	405	418	30	64926	13444
重　庆	Chongqing	48726	4231	20	27	1561		415271	9911
四　川	Sichuan	68263	149	5249	6606	15295	60	914627	33186
贵　州	Guizhou	81267		693	2129	1422	18	242191	4611
云　南	Yunnan	63598	189	4781	21048	3722	348	407345	39372
西　藏	Tibet					9		1761	
陕　西	Shaanxi	28272	5943	3364	14048	953	35	444394	13183
甘　肃	Gansu	35917	10900	1067	5270	135		159357	7944
青　海	Qinghai	6056		525	2796	2107	8	54472	854
宁　夏	Ningxia	50879	145		36			90227	3531
新　疆	Xinjiang	35772	94556	3872	5646	2105	10	207187	18518

4-3 续表 4 continued

单位：人 (person)

地 区	Region	2.食品制造业 2.Manufacture of Foods	3.饮料制造业 3.Manufacture of Beverage	4.烟草制品业 4.Manufacture of Tobacco	5.纺织业 5.Manufacture of Textile	6.纺织服装、鞋、帽制造业 6.Manufacture of Textile Wearing Apparel, Footware and Caps	7.皮革、毛皮、羽毛(绒)及其制品业 7.Manufacture of Leather, Fur, Feather and Its Products	8.木材加工及木、竹、藤、棕、草制品业 8.Processing of Timbers, Manufacture of Wood, Bamboo, Rattan, Palm and Straw Products
总 计	**National Total**	**713541**	**678022**	**48819**	**2122939**	**1954906**	**863194**	**237103**
北 京	Beijing	34471	18932	25	20609	46162	2386	2659
天 津	Tianjin	15096	11765		14379	43940	4719	2167
河 北	Hebei	18811	17847		42594	9694	3739	4190
山 西	Shanxi	8017	6064	1226	6605	1212	12	332
内蒙古	Inner Mongolia	26500	16177	1673	29278	596	2514	4906
辽 宁	Liaoning	15421	15360	2006	29979	58863	8494	11201
吉 林	Jilin	11800	18003	421	10386	13544	1179	18305
黑龙江	Heilongjiang	39543	20045	2556	22374	1203	779	11938
上 海	Shanghai	32966	9521	858	34249	88797	13937	6266
江 苏	Jiangsu	37123	43455		267444	221875	45481	18012
浙 江	Zhejiang	46266	47172	171	411891	365120	167311	24853
安 徽	Anhui	20385	28222		41993	18903	6593	3520
福 建	Fujian	56290	21564	2158	133776	488761	243483	35026
江 西	Jiangxi	13607	9251		46619	22813	28453	6287
山 东	Shandong	66427	68806	1665	456095	172256	82825	12930
河 南	Henan	55499	34643	2880	113218	22682	12870	11070
湖 北	Hubei	18386	42392	8266	74936	36121	5813	4278
湖 南	Hunan	29346	14894	3440	35474	15261	15961	9920
广 东	Guangdong	67932	40807	374	161650	298158	194056	16974
广 西	Guangxi	8969	14113		21216	2121	3471	9878
海 南	Hainan	5176	2204	573	873	4207	30	640
重 庆	Chongqing	8331	12080	5670	12141	2465	1593	1110
四 川	Sichuan	29315	82714	5424	51069	12100	15437	8329
贵 州	Guizhou	1641	6432	3245	2797	394	32	907
云 南	Yunnan	12040	29099	6188	6864	939	531	9544
西 藏	Tibet							
陕 西	Shaanxi	15518	19984		44716	2689	24	723
甘 肃	Gansu	3550	12171		5610	1024	129	682
青 海	Qinghai	1308	2517		1344	1583	113	
宁 夏	Ningxia	2883	1696		1014	931	1003	
新 疆	Xinjiang	10924	10092		21746	492	226	456

4-3 续表 5 continued

单位：人 (person)

地区	Region	9.家具制造业 9.Manufacture of Furniture	10.造纸及纸制品业 10.Manufacture of Paper and Paper Products	11.印刷业和记录媒介的复制 11.Printing, Reproduction of Recording Media	12.文教体育用品制造业 12.Manufacture of Articles for Culture, Education and Sport Activities	13.石油加工、炼焦及核燃料加工业 13.Processing of Petroleum, Coking, Processing of Nuclear Fuel	14.化学原料及化学制品制造业 14.Manufacture of Chemical Raw Material and Chemical Products	15.医药制造业 15.Manufacture of Medicines
总 计	**National Total**	**322221**	**533425**	**268571**	**427414**	**406884**	**1720981**	**852175**
北 京	Beijing	16344	8775	26894	7831	16319	32910	45570
天 津	Tianjin	11760	7087	5801	9467	6338	33512	26372
河 北	Hebei	1944	10193	5681	1504	12029	56490	33265
山 西	Shanxi	139	1333	2624	1221	82146	73563	17786
内蒙古	Inner Mongolia	646	4424	1137	12	5686	28089	13539
辽 宁	Liaoning	15199	9292	4904	3328	49079	71100	17852
吉 林	Jilin	3431	6504	3268	280	4252	40353	32681
黑龙江	Heilongjiang	8252	8331	2938	597	17951	27737	33339
上 海	Shanghai	18559	9691	13364	19833	21291	49701	31226
江 苏	Jiangsu	16444	44309	16259	34675	16041	162839	64728
浙 江	Zhejiang	81243	61052	26259	51923	7720	127735	72529
安 徽	Anhui	1060	6189	8954	3289	925	45918	19847
福 建	Fujian	32352	48185	9994	57761	2779	39026	11194
江 西	Jiangxi	3279	6663	3409	10850	3338	19326	43533
山 东	Shandong	22928	89708	16097	38489	53244	194016	65005
河 南	Henan	3023	32655	9159	1347	15372	97909	55113
湖 北	Hubei	4316	14477	12635	1412	1719	77951	32935
湖 南	Hunan	3072	15816	7405	2360	19873	80808	25052
广 东	Guangdong	62823	54292	47778	178674	18612	123720	53789
广 西	Guangxi	955	23667	3454	239	873	36310	20987
海 南	Hainan	569	6507	960		576	3688	6158
重 庆	Chongqing	844	4297	7285	939	2637	30177	15069
四 川	Sichuan	9577	18750	9720	731	2084	100533	41442
贵 州	Guizhou	260	2252	2622	524	3316	22200	19626
云 南	Yunnan	1254	11015	10863	118	10156	48402	12740
西 藏	Tibet	20						76
陕 西	Shaanxi	977	10130	6317	10	4532	28605	26917
甘 肃	Gansu	407	1214	701		1537	16531	5429
青 海	Qinghai		10	708		130	5579	2395
宁 夏	Ningxia	494	11575	430		1323	12489	3947
新 疆	Xinjiang	50	5032	951		25006	33764	2034

4-3 续表 6 continued

单位：人 (person)

地 区	Region	16.化学纤维制造业 16.Manufacture of Chemical Fiber	17.橡胶制品业 17.Manufacture of Rubber	18.塑料制品业 18.Manufacture of Plastic	19.非金属矿物制品业 19.Manufacture and Non-metallic Mineral Products	20.黑色金属冶炼及压延加工业 20.Manufacture and Processing of Ferrous Metals	21.有色金属冶炼及压延加工业 21.Manufacture and Processing of Non-ferrous Metals
总 计	**National Total**	**182912**	**401596**	**736843**	**1515479**	**1220514**	**690792**
北 京	Beijing	913	7586	18542	54665	37493	5313
天 津	Tianjin	695	9841	26349	13209	27542	2526
河 北	Hebei	790	12069	13672	76834	144689	8375
山 西	Shanxi	1194	473	1019	35035	70949	38692
内蒙古	Inner Mongolia		327	681	24813	69817	28301
辽 宁	Liaoning	2959	14474	16987	40954	54612	20447
吉 林	Jilin	9684	1589	6702	28568	30003	7589
黑龙江	Heilongjiang	1232	5333	4936	24361	14936	804
上 海	Shanghai	1573	19532	53022	27208	35990	8735
江 苏	Jiangsu	25076	37257	53816	81017	76874	27305
浙 江	Zhejiang	57487	44537	103714	88481	31585	35150
安 徽	Anhui	5681	19622	11229	32146	60010	7132
福 建	Fujian	13156	45473	99805	104676	28798	18524
江 西	Jiangxi	5167	3136	5914	40683	56852	17435
山 东	Shandong	13264	69434	45115	142992	105930	19391
河 南	Henan	6609	14978	19671	132207	83821	87354
湖 北	Hubei	6351	4660	17092	57677	13616	8028
湖 南	Hunan	5153	7442	9917	68911	21249	53738
广 东	Guangdong	10739	49073	175570	140866	41140	33233
广 西	Guangxi	62	626	8272	33804	27977	18423
海 南	Hainan	1241	793	927	2733	875	464
重 庆	Chongqing	1468	5124	3152	31336	6424	18514
四 川	Sichuan	8530	12770	14303	84478	49006	24524
贵 州	Guizhou		8018	4427	25105	39176	22619
云 南	Yunnan	329	1302	6108	43753	35943	70295
西 藏	Tibet				1651		
陕 西	Shaanxi	200	779	2501	22847	20248	49891
甘 肃	Gansu		72	3708	18506	5717	29398
青 海	Qinghai		74		7640	4431	16017
宁 夏	Ningxia		3580	2327	6383	3709	8263
新 疆	Xinjiang	3359	1622	7365	21940	21102	4312

4-3 续表 7 continued

单位：人 (person)

地 区	Region	22.金属制品业 22.Manufacture of Metal Products	23.通用设备制造业 23.Manufacture of General Purpose Machinery	24.专用设备制造业 24.Manufacture of Special Purpose Machinery	25.交通运输设备制造业 25.Manufacture of Transport Equipment	26.电气机械及器材制造业 26.Manufacture of Electrical Machinery and Equipment	27.通信设备、计算机及其他电子设备制造业 27.Manufacture of Communication Equipment, Computer and Other Electronic Equipment
总 计	**National Total**	**897933**	**1586922**	**1305262**	**2182231**	**1928545**	**3114988**
北 京	Beijing	35528	57208	68911	99929	47807	98679
天 津	Tianjin	21401	34914	30811	86891	41706	114298
河 北	Hebei	20297	41880	39094	70880	33926	37824
山 西	Shanxi	3374	17673	85698	15221	8717	2600
内蒙古	Inner Mongolia	2803	8793	29572	8755	1479	1702
辽 宁	Liaoning	41048	118378	72226	122331	64979	67298
吉 林	Jilin	4304	15375	16229	96356	8498	3909
黑龙江	Heilongjiang	5894	68776	21329	14772	20006	5254
上 海	Shanghai	48821	89508	62910	117550	88075	265943
江 苏	Jiangsu	100504	210444	111965	159404	246810	611529
浙 江	Zhejiang	123544	233102	96936	189724	338429	199914
安 徽	Anhui	21959	40975	23746	75357	45725	18354
福 建	Fujian	57299	35152	36977	76687	94538	161466
江 西	Jiangxi	7419	14881	13321	45096	39249	19028
山 东	Shandong	76577	165924	142370	165460	113884	198053
河 南	Henan	31172	73421	91135	70045	67201	16417
湖 北	Hubei	27612	62112	20580	172012	42272	45151
湖 南	Hunan	18394	45922	78461	76905	40453	29321
广 东	Guangdong	173636	88718	132716	189249	472295	1042560
广 西	Guangxi	5558	10031	10320	40963	8846	19778
海 南	Hainan	737	793	577	5686	1941	1664
重 庆	Chongqing	12462	21499	24369	137440	17564	9462
四 川	Sichuan	25537	62574	35249	42690	38050	89491
贵 州	Guizhou	10175	8194	5515	29157	3593	10028
云 南	Yunnan	5159	10998	10513	12035	6727	1513
西 藏	Tibet						
陕 西	Shaanxi	5981	24950	24031	55113	18960	31399
甘 肃	Gansu	1581	7816	10590	3271	10670	9127
青 海	Qinghai	1148	4666	599	1033	296	50
宁 夏	Ningxia	5116	9452	5793	264	1946	
新 疆	Xinjiang	2893	2793	2719	1955	3903	3176

4-3 续表 8 continued

单位：人 (person)

地 区	Region	28.仪器仪表及文化、办公用机械制造业 28.Manufacture of Measuring Instrument and Machinery for Cultural Activity and Office Work	29.工艺品及其他制造业 29.Manufacture of Artwork, Other Manufacture	30.废弃资源和废旧材料回收加工业 30.Recycling and Disposal of Waste	(四) 电力、燃气及水的生产和供应业 IV. Production and Distribution of Electricity, Gas and Water	1.电力、热力的生产和供应业 1.Production and Supply of Electric Power and Heat Power	2.燃气生产和供应业 2.Production and Distribution of Gas	3.水的生产和供应业 3.Production and Distribution of Water
总 计	**National Total**	**570322**	**520164**	**23323**	**1039463**	**804260**	**105706**	**129497**
北 京	Beijing	26252	9916	687	45000	31044	7226	6730
天 津	Tianjin	12591	11169	329	16401	7696	4952	3753
河 北	Hebei	6230	6943	606	35654	31796	1933	1925
山 西	Shanxi	1659	2998	118	25191	21693	463	3035
内蒙古	Inner Mongolia	153	841		34002	31432	320	2250
辽 宁	Liaoning	16631	6788	461	63301	53450	5128	4723
吉 林	Jilin	5354	1031	1012	28443	23282	3435	1726
黑龙江	Heilongjiang	10216	3862	50	31541	28211	1219	2111
上 海	Shanghai	68266	13605	883	14693	11402	804	2487
江 苏	Jiangsu	66631	21195	1344	57866	35937	9540	12389
浙 江	Zhejiang	68028	75409	5347	49066	34639	3369	11058
安 徽	Anhui	3602	3532	245	38499	29826	3691	4982
福 建	Fujian	38564	128107	1120	38220	32515	1122	4583
江 西	Jiangxi	2634	26177	20	24672	21067	1037	2568
山 东	Shandong	23946	58068	629	56404	40733	8749	6922
河 南	Henan	17577	29465	835	81628	60416	12001	9211
湖 北	Hubei	13281	4224	4680	32531	22101	2696	7734
湖 南	Hunan	7163	3744	1228	34997	27598	3521	3878
广 东	Guangdong	143757	97794	2592	59591	40058	7802	11731
广 西	Guangxi	831	4673	67	19062	15768	580	2714
海 南	Hainan	673	217		4248	1463	482	2303
重 庆	Chongqing	10141	1599	168	42322	33265	5599	3458
四 川	Sichuan	5225	1367	422	70909	52423	10458	8028
贵 州	Guizhou	2214	2786	325	12439	9039	2586	814
云 南	Yunnan	2347	1157	41	35072	31645	150	3277
西 藏	Tibet		14					
陕 西	Shaanxi	12718	369	82	22333	16665	4138	1530
甘 肃	Gansu	828	1144		10514	10163	50	301
青 海	Qinghai	709	1268		2737	2456	34	247
宁 夏	Ningxia	1955	123		15545	13986	662	897
新 疆	Xinjiang	146	579	32	36582	32491	1959	2132

4-3 续表 9 continued

单位：人 (person)

地 区	Region	(五) 建筑业 V. Construction	1.房屋和土木工程建筑业 1.Construction of Building and Civil Engineering	2.建筑安装业 2.Architectural Installation	3.建筑装饰业 3.Architectural Decoration	4.其他建筑业 4.Other Construction	(六) 交通运输、仓储和邮政业 VI. Transport, Storage and Post	1.铁路运输业 1.Transport Via Railway
总 计	**National Total**	**7511563**	**6510264**	**558976**	**239314**	**203009**	**1998761**	**109407**
北 京	Beijing	284769	204134	40641	30053	9941	379696	37339
天 津	Tianjin	78615	36694	33400	3077	5444	58147	2833
河 北	Hebei	165433	153175	8828	2678	752	45417	2313
山 西	Shanxi	85288	73284	8122	1076	2806	26274	338
内蒙古	Inner Mongolia	94826	88506	5215	264	841	13429	269
辽 宁	Liaoning	137889	112084	18049	6318	1438	66071	2488
吉 林	Jilin	62984	49243	10454	2382	905	29342	445
黑龙江	Heilongjiang	102939	82697	13499	5412	1331	14704	98
上 海	Shanghai	67694	49257	11706	5538	1193	217374	40
江 苏	Jiangsu	356618	298538	37965	12290	7825	116241	1486
浙 江	Zhejiang	1433817	1341599	35357	20705	36156	97988	4803
安 徽	Anhui	267572	220516	31955	6419	8682	47251	3203
福 建	Fujian	395809	331244	21536	12147	30882	38518	1255
江 西	Jiangxi	62554	53061	6269	1969	1255	14388	
山 东	Shandong	413668	365844	33079	9602	5143	97724	792
河 南	Henan	641506	536354	62925	20259	21968	52224	619
湖 北	Hubei	441729	384396	30713	10131	16489	69209	1561
湖 南	Hunan	464079	416394	19628	7384	20673	50823	3105
广 东	Guangdong	310309	242189	30524	35196	2400	270138	23312
广 西	Guangxi	160905	146938	10347	1083	2537	46460	3752
海 南	Hainan	8624	6315	1110	851	348	23557	3717
重 庆	Chongqing	327008	295467	15256	9044	7241	40633	
四 川	Sichuan	526863	476140	25920	17885	6918	55432	81
贵 州	Guizhou	58939	51344	3030	2028	2537	11724	
云 南	Yunnan	264153	237841	10691	10983	4638	43749	
西 藏	Tibet	2392	2392				94	
陕 西	Shaanxi	105157	87680	12968	3431	1078	23724	15014
甘 肃	Gansu	60472	55417	4401	406	248	16657	
青 海	Qinghai	15539	13705	819	148	867	5360	
宁 夏	Ningxia	14827	12385	2023	360	59	2590	544
新 疆	Xinjiang	98586	85431	12546	195	414	23823	

4-3 续表 10 continued

单位：人 (person)

地区	Region	2.道路运输业 2.Transport Via Road	3.城市公共交通业 3.Urban Public Traffic	4.水上运输业 4.Water Transport	5.航空运输业 5.Air Transport	6.管道运输业 6.Transport Via Pipeline	7.装卸搬运和其他运输服务业 7.Loading, Unloading Portage and Other Transport Services	8.仓储业 8.Storage
总计	**National Total**	**617612**	**621197**	**253390**	**133872**	**8097**	**147200**	**76990**
北京	Beijing	44494	206847	112	32952	1937	27590	5800
天津	Tianjin	6518	5345	16172	1446	114	18929	6790
河北	Hebei	16038	2699	21453	39	702	821	1352
山西	Shanxi	11473	11172		2218		348	633
内蒙古	Inner Mongolia	6276	5684	4	156		829	211
辽宁	Liaoning	14238	20111	16848	2912	1674	4973	2346
吉林	Jilin	12175	10597	14	173	1418	929	3572
黑龙江	Heilongjiang	7299	3239	57	1579		1739	693
上海	Shanghai	20599	115851	28144	24187		17648	9768
江苏	Jiangsu	45255	19910	39641	939	292	5018	3605
浙江	Zhejiang	48770	9777	11518	3785		11173	5372
安徽	Anhui	20204	15999	4380	1283		1042	917
福建	Fujian	12687	5356	4936	7692		4615	1973
江西	Jiangxi	11315	331	1471	1139			132
山东	Shandong	41871	18204	21015	6317	263	4039	5025
河南	Henan	37767	7282	35	284	30	1970	3973
湖北	Hubei	19484	25788	8121	3740	390	5104	3258
湖南	Hunan	25012	11992	2233	2140	85	5960	290
广东	Guangdong	79045	53693	60249	16705	176	20961	15068
广西	Guangxi	27782	9547	1970	12		2000	1211
海南	Hainan	5496	614	4040	8396		1197	11
重庆	Chongqing	20900	6488	10220	962		1582	475
四川	Sichuan	35310	13447	564	3864	621	992	553
贵州	Guizhou	7655	1257	21	684		1397	689
云南	Yunnan	19726	11396	172	5954		5175	1270
西藏	Tibet	94						
陕西	Shaanxi	5724	1155				477	1339
甘肃	Gansu	5039	11493					125
青海	Qinghai	579	4240				419	122
宁夏	Ningxia	1950	34		62			
新疆	Xinjiang	6837	11649		4252	395	273	417

4-3 续表 11 continued

单位：人 (person)

地区	Region	9.邮政业 9.Post	(七) 信息传输、计算机服务和软件业 VII. Information Transmission, Computer Services and Software	1.电信和其他信息传输服务业 1.Telecom and Other Information Transmission Services	2.计算机服务业 2.Computer Services	3.软件业 3.Software Industry	(八) 批发和零售业 VIII. Wholesale and Retail Trades	1.批发业 1.Wholesale Trade
总 计	**National Total**	**30996**	**1080798**	**573143**	**159497**	**348158**	**3241583**	**1361417**
北 京	Beijing	22625	349073	79847	88110	181116	441389	218798
天 津	Tianjin		21021	10546	2498	7977	76822	45510
河 北	Hebei		29005	28150	259	596	89277	36057
山 西	Shanxi	92	11084	10819	172	93	52872	19021
内蒙古	Inner Mongolia		6334	6123	54	157	29932	8662
辽 宁	Liaoning	481	40186	20714	2015	17457	108928	44265
吉 林	Jilin	19	25877	11668	10327	3882	49623	16544
黑龙江	Heilongjiang		24772	22302	987	1483	86955	35984
上 海	Shanghai	1137	46981	13308	6996	26677	209677	88779
江 苏	Jiangsu	95	46940	36580	1950	8410	207300	75154
浙 江	Zhejiang	2790	77553	50902	4881	21770	238490	111127
安 徽	Anhui	223	16183	13731	386	2066	66609	26945
福 建	Fujian	4	25672	19088	1200	5384	77411	36207
江 西	Jiangxi		10569	9171	1049	349	27573	9784
山 东	Shandong	198	33958	22004	4524	7430	255052	87938
河 南	Henan	264	24616	21339	1126	2151	158144	53198
湖 北	Hubei	1763	23565	17163	2443	3959	134713	35623
湖 南	Hunan	6	21311	18646	792	1873	111246	41117
广 东	Guangdong	929	111686	58001	15206	38479	281777	142518
广 西	Guangxi	186	14097	13557	94	446	53910	22447
海 南	Hainan	86	4878	3465	1058	355	21281	11684
重 庆	Chongqing	6	12134	10113	1176	845	79520	34009
四 川	Sichuan		24253	17532	5954	767	94448	33143
贵 州	Guizhou	21	9961	8309	883	769	55330	28957
云 南	Yunnan	56	21073	17118	2293	1662	97317	40153
西 藏	Tibet						691	348
陕 西	Shaanxi	15	27393	15234	1253	10906	55287	17184
甘 肃	Gansu		7845	6513	1088	244	27178	13232
青 海	Qinghai		1446	1404	38	4	9483	3796
宁 夏	Ningxia		1994	1797	66	131	7598	2465
新 疆	Xinjiang		9338	7999	619	720	35750	20768

4-3 续表 12 continued

单位：人 (person)

地 区	Region	2.零售业 2.Retail Trade	(九) 住宿和餐饮业 IX. Hotels and Catering Services	1.住宿业 1.Hotels	2.餐饮业 2.Catering Serveces	(十) 金融业 X. Financial Intermediation	1.银行业 1.Bank
总 计	**National Total**	**1880166**	**1365289**	**711194**	**654095**	**2499086**	**1102483**
北 京	Beijing	222591	216043	92878	123165	233147	95277
天 津	Tianjin	31312	33947	7427	26520	55258	28249
河 北	Hebei	53220	13846	6937	6909	141260	60610
山 西	Shanxi	33851	18687	9114	9573	48270	21068
内蒙古	Inner Mongolia	21270	10724	6112	4612	33399	14834
辽 宁	Liaoning	64663	48949	23991	24958	101782	46885
吉 林	Jilin	33079	15930	8269	7661	37915	22472
黑龙江	Heilongjiang	50971	11373	5655	5718	67151	23493
上 海	Shanghai	120898	91511	28517	62994	165603	59862
江 苏	Jiangsu	132146	81040	41927	39113	159461	72939
浙 江	Zhejiang	127363	122620	77048	45572	199762	105483
安 徽	Anhui	39664	25181	19371	5810	75217	35747
福 建	Fujian	41204	41588	24531	17057	62109	32146
江 西	Jiangxi	17789	7014	5409	1605	38299	19193
山 东	Shandong	167114	57458	24511	32947	210344	83211
河 南	Henan	104946	49337	31467	17870	121988	64940
湖 北	Hubei	99090	49415	22726	26689	63764	20808
湖 南	Hunan	70129	57417	34483	22934	120223	49977
广 东	Guangdong	139259	179993	80823	99170	192466	90537
广 西	Guangxi	31463	25208	18886	6322	28227	11426
海 南	Hainan	9597	29950	26539	3411	8027	5515
重 庆	Chongqing	45511	32188	16725	15463	66910	20734
四 川	Sichuan	61305	29921	19231	10690	77974	24079
贵 州	Guizhou	26373	17185	10412	6773	32100	19815
云 南	Yunnan	57164	40266	33068	7198	28383	14004
西 藏	Tibet	343	15		15	1059	
陕 西	Shaanxi	38103	33037	15508	17529	65333	33144
甘 肃	Gansu	13946	8601	6210	2391	23977	10979
青 海	Qinghai	5687	1910	1475	435	2725	1819
宁 夏	Ningxia	5133	3509	1983	1526	10523	4329
新 疆	Xinjiang	14982	11426	9961	1465	26430	8908

4-3 续表 13 continued

单位：人 (person)

地 区	Region	2.证券业 2.Security Activities	3.保险业 3.Insurance	4.其他金融活动 4.Other Financial Activities	(十一) 房地产业 XI. Real Estate	#房地产开发经营 Development and Management of Real Estate	#物业管理 Property Management	#房地产中介服务 Agency Services for Real Estate
总 计	**National Total**	**109435**	**1248054**	**39114**	**1386761**	**680853**	**580267**	**68926**
北 京	Beijing	22731	101067	14072	254171	66567	153578	12787
天 津	Tianjin	1360	25332	317	23215	8397	12883	876
河 北	Hebei	1596	78632	422	13845	8992	2470	22
山 西	Shanxi	1265	25312	625	17156	14661	2152	38
内蒙古	Inner Mongolia	353	17508	704	6319	4656	1461	110
辽 宁	Liaoning	2021	52195	681	49045	23069	21770	3004
吉 林	Jilin	2038	12923	482	20539	9104	10291	716
黑龙江	Heilongjiang	1051	42148	459	17547	9462	7773	135
上 海	Shanghai	15160	88490	2091	84812	18895	47539	17405
江 苏	Jiangsu	4279	81741	502	45333	29805	13080	555
浙 江	Zhejiang	8371	83498	2410	83622	40689	38307	2653
安 徽	Anhui	1736	36594	1140	31221	19396	11033	324
福 建	Fujian	2161	27363	439	58516	38090	16999	698
江 西	Jiangxi	490	18212	404	8777	8240	509	
山 东	Shandong	2971	123180	982	61729	46055	14195	1011
河 南	Henan	1352	54679	1017	68169	54945	10743	2481
湖 北	Hubei	5089	36910	957	37760	31748	5205	467
湖 南	Hunan	5931	63269	1046	65337	46180	16617	1795
广 东	Guangdong	17977	80016	3936	195679	43374	121311	17650
广 西	Guangxi	1440	14517	844	24690	15075	9015	105
海 南	Hainan	525	1841	146	18917	9470	8698	394
重 庆	Chongqing	4006	41359	811	36407	22625	9827	2338
四 川	Sichuan	2748	50015	1132	40154	34801	4759	395
贵 州	Guizhou	345	10766	1174	27607	15620	10248	749
云 南	Yunnan	1167	12291	921	31436	18851	10347	1316
西 藏	Tibet	479	580		45		45	
陕 西	Shaanxi	300	31462	427	31131	25310	4537	218
甘 肃	Gansu		12996	2	9034	6117	2792	88
青 海	Qinghai		811	95	3684	1606	1952	68
宁 夏	Ningxia		5836	358	4993	2481	2318	143
新 疆	Xinjiang	493	16511	518	15871	6572	7813	385

4-3 续表 14 continued

单位：人 (person)

地 区	Region	(十二) 租赁和商务服务业 XII. Leasing and Business Services	1.租赁业 1.Leasing	2.商务服务业 2.Business Services	(十三) 科学研究、技术服务和地质勘查业 XIII. Scientific Research, Technical Services and Geological Prospecting	1.研究与试验发展 1.Research and Experimental Development	自然科学研究与试验发展 Research and Experimental Development on Physical Science	工程和技术研究与试验发展 Research and Experimental Development on Engineering and Technical Research
总 计	**National Total**	**1283599**	**31103**	**1252496**	**589957**	**56884**	**7420**	**34726**
北 京	Beijing	451799	5292	446507	236941	20861	3656	10859
天 津	Tianjin	20057	680	19377	18754	2170	960	469
河 北	Hebei	9581	382	9199	8993	149		149
山 西	Shanxi	5665	484	5181	2438	580		560
内蒙古	Inner Mongolia	7865	34	7831	1970	5		5
辽 宁	Liaoning	18350	166	18184	14732	2945	518	2270
吉 林	Jilin	11661	597	11064	8975	721	85	235
黑龙江	Heilongjiang	11575	371	11204	7643	178	16	63
上 海	Shanghai	79103	6024	73079	31595	6743	474	4046
江 苏	Jiangsu	46042	407	45635	25140	2960	302	2309
浙 江	Zhejiang	124373	762	123611	34727	1610	13	1209
安 徽	Anhui	15514	592	14922	6351	1328		969
福 建	Fujian	59880	144	59736	9949	740	9	648
江 西	Jiangxi	1611	268	1343	203			
山 东	Shandong	44758	1281	43477	15104	811	190	551
河 南	Henan	48459	2067	46392	15171	848	7	441
湖 北	Hubei	14538	1008	13530	12076	484	3	428
湖 南	Hunan	25715	1343	24372	12497	1169	68	481
广 东	Guangdong	105274	2233	103041	55045	6553	208	5506
广 西	Guangxi	39164	325	38839	4881	400	286	46
海 南	Hainan	6001	334	5667	2746	735	115	73
重 庆	Chongqing	24368	3196	21172	26577	832	62	258
四 川	Sichuan	14713	685	14028	5584	1790		1790
贵 州	Guizhou	26363	784	25579	7101	448	12	210
云 南	Yunnan	31357	797	30560	7195	579	412	121
西 藏	Tibet	1016		1016				
陕 西	Shaanxi	6949		6949	8394	531		369
甘 肃	Gansu	2284	145	2139	2237	485		479
青 海	Qinghai	2270	135	2135	1924	149		149
宁 夏	Ningxia	6714		6714	1621			
新 疆	Xinjiang	20580	567	20013	3393	80	24	33

4-3 续表 15 continued

单位：人 (person)

地区	Region	农业科学研究与试验发展 Research and Experimental Development on Agricultural Science Research	医学研究与试验发展 Research and Experimental Development	社会人文科学研究与试验发展 Research and Experimental Development on Social Science and Humanities	2.专业技术服务业 Professional Technical Services	#气象服务 Weather Services	#地震服务 Earthquake Services
总计	**National Total**	**2680**	**10214**	**1844**	**362617**	**1201**	**387**
北京	Beijing	975	5096	275	100569	351	139
天津	Tianjin	32	687	22	14485	9	
河北	Hebei				8674		
山西	Shanxi		19	1	1314		
内蒙古	Inner Mongolia				1915	16	169
辽宁	Liaoning	20	108	29	9749	5	
吉林	Jilin	66	335		7364		
黑龙江	Heilongjiang	60	39		4445	24	
上海	Shanghai		1839	384	19174	52	
江苏	Jiangsu	23	326		20751	100	
浙江	Zhejiang	148	240		26206	48	
安徽	Anhui	9	3	347	4812	49	
福建	Fujian	68	15		8518		
江西	Jiangxi				203		
山东	Shandong	56	13	1	13223	137	
河南	Henan	277	38	85	11351	34	10
湖北	Hubei	39	12	2	8844	25	
湖南	Hunan	533	87		9936	70	5
广东	Guangdong	187	637	15	41616	41	
广西	Guangxi		68		4253	12	
海南	Hainan	44	225	278	1833		
重庆	Chongqing	27	254	231	15118		
四川	Sichuan				3379	6	
贵州	Guizhou	9	45	172	6411		36
云南	Yunnan	9	35	2	6214		
西藏	Tibet						
陕西	Shaanxi	69	93		5284		28
甘肃	Gansu	6			1555	170	
青海	Qinghai				939		
宁夏	Ningxia				1621		
新疆	Xinjiang	23			2861	52	

4-3 续表 16 continued

单位：人 (person)

地 区	Region	#海洋服务 Ocean Services	#测绘服务 Plotting Services	#技术检测 Technique Detection	#环境监测 Environmental Monitoring	#工程技术与规划管理 Engineering Technic & Programming Management	3.科技交流和推广服务业 3.Services of Science and Technology Exchanges and Promotion	4.地质勘查业 4.Geological Prospecting
总 计	**National Total**	**815**	**6934**	**27870**	**2350**	**268805**	**136759**	**33697**
北 京	Beijing	16	1504	7540	1037	76958	88254	27257
天 津	Tianjin	441	116	1502	12	9021	1549	550
河 北	Hebei		20	171		3776	128	42
山 西	Shanxi			118		1188	146	398
内蒙古	Inner Mongolia		43	69		1551	50	
辽 宁	Liaoning		181	571	25	7086	1916	122
吉 林	Jilin		141	336	20	5865	844	46
黑龙江	Heilongjiang		68	286	11	3149	2784	236
上 海	Shanghai		155	1281		14047	5678	
江 苏	Jiangsu		1556	1449	76	16561	1429	
浙 江	Zhejiang	41	433	2982	220	21001	6344	567
安 徽	Anhui		399	334	61	3508	185	26
福 建	Fujian		61	116	17	4096	645	46
江 西	Jiangxi	5		8	3	97		
山 东	Shandong	41	221	361		11776	1037	33
河 南	Henan	11	168	377	182	10569	1613	1359
湖 北	Hubei		61	1839	75	4664	2646	102
湖 南	Hunan		67	251	94	8558	1144	248
广 东	Guangdong	260	142	5356	85	26413	6784	92
广 西	Guangxi		77	170	111	3744	182	46
海 南	Hainan		27	272	15	1257	111	67
重 庆	Chongqing		169	204	71	12330	9493	1134
四 川	Sichuan		109	212		3052	217	198
贵 州	Guizhou		93	682	205	4123	212	30
云 南	Yunnan		369	257		5295	293	109
西 藏	Tibet							
陕 西	Shaanxi		712	587	16	3278	2492	87
甘 肃	Gansu					1385	197	
青 海	Qinghai			81	14	844	26	810
宁 夏	Ningxia					1476		
新 疆	Xinjiang		42	458		2137	360	92

4-3 续表 17 continued

单位：人 (person)

地 区	Region	(十四) 水利、环境和公共设施管理业 XIV. Management of Water Conservancy, Enviroment and Public Facilities	1.水利管理业 1.Management of Water Conservancy	2.环境管理业 2.Environmental Management	3.公共设施管理业 3.Management of Public Facilities	(十五) 居民服务和其他服务业 XV. Services to Households and Other Services	1.居民服务业 1.Services to Households	2.其他服务业 2.Other Services
总 计	**National Total**	**168342**	**7405**	**47859**	**113078**	**223166**	**81595**	**141571**
北 京	Beijing	23985	821	10165	12999	53559	17230	36329
天 津	Tianjin	6057	48	915	5094	20979	1759	19220
河 北	Hebei	4341		2987	1354	696	487	209
山 西	Shanxi	795	43	287	465	1526	675	851
内蒙古	Inner Mongolia	2271	332	467	1472	1369	737	632
辽 宁	Liaoning	4282	50	1673	2559	5287	3335	1952
吉 林	Jilin	5885	225	826	4834	1712	596	1116
黑龙江	Heilongjiang	3608	416	2491	701	2755	808	1947
上 海	Shanghai	7523	70	3481	3972	26156	7347	18809
江 苏	Jiangsu	9195	274	2111	6810	3334	1208	2126
浙 江	Zhejiang	13928	1104	2242	10582	7474	5200	2274
安 徽	Anhui	5252	47	701	4504	1839	952	887
福 建	Fujian	6566	237	1444	4885	3755	2288	1467
江 西	Jiangxi	1401		238	1163	240	11	229
山 东	Shandong	5314	368	2529	2417	9363	2680	6683
河 南	Henan	4129	971	680	2478	7643	4032	3611
湖 北	Hubei	2589	83	381	2125	2929	1527	1402
湖 南	Hunan	4862	442	291	4129	6456	3118	3338
广 东	Guangdong	23303	410	8026	14867	36899	14128	22771
广 西	Guangxi	2025	118	331	1576	2490	1048	1442
海 南	Hainan	2659	42	311	2306	1117	810	307
重 庆	Chongqing	3982	318	889	2775	5645	1135	4510
四 川	Sichuan	4632	58	2453	2121	2869	1636	1233
贵 州	Guizhou	517	136	90	291	6642	2915	3727
云 南	Yunnan	6175	239	1185	4751	3938	1898	2040
西 藏	Tibet							
陕 西	Shaanxi	9815	127	268	9420	4515	3562	953
甘 肃	Gansu	19		19		165	28	137
青 海	Qinghai	367	280		87	313	221	92
宁 夏	Ningxia	317	146		171	175	87	88
新 疆	Xinjiang	2548		378	2170	1326	137	1189

4-3 续表 18 continued

单位：人 (person)

地 区	Region	(十六)教育 XVI. Education	#初等教育 Junior Education	#中等教育 Secondary Education	#高等教育 Senior Education	(十七)卫生、社会保障和社会福利业 XVII. Health, Social Securities and Social Welfare	1.卫生 1.Health	2.社会保障业 2.Social Securities	3.社会福利业 3.Social Welfare
总 计	**National Total**	**423294**	**56282**	**145488**	**82674**	**159847**	**149087**	**2627**	**8133**
北 京	Beijing	71511	5543	9219	14022	20062	17594	494	1974
天 津	Tianjin	3055	793	1431	517	976	840	132	4
河 北	Hebei	1581	211	216	833	1018	1018		
山 西	Shanxi	8819	3702	3537	33	3330	2640	494	196
内蒙古	Inner Mongolia	2497	610	1260	90	978	974		4
辽 宁	Liaoning	6727	389	2630	252	8339	8095	49	195
吉 林	Jilin	4874	383	714	3207	3252	2853	60	339
黑龙江	Heilongjiang	1792	160	1229		1018	976		42
上 海	Shanghai	14121	839	1870	5650	1054	939	31	84
江 苏	Jiangsu	20683	2008	13205	3464	18324	18243	27	54
浙 江	Zhejiang	30577	4693	12341	4024	8664	8213		451
安 徽	Anhui	13452	1706	6214	2321	8781	8666	47	68
福 建	Fujian	14364	521	5461	767	2690	2624	66	
江 西	Jiangxi	8006	1599	6126	38	1780	1780		
山 东	Shandong	15151	2030	6522	2610	6879	6676	27	176
河 南	Henan	51077	13231	21363	7782	20070	17931	104	2035
湖 北	Hubei	17175	1054	5956	6622	6673	6285	99	289
湖 南	Hunan	34697	6158	15894	4509	12652	11588	349	715
广 东	Guangdong	32852	4514	9071	3373	12286	11420	2	864
广 西	Guangxi	10386	1533	5449	1586	2814	2690		124
海 南	Hainan	9680	937	2273	854	412	407	5	
重 庆	Chongqing	10740	663	2335	4850	1028	850	27	151
四 川	Sichuan	6812	433	5094	52	3416	3405		11
贵 州	Guizhou	6100	751	1872	222	3154	3061		93
云 南	Yunnan	5545	888	1251	1148	3927	3749	35	143
西 藏	Tibet								
陕 西	Shaanxi	15626	239	2014	13134	4010	3404	579	27
甘 肃	Gansu	404		264		329	329		
青 海	Qinghai	2042	88	191		951	951		
宁 夏	Ningxia	657			510	26	26		
新 疆	Xinjiang	2291	606	486	204	954	860		94

4-3 续表 19 continued

单位：人 (person)

地 区	Region	(十八) 文化、体育和娱乐业 XVIII. Culture, Sports and Enter-tainment	1.新闻出版业 1.Journalism and Publishing Activities	2.广播、电视、电影和音像业 2.Broad-casting, Movies, Television and Audiovisual Activities	3.文化艺术业 3.Cultural and Art Activitries	4.体育 4.Sports Activities	5.娱乐业 5.Enter-tainment	(十九) 公共管理和社会组织 XIX. Public Management and Social Organization	#群众社团、社会团体和宗教组织 Non-Governmental Organizations, Social Organizations and Religion Organizations
总 计	**National Total**	**154244**	**22121**	**28728**	**19473**	**11192**	**72730**	**115539**	**44497**
北 京	Beijing	42743	5942	8318	6837	3504	18142	55248	9234
天 津	Tianjin	1390	15	116	115	138	1006	1197	120
河 北	Hebei	1598		752	10	161	675		
山 西	Shanxi	947	45	390	391	57	64	529	529
内蒙古	Inner Mongolia	377	17	202	13	5	140	105	105
辽 宁	Liaoning	3310	295	622	9	135	2249	783	235
吉 林	Jilin	3590	2803	144	154	306	183	2	2
黑龙江	Heilongjiang	782	5	264	422		91		
上 海	Shanghai	8566	2015	3089	285	26	3151	203	42
江 苏	Jiangsu	4671	1581	1391	197	111	1391	6	6
浙 江	Zhejiang	6101	680	1080	690	514	3137	18841	1917
安 徽	Anhui	1989	873	117	468	311	220		
福 建	Fujian	4053	700	332	212	330	2479	396	396
江 西	Jiangxi	1568		198	389	275	706	400	400
山 东	Shandong	3593	9	409	162	77	2936	7084	779
河 南	Henan	5373	558	1169	2507	132	1007	11371	11371
湖 北	Hubei	4097	549	1308	433	341	1466	7881	7881
湖 南	Hunan	7111	1630	2207	343	129	2802	6162	6162
广 东	Guangdong	18903	1534	1456	277	2435	13201	499	499
广 西	Guangxi	2938	17	139	1032	131	1619	85	85
海 南	Hainan	4216	61	67	522	110	3456	489	489
重 庆	Chongqing	4298	1104	853	657	82	1602		
四 川	Sichuan	3687	477	820		739	1651	25	25
贵 州	Guizhou	2309	154	202	97	56	1800	630	617
云 南	Yunnan	6446		1224	798	755	3669	928	928
西 藏	Tibet							2444	2444
陕 西	Shaanxi	8340	680	1820	2363	20	3457	6	6
甘 肃	Gansu	243	20		37	6	180	213	213
青 海	Qinghai	123			48	5	70		
宁 夏	Ningxia	65		23			42		
新 疆	Xinjiang	817	357	16	5	301	138	12	12

第五部分

Chapter Five

2009 年全国户籍统计人口数据

Data from Household Registration in 2009

5-1 各地区总户数、总人口

Households and Population by Region

地 区	Region	总户数 (户) Number of Households (household)	总人口 (人) Total Population (person)	男 Male	女 Female	平均每户人数 (人/户) Average Family Size (person/household)	性别比 (女=100) Sex Ratio (Female=100)
全 国	**National Total**	**412547877**	**1333229695**	**685568044**	**647661651**	**3.23**	**105.85**
北 京	Beijing	4887495	12475247	6283733	6191514	2.55	101.49
天 津	Tianjin	3420507	9846933	4954874	4892059	2.88	101.28
河 北	Hebei	21534069	72165441	36751467	35413974	3.35	103.78
山 西	Shanxi	11591391	34630900	17784168	16846732	2.99	105.56
内蒙古	Inner Mongolia	8486525	24529201	12547227	11981974	2.89	104.72
辽 宁	Liaoning	14733291	42559735	21499161	21060574	2.89	102.08
吉 林	Jilin	9247022	27194885	13760872	13434013	2.94	102.43
黑龙江	Heilongjiang	13573103	38448419	19485407	18963012	2.83	102.75
上 海	Shanghai	5097912	14006980	6992530	7014450	2.75	99.69
江 苏	Jiangsu	24038912	74192318	37653207	36539111	3.09	103.05
浙 江	Zhejiang	16041687	47161790	24001598	23160192	2.94	103.63
安 徽	Anhui	20405322	67945286	35282529	32662757	3.33	108.02
福 建	Fujian	9988443	34986792	18004914	16981878	3.50	106.02
江 西	Jiangxi	13879820	46333425	24277747	22055678	3.34	110.07
山 东	Shandong	29520156	94494508	47918749	46575759	3.20	102.88
河 南	Henan	29861665	106634344	55098367	51535977	3.57	106.91
湖 北	Hubei	19730045	61418808	31854639	29564169	3.11	107.75
湖 南	Hunan	21774607	70073323	36401671	33671652	3.22	108.11
广 东	Guangdong	22587628	83659815	43091081	40568734	3.70	106.22
广 西	Guangxi	14987584	52036430	27395089	24641341	3.47	111.18
海 南	Hainan	2413825	8795640	4584396	4211244	3.64	108.86
重 庆	Chongqing	11106995	32756056	16976814	15779242	2.95	107.59
四 川	Sichuan	29763179	89846874	46392045	43454829	3.02	106.76
贵 州	Guizhou	11184462	40907842	21296939	19610903	3.66	108.60
云 南	Yunnan	12863384	44697769	23055823	21641946	3.47	106.53
西 藏	Tibet	695474	2898245	1458092	1440153	4.17	101.25
陕 西	Shaanxi	11737424	38528156	19971092	18557064	3.28	107.62
甘 肃	Gansu	7560550	27022858	13953583	13069275	3.57	106.77
青 海	Qinghai	1579078	5430156	2767126	2663030	3.44	103.91
宁 夏	Ningxia	1964199	6340641	3234299	3106342	3.23	104.12
新 疆	Xinjiang	6292123	21210878	10838805	10372073	3.37	104.50

5-2 各地区市总户数、总人口

Households and Population in Cities by Region

地 区	Region	总户数 (户) Number of Households (household)	总人口 (人) Total Population (person)	男 Male	女 Female	平均每户人数 (人/户) Average Family Size (person/household)	性别比 (女=100) Sex Ratio (Female=100)
全 国	**National Total**	**203627296**	**630991658**	**321717118**	**309274540**	**3.10**	**104.02**
北 京	Beijing	4553266	11762809	5924717	5838092	2.58	101.48
天 津	Tianjin	2847730	8076463	4053383	4023080	2.84	100.75
河 北	Hebei	7859438	26339805	13319686	13020119	3.35	102.30
山 西	Shanxi	4568167	13743751	7024857	6718894	3.01	104.55
内蒙古	Inner Mongolia	3020677	8772528	4433265	4339263	2.90	102.17
辽 宁	Liaoning	10689424	30228380	15183632	15044748	2.83	100.92
吉 林	Jilin	6489382	18710689	9421654	9289035	2.88	101.43
黑龙江	Heilongjiang	8317238	22953861	11580008	11373853	2.76	101.81
上 海	Shanghai	4803706	13316773	6652727	6664046	2.77	99.83
江 苏	Jiangsu	16814456	50184578	25298537	24886041	2.98	101.66
浙 江	Zhejiang	10889417	31722266	16034349	15687917	2.91	102.21
安 徽	Anhui	7042573	22406976	11543491	10863485	3.18	106.26
福 建	Fujian	5172064	17885830	9133329	8752501	3.46	104.35
江 西	Jiangxi	4774475	15480993	8098538	7382455	3.24	109.70
山 东	Shandong	17259173	53518641	27020653	26497988	3.10	101.97
河 南	Henan	10511567	36150310	18522920	17627390	3.44	105.08
湖 北	Hubei	12882639	39675812	20491984	19183828	3.08	106.82
湖 南	Hunan	7786730	23935267	12333770	11601497	3.07	106.31
广 东	Guangdong	15817035	56858501	29243210	27615291	3.59	105.89
广 西	Guangxi	5402272	18413625	9659076	8754549	3.41	110.33
海 南	Hainan	1496073	5409630	2796066	2613564	3.62	106.98
重 庆	Chongqing	5615636	15427585	7894556	7533029	2.75	104.80
四 川	Sichuan	11638712	33362040	17036729	16325311	2.87	104.36
贵 州	Guizhou	2915079	10350844	5321537	5029307	3.55	105.81
云 南	Yunnan	3330280	10382750	5301697	5081053	3.12	104.34
西 藏	Tibet	109387	324207	167529	156678	2.96	106.93
陕 西	Shaanxi	4263280	14150104	7248301	6901803	3.32	105.02
甘 肃	Gansu	2615766	8716497	4485241	4231256	3.33	106.00
青 海	Qinghai	345566	1083227	541819	541408	3.13	100.08
宁 夏	Ningxia	1019939	3089777	1566494	1523283	3.03	102.84
新 疆	Xinjiang	2776149	8557139	4383363	4173776	3.08	105.02

注：市，指经国务院批准设立市建制的市，本表中市的各项数字不包括市辖县的数字(表5-6、5-9、5-10同)。

5-3 各地区县总户数、总人口

Households and Population in Counties by Region

地 区	Region	总户数 (户) Number of Households (household)	总人口 (人) Total Population (person)	男 Male	女 Female	平均每户人数 (人/户) Average Family Size (person/household)	性别比 (女=100) Sex Ratio (Female=100)
全 国	**National Total**	**208920581**	**702238037**	**363850926**	**338387111**	**3.36**	**107.53**
北 京	Beijing	334229	712438	359016	353422	2.13	101.58
天 津	Tianjin	572777	1770470	901491	868979	3.09	103.74
河 北	Hebei	13674631	45825636	23431781	22393855	3.35	104.63
山 西	Shanxi	7023224	20887149	10759311	10127838	2.97	106.24
内蒙古	Inner Mongolia	5465848	15756673	8113962	7642711	2.88	106.17
辽 宁	Liaoning	4043867	12331355	6315529	6015826	3.05	104.98
吉 林	Jilin	2757640	8484196	4339218	4144978	3.08	104.69
黑龙江	Heilongjiang	5255865	15494558	7905399	7589159	2.95	104.17
上 海	Shanghai	294206	690207	339803	350404	2.35	96.97
江 苏	Jiangsu	7224456	24007740	12354670	11653070	3.32	106.02
浙 江	Zhejiang	5152270	15439524	7967249	7472275	3.00	106.62
安 徽	Anhui	13362749	45538310	23739038	21799272	3.41	108.90
福 建	Fujian	4816379	17100962	8871585	8229377	3.55	107.80
江 西	Jiangxi	9105345	30852432	16179209	14673223	3.39	110.26
山 东	Shandong	12260983	40975867	20898096	20077771	3.34	104.09
河 南	Henan	19350098	70484034	36575447	33908587	3.64	107.86
湖 北	Hubei	6847406	21742996	11362655	10380341	3.18	109.46
湖 南	Hunan	13987877	46138056	24067901	22070155	3.30	109.05
广 东	Guangdong	6770593	26801314	13847871	12953443	3.96	106.90
广 西	Guangxi	9585312	33622805	17736013	15886792	3.51	111.64
海 南	Hainan	917752	3386010	1788330	1597680	3.69	111.93
重 庆	Chongqing	5491359	17328471	9082258	8246213	3.16	110.14
四 川	Sichuan	18124467	56484834	29355316	27129518	3.12	108.20
贵 州	Guizhou	8269383	30556998	15975402	14581596	3.70	109.56
云 南	Yunnan	9533104	34315019	17754126	16560893	3.60	107.21
西 藏	Tibet	586087	2574038	1290563	1283475	4.39	100.55
陕 西	Shaanxi	7474144	24378052	12722791	11655261	3.26	109.16
甘 肃	Gansu	4944784	18306361	9468342	8838019	3.70	107.13
青 海	Qinghai	1233512	4346929	2225307	2121622	3.52	104.89
宁 夏	Ningxia	944260	3250864	1667805	1583059	3.44	105.35
新 疆	Xinjiang	3515974	12653739	6455442	6198297	3.60	104.15

5-4 各地区镇总户数、总人口
Households and Population in Towns by Region

地 区	Region	总户数 (户) Number of Households (household)	总人口 (人) Total Population (person)	男 Male	女 Female	平均每户人数 (人/户) Average Family Size (person/household)	性别比 (女=100) Sex Ratio (Female=100)
全 国	**National Total**	**237832469**	**774204116**	**399038463**	**375165653**	**3.26**	**106.36**
北 京	Beijing	1785332	3834100	1916128	1917972	2.15	99.90
天 津	Tianjin	1426354	4200866	2119412	2081454	2.95	101.82
河 北	Hebei	11546110	37755684	19247164	18508520	3.27	103.99
山 西	Shanxi	5761663	16569278	8531193	8038085	2.87	106.13
内蒙古	Inner Mongolia	5314810	15276495	7848381	7428114	2.87	105.66
辽 宁	Liaoning	5579375	16887769	8611050	8276719	3.03	104.04
吉 林	Jilin	4517092	13749824	7021702	6728122	3.04	104.36
黑龙江	Heilongjiang	5849117	16861969	8568318	8293651	2.88	103.31
上 海	Shanghai	2278763	6026303	2998207	3028096	2.64	99.01
江 苏	Jiangsu	17528509	54080359	27459087	26621272	3.09	103.15
浙 江	Zhejiang	9473682	28106454	14315286	13791168	2.97	103.80
安 徽	Anhui	13938489	47013443	24447410	22566033	3.37	108.34
福 建	Fujian	6339081	22786675	11729315	11057360	3.59	106.08
江 西	Jiangxi	8298406	27471082	14422849	13048233	3.31	110.53
山 东	Shandong	17953684	58647953	29801814	28846139	3.27	103.31
河 南	Henan	13259698	47121451	24404184	22717267	3.55	107.43
湖 北	Hubei	11458942	37210765	19358449	17852316	3.25	108.44
湖 南	Hunan	13311504	43016203	22380893	20635310	3.23	108.46
广 东	Guangdong	15716809	61322193	31601978	29720215	3.90	106.33
广 西	Guangxi	10801659	37418069	19797328	17620741	3.46	112.35
海 南	Hainan	1737601	6636553	3452477	3184076	3.82	108.43
重 庆	Chongqing	6946425	20836146	10881785	9954361	3.00	109.32
四 川	Sichuan	18713620	55030719	28381989	26648730	2.94	106.50
贵 州	Guizhou	6362706	22975527	11927125	11048402	3.61	107.95
云 南	Yunnan	7460186	25441038	13031663	12409375	3.41	105.01
西 藏	Tibet	228818	834603	419252	415351	3.65	100.94
陕 西	Shaanxi	6915752	22284812	11609689	10675123	3.22	108.75
甘 肃	Gansu	3589858	12676305	6553936	6122369	3.53	107.05
青 海	Qinghai	823498	2744750	1404802	1339948	3.33	104.84
宁 夏	Ningxia	1008676	3243887	1657113	1586774	3.22	104.43
新 疆	Xinjiang	1903250	6142841	3138484	3004357	3.23	104.46

注：镇，指经省级人民政府批准设置的建制镇。

5-5 各地区非农业、农业人口

Non-agricultural and Agricultural Population by Region

单位：人 (person)

地 区	Region	总人口 Total Population	非农业人口 Non-agricultural		农业人口 Agricultural	
			人口数 Population	比重(%) Proportion	人口数 Population	比重(%) Proportion
全 国	**National Total**	**1333229695**	**450288308**	**33.77**	**882941387**	**66.23**
北 京	Beijing	12475247	9733234	78.02	2742013	21.98
天 津	Tianjin	9846933	5996991	60.90	3849942	39.10
河 北	Hebei	72165441	22573501	31.28	49591940	68.72
山 西	Shanxi	34630900	11241603	32.46	23389297	67.54
内蒙古	Inner Mongolia	24529201	9971956	40.65	14557245	59.35
辽 宁	Liaoning	42559735	21440254	50.38	21119481	49.62
吉 林	Jilin	27194885	12267538	45.11	14927347	54.89
黑龙江	Heilongjiang	38448419	18556002	48.26	19892417	51.74
上 海	Shanghai	14006980	12361586	88.25	1645394	11.75
江 苏	Jiangsu	74192318	37050803	49.94	37141515	50.06
浙 江	Zhejiang	47161790	14339485	30.40	32822305	69.60
安 徽	Anhui	67945286	15172765	22.33	52772521	77.67
福 建	Fujian	34986792	11881198	33.96	23105594	66.04
江 西	Jiangxi	46333425	12592985	27.18	33740440	72.82
山 东	Shandong	94494508	35477488	37.54	59017020	62.46
河 南	Henan	106634344	23244655	21.80	83389689	78.20
湖 北	Hubei	61418808	25497367	41.51	35921441	58.49
湖 南	Hunan	70073323	15657591	22.34	54415732	77.66
广 东	Guangdong	83659815	43580468	52.09	40079347	47.91
广 西	Guangxi	52036430	9690471	18.62	42345959	81.38
海 南	Hainan	8795640	3400126	38.66	5395514	61.34
重 庆	Chongqing	32756056	9486881	28.96	23269175	71.04
四 川	Sichuan	89846874	22862973	25.45	66983901	74.55
贵 州	Guizhou	40907842	6614271	16.17	34293571	83.83
云 南	Yunnan	44697769	7467402	16.71	37230367	83.29
西 藏	Tibet	2898245	514866	17.76	2383379	82.24
陕 西	Shaanxi	38528156	11625902	30.18	26902254	69.82
甘 肃	Gansu	27022858	6864525	25.40	20158333	74.60
青 海	Qinghai	5430156	1635610	30.12	3794546	69.88
宁 夏	Ningxia	6340641	2360843	37.23	3979798	62.77
新 疆	Xinjiang	21210878	9126968	43.03	12083910	56.97

5-6 各地区市非农业、农业人口

Non-agricultural and Agricultural Population in Cities by Region

单位：人 (person)

地 区	Region	总人口 Total Population	非农业人口 Non-agricultural		农业人口 Agricultural	
			人口数 Population	比重(%) Proportion	人口数 Population	比重(%) Proportion
全 国	**National Total**	**630991658**	**328881134**	**52.12**	**302110524**	**47.88**
北 京	Beijing	11762809	9449445	80.33	2313364	19.67
天 津	Tianjin	8076463	5648340	69.94	2428123	30.06
河 北	Hebei	26339805	14006668	53.18	12333137	46.82
山 西	Shanxi	13743751	7725740	56.21	6018011	43.79
内蒙古	Inner Mongolia	8772528	6095995	69.49	2676533	30.51
辽 宁	Liaoning	30228380	18577994	61.46	11650386	38.54
吉 林	Jilin	18710689	9983318	53.36	8727371	46.64
黑龙江	Heilongjiang	22953861	13712429	59.74	9241432	40.26
上 海	Shanghai	13316773	12109264	90.93	1207509	9.07
江 苏	Jiangsu	50184578	29146592	58.08	21037986	41.92
浙 江	Zhejiang	31722266	11198488	35.30	20523778	64.70
安 徽	Anhui	22406976	9554122	42.64	12852854	57.36
福 建	Fujian	17885830	8097956	45.28	9787874	54.72
江 西	Jiangxi	15480993	6680689	43.15	8800304	56.85
山 东	Shandong	53518641	28171533	52.64	25347108	47.36
河 南	Henan	36150310	14619089	40.44	21531221	59.56
湖 北	Hubei	39675812	20841563	52.53	18834249	47.47
湖 南	Hunan	23935267	9286019	38.80	14649248	61.20
广 东	Guangdong	56858501	37848774	66.57	19009727	33.43
广 西	Guangxi	18413625	5722709	31.08	12690916	68.92
海 南	Hainan	5409630	2279507	42.14	3130123	57.86
重 庆	Chongqing	15427585	6615847	42.88	8811738	57.12
四 川	Sichuan	33362040	13347591	40.01	20014449	59.99
贵 州	Guizhou	10350844	3835796	37.06	6515048	62.94
云 南	Yunnan	10382750	3959065	38.13	6423685	61.87
西 藏	Tibet	324207	228993	70.63	95214	29.37
陕 西	Shaanxi	14150104	7211128	50.96	6938976	49.04
甘 肃	Gansu	8716497	4505915	51.69	4210582	48.31
青 海	Qinghai	1083227	876941	80.96	206286	19.04
宁 夏	Ningxia	3089777	1777389	57.52	1312388	42.48
新 疆	Xinjiang	8557139	5766235	67.39	2790904	32.61

5-7 各地区县非农业、农业人口

Non-agricultural and Agricultural Population in Counties by Region

单位：人 (person)

地 区	Region	总人口 Total Population	非农业人口 Non-agricultural		农业人口 Agricultural	
			人口数 Population	比重(%) Proportion	人口数 Population	比重(%) Proportion
全 国	**National Total**	**702238037**	**121407174**	**17.29**	**580830863**	**82.71**
北 京	Beijing	712438	283789	39.83	428649	60.17
天 津	Tianjin	1770470	348651	19.69	1421819	80.31
河 北	Hebei	45825636	8566833	18.69	37258803	81.31
山 西	Shanxi	20887149	3515863	16.83	17371286	83.17
内蒙古	Inner Mongolia	15756673	3875961	24.60	11880712	75.40
辽 宁	Liaoning	12331355	2862260	23.21	9469095	76.79
吉 林	Jilin	8484196	2284220	26.92	6199976	73.08
黑龙江	Heilongjiang	15494558	4843573	31.26	10650985	68.74
上 海	Shanghai	690207	252322	36.56	437885	63.44
江 苏	Jiangsu	24007740	7904211	32.92	16103529	67.08
浙 江	Zhejiang	15439524	3140997	20.34	12298527	79.66
安 徽	Anhui	45538310	5618643	12.34	39919667	87.66
福 建	Fujian	17100962	3783242	22.12	13317720	77.88
江 西	Jiangxi	30852432	5912296	19.16	24940136	80.84
山 东	Shandong	40975867	7305955	17.83	33669912	82.17
河 南	Henan	70484034	8625566	12.24	61858468	87.76
湖 北	Hubei	21742996	4655804	21.41	17087192	78.59
湖 南	Hunan	46138056	6371572	13.81	39766484	86.19
广 东	Guangdong	26801314	5731694	21.39	21069620	78.61
广 西	Guangxi	33622805	3967762	11.80	29655043	88.20
海 南	Hainan	3386010	1120619	33.10	2265391	66.90
重 庆	Chongqing	17328471	2871034	16.57	14457437	83.43
四 川	Sichuan	56484834	9515382	16.85	46969452	83.15
贵 州	Guizhou	30556998	2778475	9.09	27778523	90.91
云 南	Yunnan	34315019	3508337	10.22	30806682	89.78
西 藏	Tibet	2574038	285873	11.11	2288165	88.89
陕 西	Shaanxi	24378052	4414774	18.11	19963278	81.89
甘 肃	Gansu	18306361	2358610	12.88	15947751	87.12
青 海	Qinghai	4346929	758669	17.45	3588260	82.55
宁 夏	Ningxia	3250864	583454	17.95	2667410	82.05
新 疆	Xinjiang	12653739	3360733	26.56	9293006	73.44

5-8 各地区镇非农业、农业人口

Non-agricultural and Agricultural Population in Towns by Region

单位：人 (person)

地 区	Region	总人口 Total Population	非农业人口 Non-agricultural		农业人口 Agricultural	
			人口数 Population	比重(%) Proportion	人口数 Population	比重(%) Proportion
全 国	**National Total**	**774204116**	**181050795**	**23.39**	**593153321**	**76.61**
北 京	Beijing	3834100	1482947	38.68	2351153	61.32
天 津	Tianjin	4200866	918174	21.86	3282692	78.14
河 北	Hebei	37755684	10842614	28.72	26913070	71.28
山 西	Shanxi	16569278	3731273	22.52	12838005	77.48
内蒙古	Inner Mongolia	15276495	4590817	30.05	10685678	69.95
辽 宁	Liaoning	16887769	3543254	20.98	13344515	79.02
吉 林	Jilin	13749824	3586372	26.08	10163452	73.92
黑龙江	Heilongjiang	16861969	5784750	34.31	11077219	65.69
上 海	Shanghai	6026303	4457275	73.96	1569028	26.04
江 苏	Jiangsu	54080359	20855045	38.56	33225314	61.44
浙 江	Zhejiang	28106454	4799262	17.08	23307192	82.92
安 徽	Anhui	47013443	6707622	14.27	40305821	85.73
福 建	Fujian	22786675	5055741	22.19	17730934	77.81
江 西	Jiangxi	27471082	6332809	23.05	21138273	76.95
山 东	Shandong	58647953	9263518	15.80	49384435	84.20
河 南	Henan	47121451	8177286	17.35	38944165	82.65
湖 北	Hubei	37210765	8960974	24.08	28249791	75.92
湖 南	Hunan	43016203	7608116	17.69	35408087	82.31
广 东	Guangdong	61322193	21639770	35.29	39682423	64.71
广 西	Guangxi	37418069	5551324	14.84	31866745	85.16
海 南	Hainan	6636553	1486339	22.40	5150214	77.60
重 庆	Chongqing	20836146	3248342	15.59	17587804	84.41
四 川	Sichuan	55030719	12499623	22.71	42531096	77.29
贵 州	Guizhou	22975527	3082443	13.42	19893084	86.58
云 南	Yunnan	25441038	4007419	15.75	21433619	84.25
西 藏	Tibet	834603	216333	25.92	618270	74.08
陕 西	Shaanxi	22284812	5033023	22.58	17251789	77.42
甘 肃	Gansu	12676305	2792340	22.03	9883965	77.97
青 海	Qinghai	2744750	768156	27.99	1976594	72.01
宁 夏	Ningxia	3243887	944198	29.11	2299689	70.89
新 疆	Xinjiang	6142841	3083636	50.20	3059205	49.80

5-9 按总人口排序的市及人口数

Cities and Population by Size of Total Population

单位：人 (person)

城 市	City	人 数 Population	城 市	City	人 数 Population
全国	**National Total**	**630991658**	贵阳市	Guiyang	2187951
400万以上	**over 4 million**	**98967710**	莆田市	Putian	2129771
重庆市	Chongqing	15427585	兰州市	Lanzhou	2104696
上海市	Shanghai	13316773	合肥市	Hefei	2085774
北京市	Beijing	11762809	阜阳市	Fuyang	2042341
武汉市	Wuhan	8355473	**100万—200万**	**from 1 million to 2 million**	**199370770**
天津市	Tianjin	8076463	临沂市	Linyi	1994565
广州市	Guangzhou	6546788	南充市	Nanchong	1933490
西安市	Xi'an	5615760	徐州市	Xuzhou	1917802
南京市	Nanjing	5459758	福州市	Fuzhou	1873340
成都市	Chengdu	5208580	贵港市	Guigang	1858421
沈阳市	Shenyang	5122311	南阳市	Nanyang	1853204
汕头市	Shantou	5034256	六安市	Liuan	1851452
哈尔滨市	Harbin	4746801	宿州市	Suzhou	1838627
杭州市	Hangzhou	4294353	吉林市	Jilin	1835712
200万—400万	**from 2 million to 4 million**	**74349937**	桂平市	Guiping	1822204
佛山市	Foshan	3676325	潍坊市	Weifang	1812453
长春市	Changchun	3623220	烟台市	Yantai	1792426
济南市	Jinan	3482427	东莞市	Dongguan	1787288
唐山市	Tangshan	3069973	厦门市	Xiamen	1769983
大连市	Dalian	3020097	陆丰市	Lufeng	1734939
太原市	Taiyuan	2851598	商丘市	Shangqiu	1731959
郑州市	Zhengzhou	2850050	邳州市	Pizhou	1719330
淄博市	Zibo	2787717	邓州市	Dengzhou	1710639
青岛市	Qingdao	2754745	高州市	Gaozhou	1688829
淮安市	Huaian	2745223	淮南市	Huainan	1675823
南宁市	Nanning	2671388	滕州市	Tengzhou	1672028
昆明市	Kunming	2502374	天门市	Tianmen	1655095
深圳市	Shenzhen	2459581	廉江市	Lianjiang	1635835
石家庄市	Shijiazhuang	2427832	随州市	Suizhou	1635062
长沙市	Changsha	2421523	雷州市	Leizhou	1631474
苏州市	Suzhou	2402061	盐城市	Yancheng	1625541
无锡市	Wuxi	2381121	洛阳市	Luoyang	1600689
乌鲁木齐市	Wulumuqi	2318846	亳州市	Bozhou	1595240
常州市	Changzhou	2266727	宿迁市	Suqian	1595210
普宁市	Puning	2256688	泰安市	Taian	1592536
宁波市	Ningbo	2218263	海口市	Haikou	1582686
襄樊市	Xiangfan	2217462	化州市	Huazhou	1578220
南昌市	Nanchang	2198253	兴化市	Xinghua	1559423
枣庄市	Zaozhuang	2195910	大同市	Datong	1546932

5-9 续表 1 continued

单位：人 (person)

城　市	City	人　数 Population	城　市	City	人　数 Population
台州市	Taizhou	1537696	莱芜市	Laiwu	1263761
湛江市	Zhanjiang	1518074	广安市	Guang'an	1260965
仙桃市	Xiantao	1517641	禹州市	Yuzhou	1256898
遂宁市	Suining	1508219	福清市	Fuqing	1251762
自贡市	Zigong	1505800	宜昌市	Yichang	1247944
南安市	Nan'an	1501315	通州市	Tongzhou	1241628
包头市	Baotou	1500583	日照市	Rizhao	1228263
菏泽市	Heze	1495987	乐清市	Yueqing	1224879
永城市	Yongcheng	1489459	绵阳市	Mianyang	1223139
中山市	Zhongshan	1478600	赤峰市	Chifeng	1214412
邯郸市	Handan	1473999	定州市	Dingzhou	1205783
鞍山市	Anshan	1472444	江阴市	Jiangyin	1203516
宣威市	Xuanwei	1458970	泰兴市	Taixing	1197181
信阳市	Xinyang	1457516	呼和浩特市	Hohhot	1187869
简阳市	Jianyang	1456899	扬州市	Yangzhou	1187647
泸州市	Luzhou	1455341	瑞安市	Ruian	1187484
温州市	Wenzhou	1447681	温岭市	Wenling	1184510
齐齐哈尔市	Qiqihar	1419869	麻城市	Macheng	1179902
内江市	Neijiang	1417205	罗定市	Luoding	1176187
毕节市	Bijie	1415638	临海市	Linhai	1154735
宝鸡市	Baoji	1413718	乐山市	Leshan	1150199
如皋市	Rugao	1407203	兴宁市	Xingning	1149849
常德市	Changde	1405642	涟源市	Lianyuan	1148627
浏阳市	Liuyang	1393501	邹城市	Zoucheng	1147664
漯河市	Luohe	1391727	海城市	Haicheng	1146911
抚顺市	Fushun	1390526	永州市	Yongzhou	1142929
新泰市	Xintai	1384094	东台市	Dongtai	1137710
平度市	Pingdu	1375751	荆州市	Jingzhou	1135786
江门市	Jiangmen	1375667	六盘水市	Liupanshui	1135643
信宜市	Xinyi	1369859	即墨市	Jimo	1126082
巴中市	Bazhong	1366456	汉川市	Hanchuan	1120888
丰城市	Fengcheng	1361213	枣阳市	Zaoyang	1118562
钦州市	Qinzhou	1347928	启东市	Qidong	1115791
北流市	Beiliu	1333329	抚州市	Fuzhou	1111131
耒阳市	Leiyang	1329135	济宁市	Jining	1110311
大庆市	Daqing	1325311	阳春市	Yangchun	1107486
益阳市	Yiyang	1314806	英德市	Yingde	1097952
项城市	Xiangcheng	1310270	淮北市	Huaibei	1090231
茂名市	Maoming	1306827	公主岭市	Gongzhuling	1087617
榆树市	Yushu	1296962	咸阳市	Xianyang	1087193
惠州市	Huizhou	1290151	资阳市	Ziyang	1086517
天水市	Tianshui	1285368	湖州市	Huzhou	1085624

5-9 续表 2 continued

单位：人 (person)

城 市	City	人 数 Population	城 市	City	人 数 Population
吴川市	Wuchuan	1082754	本溪市	Benxi	955409
鄂州市	Ezhou	1075512	孝感市	Xiaogan	948596
安阳市	Anyang	1075300	广水市	Guangshui	942684
岳阳市	Yueyang	1075148	安丘市	Anqiu	938855
诸城市	Zhucheng	1073947	大冶市	Daye	937674
宜兴市	Yixing	1071837	肇东市	Zhaodong	934895
诸暨市	Zhuji	1066744	锦州市	Jinzhou	933762
常熟市	Changshu	1066417	广元市	Guangyuan	932371
江都市	Jiangdu	1065908	洪湖市	Honghu	931628
保定市	Baoding	1062471	金华市	Jinhua	927045
晋江市	Jinjiang	1056929	蚌埠市	Bengbu	925155
儋州市	Danzhou	1054816	韶关市	Shaoguan	920922
来宾市	Laibin	1052711	湘乡市	Xiangxiang	920723
聊城市	Liaocheng	1050238	银川市	Yinchuan	914247
钟祥市	Zhongxiang	1047875	常宁市	Changning	910393
醴陵市	Liling	1045496	青州市	Qingzhou	908882
林州市	Linzhou	1044933	庄河市	Zhuanghe	908440
汝州市	Ruzhou	1044007	张家港市	Zhangjiagang	900132
宜春市	Yichun	1042230	绥化市	Suihua	899088
柳州市	Liuzhou	1038319	芜湖市	Wuhu	898436
慈溪市	Cixi	1035224	张家口市	Zhangjiakou	896501
寿光市	Shouguang	1032783	营口市	Yingkou	892791
泉州市	Quanzhou	1029421	保山市	Baoshan	890491
珠海市	Zhuhai	1026504	西宁市	Xining	890019
瓦房店市	Wafangdian	1026189	连云港市	Lianyungang	886862
新沂市	Xinyi	1019538	江油市	Jiangyou	886722
平顶山市	Pingdingshan	1018553	巢湖市	Chaohu	886426
潜江市	Qianjiang	1016254	阆中市	Langzhong	883256
武威市	Wuwei	1015002	利川市	Lichuan	882600
新乡市	Xinxiang	1013951	鸡西市	Jixi	880960
章丘市	Zhangqiu	1011754	莱阳市	Laiyang	876068
80万—100万	**from 800 thousand to 1 million**	**78002179**	岑溪市	Cenxi	875439
安康市	Ankang	998900	南通市	Nantong	873797
海门市	Haimen	998376	新密市	Xinmi	866303
贺州市	Hezhou	994283	乐平市	Leping	861330
葫芦岛市	Huludao	991824	莱州市	Laizhou	859128
台山市	Taishan	985863	偃师市	Yanshi	858891
五常市	Wuchang	984590	宣城市	Xuancheng	857615
玉林市	Yulin	978077	高密市	Gaomi	857129
肥城市	Feicheng	975078	眉山市	Meishan	855038
衡阳市	Hengyang	968913	开封市	Kaifeng	853832
渭南市	Weinan	967696	松滋市	Songzi	850684

5-9 续表 3 continued

单位：人 (person)

城 市	City	人 数 Population	城 市	City	人 数 Population
遵义市	Zunyi	850310	恩施市	Enshi	794147
萍乡市	Pingxiang	849688	丹东市	Dandong	789302
海伦市	Hailun	847559	武冈市	Wugang	784378
安顺市	Anshun	847015	溧阳市	Liyang	781314
新余市	Xinyu	840920	界首市	Jieshou	780930
胶南市	Jiaonan	837359	阜新市	Fuxin	775876
焦作市	Jiaozuo	835170	上虞市	Shangyu	774207
德惠市	Dehui	834148	藁城市	Gaocheng	772947
增城市	Zengcheng	833611	武穴市	Wuxue	765977
临汾市	Linfen	833007	武安市	Wuan	763739
东营市	Dongying	832791	桂林市	Guilin	757942
余姚市	Yuyao	832456	铜川市	Tongchuan	757190
通辽市	Tongliao	832039	长葛市	Zhangge	756486
嘉兴市	Jiaxing	831207	桐城市	Tongcheng	754015
秦皇岛市	Qinhuangdao	826264	镇江市	Zhenjiang	753049
任丘市	Renqiu	824377	高要市	Gaoyao	751010
佳木斯市	Kiamusze	822038	灵宝市	Lingbao	748263
衢州市	Quzhou	821815	临清市	Linqing	747464
双城市	Shuangcheng	821660	汨罗市	Miluo	746674
泰州市	Taizhou	820821	讷河市	Nehe	740988
高安市	Gaoan	820521	安庆市	Anqing	739603
高邮市	Gaoyou	820104	莱西市	Laixi	734897
普兰店市	Pulandian	819486	嵊州市	Shengzhou	733668
昭通市	Zhaotong	816883	盖州市	Gaizhou	732265
辉县市	Huixian	816617	沅江市	Yuanjiang	730788
东阳市	Dongyang	816248	义乌市	Yiwu	730183
巩义市	Gongyi	814786	辽阳市	Liaoyang	727008
伊春市	Yichun	810328	大石桥市	Dashiqiao	725373
廊坊市	Langfang	810302	大丰市	Dafeng	724147
龙海市	Longhai	809643	遵化市	Zunhua	722842
丹阳市	Danyang	808223	长治市	Changzhi	721240
彭州市	Pengzhou	803368	迁安市	Qian'an	720628
南康市	Nankang	803017	荆门市	Jingmen	714028
株洲市	Zhuzhou	801932	九台市	Jiutai	710480
河间市	Hejian	800971	湘潭市	Xiangtan	703497
宜宾市	Yibin	800349	昆山市	Kunshan	699885
胶州市	Jiaozhou	800327	新民市	Xinmin	699559
50万—80万	**from 500 thousand to 800 thousand**	**120567224**	郴州市	Chenzhou	698167
牡丹江市	Mudanjiang	799052	舟山市	Zhoushan	696600
吴江市	Wujiang	797240	揭阳市	Jieyang	694834
兴义市	Xingyi	796343	曲靖市	Qujing	694738
姜堰市	Jiangyan	795352	攀枝花市	Panzhihua	692029

5-9 续表 4 continued

单位：人 (person)

城市	City	人数 Population	城市	City	人数 Population
乐陵市	Laoling	690036	黄石市	Huangshi	636531
登封市	Dengfeng	687964	马鞍山市	Maanshan	636147
阳泉市	Yangquan	687555	石河子市	Shihezi	635230
开平市	Kaiping	687189	涿州市	Zhuozhou	635210
新郑市	Xinzheng	682762	龙口市	Longkou	633028
济源市	Jiyuan	681983	滨州市	Binzhou	632332
鹤岗市	Hegang	678774	天长市	Tianchang	631735
崇州市	Chongzhou	674094	安陆市	Anlu	630436
长乐市	Changle	673717	栖霞市	Qixia	629494
应城市	Yingcheng	672103	兖州市	Yanzhou	628506
濮阳市	Puyang	671445	梅河口市	Meihekou	619024
桐乡市	Tongxiang	670998	辛集市	Xinji	618901
荣成市	Rongcheng	668530	尚志市	Shangzhi	616046
阳江市	Yangjiang	668052	大理市	Dali	615728
邵阳市	Shaoyang	667924	邢台市	Xingtai	614798
靖江市	Jingjiang	667071	西昌市	Xichang	613885
海阳市	Haiyang	666642	东港市	Donggang	612499
石首市	Shishou	663840	鹤壁市	Hebi	609710
舒兰市	Shulan	662617	都江堰市	Dujiangyan	609578
驻马店市	Zhumadian	661444	四平市	Siping	609522
邛崃市	Qionglai	659966	盘锦市	Panjin	606193
兰溪市	Lanxi	659663	北海市	Beihai	604240
运城市	Yuncheng	658914	万源市	Wanyuan	603743
德阳市	Deyang	658471	高碑店市	Gaobeidian	602842
池州市	Chizhou	658120	万宁市	Wanning	601012
海宁市	Haining	655049	广汉市	Guanghan	600566
明光市	Mingguang	654868	仪征市	Yizheng	598221
瑞金市	Ruijin	653688	咸宁市	Xianning	597840
凌源市	Lingyuan	649063	朝阳市	Chaoyang	597646
绍兴市	Shaoxing	648996	德州市	Dezhou	597375
宜州市	Yizhou	648867	霸州市	Bazhou	596978
仁怀市	Renhuai	648824	北票市	Beipiao	595587
福安市	Fuan	647637	贵溪市	Guixi	595566
富阳市	Fuyang	646713	江山市	Jiangshan	593782
赣州市	Ganzhou	645674	白山市	Baishan	593264
威海市	Weihai	645361	开原市	Kaiyuan	590630
荥阳市	Xingyang	644674	兴平市	Xingping	589307
清远市	Qingyuan	643741	晋中市	Jinzhong	588856
文登市	Wendeng	642599	凤城市	Fengcheng	587065
朔州市	Shuozhou	640897	泊头市	Botou	585478
九江市	Jiujiang	637996	昌邑市	Changyi	580714
曲阜市	Qufu	636938	句容市	Jurong	579498

5-9 续表 5 continued

单位：人 (person)

城　市	City	人　数 Population	城　市	City	人　数 Population
陇南市	Longnan	577101	灯塔市	Dengta	515442
文昌市	Wenchang	576774	绵竹市	Mianzhu	514725
福鼎市	Fuding	575906	库尔勒市	Korla	513672
凌海市	Linghai	573605	建德市	Jiande	513422
乳山市	Rushan	573187	张家界市	Zhangjiajie	511080
深州市	Shenzhou	572040	临湘市	Linxiang	510170
招远市	Zhaoyuan	570571	楚雄市	Chuxiong	509514
永康市	Yongkang	568213	榆林市	Yulin	509284
从化市	Conghua	565755	白城市	Baicheng	508893
临河市	Linhe	563784	平凉市	Pingliang	506627
宜城市	Yicheng	563460	汕尾市	Shuangyashan	506172
三亚市	Sanya	557054	洪江市	Hongjiang	505639
兴城市	Xingcheng	555957	肇庆市	Zhaoqing	504540
七台河市	Qitaihe	553163	延吉市	Yanji	503798
汉中市	Hanzhong	552638	清镇市	Qingzhen	503774
松原市	Songyuan	552617	卫辉市	Weihui	502995
金坛市	Jintan	550175	枝江市	Zhijiang	502228
漳州市	Zhangzhou	550092	双鸭山市	Shuangyashan	501814
商洛市	Shangluo	548894	恩平市	Enping	501368
承德市	Chengde	545131	梧州市	Wuzhou	500578
樟树市	Zhangshu	542592	**30万—50万**	**from 300 thousand to 500 thousand**	**45322455**
磐石市	Panshi	541395	丹江口市	Danjiangkou	496701
吉安市	Ji'an	536608	白银市	Baiyin	496606
建瓯市	Jian'ou	534243	沁阳市	Qinyang	494599
晋州市	Jinzhou	532941	南平市	Nanping	492658
沧州市	Cangzhou	532887	琼海市	Qionghai	488333
滁州市	Chuzhou	532412	原平市	Yuanping	487441
老河口市	Laohekou	531788	新乐市	Xinle	485445
三河市	Sanhe	530541	当阳市	Dangyang	485336
忻州市	Xinzhou	528630	凯里市	Kaili	485228
十堰市	Shiyan	527757	平湖市	Pinghu	485113
周口市	Zhoukou	527257	敦化市	Dunhua	483929
北镇市	Beizhen	526771	衡水市	Hengshui	483662
乐昌市	Lechang	526645	奉化市	Fenghua	482137
临安市	Lin'an	525859	都匀市	Duyun	481356
连州市	Lianzhou	525415	龙岩市	Longyan	478098
黄骅市	Huanghua	522057	辽源市	Liaoyuan	477918
禹城市	Yucheng	520380	阿克苏市	Aksu	476437
安达市	Anda	519569	高平市	Gaoping	475984
张掖市	Zhangye	518658	沙河市	Shahe	472724
防城港市	Fangchenggang	518607	北安市	Beian	470249
赤壁市	Chibi	515814	富锦市	Fujin	470171

5-9 续表 6 continued

单位：人 (person)

城 市	City	人 数 Population	城 市	City	人 数 Population
南宫市	Nangong	469550	酒泉市	Jiuquan	401191
南雄市	Nanxiong	468277	韩城市	Hancheng	396370
定西市	Dingxi	467262	景洪市	Jinghong	396256
太仓市	Taicang	467168	宜都市	Yidu	395282
孝义市	Xiaoyi	467025	上饶市	Shangrao	394753
伊宁市	Yining	459172	中卫市	Zhongwei	392380
喀什市	Kashar	458949	河津市	Hejin	391181
景德镇市	Jingdezhen	457891	个旧市	Gejiu	391073
桦甸市	Huadian	456374	铁力市	Tieli	386869
石嘴山市	Shizuishan	454295	宁国市	Ningguo	385909
蛟河市	Jiaohe	453238	丽水市	Lishui	384561
娄底市	Loudi	450698	昌吉市	Changji	383241
蓬莱市	Penglai	449528	吴忠市	Wuzhong	381100
铜陵市	Tongling	449477	鹿泉市	Luquan	380408
通化市	Tonghua	449343	孟州市	Mengzhou	379172
延安市	Yan'an	448736	铜仁市	Tongren	377057
铁岭市	Tieling	446872	牙克石市	Yakeshi	374907
瑞昌市	Ruichang	444542	资兴市	Zixing	372332
乌海市	Wuhai	443713	五大连池市	Wudalianchi	368936
宁德市	Ningde	443349	冀州市	Jizhou	367247
哈密市	Hami	443266	黄冈市	Huanggang	365222
宁安市	Ning'an	440709	鹤山市	Heshan	365065
四会市	Sihui	440697	潞西市	Luxi	360155
固原市	Guyuan	440568	冷水江市	Lengshuijiang	359023
洮南市	Taonan	437927	华蓥市	Huaying	358529
黄山市	Huangshan	436640	崇左市	Chongzuo	357970
什邡市	Shifang	434898	怀化市	Huaihua	356671
东方市	Dongfang	434880	庆阳市	Qingyang	355717
峨眉山市	Emeishan	434854	雅安市	Yaan	351949
永济市	Yongji	434724	潮州市	Chaozhou	349688
密山市	Mishan	434672	百色市	Baise	347678
扎兰屯市	Zhalantun	429895	晋城市	Jincheng	343033
海林市	Hailin	427754	丰镇市	Fengzhen	342979
达州市	Dazhou	420839	建阳市	Jianyang	338699
玉溪市	Yuxi	420553	舞钢市	Wugang	334093
大安市	Da'an	420020	河池市	Hechi	331165
双辽市	Shuangliao	417357	穆棱市	Muling	325541
汾阳市	Fenyang	416283	永安市	Yong'an	322236
安国市	Anguo	412336	福泉市	Fuquan	319925
许昌市	Xuchang	411689	乌兰浩特市	Wulanhot	317416
介休市	Jiexiu	401764	德兴市	Dexing	317280

5-9 续表 7 continued

单位：人 (person)

城 市	City	人 数 Population	城 市	City	人 数 Population
石狮市	Shishi	314945	古交市	Gujiao	219960
梅州市	Meizhou	314861	普洱市	Puer	217584
奎屯市	Kuitun	309599	拉萨市	Lhasa	216676
霍州市	Huozhou	306335	鹰潭市	Yingtan	207705
乌兰察布市	Ulanqab	303693	金昌市	Jinchang	202906
邵武市	Shaowu	303074	和龙市	Helong	201443
赤水市	Chishui	301780	黑河市	Heihe	192154
10万—30万	**from 100 thousand to 300 thousand**	**13851725**	嘉峪关市	Jiayuguan	187343
河源市	Heyuan	298324	龙井市	Longjing	183386
云浮市	Yunfu	296339	阿拉尔市	Alar	176882
和田市	Hotan	295048	同江市	Tongjiang	175988
临沧市	Lincang	294549	临江市	Linjiang	172446
虎林市	Hulin	294297	锡林浩特市	Xilinhot	169561
吉首市	Jishou	293588	义马市	Yima	169017
三门峡市	Sanmenxia	292003	阜康市	Fukang	167997
龙泉市	Longquan	287138	塔城市	Tacheng	167207
三明市	Sanming	283639	满洲里市	Manzhouli	166968
漳平市	Zhangping	277009	根河市	Genhe	160909
扬中市	Yangzhong	276571	井冈山市	Jinggangshan	158395
克拉玛依市	Karamay	276087	丽江市	Lijiang	153314
吕梁市	Lvliang	274498	图木舒克市	Tumushuke	152833
吐鲁番市	Turpan	274491	敦煌市	Dunhuang	141501
青铜峡市	Qingtongxia	270103	合山市	Heshan	139243
开远市	Kaiyuan	269987	玉门市	Yumen	136913
呼伦贝尔市	Hulunbuir	269152	图们市	Tumen	129921
安宁市	Anning	266894	东兴市	Dongxing	124884
华阴市	Huayin	264418	瑞丽市	Ruili	123687
博乐市	Bole	261026	格尔木市	Golmud	121278
津市市	Jinshi	260487	五指山市	Wuzhishan	114075
鄂尔多斯市	Erdos	253127	凭祥市	Pingxiang	110352
侯马市	Houma	244678	日喀则市	Shigatse	107531
调兵山市	Diaobingshan	241477	韶山市	Shaoshan	105383
阿图什市	Artux	240567	**10万以下**	**below 100 thousand**	**559658**
灵武市	Lingwu	237084	合作市	Hezuo	91916
阿勒泰市	Altai	232803	五家渠市	Wujiaqu	90275
武夷山市	Wuyishan	228364	额尔古纳市	Erguna	84939
临夏市	Linxia	227690	霍林郭勒市	Huolingol	82411
集安市	Ji'an	224702	德令哈市	Delingha	71930
乌苏市	Wusu	223511	绥芬河市	Suifenhe	64016
珲春市	Hunchun	223416	阿尔山市	Arxan	48182
潞城市	Lucheng	223216	二连浩特市	Erlianhot	25989

5-10 按非农业人口排序的市及人口数

Cities and Population by Size of Non-agricultural Population

单位：人 (person)

城　市	City	人　数 Population
全　国	**National Total**	**328881134**
400万以上	**over 4 million**	**67096420**
上海市	Shanghai	12109264
北京市	Beijing	9449445
武汉市	Wuhan	8338046
重庆市	Chongqing	6615847
广州市	Guangzhou	6546788
天津市	Tianjin	5648340
汕头市	Shantou	5034256
南京市	Nanjing	4951928
沈阳市	Shenyang	4234698
成都市	Chengdu	4167808
200万—400万	**from 2 million to 4 million**	**39053370**
佛山市	Foshan	3676325
济南市	Jinan	3482427
哈尔滨市	Harbin	3426202
西安市	Xi'an	3410211
杭州市	Hangzhou	2978281
青岛市	Qingdao	2754745
大连市	Dalian	2698775
长春市	Changchun	2574479
深圳市	Shenzhen	2459581
石家庄市	Shijiazhuang	2427832
苏州市	Suzhou	2402061
太原市	Taiyuan	2384488
无锡市	Wuxi	2243623
郑州市	Zhengzhou	2134340
100万—200万	**from 1 million to 2 million**	**49236849**
兰州市	Lanzhou	1879858
长沙市	Changsha	1876531
昆明市	Kunming	1825675
唐山市	Tangshan	1767333
合肥市	Hefei	1763036
乌鲁木齐市	Urumqi	1755403
南昌市	Nanchang	1735378
徐州市	Xuzhou	1648657
贵阳市	Guiyang	1581602
福州市	Fuzhou	1568132
淄博市	Zibo	1546414
湛江市	Zhanjiang	1518074
厦门市	Xiamen	1421034
临沂市	Linyi	1420431
江门市	Jiangmen	1375667
烟台市	Yantai	1371900
南宁市	Nanning	1368922
宁波市	Ningbo	1344194
茂名市	Maoming	1306827
鞍山市	Anshan	1300101
吉林市	Jilin	1291016
惠州市	Huizhou	1290151
邯郸市	Handan	1278068
潍坊市	Weifang	1259910
抚顺市	Fushun	1244097
包头市	Baotou	1234593
襄樊市	Xiangfan	1212890
宿迁市	Suqian	1209344
大同市	Datong	1198106
常州市	Changzhou	1185484
洛阳市	Luoyang	1146888
齐齐哈尔市	Qiqihar	1111353
淮安市	Huai'an	1105520
大庆市	Daqing	1067756
珠海市	Zhuhai	1026504
80万—100万	**from 800 thousand to 1 million**	**16900019**
淮南市	Huainan	973529
海口市	Haikou	955895
孝感市	Xiaogan	948402
扬州市	Yangzhou	948042
保定市	Baoding	938704
大冶市	Daye	934879
商丘市	Shangqiu	928450
韶关市	Shaoguan	920922
呼和浩特市	Hohhot	907921
芜湖市	Wuhu	898436
柳州市	Liuzhou	887530
南通市	Nantong	873676
宝鸡市	Baoji	848499
本溪市	Benxi	838024

5-10 续表 1 continued

单位：人 (person)

城 市	City	人 数 Population	城 市	City	人 数 Population
盐城市	Yancheng	830164	天水市	Tianshui	633758
秦皇岛市	Qinhuangdao	826264	济宁市	Jining	631334
枣庄市	Zaozhuang	818712	泉州市	Quanzhou	629635
如皋市	Rugao	812399	咸阳市	Xianyang	625321
东莞市	Dongguan	809571	南充市	Nanchong	619853
50万—80万	**from 500 thousand to 800 thousand**	**45852992**	邢台市	Xingtai	614798
淮北市	Huaibei	788960	鹤岗市	Hegang	610107
银川市	Yinchuan	788198	辽阳市	Liaoyang	606656
平顶山市	Pingdingshan	787827	日照市	Rizhao	604385
中山市	Zhongshan	784296	佳木斯市	Kiamusze	603736
伊春市	Yichun	779734	丹东市	Dandong	602739
锦州市	Jinzhou	757687	开封市	Kaifeng	596125
张家口市	Zhangjiakou	750429	株洲市	Zhuzhou	593692
新乡市	Xinxiang	747556	聊城市	Liaocheng	587530
西宁市	Xining	738164	镇江市	Zhenjiang	583780
鸡西市	Jixi	731368	南阳市	Nanyang	574461
宜昌市	Yichang	722504	湘潭市	Xiangtan	568979
安阳市	Anyang	717488	宜兴市	Yixing	564940
岳阳市	Yueyang	707849	长治市	Changzhi	563269
营口市	Yingkou	706726	盘锦市	Panjin	553876
昆山市	Kunshan	699885	阳泉市	Yangquan	553384
菏泽市	Heze	695745	四平市	Siping	552815
揭阳市	Jieyang	694834	石河子市	Danhezi	548543
阜新市	Fuxin	687131	葫芦岛市	Huludao	548537
衡阳市	Hengyang	674706	赤峰市	Chifeng	547890
温州市	Wenzhou	671047	攀枝花市	Panzhihua	537283
牡丹江市	Mudanjiang	669266	马鞍山市	Maanshan	527884
阳江市	Yangjiang	668052	常德市	Changde	526990
普宁市	Puning	667625	丰城市	Fengcheng	521470
陆丰市	Lufeng	667016	江都市	Jiangdu	517380
绵阳市	Mianyang	660430	廊坊市	Langfang	511478
连云港市	Lianyungang	659758	常熟市	Changshu	509372
蚌埠市	Bengbu	658325	滕州市	Tengzhou	506962
东营市	Dongying	656298	汕尾市	Shanwei	506172
泰安市	Taian	652639	沧州市	Cangzhou	505101
焦作市	Jiaozuo	651169	肇庆市	Zhaoqing	504540
荆州市	Jingzhou	651166	莱芜市	Laiwu	504048
清远市	Qingyuan	643741	枣阳市	Zaoyang	503356
自贡市	Zigong	641094	**30万—50万**	**from 300 thousand to 500 thousand**	**45613736**
桂林市	Guilin	637034	滨州市	Binzhou	493954
黄石市	Huangshi	635066	阜阳市	Fuyang	493054

5-10 续表 2 continued

单位：人 (person)

城 市	City	人 数 Population	城 市	City	人 数 Population
即墨市	Jimo	492627	新泰市	Xintai	400720
海门市	Haimen	491128	安丘市	Anqiu	398240
泸州市	Luzhou	490269	铜川市	Tongchuan	395675
江阴市	Jiangyin	489625	邹城市	Zoucheng	393424
乐山市	Leshan	485598	罗定市	Luoding	392079
高州市	Gaozhou	484534	遂宁市	Suining	391890
寿光市	Shouguang	480980	渭南市	Weinan	391724
九江市	Jiujiang	480774	通化市	Tonghua	391690
十堰市	Shiyan	480448	铜陵市	Tongling	390251
威海市	Weihai	479969	胶南市	Jiaonan	389588
诸城市	Zhucheng	479733	七台河市	Qitaihe	388887
通州市	Tongzhou	476742	辽源市	Liaoyuan	386715
绍兴市	Shaoxing	473802	鹤壁市	Hebi	382884
漯河市	Luohe	469418	赣州市	Ganzhou	381464
白山市	Baishan	467259	胶州市	Jiaozhou	379070
安庆市	Anqing	463574	临汾市	Linfen	377963
东台市	Dongtai	459092	南安市	Nan'an	375473
双鸭山市	Shuangyashan	457857	承德市	Chengde	374922
通辽市	Tongliao	453293	景德镇市	Jingdezhen	371197
六盘水市	Liupanshui	450499	信宜市	Xinyi	370447
信阳市	Xinyang	450277	高密市	Gaomi	369475
邳州市	Pizhou	444368	宜宾市	Yibin	368978
张家港市	Zhangjiagang	444064	石嘴山市	Shizuishan	367315
平度市	Pingdu	443615	任丘市	Renqiu	366085
乌海市	Wuhai	443587	晋江市	Jinjiang	365933
萍乡市	Pingxiang	442327	黄冈市	Huanggang	365222
湖州市	Huzhou	435130	莱州市	Laizhou	364004
遵义市	Zunyi	431653	铁岭市	Tieling	363660
延吉市	Yanji	431107	德阳市	Deyang	363089
濮阳市	Puyang	429144	牙克石市	Yakeshi	361028
泰州市	Taizhou	427948	鄂州市	Ezhou	359779
德州市	Dezhou	425058	福清市	Fuqing	359515
嘉兴市	Jiaxing	424214	辉县市	Huixian	358269
儋州市	Danzhou	416167	廉江市	Lianjiang	357334
仙桃市	Xiantao	415018	内江市	Neijiang	357319
宿州市	Suzhou	414621	漳州市	Zhangzhou	356867
莆田市	Putian	413583	荆门市	Jingmen	354630
许昌市	Xuchang	411689	天门市	Tianmen	353954
章丘市	Zhangqiu	411235	朝阳市	Chaoyang	351852
邵阳市	Shaoyang	410553	潮州市	Chaozhou	349688
泰兴市	Taixing	409705	松原市	Songyuan	345830

5-10 续表 3 continued

单位：人 (person)

城　市	City	人　数 Population	城　市	City	人　数 Population
增城市	Zengcheng	343321	龙口市	Longkou	294208
益阳市	Yiyang	339939	莱阳市	Laiyang	294118
六安市	Liuan	337273	溧阳市	Liyang	292390
荣成市	Rongcheng	335703	梧州市	Wuzhou	289073
瓦房店市	Wafangdian	335169	绥化市	Suihua	288860
抚州市	Fuzhou	333624	兴化市	Xinghua	287158
郴州市	Chenzhou	333443	白城市	Baicheng	286418
新余市	Xinyu	332127	贵港市	Guigang	285614
随州市	Suizhou	331544	娄底市	Loudi	284303
衡水市	Hengshui	325184	高邮市	Gaoyou	282747
莱西市	Laixi	324544	三亚市	Sanya	282104
兴宁市	Xingning	322748	晋城市	Jincheng	281879
广元市	Guangyuan	321729	仪征市	Yizheng	280912
公主岭市	Gongzhuling	320666	驻马店市	Zhumadian	280178
眉山市	Meishan	320397	定州市	Dingzhou	279949
库尔勒市	Korla	319480	北海市	Beihai	279794
白银市	Baiyin	318412	铁力市	Tieli	277929
金华市	Jinhua	317244	舟山市	Zhoushan	277487
靖江市	Jingjiang	316927	奎屯市	Kuitun	277406
梅州市	Meizhou	314861	北安市	Beian	275730
龙岩市	Longyan	314263	肥城市	Feicheng	274706
晋中市	Jinzhong	313423	宜春市	Yichun	274201
青州市	Qingzhou	312194	句容市	Jurong	273925
伊宁市	Yining	311745	衢州市	Quzhou	272908
永州市	Yongzhou	310679	吴江市	Wujiang	272057
潜江市	Qianjiang	310240	克拉玛依市	Karamay	271819
吴川市	Wuchuan	308334	武穴市	Wuxue	270449
临清市	Linqing	307987	喀什市	Kashar	270444
台州市	Taizhou	307565	敦化市	Dunhua	267055
麻城市	Macheng	306579	台山市	Taishan	266271
金坛市	Jintan	305215	巴中市	Bazhong	266202
雷州市	Leizhou	305048	大丰市	Dafen	264932
应城市	Yingcheng	302698	达州市	Dazhou	264255
肇东市	Zhaodong	300010	桐乡市	Tongxiang	263075
10万—30万	**from 100 thousand to 300 thousand**	**60783635**	济源市	Jiyuan	262261
河源市	Heyuan	298324	南平市	Nanping	261156
海城市	Haicheng	297166	广安市	Guang'an	260383
阳春市	Yangchun	296851	乌兰察布市	Ulanqab	259974
云浮市	Yunfu	296339	梅河口市	Meihekou	259689
姜堰市	Jiangyan	295784	汉中市	Hanzhong	257128
哈密市	Hami	295185	彭州市	Pengzhou	256362

5-10 续表 4 continued

单位：人 (person)

城　市	City	人　数 Population	城　市	City	人　数 Population
阿克苏市	Arksu	256127	延安市	Yan'an	221386
周口市	Zhoukou	256030	三明市	Sanming	220612
曲靖市	Qujing	255801	藁城市	Gaocheng	219343
武安市	Wu'an	253921	安康市	Ankang	219172
呼伦贝尔市	Hulunbuir	253040	阆中市	Langzhong	219088
临河市	Linhe	252877	玉林市	Yulin	219078
化州市	Huazhou	252792	孝义市	Xiaoyi	217173
汉川市	Hanchuan	252685	耒阳市	Leiyang	216413
文登市	Wendeng	251677	个旧市	Gejiu	216354
滁州市	Chuzhou	251566	昌邑市	Changyi	216305
上虞市	Shangyu	251443	亳州市	Bozhou	215034
辛集市	Xinji	251317	瑞安市	Rui'an	214799
江油市	Jiangyou	250558	大理市	Dali	214640
从化市	Conghua	249905	钦州市	Qinzhou	214393
海林市	Meilin	249004	四会市	Sihui	213914
霸州市	Bazhong	247043	资阳市	Ziyang	213452
老河口市	Laohekou	243525	大石桥市	Dashiqiao	213186
吉安市	Ji'an	243504	海阳市	Haiyang	211030
咸宁市	Xianning	243114	上饶市	Shangrao	209673
开平市	Kaiping	242599	启东市	Qidong	208816
尚志市	Shangzhi	242047	北票市	Beipiao	207001
乐昌市	Lechang	241914	兖州市	Yanzhou	206902
怀化市	Huaihua	241060	福鼎市	Fuding	203354
普兰店市	Pulandian	240098	太仓市	Taicang	203152
长乐市	Changle	239411	恩施市	Enshi	203127
乌兰浩特市	Wulanhot	238443	五大连池市	Wudalianchi	202744
庄河市	Zhuanghe	235749	登封市	Dengfeng	202574
运城市	Yuncheng	234804	丹阳市	Danyang	202175
巢湖市	Chaohu	234580	韩城市	Hancheng	202161
项城市	Xiangcheng	234361	榆树市	Yushu	202138
平湖市	Pinghu	232323	永城市	Yongcheng	201217
简阳市	Jianyang	231996	朔州市	Shuozhou	200444
昌吉市	Changji	230816	禹州市	Yuzhou	200407
海宁市	Haining	226783	黄山市	Huangshan	199945
义乌市	Yiwu	226589	英德市	Yingde	199875
五常市	Wuchang	225869	舒兰市	Shulan	198395
三门峡市	Sanmenxia	225669	西昌市	Xichang	198349
安顺市	Anshun	222860	高安市	Gaoan	197908
武威市	Wuwei	222317	新沂市	Xinyi	196516
宜城市	Yicheng	222042	忻州市	Xinzhou	196186
钟祥市	Zhongxiang	222039	安达市	Anda	196062

5-10 续表 5 continued

单位：人 (person)

城市	City	人数 Population	城市	City	人数 Population
温岭市	Wenling	196054	磐石市	Panshi	175050
防城港市	Fangchenggang	195549	海伦市	Hailun	174473
乐平市	Leping	195472	汨罗市	Miluo	174365
丹江口市	Danjiangkou	193723	鄂尔多斯市	Erdos	174080
桦甸市	Huadian	193453	恩平市	Enping	173789
招远市	Zhaoyuan	191950	沅江市	Yuanjiang	173478
张掖市	Zhangye	191076	蛟河市	Jiaohe	171715
三河市	Sanhe	190349	双城市	Shuangcheng	170752
泊头市	Botou	189412	都匀市	Duyun	170750
栖霞市	Qixia	189183	邓州市	Dengzhou	169953
拉萨市	Lhasa	188727	永安市	Yong'an	169092
邛崃市	Qionglai	187562	宣城市	Xuancheng	168707
福安市	Fuan	187492	天长市	Tianchang	168450
新密市	Xinmi	187307	常宁市	Changning	168399
虎林市	Hulin	187086	桂平市	Guiping	167391
广汉市	Guanghan	186981	都江堰市	Dujiangyan	167313
冷水江市	Lengshuijiang	186980	扎兰屯市	Zhalantun	167216
涿州市	Zhuozhou	186114	来宾市	Laibin	167097
商洛市	Shangluo	186085	满洲里市	Manzhouli	166793
富锦市	Fujin	184465	嘉峪关市	Jiayuguan	166492
毕节市	Bijie	184367	峨眉山市	Emeishan	166409
密山市	Mishan	182771	平凉市	Pingliang	166306
慈溪市	Cixi	182770	涟源市	Lianyuan	166226
曲阜市	Qufu	182600	赤壁市	Chibi	164293
榆林市	Yulin	182512	嵊州市	Shengzhou	164254
盖州市	Gaizhou	182006	黄骅市	Huanghua	163811
余姚市	Yuyao	181755	禹城市	Yucheng	163782
九台市	Jiutai	181642	建瓯市	Jian'ou	163607
万宁市	Wanning	181248	乳山市	Rushan	161658
乐陵市	Laoling	181079	诸暨市	Zhuji	161227
吴忠市	Wuzhong	180758	根河市	Genhe	160838
凯里市	Kaili	180108	珲春市	Hunchun	160454
广水市	Guangshui	179549	松滋市	Songzi	160384
凤城市	Fengcheng	179131	长葛市	Changge	160353
调兵山市	Diaobingshan	178874	石首市	Shishou	159850
洪湖市	Honghu	177650	博乐市	Bole	159505
蓬莱市	Penglai	176735	龙海市	Longhai	159317
河间市	Hejian	176519	景洪市	Jinghong	158967
崇州市	Chongzhou	175380	新郑市	Xinzheng	158900
林州市	Linzhou	175351	张家界市	Zhangjiajie	158645
酒泉市	Jiuquan	175126	雅安市	Yaan	157991

5-10 续表 6 continued

单位：人 (person)

城　市	City	人　数 Population	城　市	City	人　数 Population
巩义市	Gongyi	157269	兴城市	Xingcheng	134972
金昌市	Jinchang	156163	穆棱市	Muling	134639
吕梁市	Lvliang	155670	黑河市	Heihe	134536
楚雄市	Chuxiong	155134	义马市	Yima	134129
贺州市	Hezhou	154954	凌源市	Lingyuan	133946
洮南市	Taonan	154031	铜仁市	Tongren	133501
浏阳市	Liuyang	154019	富阳市	Fuyang	132885
醴陵市	Liling	152726	东港市	Donggang	132788
樟树市	Zhangshu	151549	原平市	Yuanping	131862
阿勒泰市	Altai	151171	高碑店市	Gaobeidian	131847
琼海市	Qionghai	150072	侯马市	Houma	131539
临海市	Linhai	149702	陇南市	Longnan	131504
大安市	Daan	148282	湘乡市	Xiangxiang	131157
界首市	Jieshou	148181	保山市	Baoshan	130709
德惠市	Dehui	148001	建德市	Jiande	128731
宁安市	Ning'an	147796	吉首市	Jishou	128270
华阴市	Huayin	146931	兰溪市	Lanxi	128159
锡林浩特市	Xilinhot	146823	和田市	Hotan	128159
兴义市	Xingyi	146731	利川市	Lichuan	128051
建阳市	Jianyang	146538	乐清市	Yueqing	127003
东阳市	Dongyang	146237	瑞金市	Ruijin	126854
鹤山市	Heshan	144640	丽水市	Lishui	126181
鹰潭市	Yingtan	144312	百色市	Baise	126168
宣威市	Xuanwei	144191	资兴市	Zixing	126014
古交市	Gujiao	142856	和龙市	Helong	126004
双辽市	Shuangliao	141796	当阳市	Dangyang	125283
开原市	Kaiyuan	141391	新乐市	Xinle	124955
玉溪市	Yuxi	141356	文昌市	Wenchang	124517
池州市	Chizhou	140927	临夏市	Linxia	124440
安宁市	Anning	140561	洪江市	Hongjiang	124376
新民市	Xinmin	140243	德兴市	Dexing	124351
岑溪市	Cenxi	139779	兴平市	Xingping	124323
迁安市	Qian'an	139539	临湘市	Linxiang	124286
图木舒克市	Tumushuke	138605	明光市	Mingguang	123778
枝江市	Zhijiang	137837	凌海市	Linghai	123191
中卫市	Zhongwei	137810	灵宝市	Lingbao	122608
北流市	Beiliu	137178	绵竹市	Mianzhu	122520
邵武市	Shaowu	136435	昭通市	Zhaotong	122091
讷河市	Nehe	136205	卫辉市	Weihui	120436
南康市	Nankang	135823	介休市	Jiexiu	119530
宁德市	Ningde	135623	霍州市	Huozhou	119151

5-10 续表 7 continued

单位：人 (person)

城市	City	人数 Population	城市	City	人数 Population
南雄市	Nanxiong	118556	沁阳市	Qinyang	93914
阿拉尔市	Alar	118223	普洱市	Puer	92452
贵溪市	Guixi	118177	仁怀市	Renhuai	92419
瑞昌市	Ruichang	118105	晋州市	Jinzhou	92256
沙河市	Shahe	117388	鹿泉市	Luquan	90657
河池市	Hechi	116264	定西市	Dingxi	90431
安陆市	Anlu	115958	永济市	Yongji	89934
宜都市	Yidu	115583	连州市	Lianzhou	88721
高要市	Gaoyao	114948	崇左市	Chongzuo	88350
固原市	Guyuan	114870	汾阳市	Fenyang	87422
桐城市	Tongcheng	114844	五家渠市	Wujiaqu	87032
龙井市	Longjing	114615	吐鲁番市	Turpan	86613
津市市	Jinshi	114608	南宫市	Nangong	84798
东方市	Dongfang	114136	集安市	Ji'an	81243
汝州市	Ruzhou	113156	霍林郭勒市	Huolinguole	80337
北镇市	Beizhen	111592	潞西市	Luxi	79905
灵武市	Lingwu	110105	阿图什市	Artux	79356
荥阳市	Xingyang	110096	宁国市	Ningguo	79167
临安市	Lin'an	109412	乌苏市	Wusu	79165
临江市	Linjiang	108386	青铜峡市	Qingtongxia	78333
开远市	Kaiyuan	107434	额尔古纳市	Erguna	77688
遵化市	Zunhua	107280	漳平市	Zhangping	76784
奉化市	Fenghua	106534	高平市	Gaoping	76203
清镇市	Qingzhen	106307	冀州市	Jizhou	76198
塔城市	Tacheng	105710	扬中市	Yangzhong	75201
偃师市	Yanshi	105012	赤水市	Chishui	72433
庆阳市	Qingyang	104825	丽江市	Lijiang	68434
舞钢市	Wugang	104400	福泉市	Fuquan	62566
宜州市	Yizhou	104039	合山市	Heshan	59151
河津市	Hejin	103928	临沧市	Lincang	58120
图们市	Tumen	103374	孟州市	Mengzhou	57523
华蓥市	Huaying	101872	合作市	Hezuo	55637
同江市	Tongjiang	101429	五指山市	Wuzhishan	55368
武冈市	Wugang	100906	绥芬河市	Suifenhe	53756
10万以下	**below 100 thousand**	**4344113**	东兴市	Dongxing	52894
安国市	Anguo	99901	玉门市	Yumen	49287
江山市	Jiangshan	99040	阿尔山市	Arxan	48145
万源市	Wanyuan	98014	瑞丽市	Ruili	47241
永康市	Yongkang	98010	潞城市	Lucheng	46526
深州市	Shenzhou	97873	龙泉市	Longquan	43650
石狮市	Shishi	97434	德令哈市	Delingha	42763
什邡市	Shifang	97167	井冈山市	Jinggangshan	42399
丰镇市	Fengzhen	97124	敦煌市	Dunhuang	40283
灯塔市	Dengta	96932	日喀则市	Shigatse	40266
武夷山市	Wuyishan	96666	凭祥市	Pingxiang	32457
格尔木市	Golmud	96014	二连浩特市	Erenhot	24305
阜康市	Fukang	95728	韶山市	Shaoshan	16427

第六部分

Chapter Six

2009年全国计划生育统计人口数据

Data from Family Planning Statistics in 2009

6-1 各地区分孩次计划生育率与上年同期比较
Family Planning Rate Compared with That of Last Year by Birth Order and Region

单位：% (%)

地 区	Region	计生率 Family Planning Rate	与上年对比 Compared with That of Last Year	一孩计生率 Family Planning Rate of First Birth	与上年对比 Compared with That of Last Year	二孩计生率 Family Planning Rate of Second Birth	与上年对比 Compared with That of Last Year	多孩计生率 Family Planning Rate of Third Birth & Over	与上年对比 Compared with That of Last Year
全 国	**National**	**92.24**	**-0.29**	**97.92**	**-0.51**	**80.34**	**0.27**	**42.97**	**1.96**
北 京	Beijing	95.32	-0.28	98.67	-0.43	74.02	-2.39	38.54	15.29
天 津	Tianjin	98.36	-0.69	99.98	-0.01	91.45	-3.58		
河 北	Hebei	91.63	-0.11	99.19		76.79	-0.46	37.41	-2.46
山 西	Shanxi	90.77	1.56	99.83	-0.02	71.18	5.21	65.16	19.57
内蒙古	Inner Mongolia	96.77	-0.19	98.96	-0.12	91.63	0.50	77.08	0.05
辽 宁	Liaoning	98.85	0.48	99.65	0.09	96.62	0.92	59.44	15.34
吉 林	Jilin	88.15	-1.98	90.22	-1.48	82.73	-4.19	27.19	0.74
黑龙江	Heilongjiang	97.57	0.04	99.99	0.05	89.79	-0.22	21.06	0.12
上 海	Shanghai	95.80	-0.22	97.78	-0.42	89.30	0.11	34.22	-6.39
江 苏	Jiangsu	96.93	0.10	98.97	0.12	84.46	0.53	87.30	1.59
浙 江	Zhejiang	94.02	0.78	98.86	0.29	85.15	3.03	32.74	6.54
安 徽	Anhui	83.34	-3.13	87.09	-3.94	76.93	-1.41	14.29	14.01
福 建	Fujian	93.23	-0.59	98.14	-0.18	82.86	-0.73	31.46	-0.59
江 西	Jiangxi	86.87	1.77	98.95	-1.05	66.85	4.52	9.20	1.72
山 东	Shandong	92.51	-3.48	98.92	-0.76	78.64	-9.28	0.04	0.04
河 南	Henan	96.80	0.73	99.85	0.04	85.62	1.75	98.68	-0.16
湖 北	Hubei	92.27	-0.60	99.69	1.19	74.99	-0.11	38.90	11.12
湖 南	Hunan	89.52	-4.05	96.68	-1.71	80.20	-4.97	0.44	-0.40
广 东	Guangdong	94.22	1.71	99.38	0.25	81.45	5.95	50.43	25.90
广 西	Guangxi	89.27	4.31	98.63	1.37	76.51	7.32	6.75	2.59
海 南	Hainan	93.06	2.25	99.88	0.27	94.16	1.69	28.35	4.24
重 庆	Chongqing	91.52	6.47	99.98	0.08	74.53	12.94	19.46	5.77
四 川	Sichuan	87.37	-0.72	99.50	0.09	53.39	-4.37	55.27	0.54
贵 州	Guizhou	83.80	-8.41	83.56	-10.32	90.66	-2.20	11.77	-5.59
云 南	Yunnan	95.25	1.25	97.96	0.89	94.08	0.67	25.24	8.54
西 藏	Tibet								
陕 西	Shaanxi	98.42	0.16	99.74	0.60	93.81	1.53	80.97	6.80
甘 肃	Gansu	90.26	0.19	99.14	0.05	76.58	-0.11	53.75	0.75
青 海	Qinghai	98.18	0.02	99.77	-0.01	96.94	-0.07	88.33	1.44
宁 夏	Ningxia	91.43	0.17	99.48	-0.04	82.78	1.31	56.26	-3.42
新 疆	Xinjiang	99.82		99.99	0.01	99.90		98.91	-0.09

6-2 各地区已婚育龄妇女领证情况及避孕率与上年同期比较
Married Women at Childbearing Ages with One-child Certificate and Contraception Rate Compared with That of Last Year by Region

单位：人 (person,%)

地区	Region	已婚育龄妇女人数 Married Women at Childbearing Ages	与上年对比 Compared with That of Last Year	领证人数 Number of Women with Certificates	与上年对比 Compared with That of Last Year	领证率 Proportion	与上年对比 Compared with That of Last Year	已婚育龄妇女避孕率 Contraception Rate of Married Women at Childbearing Ages	与上年对比 Compared with That of Last Year
全国	**National**	**269928525**	**4343947**	**61883091**	**1383309**	**22.93**	**0.15**	**88.95**	**-0.38**
北京	Beijing	2722753	45014	863075	-27076	31.70	-1.54	85.59	-1.18
天津	Tianjin	1807348	-36453	617794	-100	34.18	0.67	90.53	0.20
河北	Hebei	14507885	638760	2268938	-31461	15.64	-0.95	89.06	-1.27
山西	Shanxi	6615575	76057	1777536	945969	26.87	14.15	89.92	-0.12
内蒙古	Inner Mongolia	5230497	1647	748931	-15812	14.32	-0.31	91.42	-0.24
辽宁	Liaoning	8277588	52928	2766417	-243873	33.42	-3.18	88.53	-0.75
吉林	Jilin	5487748	-71039	1123046	-248471	20.46	-4.21	90.27	-1.24
黑龙江	Heilongjiang	7573206	-127347	3484461	-51569	46.01	0.09	92.08	-0.49
上海	Shanghai	3630432	147164	737158	-15831	20.30	-1.31	82.25	-1.04
江苏	Jiangsu	15329185	-196334	5477928	-202416	35.74	-0.85	90.61	-0.30
浙江	Zhejiang	10063526	-9408	2944561	47651	29.26	0.50	89.16	-0.55
安徽	Anhui	14667230	-111447	2082565	-19449	14.20	-0.02	91.03	2.37
福建	Fujian	7982251	147797	1849829	37708	23.17	0.04	82.03	-0.54
江西	Jiangxi	9832020	363662	2174170	202214	22.11	1.29	93.89	0.03
山东	Shandong	19091641	219991	7655926	267525	40.10	0.95	89.87	-0.45
河南	Henan	21157111	223976	3311554	261923	15.65	1.08	89.48	0.63
湖北	Hubei	12030984	334603	1480482	-382596	12.31	-3.62	87.55	-1.95
湖南	Hunan	14199321	330445	2180215	15545	15.35	-0.25	91.49	-0.35
广东	Guangdong	21430919	610524	2329202	70202	10.87	0.02	86.66	-0.97
广西	Guangxi	9707663	311576	987397	77049	10.17	0.48	86.71	0.47
海南	Hainan	1550621	56	68341	14803	4.41	0.95	80.91	-0.67
重庆	Chongqing	4943379	-81570	2270753	141053	45.94	3.56	90.85	0.23
四川	Sichuan	17763886	449461	7357012	1466	41.42	-1.07	89.13	-0.83
贵州	Guizhou	6216657	249045	478870	11533	7.70	-0.13	89.63	-0.98
云南	Yunnan	8543110	121883	1496872	60003	17.52	0.46	87.88	0.39
西藏	Tibet	728213	19950	15199	-36903	2.09	-5.27	79.28	4.63
陕西	Shaanxi	6867490	215365	1193365	121359	17.38	1.26	91.07	-0.10
甘肃	Gansu	5306803	-9456	480143	-200426	9.05	-3.75	88.04	-1.00
青海	Qinghai	1138177	21740	116191	1675	10.21	-0.05	86.02	-0.44
宁夏	Ningxia	1249649	29952	121836	3802	9.75	0.07	90.65	0.15
新疆	Xinjiang	4275657	375405	1423324	577812	33.29	11.61	79.07	-3.33

6-3 各地区采用各种节育措施人数

Contraception User by Method and Region

单位：人 (person)

地 区	Region	合计 Total	男性绝育 Male Sterilization	女性绝育 Female Sterilization	宫内节育器 IUD	皮下埋植 Implant	口服及注射避孕药 Pill/Injection	避孕套 Condom	外用药 Diaphragm	其他 Others
全 国	**National**	**240109823**	**13114088**	**74614169**	**128334140**	**758118**	**2436497**	**19968844**	**431745**	**452222**
北 京	Beijing	2330532	6231	91585	894312	3518	77921	1235923	6832	14210
天 津	Tianjin	1636147	2410	139014	906083	2639	32627	545280	4192	3902
河 北	Hebei	12921289	634019	4384753	6768554	16314	103745	960641	7320	45943
山 西	Shanxi	5948485	42104	2495807	3309761	9650	41062	42525	209	7367
内蒙古	Inner Mongolia	4781694	8047	1143554	3062128	16557	44810	503482	1254	1862
辽 宁	Liaoning	7328119	1290	483357	5887841	15745	64654	851692	12861	10679
吉 林	Jilin	4953836	634	659883	3812062	29518	29191	415065	3358	4125
黑龙江	Heilongjiang	6973280	1935	1004107	5434473	15513	49144	447162	6542	14404
上 海	Shanghai	2985894	8623	110026	1898143	5062	101532	767105	14365	81038
江 苏	Jiangsu	13890342	300418	2096463	9701521	18585	218543	1505520	43525	5767
浙 江	Zhejiang	8972274	37574	2424530	4852419	13695	107488	1505179	18772	12617
安 徽	Anhui	13352124	375895	6225711	6060935	42272	139861	483710	1909	21831
福 建	Fujian	6548026	391459	2910079	2766468	15861	19412	436888	2450	5409
江 西	Jiangxi	9231477	29567	5113396	3520313	8078	46049	490823	16680	6571
山 东	Shandong	17158558	1674568	3633418	10037358	45599	19005	1737794	6868	3948
河 南	Henan	18930684	2309491	8146896	7512887	71105	70027	784675	17938	17665
湖 北	Hubei	10532873	413962	3693582	5553813	28886	165073	670275	7282	
湖 南	Hunan	12990257	512933	5536341	5573175	32583	29880	1262667	41643	1035
广 东	Guangdong	18571270	1800199	7692727	6611015	28684	103102	2289427	18249	27867
广 西	Guangxi	8417819	889865	3178533	3744900	5837	145191	383061	65447	4985
海 南	Hainan	1254671	14683	719292	465186	551	3356	47795	2547	1261
重 庆	Chongqing	4491285	497885	144189	3522597	13073	58199	248280	6500	562
四 川	Sichuan	15832794	1831128	564156	12115059	99573	197583	895148	23951	106196
贵 州	Guizhou	5571919	860511	2778526	1832570	14255	4978	74691	592	5796
云 南	Yunnan	7507676	300345	2147620	4607875	25315	140268	259192	15508	11553
西 藏	Tibet	577317	104	77643	134893	96232	172751	60685	28630	6379
陕 西	Shaanxi	6254460	144617	2931672	2731316	36603	92856	300039	15657	1700
甘 肃	Gansu	4671876	5199	3030784	1475832	22464	34237	90712	2392	10256
青 海	Qinghai	979097	1015	407313	470056	5121	39978	48717	5466	1431
宁 夏	Ningxia	1132844	420	390626	557044	5922	34427	141918	1779	708
新 疆	Xinjiang	3380904	16957	258586	2513551	13308	49547	482773	31027	15155

6-4 各地区采用各种节育措施人数与上年同期比较
Contraception User Compared with That of Last Year by Method and Region

单位：人 (person)

地 区	Region	合计 Total	男性绝育 Male Sterilization	女性绝育 Female Sterilization	宫内节育器 IUD	皮下埋植 Implant	口服及注射避孕药 Pill/Injection	避孕套 Condom	外用药 Diaphragm	其他 Others
全 国	**National**	**2866463**	**-407864**	**-401098**	**2670457**	**13173**	**-197481**	**1181425**	**-35112**	**42963**
北 京	Beijing	6891	-389	-8552	-61507	-1355	-10789	90555	-1040	-32
天 津	Tianjin	-29402	-208	-5849	-16595	-80	-2120	-5572	184	838
河 北	Hebei	393074	-18506	-197256	436730	197	2199	145394	-1363	25679
山 西	Shanxi	60571	7027	-102600	186398	-2891	-13647	-5285	-6911	1520
内蒙古	Inner Mongolia	-11255	-875	-80060	34647	-1688	-4386	41123	-70	54
辽 宁	Liaoning	-14550	-311	-78283	35537	-2395	-6920	31380	-366	6808
吉 林	Jilin	-132895	148	-108097	3118	1578	-14535	-15484	-229	606
黑龙江	Heilongjiang	-155199	-826	-180763	23288	-1762	-6060	6516	-366	4774
上 海	Shanghai	84838	-2090	29648	17408	201	-1327	28024	-214	13188
江 苏	Jiangsu	-224148	-23920	-112641	-204262	-1633	-24535	143693	-1892	1042
浙 江	Zhejiang	-63300	-3095	-109915	-45693	-903	-13994	110220	-1055	1135
安 徽	Anhui	248454	-31637	100009	135917	2268	5406	44296	-808	-6997
福 建	Fujian	79082	-15165	-25918	90800	-859	-2840	35685	-146	-2475
江 西	Jiangxi	344492	-1375	146265	208447	-1611	-7762	4827	-2534	-1765
山 东	Shandong	112617	-50480	62146	250749	-8204	-7491	-131620	-2505	22
河 南	Henan	332737	15201	139846	180845	-1443	-3062	5144	-2609	-1185
湖 北	Hubei	64882	-15872	-62060	110171	-1136	-44398	81609	-3432	
湖 南	Hunan	253991	-34650	108285	56709	-1649	-4314	128467	968	175
广 东	Guangdong	326425	22872	36530	24627	17610	-15360	250356	-5419	-4791
广 西	Guangxi	314787	-21985	55733	264475	-810	-4949	22165	563	-405
海 南	Hainan	-10329	-786	-16084	9683	-155	-613	-1443	-400	-531
重 庆	Chongqing	-62304	-86833	-16538	47397	-1574	-8016	4082	-683	-139
四 川	Sichuan	256754	-136854	-10922	335511	-2718	-2813	75068	163	-681
贵 州	Guizhou	164883	409	96515	89800	-1656	-2651	-15085	-1750	-699
云 南	Yunnan	139569	2771	-3499	125200	3746	-10141	20699	678	115
西 藏	Tibet	48576	-3	20763	-16797	25590	4159	5633	6910	2321
陕 西	Shaanxi	189225	-8213	-31656	169426	2938	6156	52754	-1698	-482
甘 肃	Gansu	-61619	-704	-42346	105	-5028	3283	-16927	-8064	8062
青 海	Qinghai	13767	-175	-1999	16101	83	-1883	1276	108	256
宁 夏	Ningxia	28975	22	2237	15792	-538	517	11105	17	-177
新 疆	Xinjiang	166874	-1362	-4037	146430	-950	-4595	32770	-1149	-233

6-5　各地区采取各种避孕措施分布

Distribution of Contraception Method by Region

单位：%　　　　(%)

地　区	Region	男性绝育 Male Sterilization	女性绝育 Female Sterilization	宫内节育器 IUD	皮下埋植 Implant	口服及注射避孕药 Pill/Injection	避孕套 Condom	外用药 Diaphragm	其他 Others
全　国	**National**	**5.46**	**31.08**	**53.45**	**0.32**	**1.01**	**8.32**	**0.18**	**0.19**
北　京	Beijing	0.27	3.93	38.37	0.15	3.34	53.03	0.29	0.61
天　津	Tianjin	0.15	8.50	55.38	0.16	1.99	33.33	0.26	0.24
河　北	Hebei	4.91	33.93	52.38	0.13	0.80	7.43	0.06	0.36
山　西	Shanxi	0.71	41.96	55.64	0.16	0.69	0.71		0.12
内蒙古	Inner Mongolia	0.17	23.92	64.04	0.35	0.94	10.53	0.03	0.04
辽　宁	Liaoning	0.02	6.60	80.35	0.21	0.88	11.62	0.18	0.15
吉　林	Jilin	0.01	13.32	76.95	0.60	0.59	8.38	0.07	0.08
黑龙江	Heilongjiang	0.03	14.40	77.93	0.22	0.70	6.41	0.09	0.21
上　海	Shanghai	0.29	3.68	63.57	0.17	3.40	25.69	0.48	2.71
江　苏	Jiangsu	2.16	15.09	69.84	0.13	1.57	10.84	0.31	0.04
浙　江	Zhejiang	0.42	27.02	54.08	0.15	1.20	16.78	0.21	0.14
安　徽	Anhui	2.82	46.63	45.39	0.32	1.05	3.62	0.01	0.16
福　建	Fujian	5.98	44.44	42.25	0.24	0.30	6.67	0.04	0.08
江　西	Jiangxi	0.32	55.39	38.13	0.09	0.50	5.32	0.18	0.07
山　东	Shandong	9.76	21.18	58.50	0.27	0.11	10.13	0.04	0.02
河　南	Henan	12.20	43.04	39.69	0.38	0.37	4.14	0.09	0.09
湖　北	Hubei	3.93	35.07	52.73	0.27	1.57	6.36	0.07	
湖　南	Hunan	3.95	42.62	42.90	0.25	0.23	9.72	0.32	0.01
广　东	Guangdong	9.69	41.42	35.60	0.15	0.56	12.33	0.10	0.15
广　西	Guangxi	10.57	37.76	44.49	0.07	1.72	4.55	0.78	0.06
海　南	Hainan	1.17	57.33	37.08	0.04	0.27	3.81	0.20	0.10
重　庆	Chongqing	11.09	3.21	78.43	0.29	1.30	5.53	0.14	0.01
四　川	Sichuan	11.57	3.56	76.52	0.63	1.25	5.65	0.15	0.67
贵　州	Guizhou	15.44	49.87	32.89	0.26	0.09	1.34	0.01	0.10
云　南	Yunnan	4.00	28.61	61.38	0.34	1.87	3.45	0.21	0.15
西　藏	Tibet	0.02	13.45	23.37	16.67	29.92	10.51	4.96	1.10
陕　西	Shaanxi	2.31	46.87	43.67	0.59	1.48	4.80	0.25	0.03
甘　肃	Gansu	0.11	64.87	31.59	0.48	0.73	1.94	0.05	0.22
青　海	Qinghai	0.10	41.60	48.01	0.52	4.08	4.98	0.56	0.15
宁　夏	Ningxia	0.04	34.48	49.17	0.52	3.04	12.53	0.16	0.06
新　疆	Xinjiang	0.50	7.65	74.35	0.39	1.47	14.28	0.92	0.45

6-6 各地区采取各种避孕措施分布与上年同期对比
Distribution of Contraception Method Compared with That of Last Year by Region

单位：%　　(%)

地　区	Region	男性绝育 Male Sterilization	女性绝育 Female Sterilization	宫内节育器 IUD	皮下埋植 Implant	口服及注射避孕药 Pill/Injection	避孕套 Condom	外用药 Diaphragm	其他 Others
全　国	**National**	**-0.24**	**-0.54**	**0.48**		**-0.10**	**0.40**	**-0.02**	**0.02**
北　京	Beijing	-0.02	-0.38	-2.76	-0.06	-0.47	3.74	-0.05	
天　津	Tianjin	-0.01	-0.20	-0.02		-0.09	0.25	0.02	0.05
河　北	Hebei	-0.30	-2.64	1.84		-0.01	0.93	-0.01	0.19
山　西	Shanxi	0.11	-2.17	2.59	-0.05	-0.24	-0.10	-0.12	-0.03
内蒙古	Inner Mongolia	-0.02	-1.61	0.87	-0.03	-0.09	0.88		
辽　宁	Liaoning		-1.05	0.64	-0.03	-0.09	0.45		0.09
吉　林	Jilin		-1.78	2.07	0.05	-0.27	-0.09		0.01
黑龙江	Heilongjiang	-0.01	-2.22	2.02	-0.02	-0.07	0.23		0.07
上　海	Shanghai	-0.08	0.91	-1.26		-0.15	0.21	-0.02	0.38
江　苏	Jiangsu	-0.14	-0.56	-0.34	-0.01	-0.15	1.19	-0.01	0.01
浙　江	Zhejiang	-0.03	-1.03	-0.13	-0.01	-0.15	1.34	-0.01	0.01
安　徽	Anhui	-0.29	-0.12	0.18	0.01	0.02	0.27	-0.01	-0.06
福　建	Fujian	-0.31	-0.94	0.89	-0.02	-0.05	0.47		-0.04
江　西	Jiangxi	-0.03	-0.50	0.87	-0.02	-0.11	-0.15	-0.04	-0.02
山　东	Shandong	-0.36	0.22	1.08	-0.05	-0.04	-0.84	-0.01	
河　南	Henan	-0.14	-0.02	0.26	-0.01	-0.02	-0.05	-0.02	-0.01
湖　北	Hubei	-0.18	-0.81	0.73	-0.01	-0.43	0.74	-0.03	
湖　南	Hunan	-0.35		-0.41	-0.02	-0.04	0.81		
广　东	Guangdong	-0.05	-0.54	-0.50	0.09	-0.09	1.15	-0.03	-0.03
广　西	Guangxi	-0.68	-0.78	1.54	-0.01	-0.13	0.10	-0.02	-0.01
海　南	Hainan	-0.05	-0.80	1.07	-0.01	-0.05	-0.08	-0.03	-0.04
重　庆	Chongqing	-1.76	-0.32	2.11	-0.03	-0.16	0.17	-0.01	
四　川	Sichuan	-1.07	-0.13	0.89	-0.03	-0.04	0.39		-0.02
贵　州	Guizhou	-0.46	0.26	0.66	-0.04	-0.05	-0.32	-0.03	-0.02
云　南	Yunnan	-0.04	-0.59	0.54	0.04	-0.17	0.22	0.01	
西　藏	Tibet		2.69	-5.32	3.31	-1.96	0.10	0.85	0.34
陕　西	Shaanxi	-0.21	-1.98	1.43	0.03	0.06	0.72	-0.04	-0.01
甘　肃	Gansu	-0.01	-0.05	0.41	-0.10	0.08	-0.33	-0.17	0.17
青　海	Qinghai	-0.02	-0.80	0.98		-0.25	0.06		0.02
宁　夏	Ningxia		-0.70	0.14	-0.06	-0.03	0.68		-0.02
新　疆	Xinjiang	-0.07	-0.52	0.70	-0.05	-0.22	0.28	-0.08	-0.03

6-7 各地区实施各种节育手术的例数

Number of Birth Control Operations by Region

单位：例 (case)

地 区	Region	合计 Total	男性绝育 Male Sterilization	女性绝育 Female Sterilization	放置宫内节育器 Place IUD	取出宫内节育器 Take Out IUD	皮下埋植 Implant
全 国	National	**15384850**	**278108**	**2302421**	**10524790**	**2176613**	**102918**
北 京	Beijing	33114	13	518	17013	15419	151
天 津	Tianjin	44571	1	553	33722	10271	24
河 北	Hebei	991290	14958	81027	803649	89704	1952
山 西	Shanxi	371542	543	53400	298650	18837	112
内蒙古	Inner Mongolia	291331	77	14704	213016	62279	1255
辽 宁	Liaoning	268362	3	625	174630	91851	1253
吉 林	Jilin	188129	52	2448	166298	17810	1521
黑龙江	Heilongjiang	165995	12	2319	140452	22860	352
上 海	Shanghai	202305		3902	65392	132454	557
江 苏	Jiangsu	831489	1382	22366	585737	221010	994
浙 江	Zhejiang	468088	328	57411	289246	119944	1159
安 徽	Anhui	895367	7061	196660	602448	82944	6254
福 建	Fujian	504453	10664	97175	337937	57070	1607
江 西	Jiangxi	834018	736	291516	498439	42791	536
山 东	Shandong	1604669	74619	200302	1138135	162926	28687
河 南	Henan	1094017	35346	159327	760152	135439	3753
湖 北	Hubei	536484	5738	74707	406427	47757	1855
湖 南	Hunan	777860	3921	225308	469042	76816	2773
广 东	Guangdong	1139397	43865	241823	611354	241499	856
广 西	Guangxi	735256	33225	137650	497044	67079	258
海 南	Hainan	83914	293	25958	55168	2482	13
重 庆	Chongqing	233036	520	1605	219265	11047	599
四 川	Sichuan	861475	4853	16602	729348	101153	9519
贵 州	Guizhou	502622	32496	142193	297893	27952	2088
云 南	Yunnan	609856	6303	76421	403654	119711	3767
西 藏	Tibet	30630	1	1724	6861	2374	19670
陕 西	Shaanxi	349810	1025	55487	235005	53400	4893
甘 肃	Gansu	269638	24	87584	148561	30434	3035
青 海	Qinghai	54015	11	10956	34134	8041	873
宁 夏	Ningxia	89766		14537	52437	22074	718
新 疆	Xinjiang	322351	38	5613	233681	81185	1834

6-8 各地区实施各种节育手术例数与上年同期对比

Number of Birth Control Operations Compared with That of Last Year by Region

单位：例 (case)

地 区	Region	合计 Total	男性绝育 Male Sterilization	女性绝育 Female Sterilization	放置宫内节育器 Place IUD	取出宫内节育器 Take Out IUD	皮下埋植 Implant
全 国	**National**	**550747**	**26649**	**201340**	**272606**	**14794**	**35358**
北 京	Beijing	240	-29	24	710	-58	-407
天 津	Tianjin	-1522		-62	-1948	487	1
河 北	Hebei	37427	1804	-1614	56818	-19335	-246
山 西	Shanxi	59758	140	5971	52671	936	40
内蒙古	Inner Mongolia	5883	-25	549	1934	3653	-228
辽 宁	Liaoning	-42568	-3	-133	-27896	-13785	-751
吉 林	Jilin	-39429	32	-819	-27281	-11107	-254
黑龙江	Heilongjiang	-17191	-3	23	-13475	-3414	-322
上 海	Shanghai	-2839		100	-2871	-40	-28
江 苏	Jiangsu	-54699	118	-1247	-35636	-17448	-486
浙 江	Zhejiang	-12745	-53	3881	-17163	944	-354
安 徽	Anhui	34714	-41	-3502	29881	9025	-649
福 建	Fujian	-12652	-240	4644	-9655	-7001	-400
江 西	Jiangxi	154347	330	77129	65990	11024	-126
山 东	Shandong	404222	20007	65663	287920	5667	24965
河 南	Henan	13310	2385	-6851	25391	-7007	-608
湖 北	Hubei	-83396	-59	2227	-83699	-1445	-420
湖 南	Hunan	-24982	319	27382	-34438	-18436	191
广 东	Guangdong	36473	702	21128	-94887	109781	-251
广 西	Guangxi	33910	440	-11912	44782	724	-124
海 南	Hainan	5066	-21	-6760	11856	-12	3
重 庆	Chongqing	-32355	-318	267	-31096	-1001	-207
四 川	Sichuan	95355	-42	2092	73103	20661	-459
贵 州	Guizhou	41769	1190	22700	19804	-1489	-436
云 南	Yunnan	-8870	-622	4591	-1373	-11507	41
西 藏	Tibet	16492	1	181	-385	69	16626
陕 西	Shaanxi	11062	637	1200	11808	-3462	879
甘 肃	Gansu	-45957	-12	-2230	-17326	-25382	-1007
青 海	Qinghai	-1347	10	-200	-827	-405	75
宁 夏	Ningxia	-731	-2	-2737	1737	249	22
新 疆	Xinjiang	-17998	4	-345	-11843	-6092	278

第七部分

Chapter Seven

世界部分国家及地区人口和就业统计数据

Population and Employment Data of Selected Countries and Territories of the World

一、世界部分国家人口和就业统计数据

I.Population and Employment Data of Selected Countries of the World

7-1 年中人口数
Population (mid-year)

单位：百万人 (millions)

国 家	Country	2003	2004	2005	2006	2007	2008	2009
世界总计	**Total**	**6211.1**	**6377.6**	**6464.7**	**6540.3**	**6615.9**	**6749.7**	**6829.4**
亚洲	**Asia**							
中国	China	1304.2	1313.3	1315.8	1323.6	1331.4	1336.3	1345.8
阿富汗	Afghanistan	23.9	24.9	29.9	31.1	32.3	28.2	28.2
孟加拉国	Bangladeshi	146.7	149.7	141.8	144.4	147.1	161.3	162.2
缅甸	Myanmar	49.5	50.1	50.5	51.0		49.2	50.0
柬埔寨	Cambodia	14.1	14.6	14.1	14.4	14.6	14.7	14.8
印度	India	1065.5	1081.2	1103.4	1119.5	1135.6	1186.2	1198.0
印度尼西亚	Indonesia	219.9	222.6	222.8	225.5	228.1	234.3	230.0
伊朗	Iran	68.9	69.8	69.5	70.3	71.2	72.2	74.2
伊拉克	Iraq	25.2	25.9	28.8	29.6	30.3	29.5	30.7
日本	Japan	127.7	127.8	128.1	128.2	128.3	127.9	127.2
约旦	Jordan	5.5	5.6	5.7	5.8	6.0	6.1	6.3
朝鲜	Korea D.P.Rep.	22.7	22.8	22.5	22.6	22.7	23.9	23.9
韩国	Korea Rep.	47.7	48.0	47.8	48.0	48.1	48.4	48.3
科威特	Kuweit	2.5	2.6	2.7	2.8	2.8	2.9	3.0
老挝	Laos	5.7	5.8	5.9	6.1	6.2	6.0	6.3
黎巴嫩	Lebanon	3.7	3.7	3.6	3.6	3.7	4.1	4.2
马来西亚	Malaysia	24.4	24.9	25.3	25.8	26.2	27.0	27.5
蒙古	Mongolia	2.6	2.6	2.6	2.7	2.7	2.7	2.7
尼泊尔	Nepal	25.2	25.7	27.1	27.7	28.2	28.8	29.3
巴基斯坦	Pakistan	153.6	157.3	157.9	161.2	164.6	167.0	180.8
菲律宾	Philippines	80.0	81.4	83.1	84.5	85.9	89.7	92.0
沙特阿拉伯	Saudi Arabia	24.2	24.9	24.6	25.2	25.8	25.3	25.7
新加坡	Singapore	4.3	4.3	4.3	4.4	4.4	4.5	4.7
斯里兰卡	Sri Lanka	19.1	19.2	20.7	20.9	21.1	19.4	20.2
叙利亚	Syrian Arab Rep.	17.8	18.2	19.0	19.5	20.0	20.4	21.9
泰国	Thailand	62.8	63.5	64.2	64.8	65.3	64.3	67.8
土耳其	Turkey	71.3	72.3	73.2	74.2	75.2	75.8	74.8
越南	Viet Nam	81.4	82.5	84.2	85.3	86.4	88.5	88.1
也门	Yemen	20.0	20.7	21.0	21.6	22.3	23.1	23.6
欧洲	**Europe**							
阿尔巴尼亚	Albania	3.2	3.2	3.1	3.1	3.2	3.2	3.2
奥地利	Austria	8.1	8.1	8.2	8.2	8.2	8.4	8.4
保加利亚	Bulgaria	7.9	7.8	7.7	7.7	7.6	7.6	7.5
捷克共和国	Czech Rep.	10.2	10.2	10.2	10.2	10.2	10.2	10.4
丹麦	Denmark	5.4	5.4	5.4	5.4	5.5	5.5	5.5
芬兰	Finland	5.2	5.2	5.2	5.3	5.3	5.3	5.3
法国	France	60.1	60.4	60.5	60.7	60.9	61.9	62.3
德国	Germany	82.5	82.5	82.7	82.7	82.7	82.5	82.2
希腊	Greece	11.0	11.0	11.1	11.1	11.2	11.2	11.2
匈牙利	Hungary	9.9	9.8	10.1	10.1	10.0	10.0	10.0
意大利	Italy	60.1	57.3	58.1	68.1	58.2	58.9	59.9
荷兰	Netherlands	16.1	16.2	16.3	16.4		16.5	16.6
挪威	Norway	4.5	4.6	4.6	4.6	4.7	4.7	4.8
波兰	Poland	38.6	38.6	38.5	38.5	38.5	38.0	38.1
葡萄牙	Portugal	10.1	10.1	10.5	10.5	10.6	10.7	10.7
罗马尼亚	Romania	22.3	22.3	21.7	21.6	21.5	21.3	21.3
西班牙	Spain	41.1	41.1	43.1	43.3	43.6	44.6	44.9
瑞士	Switzerland	7.2	7.2	7.3	7.3	7.3	7.5	7.6
英国	United Kingdom	59.3	59.4	59.7	59.8	60.0	61.0	61.6
俄罗斯	Russia	143.2	142.4	143.2	142.5	141.9	141.8	140.9

资料来源：《世界人口状况》联合国人口基金编。
Sources: UNFPA, State of World Population 2003-2009.

7-1 续表 continued

单位：百万人 (millions)

国家	Country	2003	2004	2005	2006	2007	2008	2009
非洲	**Africa**							
阿尔及利亚	Algeria	31.8	32.3	32.9	33.4	33.9	34.4	34.9
安哥拉	Angola	13.6	14.1	15.9	16.4	16.9	17.5	18.5
布隆迪	Burundi	6.8	7.1	7.5	7.8	8.1	8.9	8.3
中非共和国	Central African Rep.	3.9	3.9	4.0	4.1	4.2	4.4	4.4
刚果共和国	Congo. Republic of	3.7	3.8	4.0	4.1	4.2	3.8	3.7
埃及	Egypt	71.9	73.4	74.0	75.4	76.9	76.8	83.0
埃塞俄比亚	Ethiopia	70.7	72.4	77.4	79.3	81.2	85.2	82.8
加蓬	Gabon	1.3	1.4	1.4	1.4	1.4	1.4	1.5
加纳	Ghana	20.9	21.4	22.1	22.6	23.0	23.9	23.8
几内亚	Guinea	8.5	8.6	9.4	9.6	9.8	9.6	10.1
肯尼亚	Kenya	32.0	32.4	34.3	35.1	36.0	38.6	39.8
利比亚	Libyan Arab Jamahiriya	5.6	5.7	5.9	6.0	6.1	6.3	6.4
利比里亚	Liberia	3.4	3.5	3.3	3.4	3.5	3.9	4.0
马达加斯加	Madagascar	17.4	17.9	18.6	19.1	19.6	20.2	19.6
马里	Mali	13.0	13.4	13.5	13.9	14.3	12.7	13.0
毛里塔尼亚	Mauritania	2.9	3.0	3.1	3.2	3.2	3.2	3.3
摩洛哥	Morocco	30.6	31.1	31.5	31.9	32.4	31.6	32.0
莫桑比克	Mozambique	18.9	19.2	19.8	20.2	20.5	21.8	22.9
尼日利亚	Nigeria	124.0	127.1	131.5	134.4	137.2	151.5	154.7
卢旺达	Rwanda	8.4	8.5	9.0	9.2	9.4	10.0	10.0
索马里	Somalia	9.9	10.3	8.2	8.5	8.8	9.0	9.1
南非	South Africa	45.0	45.2	47.4	47.6	47.7	48.8	50.1
苏丹	Sudan	33.6	34.3	36.2	37.0	37.8	39.4	42.3
突尼斯	Tunisia	9.8	9.9	10.1	10.2	10.3	10.4	10.3
乌干达	Uganda	25.8	26.7	28.8	29.9	30.9	31.9	32.7
喀麦隆	Cameroon	16.0	16.3	16.3	16.6	16.9	18.9	19.5
坦桑尼亚	Tanzania	37.0	37.7	38.3	39.0	39.7	41.5	43.7
赞比亚	Zambia	10.8	10.9	13.0	11.9	12.1	12.2	12.9
大洋洲	**Oceania**							
澳大利亚	Australia	19.7	19.9	20.2	20.4	20.6	21.0	21.3
新西兰	New Zealand	3.9	3.9	4.0	4.1	4.1	4.2	4.3
北美洲	**North America**							
加拿大	Canada	31.5	31.7	32.3	32.6	32.9	33.2	33.6
美国	United States	294.0	297.0	298.2	301.0	303.9	308.8	314.7
拉丁美洲	**Latin America**							
阿根廷	Argentina	38.4	38.9	38.7	39.1	39.5	39.9	40.3
玻利维亚	Bolivia	8.8	9.0	9.2	9.4	9.5	9.7	9.9
巴西	Brazil	178.5	180.7	186.4	188.9	191.3	194.2	193.7
智利	Chile	15.8	16.0	16.3	16.5	16.6	16.8	17.0
哥伦比亚	Colombia	44.2	44.9	45.6	46.3	47.0	46.7	45.7
古巴	Cuba	11.3	11.3	11.3	11.3	11.3	11.3	11.2
多米尼加共和国	Dominican Republic	8.7	8.9	8.9	9.0	9.1	9.9	10.1
厄瓜多尔	Ecuador	13.0	13.2	13.2	13.4	13.6	13.5	13.6
危地马拉	Guatemala	12.3	12.7	12.6	12.9	13.2	13.7	14.0
墨西哥	Mexico	103.5	104.9	107.0	108.3	109.6	107.8	109.6
巴拿马	Panama	3.1	3.2	3.2	3.3	3.3	3.4	3.5
巴拉圭	Paraguay	5.9	6.0	6.2	6.3	6.4	6.2	6.3
秘鲁	Peru	27.2	27.6	28.0	28.4	28.8	28.2	29.2
波多黎各	Puerto Rico	3.9	3.9	4.0	4.0	4.0	4.0	4.0
乌拉圭	Uruguay	3.4	3.4	3.5	3.5	3.5	3.4	3.4
委内瑞拉	Venezuela	25.7	26.2	26.7	27.2	27.7	28.1	28.6

7-2 人口出生率、死亡率、自然增长率

Crude Birth Rate，Crude Death Rate and Rate of Natural Increase

国　家	Country	出生率 Crude Birth Rate(‰)	死亡率 Crude Death Rate(‰)	自然增长率 Rate of Natural Increase(%)
美国	United States	14	8	0.6
日本	Japan	9	9	-0.0
德国	Germany	8	10	-0.2
英国	United Kingdom	13	9	0.4
法国	France	13	9	0.4
意大利	Italy	10	10	-0.0
加拿大	Canada	11	7	0.4
澳大利亚	Australia	14	7	0.7
波兰	Poland	11	10	0.1
匈牙利	Hungary	10	13	-0.3
罗马尼亚	Romania	10	12	-0.1
保加利亚	Bulgaria	10	14	-0.4
印度	India	23	7	1.6
印度尼西亚	Indonesia	21	6	1.5
巴基斯坦	Pakistan	30	7	2.3
孟加拉国	Bangladesh	23	7	1.6
泰国	Thailand	15	9	0.6
菲律宾	Philippines	26	5	2.1
马来西亚	Malaysia	21	5	1.6
韩国	Korea Rep.	9	5	0.4
新加坡	Singapore	10	4	0.6
伊朗	Iran	20	5	1.5
土耳其	Turkey	18	6	1.2
尼日利亚	Nigeria	41	15	2.6
埃及	Egypt	25	6	1.9
埃塞俄比亚	Ethiopia	39	12	2.7
坦桑尼亚	Tanzania	38	15	2.3
肯尼亚	Kenya	39	13	2.7
巴西	Brazil	17	6	1.0
墨西哥	Mexico	20	5	1.6
阿根廷	Argentina	18	8	1.0
哥伦比亚	Colombia	20	6	1.4

资料来源：《2009年世界人口数据表》美国人口咨询局编。

Sources:Population Reference Bureau of United States, 2009 World Population Data Sheet.

7-3 人口年龄构成

Population by Age

单位：% (%)

国家	Country	0-14岁 Aged 0-14	15-64岁 Aged 15-64	65岁及以上 Aged 65 and Over
美国	United States	20	67	13
日本	Japan	13	64	23
德国	Germany	14	66	20
英国	United Kingdom	18	66	16
法国	France	18	65	17
意大利	Italy	14	66	20
加拿大	Canada	17	69	14
澳大利亚	Australia	19	68	13
波兰	Poland	15	71	14
匈牙利	Hungary	15	69	16
罗马尼亚	Romania	15	70	15
保加利亚	Bulgaria	13	70	17
印度	India	32	63	5
印度尼西亚	Indonesia	29	65	6
巴基斯坦	Pakistan	38	58	4
孟加拉国	Bangladesh	32	64	4
泰国	Thailand	22	71	7
菲律宾	Philippines	35	61	4
马来西亚	Malaysia	32	64	4
韩国	Korea Rep.	17	73	10
新加坡	Singapore	18	73	9
伊朗	Iran	28	67	5
土耳其	Turkey	27	67	6
尼日利亚	Nigeria	45	52	3
埃及	Egypt	33	62	5
埃塞俄比亚	Ethiopia	43	54	3
坦桑尼亚	Tanzania	45	52	3
肯尼亚	Kenya	42	56	2
巴西	Brazil	28	66	6
墨西哥	Mexico	32	62	6
阿根廷	Argentina	26	64	10
哥伦比亚	Colombia	30	65	5

资料来源：《2009年世界人口数据表》美国人口咨询局编。
Sources:Population Reference Bureau of United States, 2009 World Population Data Sheet.

7-4 人口、社会和经济指标

国　家	Country	婴儿死亡率 Infant Mortality (‰)	预期寿命(岁) Life Expectancy(years) 男 Male	女 Female	五岁以下儿童死亡率（‰） Under 5 Mortality estimates (2005-2010) 男 Male	女 Female	总和生育率 Total Fertility Rate (2009)
美国	United States	6	77.1	81.6	7	8	2.08
日本	Japan	3	79.4	86.5	5	4	1.26
德国	Germany	4	77.4	82.6	5	5	1.32
英国	United Kingdom	5	77.4	81.8	6	6	1.85
法国	France	4	78.0	84.9	5	4	1.88
意大利	Italy	4	78.3	84.3	5	4	1.39
加拿大	Canada	5	78.6	83.1	6	6	1.58
澳大利亚	Australia	4	79.4	84.0	6	5	1.84
波兰	Poland	7	71.6	80.0	9	7	1.27
匈牙利	Hungary	7	69.6	77.7	9	8	1.37
罗马尼亚	Romania	14	69.5	76.5	20	15	1.33
印度	India	53	62.6	65.6	77	86	2.68
印度尼西亚	Indonesia	25	69.2	73.2	37	27	2.13
巴基斯坦	Pakistan	62	66.5	67.2	85	94	3.87
孟加拉国	Bangladesh	42	65.5	67.7	58	56	2.29
泰国	Thailand	7	66.1	72.2	13	8	1.82
菲律宾	Philippines	22	69.9	74.4	32	21	3.03
马来西亚	Malaysia	9	72.3	77.0	12	10	2.51
韩国	Korea Rep.	4	76.2	82.8	6	6	1.22
新加坡	Singapore	3	78.1	83.1	4	4	1.26
土耳其	Turkey	26	69.7	74.6	36	27	2.10
尼日利亚	Nigeria	108	47.6	48.7	190	184	5.17
埃及	Egypt	33	68.6	72.2	42	39	2.82
埃塞俄比亚	Ethiopia	77	54.3	57.1	138	124	5.21
坦桑尼亚	Tanzania	62	55.5	57.1	112	100	5.52
肯尼亚	Kenya	62	54.5	55.3	112	95	4.86
巴西	Brazil	22	69.1	76.4	33	25	1.83
墨西哥	Mexico	16	74.1	79.0	22	18	2.16
阿根廷	Argentina	13	71.8	79.4	17	14	2.22
哥伦比亚	Colombia	18	69.6	77.0	30	22	2.40

资料来源：《世界人口状况-2009》联合国人口基金编。
Sources: UNFPA, State of World Population 2009.

Demographic, Social and Economic Indicators

文盲率(15岁以上) % Illiterate (.>15 years)		平均人口增长率 Avg. Pop. Growth Rate (%) (2005-2010)	城市人口增长率 Urban Growth Rate (2005-2010)	城市人口比重 (%) % Urban (2009)	人口/每公顷耕地 Pop./Ha. Arable and Perm. Crop Land	人均国民生产总值 GNI per capita ppp$ (2007)
男 Male	女 Female					
		1.0	1.3	82	0.0	45840
		-0.1	0.2	67	0.7	34750
		-0.1	0.1	74	0.1	34740
		0.5	0.6	90	0.2	
		0.5	0.8	78	0.1	33850
0.9	1.4	0.5	0.7	68	0.2	30190
		1.0	1.1	81	0.0	35500
		1.1	1.3	89	0.0	33400
0.4	1.0	-0.1	-0.2	61	0.5	15500
1.0	1.2	-0.2	0.4	68	0.2	17470
1.7	3.1	-0.4	-0.1	54	0.2	12350
23.1	45.5	1.4	2.4	30	3.5	2740
4.8	11.2	1.2	3.4	53	2.5	3570
32.3	60.4	2.2	3.4	37	3.5	2540
41.3	52.0	1.4	3.3	28	9.2	1330
4.1	7.4	0.7	1.7	34	1.5	7880
6.9	6.3	1.8	3.0	66	3.1	3710
5.8	10.4	1.7	3.1	71	0.5	13230
		0.4	0.7	82	1.6	24840
2.7	8.4	2.5	2.5	100	5.0	47950
3.8	18.7	1.2	2.0	69	0.8	12810
19.9	35.9	2.3	3.9	49	1.0	1760
25.4	42.2	1.8	1.9	43	6.8	5370
		2.6	4.5	17	4.5	780
21.0	34.1	2.9	4.7	26	2.8	1200
		2.6	4.1	22	4.6	1550
10.2	9.8	1.0	1.5	86	0.4	9270
5.6	8.6	1.0	1.4	78	0.8	13910
2.4	2.3	1.0	1.2	92	0.1	12970
7.6	7.2	1.5	1.9	75	2.4	8260

7-5 全部就业人数

Employed Persons

单位：千人 (1000 persons)

国 家	Country	2002	2003	2004	2005	2006	2007	2008
阿根廷	Argentina	8016.1	8956.2	9415.0	9638.7	10040.5	10116.0	10279.0
澳大利亚	Australia	9245.8	9464.9	9623.3	9968.6	10218.3	10512.3	10740.5
巴西	Brazil	78958.9	80163.5	84596.3	87189.4	89318.0	90786.0	
加拿大	Canada	15310.4	15672.3	15947.0	16169.7	16484.3	16866.4	17125.8
埃及	Egypt	17856.2	18118.6	18717.4	19341.7	20444.0	21723.8	
法国	France	23942.0	24695.8	24800.3	24978.0	25133.5	25565.2	25913.2
德国	Germany	36536.0	36172.0	35659.0	36566.0	37322.0	38163.0	38734.0
匈牙利	Hungary	3870.6	3921.9	3900.4	3901.5	3930.1	3926.2	3879.4
印度尼西亚	Indonesia	91647.0	92811.0	93722.0	93958.0	95457.0	99930.0	102553.0
意大利	Italy	21922.0	22133.0	22404.0	22563.0	22988.0	23222.0	23405.0
日本	Japan	63300.0	63160.0	63290.0	63560.0	63820.0	64120.0	63850.0
韩国	Korea Rep.	22169.0	22139.0	22557.0	22856.0	23151.0	23433.0	23577.0
马来西亚	Malaysia	9542.6	9869.7	9979.5	10045.4	10275.4	10538.1	10659.6
墨西哥	Mexico	38939.7	39221.5	40561.0	40791.8	42197.8	42906.7	43866.7
荷兰	Netherlands	8018.0	7991.0	7928.0	7958.0	8108.0	8310.0	8457.0
新西兰	New Zealand	1906.2	1955.6	2024.1	2084.6	2134.7	2174.5	2188.2
挪威	Norway	2286.0	2269.0	2276.0	2289.0	2362.0	2443.0	2524.0
巴基斯坦	Pakistan	38882.0	39852.0	42009.0	42916.0	46952.0	47651.0	49090.0
菲律宾	Philippines	30062.0	30635.0	31613.0	32313.0	32636.0	33560.0	34089.0
葡萄牙	Portugal	5145.6	5127.7	5127.5	5122.6	5159.5	5169.7	5197.8
罗马尼亚	Romania	9234.1	9222.5	9157.6	9146.6	9313.3	9353.3	9369.1
俄罗斯	Russia	66659.0	66432.0	67275.0	68169.0	68855.0	70570.0	70965.0
新加坡	Singapore	1573.7	1605.4	1632.1	1647.3	1796.7	1803.2	1852.0
瑞典	Sweden	4244.0	4234.0	4213.0	4263.0	4341.0	4541.0	4593.0
泰国	Thailand	34262.9	34677.1	35711.6	36302.4	36344.5	37122.0	37836.6
英国	United Kingdom	27852.0	28132.0	28365.0	28665.0	28926.0	29100.0	29475.0
美国	United States	136485.0	137736.0	139252.0	141730.0	144427.0	146047.0	145362.0

资料来源：《2009年国际劳工统计年鉴》（下表同）。

Sources:ILO 2009 Yearbook of Labour Statistics. The same applies to the tables following.

7-6 全部女性就业人数

Female Employed Persons

单位：千人 (1000 persons)

国 家	Country	2002	2003	2004	2005	2006	2007	2008
阿根廷	Argentina	3362.5	3805.3	3968.0	4081.4	4253.8		
澳大利亚	Australia	4114.8	4239.4	4292.3	4480.6	4612.8	4742.4	4861.3
巴西	Brazil	32624.6	33228.4	35354.3	36695.7	37918.0	38423.0	
加拿大	Canada	7126.0	7324.2	7466.4	7575.0	7757.2	7977.5	8104.5
埃及	Egypt	3305.5	3466.9	3781.0	3749.0	3884.2	4634.3	
法国	France	10839.0	11392.9	11484.7	11628.0	11752.0	12043.3	12243.0
德国	Germany	16200.0	16176.0	15978.0	16432.0	16860.0	17272.0	17546.0
匈牙利	Hungary	1758.1	1795.4	1783.1	1785.4	1792.7	1783.2	1768.6
印度尼西亚	Indonesia	33064.0	33311.0	33141.0	32519.0	33480.0	36782.0	38653.0
意大利	Italy	8236.0	8365.0	8783.0	8825.0	9049.0	9165.0	9341.0
日本	Japan	25940.0	25970.0	26160.0	26330.0	26520.0	26590.0	26560.0
韩国	Korea Rep.	9225.0	9108.0	9364.0	9526.0	9706.0	9826.0	9874.0
马来西亚	Malaysia	3400.8	3546.1	3589.1	3574.8	3656.8	3791.0	3808.5
墨西哥	Mexico	13516.8	13508.0	14423.0	14938.7	15599.9	16066.0	16465.0
荷兰	Netherlands	3492.0	3511.0	3495.0	3537.0	3633.0	3763.0	3863.0
新西兰	New Zealand	870.6	898.8	928.5	964.6	988.4	1009.5	1023.2
挪威	Norway	1076.0	1071.0	1074.0	1078.0	1111.0	1154.0	1192.0
巴基斯坦	Pakistan	5693.0	5835.0	7106.0	7243.0	9144.0	9533.0	10026.0
菲律宾	Philippines	11756.0	11762.0	11968.0	12403.0	12622.0	13018.0	13129.0
葡萄牙	Portugal	2320.9	2330.9	2338.6	2357.2	2369.8	2380.4	2400.7
罗马尼亚	Romania	4202.6	4165.7	4177.5	4135.4	4239.3	4237.0	4211.7
俄罗斯	Russia	32645.0	32605.0	33094.0	33620.0	34160.0	34920.0	34826.0
新加坡	Singapore	636.0	656.6	671.3		760.2	764.8	798.5
瑞典	Sweden	2047.0	2043.0	2027.0	2038.0	2067.0	2150.0	2171.0
泰国	Thailand	15390.8	15595.6	16012.8	16832.1	16706.3	17145.3	17431.6
英国	United Kingdom	12819.0	12876.0	13038.0	13198.0	13348.0	13353.0	13572.0
美国	United States	63582.0	64404.0	64728.0	65757.0	66925.0	67792.0	67876.0

7-7 第一产业就业人数

Employed Persons in Primary Industry

单位：千人 (1000 persons)

国　家	Country	2002	2003	2004	2005	2006	2007	2008
阿根廷	Argentina	78.3	124.2	108.9	107.2	81.9		
澳大利亚	Australia	405.5	366.0	357.1	355.2	350.3	351.1	354.7
巴西	Brazil	16277.0	16568.0	17734.0	17831.0	17264.0	16579.0	
加拿大	Canada	425.5	435.9	425.0	439.6	435.9	421.9	402.9
埃及	Egypt	4913.8	5411.3	5958.2	5974.0	6370.7	6889.0	
法国	France		1032.7	954.4	905.7	931.5	875.9	789.1
德国	Germany	923.0	895.0	832.0	868.0	843.0	859.0	872.0
匈牙利	Hungary	240.9	215.2	204.9	194.0	190.8	182.9	174.1
印度尼西亚	Indonesia	40634.0	43042.0	40608.0	41310.0	40136.0	41207.0	41331.0
意大利	Italy	1096.0	1075.0	990.0	947.0	982.0	923.0	895.0
日本	Japan	2960.0	2930.0	2860.0	2820.0	2720.0	2720.0	2680.0
韩国	Korea Rep.	2069.0	1950.0	1825.0	1815.0	1785.0	1779.0	
马来西亚	Malaysia	1424.5	1408.2	1452.6	1470.4	1503.5	1558.2	1487.7
墨西哥	Mexico	6798.9	6383.5	6452.8	6059.9	6033.0	5772.4	5758.5
荷兰	Netherlands	253.0	257.0	258.0	273.0	269.0	252.0	228.0
新西兰	New Zealand	164.9	159.7	153.2	148.6	152.4	155.9	152.0
挪威	Norway	86.0	83.0	79.0	75.0	77.0	69.0	70.0
巴基斯坦	Pakistan	16366.0	16774.0	18084.0	18431.0	20364.0	20780.0	21919.0
菲律宾	Philippines	11122.0	11220.0	11381.0	11628.0	11682.0	11786.0	12030.0
葡萄牙	Portugal	636.9	642.1	618.1	606.2	603.9	601.4	595.6
罗马尼亚	Romania	3361.3	3292.2	2896.1	2939.3	2840.3	2756.7	2689.9
俄罗斯	Russia	7557.0	7230.0	6832.0	6935.0	6867.0	6347.0	6135.0
新加坡	Singapore	13.3	13.8	13.7	17.8	22.5	20.7	22.7
瑞典	Sweden	91.0	89.0	90.0	86.0	86.0	102.0	101.0
泰国	Thailand	15799.3	15561.5	15115.4	15448.6	15315.3	15491.8	16067.0
英国	United Kingdom	384.0	352.0	367.0	386.0	374.0	398.0	433.0
美国	United States	3479.0	2275.0	2232.0	2197.0	2206.0	2095.0	2168.0

注：新加坡以上数据为农林牧渔业、采矿业、电力煤气及水的供应业以及其他行业的总和。

Note: Data from Singapore are the total of agriculture, hunting and forestry, mining and quarrying, electricity, gas and water supply and not classifiable by economic activity.

7-8 第二产业就业人数

Employed Persons in Secondary Industry

单位：千人 (1000 persons)

国　家	Country	2002	2003	2004	2005	2006	2007	2008
阿根廷	Argentina	1616.5	1939.3	2169.3	2262.5	2379.3		
澳大利亚	Australia	1949.0	1998.0	2057.7	2126.2	2190.7	2243.7	2320.6
巴西	Brazil	16862.0	16742.0	17757.0	18655.0	19073.0	19954.0	
加拿大	Canada	3446.0	3482.1	3556.2	3555.8	3625.4	3642.2	3689.1
埃及	Egypt	3672.1	3578.6	3735.1	4153.8	4507.4	4808.1	
法国	France		6007.7	5944.2	5915.6	5965.0	5929.6	5963.9
德国	Germany	11656.0	11265.0	10986.0	10870.0	11035.0	11363.0	11492.0
匈牙利	Hungary	1319.9	1305.9	1280.5	1264.0	1269.4	1281.3	1246.7
印度尼西亚	Indonesia	17194.0	16436.0	16873.0	17617.0	17739.0	18792.0	19260.0
意大利	Italy	6932.0	7019.0	6869.0	6941.0	6927.0	7003.0	6955.0
日本	Japan	18790.0	18480.0	17960.0	17750.0	17890.0	17870.0	17460.0
韩国	Korea Rep.	6057.0	6114.0	6198.0	6136.0	6096.0	5967.0	5888.0
马来西亚	Malaysia	3052.1	3160.6	3006.4	2986.4	3109.1	3000.0	3057.7
墨西哥	Mexico	9704.3	9793.8	10076.9	10471.3	10881.6	11121.7	11258.7
荷兰	Netherlands	1584.0	1550.0	1554.0	1571.0	1573.0	1555.0	1533.0
新西兰	New Zealand	425.0	437.8	461.8	462.3	478.8	478.5	473.2
挪威	Norway	495.0	486.0	473.0	475.0	490.0	513.0	529.0
巴基斯坦	Pakistan	8072.0	8274.0	8529.0	8693.0	9730.0	9993.0	9865.0
菲律宾	Philippines	4695.0	4840.0	4999.0	5025.0	4997.0	5121.0	5048.0
葡萄牙	Portugal	1727.7	1652.8	1595.9	1566.7	1577.2	1577.8	1520.9
罗马尼亚	Romania	2723.3	2750.0	2855.9	2775.8	2853.3	2937.5	2944.8
俄罗斯	Russia	19688.0	20189.0	20014.0	20304.0	20195.0	20598.0	20542.0
新加坡	Singapore	395.5	401.3	390.9	356.8	396.7	405.3	417.4
瑞典	Sweden	981.0	962.0	954.0	939.0	956.0	982.0	994.0
泰国	Thailand	6791.6	6845.2	7325.3	7350.0	7499.4	7690.5	7401.6
英国	United Kingdom	6607.0	6521.0	6297.0	6351.0	6371.0	6478.0	6253.0
美国	United States	29800.0	28758.0	28959.0	29250.0	29999.0	30087.0	28922.0

注：新加坡以上数据为制造业和建筑业的总和。

Note：Data from Singapore are the total of manufacture and construction.

7-9 第三产业就业人数
Employed Persons in Tertiary Industry

单位：千人 (1000 persons)

国家	Country	2002	2003	2004	2005	2006	2007	2008
阿根廷	Argentina	6321.4	6892.7	7136.7	7269.0	7579.2		
澳大利亚	Australia	6891.1	7101.0	7208.4	7487.1	7677.2	7917.4	8065.0
巴西	Brazil	45820.0	46854.0	49104.0	50701.0	52983.0	54252.0	
加拿大	Canada	11439.1	11754.2	11964.6	12174.3	12477.6	12866.4	13096.2
埃及	Egypt	9270.3	9128.7	9024.1	9215.4	9565.7	10029.7	
法国	France		17655.4	17901.6	18156.9	18236.9	18759.7	19160.2
德国	Germany	23957.0	24014.0	23840.0	24825.0	25443.0	25940.0	26371.0
匈牙利	Hungary	2309.8	2400.8	2415.0	2443.5	2469.9	2462.0	2458.6
印度尼西亚	Indonesia	33821.0	33334.0	36241.0	35032.0	37581.0	39933.0	41961.0
意大利	Italy	13894.0	14039.0	14546.0	14674.0	15079.0	15295.0	15554.0
日本	Japan	41570.0	41730.0	42430.0	42970.0	43200.0	43530.0	43690.0
韩国	Korea Rep.	14044.0	14075.0	14534.0	14904.0	15270.0	15553.0	16004.0
马来西亚	Malaysia	5066.2	5301.0	5520.5	5588.6	5662.5	5979.9	6114.1
墨西哥	Mexico	22436.5	23044.3	24031.4	24260.5	25283.2	26012.3	26849.3
荷兰	Netherlands	6179.0	6183.0	6114.0	6115.0	6269.0	6503.0	6696.0
新西兰	New Zealand	1286.9	1358.1	1409.2	1474.0	1503.4	1540.2	1563.1
挪威	Norway	1704.0	1699.0	1722.0	1739.0	1793.0	1861.0	1925.0
巴基斯坦	Pakistan	14444.0	14804.0	15396.0	15692.0	16858.0	16878.0	17306.0
菲律宾	Philippines	14246.0	14577.0	15237.0	15661.0	15957.0	16654.0	17012.0
葡萄牙	Portugal	2779.7	2830.9	2913.3	2949.8	2978.4	2990.4	3081.4
罗马尼亚	Romania	3148.6	3179.4	3404.7	3427.4	3616.6	3653.8	3730.1
俄罗斯	Russia	39412.0	39012.0	40430.0	40927.0	41793.0	43627.0	44287.0
新加坡	Singapore	1164.9	1190.3	1226.8	1272.6	1377.4	1377.2	1411.9
瑞典	Sweden	3170.0	3183.0	3168.0	3239.0	3297.0	3457.0	3497.0
泰国	Thailand	11672.0	12270.4	13270.9	13503.5	13529.9	13939.9	14367.9
英国	United Kingdom	20862.0	21259.0	21702.0	21927.0	22181.0	22224.0	22790.0
美国	United States	103206.0	106704.0	108061.0	110281.0	112224.0	113863.0	114272.0

7-10 失业人数

Unemployed Persons

单位：千人 (1000 persons)

国　家	Country	2002	2003	2004	2005	2006	2007	2008
阿根廷	Argentina	1955.8	1633.0	1361.6	1141.5	1049.2	936.0	898.0
澳大利亚	Australia	631.2	596.0	554.7	529.0	517.7	487.5	470.9
巴西	Brazil	7958.5	8640.0	8263.8	8953.0	8210.0	8059.6	
加拿大	Canada	1268.9	1286.2	1235.3	1172.8	1108.4	1079.4	1119.3
埃及	Egypt	2020.6	2240.7	2153.9	2450.0	2434.5	2135.1	
法国	France	2137.0	2295.0	2408.0	2429.0	2435.0	2222.0	2070.0
德国	Germany	3486.0	4023.0	4388.0	4583.0	4279.0	3608.0	3141.0
匈牙利	Hungary	238.8	244.5	252.9	303.9	316.8	311.9	329.2
印度	India	41171.0	41389.0	40458.0	39348.0	41466.0	39974.0	39112.0
印度尼西亚	Indonesia	9132.0	9939.0	10251.0	11899.0	10932.0	10011.0	9395.0
意大利	Italy	2163.0	2096.0	1960.0	1889.0	1673.0	1506.0	1692.0
日本	Japan	3590.0	3500.0	3130.0	2940.0	2750.0	2570.0	2650.0
韩国	Korea Rep.	752.0	818.0	860.0	887.0	827.0	783.0	769.0
马来西亚	Malaysia	343.5	369.8	366.6	368.1	353.6	351.4	368.5
墨西哥	Mexico	1145.6	1195.6	1539.8	1482.5	1377.7	1505.2	1593.3
荷兰	Netherlands	252.0	332.0	411.0	425.0	354.0	300.0	257.0
新西兰	New Zealand	106.4	97.8	84.9	82.5	85.4	82.8	95.0
挪威	Norway	92.0	107.0	106.0	111.0	84.0	63.0	67.0
巴基斯坦	Pakistan	3506.0	3594.0	3499.0	3566.0	3103.0	2680.0	2694.0
菲律宾	Philippines	3874.0	3936.0	4249.0	2748.0	2829.0	2653.0	2716.0
葡萄牙	Portugal	270.5	342.3	365.0	422.3	427.8	448.6	427.1
罗马尼亚	Romania	845.2	691.7	799.5	704.5	728.4	641.0	575.5
俄罗斯	Russia	5698.0	5959.0	5675.0	5263.0	5312.0	4588.0	4791.0
新加坡	Singapore	94.2	101.0	101.3	97.5	84.2	74.8	76.2
瑞典	Sweden	176.0	217.0	246.0	270.0	246.0	298.0	305.0
泰国	Thailand	616.3	543.7	548.9	495.8	449.9	442.2	450.9
英国	United Kingdom	1472.0	1420.0	1394.0	1397.0	1649.0	1621.0	1643.0
美国	United States	8378.0	8774.0	8149.0	7591.0	7001.0	7078.0	8924.0

7-11 制造业平均工资
Average Wage in Manufacturing

国家	Country		单位	unit	2002	2003	2004	2005	2006	2007	2008
阿根廷	Argentina	(A)[1]	比索/小时	P./h.	4.46	5.06	6.30	7.63	9.72		
澳大利亚	Australia	(B)	澳元/小时	$A/h.	20.45		22.77		25.36		
巴西	Brazil	(B)	里亚尔/月	R./m.	901.85						
加拿大	Canada	(A)	元/小时	C$/h.	18.59	19.36	19.99	20.53	20.5	21.58	21.95
		(B)	元/周	C$/w.	818.64	837.36	860.63	895.4	904.66	939.63	947.38
埃及	Egypt	(A)	镑/周	P/w.	147	150	162	179	203	220	
法国	France	(A)	欧元/小时	Euros/h.	11.5	12	12.3	12.56	12.9	13.3	
		(B)	欧元/小时	Euros/h.	15.3	15.9	16.4	16.77	17.3	17.9	
德国	Germany	(A)	欧元/小时	Euros/h.	14.72	15.09	15.4	15.6	15.74		19.51
匈牙利	Hungary	(B)	福林/月	F./m.	114297	124770	136992	147234	156813	171564	184185
印度	India	(A)	卢比/月	R./m.	1158.6	1078.9	1731.8	1234.4	3525.9		
意大利	Italy	(A)	小时工资率[2]	R.T./h.	91.7	94	96.7	99.4	102.7	105.6	109.1
		(C)		R.T./h.	91.5	93.9	96.9	99.5	103	106	109.8
日本	Japan	(B)	日元/月	Yen/m.	296400	296500	293100	292100	299600	296800	293400
韩国	Korea Rep.	(B)	1000元/月	Won/m.	1907	2074	2279.7	2458	2594.8	2772	2757.8
墨西哥	Mexico	(B)	比索/小时	Mex$/h.	3554.8	3757.3	3887.9	4140.3	4422.6	4689.2	4679.3
荷兰	Netherlands	(B)	欧元/小时	Euros/h.	17.14	17.78	18.24	18.5			
新西兰	New Zealand	(B)	新元/小时	NZ$/h.	18.1	18.5	19.29	19.58	20.51	21.45	22.41
挪威	Norway	(A)	克郎/月	NKr/m.	25991	26944	27920	28908	30162	31983	33977
巴基斯坦	Pakistan	(B)	卢比/月	PRs/m.	4113.74						
菲律宾	Philippines	(B)	比索/日	P./d.	234.33	237.72	236.65	252.77	274.81	276.52	
葡萄牙	Portugal	(B)	欧元/月	Euros/m.	705	775	806	837	868	893	932
罗马尼亚	Romania	(B)	列伊/月	Lei/m.	4632583	5804147	7196971	8293	950	1146	
新加坡	Singapore	(B)	元/月	S$/m.	3154	3265	3350	3495	3618	3764	3955
瑞典	Sweden	(A)	克朗/小时	SKr/h.	118.2	122.0	126.1	129.9	133.8	139.5	
泰国	Thailand	(B)	铢/月	B/m.	6795.3	6432.2					
英国	United Kingdom	(B)	英镑/小时	£/h.	11.12	11.65	12.03	12.51	12.96	13.19	
美国	United States	(A)	美元/小时	USD/h.	15.29	15.74	16.15	16.56	16.81	17.26	17.74

注：1)(A)工人工资。
(B)全部雇员工资。
(C)管理人员工资。
2)小时工资率指数，2005 12月=100
3)2005年开始，1新列伊=10000旧列伊

Note：a)(A) Wage earners.
(B) All employees.
(C) Salaried employees.
b)Index of hourly wage rates Dec.2005=100.
c)2005 New denomination: 1 leu = 10 000 old lei

7-12 消费价格指数

Consumer Price Indices

(2000年=100) (Year of 2000=100)

国家	Country	2002	2003	2004	2005	2006	2007	2008
阿根廷	Argentina	124.5	141.3	147.5	161.7	179.4	195.2	211.9
澳大利亚	Australia	107.6	110.5	113.1	116.1	120.2	123.1	128.3
巴西	Brazil	115.9	132.9	141.7	151.4	157.8	163.5	172.8
加拿大	Canada	104.8	107.8	109.8	112.2	114.4	116.9	119.6
埃及	Egypt	105.0	109.5	127.4	133.7	143.9	157.6	186.4
法国	France	103.6	105.8	108.0	109.9	111.8	113.4	116.6
德国	Germany	103.4	104.5	106.2	108.3	110.1	112.5	115.4
匈牙利	Hungary	115.0	120.3	128.5	133.1	138.3	149.3	158.4
印度	India	102.6	106.8	109.8	113.4	121.2	130.9	143.0
印度尼西亚	Indonesia	124.7	133.0	141.3	156.0	176.5	187.8	207.2
意大利	Italy	105.4	108.2	110.5	112.4	114.7	116.9	120.7
日本	Japan	98.4	98.1	98.1	97.8	98.1	98.1	99.5
韩国	Korea Rep.	106.9	110.7	114.7	117.8	120.4	123.5	129.2
马来西亚	Malaysia	103.2	104.4	105.9	109.1	113.0	115.3	121.5
墨西哥	Mexico	111.7	116.8	122.3	127.2	131.8	137.0	144.0
荷兰	Netherlands	107.6	109.9	111.2	113.1	114.4	116.2	119.1
新西兰	New Zealand	105.4	107.2	109.7	113.0	116.8	119.6	124.4
挪威	Norway	104.4	106.9	107.4	109.1	111.6	112.4	116.7
巴基斯坦	Pakistan	107.4	110.5	118.7	129.5	139.7	150.3	180.8
菲律宾	Philippines	110.1	113.9	120.6	129.8	137.9	141.8	155.0
葡萄牙	Portugal	108.0	111.6	114.2	116.7	120.4	123.3	126.4
罗马尼亚	Romania	164.8	189.9	212.5	231.7	246.9	258.8	279.1
俄罗斯	Russia	140.6	159.9	177.3	199.7	219.1	238.8	272.5
新加坡	Singapore	100.6	101.1	102.8	103.2	104.2	106.4	113.4
瑞典	Sweden	104.6	106.6	107.0	107.5	109.0	111.4	115.2
泰国	Thailand	102.3	104.1	107.0	111.8	117.0	119.6	126.1
英国	United Kingdom	103.5	106.5	109.6	112.7	116.3	121.3	126.1
美国	United States	104.5	106.9	109.7	113.4	117.1	120.4	125.0

二、香港特别行政区人口和就业统计数据

II.Population and Employment Data of Hong Kong Special Administrative Region

7-13 人口主要指标
Main Indicators of Population

项 目	Item	2004	2005	2006	2007	2008
年中人口 (万人)	Mid-year Population (10000 persons)	678.3	681.3	685.7	692.6	697.8
粗出生率 (‰)	Crude Birth Rate (‰)	7.3	8.4	9.6	10.2	11.3
粗死亡率 (‰)	Crude Death Rate (‰)	5.4	5.7	5.5	5.7	5.9@
婴儿死亡率 (‰)	Infant Mortality Rate (‰)	2.7	2.3	1.8	1.8	1.7@
自然增长率 (‰)	Rate of Natural Increase (‰)	1.9	2.7	4.1	4.5	5.4@
总和生育率①	Total Fertility Rate①	922	959	984	1024	1056
登记结婚数 (对)	Registered Marriages (couple)	41376	43018	50328	47453	47331
登记离婚数 (对)	Divorce Decrees (couple)	15604	14873	17424	18403	17771
出生时平均预期寿命(年)	Expectation of Life at Birth (years)					
男	Male	79.0	78.8	79.4	79.4*	79.4@
女	Female	84.8	84.6	85.5	85.5*	85.5@

注:1)各年总和生育率均是用没有包括女性外籍家庭佣工的人口作分母编制。
2)"*"表示修订数字。
3)"@"表示数字在日后会作出修订。

Notes :1)Total fertility rate of each individual year has been compiled using a population denominator which has excluded female foreign domestic helpers.
2)"*" indicates revised figure.
3)"@" indicates figure is subject to revision later on.

7-14 分行业全部就业人数
Employed Persons by Sector

单位：千人 (1000 persons)

行 业	Sector	2002	2003	2004	2005	2006	2007	2008
总 计	**Total**	**3218.4**	**3190.6**	**3273.5**	**3336.6**	**3400.8**	**3483.8**	**3518.8**
农林牧渔业	Agriculture,Hunting, Forestry and Fishing	9.1	7.0	8.5	8.7	8.2	6.4	8.3
制造业	Manufacturing	287.8	268.8	232.1	224.3	216.9	202.4	191.2
电力、天然气及水	Electricity,Gas and Water	15.8	16.1	14.6	15.0	14.6	15.2	14.1
建筑业	Construction	284.1	260.8	263.1	263.7	269.2	274.7	268.6
批发零售和餐饮、旅馆业	Wholesale and Retail Trade and Restaurants and Hotels	978.2	983.7	1061.9	1093.8	1104.8	1143.8	1145.5
交通运输和仓储业	Transport,Storage and Communication	343.1	343.5	355.1	357.3	369.2	372.2	377.9
金融保险、房地产和商业服务	Financing,Insurance,Real Estate and Business Services	474.9	468.4	480.2	503.3	525.7	548.0	580.0
团体、社会和个人服务	Community,Social and Personal Services	825.0	841.7	857.8	870.2	892.1	921.1	933.1
男	**Male**	**1794.0**	**1764.3**	**1800.8**	**1822.6**	**1840.4**	**1869.0**	**1870.0**
农林牧渔业	Agriculture,Hunting, Forestry and Fishing	6.1	4.6	5.8	6.0	5.2	4.0	5.7
制造业	Manufacturing	181.4	175.0	147.2	146.8	140.0	130.3	127.2
电力、天然气及水	Electricity,Gas and Water	12.9	13.6	12.4	12.5	12.3	12.6	11.7
建筑业	Construction	262.6	240.7	243.2	244.7	250.0	254.3	248.0
批发零售和餐饮、旅馆业	Wholesale and Retail Trade and Restaurants and Hotels	492.2	498.4	534.8	546.3	545.9	561.0	554.7
交通运输和仓储业	Transport,Storage and Communication	270.5	267.6	280.1	278.1	285.3	286.9	290.3
金融保险、房地产和商业服务	Financing,Insurance,Real Estate and Business Services	283.7	278.0	284.2	298.0	307.9	319.0	334.8
团体、社会和个人服务	Community,Social and Personal Services	284.3	286.0	292.7	289.8	293.8	301.0	297.4
女	**Female**	**1424.4**	**1426.3**	**1472.7**	**1514.0**	**1560.4**	**1614.8**	**1648.8**
农林牧渔业	Agriculture,Hunting, Forestry and Fishing	3.0	2.4	2.7	2.7	3.0	2.4	2.6
制造业	Manufacturing	106.3	93.8	84.9	77.5	76.9	72.1	63.9
电力、天然气及水	Electricity,Gas and Water	2.8	2.5	2.2	2.5	2.4	2.7	2.5
建筑业	Construction	21.5	20.1	19.9	19.0	19.3	20.4	20.6
批发零售和餐饮、旅馆业	Wholesale and Retail Trade and Restaurants and Hotels	486.0	485.3	527.1	547.5	558.9	582.8	590.8
交通运输和仓储业	Transport,Storage and Communication	72.6	75.9	75.0	79.2	83.8	85.4	87.5
金融保险、房地产和商业服务	Financing,Insurance,Real Estate and Business Services	191.2	190.4	196.0	205.3	217.8	229.0	245.2
团体、社会和个人服务	Community,Social and Personal Services	540.8	555.7	565.0	580.4	598.3	620.1	635.7

7-15 分职业全部就业人数

Employed Persons by Occupation

单位：千人　(1000 persons)

职业	Occupation	2002	2003	2004	2005	2006	2007	2008
总计	**Total**	**3218.4**	**3190.6**	**3273.5**	**3336.6**	**3400.8**	**3483.8**	**3518.8**
立法者高级官员和和管理人员	Legislators,Senior Officials and Managers	300.3	271.0	280.3	312.3	341.8	351.3	347.9
专业人员	Professionals	196.0	203.0	210.5	229.3	233.8	240.8	250.0
技术和辅助专业人员	Technicians and Associate Professionals	573.1	583.8	610.4	618.2	656.3	672.4	667.2
职员	Clerks	535.7	527.8	543.0	544.7	530.5	545.5	552.3
服务人员和商店与市场销售人员	Service Workers and Shop and and Market Sales Workers	468.6	481.3	513.5	524.9	514.6	536.6	557.9
农渔业技术人员	Skilled Agricultural and Fishery Workers	8.7	6.9	8.0	7.7	7.0	5.2	5.5
手艺人和有关行业工人	Craft and Related Trade Workers	288.2	270.5	266.8	265.9	258.9	261.7	260.3
设备和机械操作工、装配工	Plant and Machine Operators and Assemblers	237.1	233.2	233.9	224.9	223.0	217.8	216.4
简单劳动职业人员	Elementary Occupations	610.6	613.0	607.2	608.7	635.0	652.5	661.3
男	**Male**	**1794.0**	**1764.3**	**1800.8**	**1822.6**	**1840.4**	**1869.0**	**1870.0**
立法者高级官员和和管理人员	Legislators,Senior Officials and Managers	223.7	200.2	204.8	227.7	241.5	246.7	245.3
专业人员	Professionals	128.0	132.9	135.9	151.9	149.1	152.6	155.5
技术和辅助专业人员	Technicians and Associate Professionals	335.0	344.2	354.7	355.1	365.0	379.1	369.0
职员	Clerks	138.1	132.8	145.2	144.4	142.0	147.3	147.1
服务人员和商店与市场销售人员	Service Workers and Shop and and Market Sales Workers	243.9	250.3	256.9	255.9	251.3	253.9	261.2
农渔业技术人员	Skilled Agricultural and Fishery Workers	6.0	4.7	5.7	5.3	4.6	3.5	4.0
手艺人和有关行业工人	Craft and Related Trade Workers	276.7	260.1	255.2	256.0	249.9	251.6	250.9
设备和机械操作工、装配工	Plant and Machine Operators and Assemblers	207.0	204.5	207.2	201.4	201.4	197.1	200.1
简单劳动职业人员	Elementary Occupations	235.7	234.6	235.2	224.9	235.7	237.3	236.9
女	**Female**	**1424.4**	**1426.3**	**1472.7**	**1514.0**	**1560.4**	**1614.8**	**1648.8**
立法者高级官员和和管理人员	Legislators,Senior Officials and Managers	76.6	70.8	75.5	84.6	100.3	104.6	102.6
专业人员	Professionals	68.1	70.1	74.7	77.4	84.7	88.2	94.5
技术和辅助专业人员	Technicians and Associate Professionals	238.2	239.6	255.7	263.0	291.3	293.2	298.2
职员	Clerks	397.6	395.0	397.8	400.3	388.5	398.2	405.2
服务人员和商店与市场销售人员	Service Workers and Shop and and Market Sales Workers	224.8	231.0	256.6	269.0	263.3	282.8	296.8
农渔业技术人员	Skilled Agricultural and Fishery Workers	2.7	2.3	2.3	2.5	2.4	1.7	1.4
手艺人和有关行业工人	Craft and Related Trade Workers	11.5	10.4	11.6	9.9	9.0	10.1	9.4
设备和机械操作工、装配工	Plant and Machine Operators and Assemblers	30.1	28.8	26.6	23.5	21.6	20.7	16.3
简单劳动职业人员	Elementary Occupations	374.9	378.4	371.9	383.8	399.3	415.2	424.4

7-16 按年龄分组的失业人数
Unemployed Persons by Age Group

单位：千人 (1000 persons)

年龄组 Age Group	2002	2003	2004	2005	2006	2007	2008
总 计 Total	**254.2**	**275.2**	**239.2**	**197.6**	**171.1**	**145.7**	**130.1**
15-19	22.6	21.0	17.7	13.8	13.1	12.5	9.2
20-24	36.6	37.4	30.5	28.6	27.3	22.3	22.1
25-29	28.0	29.6	22.6	19.2	16.6	14.5	14.4
30-34	26.4	28.9	22.4	17.5	15.4	15.3	11.3
35-39	29.8	31.6	25.6	19.1	17.0	12.3	12.1
40-44	34.2	37.6	32.1	25.9	19.3	17.1	14.8
45-49	31.1	36.8	35.1	29.2	25.4	19.1	17.6
50-54	25.4	29.7	28.7	24.0	19.8	17.6	15.9
55-59	14.0	17.5	18.0	15.8	14.0	12.0	10.0
60-64	4.4	4.1	5.3	3.9	2.8	2.8	2.4
65+	1.4	0.9	1.3	0.6			
男 Male	**164.0**	**180.0**	**151.8**	**127.5**	**110.2**	**89.2**	**79.4**
15-19	13.6	12.3	10.5	8.4	7.9	7.0	5.4
20-24	22.0	23.7	19.3	17.8	16.1	13.1	12.5
25-29	17.9	19.3	14.6	12.1	10.7	9.0	8.3
30-34	15.5	17.4	13.0	10.7	9.6	8.5	6.4
35-39	18.7	18.7	14.9	11.1	10.1	7.1	6.3
40-44	21.7	23.9	18.3	14.7	11.5	10.1	8.8
45-49	20.1	24.2	22.4	19.9	16.6	11.5	10.2
50-54	17.9	21.6	18.9	17.0	14.4	11.7	11.2
55-59	11.4	14.3	14.0	11.8	10.4	8.4	7.7
60-64	3.9	3.6	4.7	3.4	2.6	2.4	2.1
65+	1.3	0.9	1.2	0.6			
女 Female	**90.1**	**95.3**	**87.4**	**70.1**	**60.8**	**56.5**	**50.7**
15-19	9.0	8.7	7.1	5.4	5.2	5.5	3.7
20-24	14.7	13.7	11.2	10.8	11.2	9.2	9.6
25-29	10.1	10.3	8.1	7.1	6.0	5.5	6.1
30-34	10.9	11.5	9.4	6.9	5.8	6.8	4.9
35-39	11.1	12.9	10.7	8.0	7.0	5.2	5.8
40-44	12.5	13.7	13.8	11.2	7.7	7.0	6.0
45-49	10.9	12.6	12.7	9.3	8.8	7.6	7.4
50-54	7.5	8.1	9.8	7.0	5.4	5.8	4.6
55-59	2.6	3.2	4.0	3.9	3.5	3.6	2.3
60-64	0.5	0.5	0.6	0.5			

7-17 按失业前行业分的失业人数

Unemployed Persons by Sector (Prior to Unemployment)

单位: 千人

行 业	Sector	2001	2002	2003	2004	2005	2006	2007	2008
总 计	**Total**	**174.3**	**254.2**	**275.2**	**239.2**	**197.6**	**171.1**	**145.7**	**130.1**
农林牧渔业	Agriculture,Hunting, Forestry and Fishing		0.5						
制造业	Manufacturing	18.1	22.7	22.4	17.7	15.0	11.6	9.6	8.6
电力、天然气及水	Electricity,Gas and Water								
建筑业	Construction	35.0	53.4	61.3	50.1	39.2	33.8	25.0	19.4
批发零售和餐饮、旅馆业	Wholesale and Retail Trade and Restaurants and Hotels	57.0	83.1	88.0	75.3	63.4	55.7	49.1	45.5
交通运输和仓储业	Transport,Storage and Communication	15.9	19.8	24.0	19.7	17.9	15.1	12.9	12.6
金融保险、房地产和商业服务	Financing,Insurance,Real Estate and Business Services	15.1	23.1	25.5	22.7	18.3	16.7	13.9	13.1
团体、社会和个人服务	Community,Social and Personal Services	16.8	26.9	30.2	29.6	23.2	19.0	17.7	14.8
初次失业	Unemployed for the First Time	16.1	24.7	23.2	23.4	20.1	18.7	17.0	15.7
男	**Male**	**117.8**	**164.0**	**180.0**	**151.8**	**127.5**	**110.2**	**89.2**	**79.4**
农林牧渔业	Agriculture,Hunting, Forestry and Fishing								
制造业	Manufacturing	12.2	14.0	14.6	11.1	9.5	7.1	5.9	4.9
电力、天然气及水	Electricity,Gas and Water								
建筑业	Construction	33.9	51.8	58.8	47.6	38.0	32.5	24.2	18.7
批发零售和餐饮、旅馆业	Wholesale and Retail Trade and Restaurants and Hotels	30.8	43.5	45.4	37.5	33.4	28.6	24.3	23.1
交通运输和仓储业	Transport,Storage and Communication	13.8	16.3	20.4	17.0	15.2	13.2	10.6	10.4
金融保险、房地产和商业服务	Financing,Insurance,Real Estate and Business Services	9.9	15.2	16.8	15.5	12.6	11.4	8.5	8.7
团体、社会和个人服务	Community,Social and Personal Services	8.6	12.4	13.5	13.2	9.3	8.3	7.7	6.0
初次失业	Unemployed for the First Time	8.3	10.4	9.9	9.5	9.1	8.9	7.7	7.4
女	**Female**	**56.5**	**90.1**	**95.3**	**87.4**	**70.1**	**60.8**	**56.5**	**50.7**
农林牧渔业	Agriculture,Hunting, Forestry and Fishing								
制造业	Manufacturing	5.9	8.7	7.8	6.6	5.5	4.5	3.7	3.7
建筑业	Construction	1.1	1.5	2.5	2.5	1.3	1.2	0.9	0.7
批发零售和餐饮、旅馆业	Wholesale and Retail Trade and Restaurants and Hotels	26.2	39.6	42.6	37.8	29.9	27.2	24.8	22.4
交通运输和仓储业	Transport,Storage and Communication	2.2	3.5	3.6	2.8	2.7	2.0	2.2	2.2
金融保险、房地产和商业服务	Financing,Insurance,Real Estate and Business Services	5.1	7.8	8.7	7.2	5.7	5.4	5.3	4.4
团体、社会和个人服务	Community,Social and Personal Services	8.1	14.5	16.7	16.4	13.9	10.7	10.0	8.9
初次失业	Unemployed for the First Time	7.9	14.3	13.3	13.9	11.0	9.8	9.3	8.3

7-18 按失业前职业分的失业人数

Unemployed Persons by Occupation (Prior to Unemployment)

单位：千人 (1000 persons)

职　业	Occupation	2002	2003	2004	2005	2006	2007	2008
总　计	**Total**	**254.2**	**275.2**	**239.2**	**197.6**	**171.1**	**145.7**	**130.1**
立法者高级官员和和管理人员	Legislators,Senior Officials and Managers	8.4	6.7	5.3	6.1	4.6	4.3	3.4
专业人员	Professionals	4.8	5.0	4.5	4.1	3.2	3.5	3.3
技术和辅助专业人员	Technicians and Associate Professionals	25.8	26.5	22.3	18.0	17.1	15.9	14.3
职　员	Clerks	30.0	30.1	25.5	22.5	19.5	17.8	17.9
服务人员和商店与市场销售人员	Service Workers and Shop and and Market Sales Workers	47.3	55.3	46.8	39.0	33.3	28.2	26.7
手艺人和有关行业工人	Craft and Related Trade Workers	46.9	51.7	41.2	31.9	27.3	19.4	15.5
设备和机械操作工、装配工	Plant and Machine Operators and Assemblers	15.0	17.7	15.3	11.7	9.9	7.2	6.6
简单劳动职业人员	Elementary Occupations	51.0	58.7	54.6	43.8	37.3	32.3	26.7
初次失业	Unemployed for the First Time	24.7	23.2	23.4	20.1	18.7	17.0	15.7
男	**Male**	**164.0**	**180.0**	**151.8**	**127.5**	**110.2**	**89.2**	**79.4**
立法者高级官员和和管理人员	Legislators,Senior Officials and Managers	6.8	4.9	4.2	4.8	3.3	2.9	2.5
专业人员	Professionals	**3.5**	**3.5**	**3.1**	**3.0**	**2.4**	**2.6**	**2.4**
技术和辅助专业人员	Technicians and Associate Professionals	18.1	18.4	15.3	12.0	11.1	10.2	9.2
职　员	Clerks	9.0	8.6	8.5	7.2	6.4	6.4	5.5
服务人员和商店与市场销售人员	Service Workers and Shop and and Market Sales Workers	22.8	28.1	22.3	20.1	17.1	12.8	13.5
手艺人和有关行业工人	Craft and Related Trade Workers	45.9	50.9	40.1	31.3	26.8	18.9	14.8
设备和机械操作工、装配工	Plant and Machine Operators and Assemblers	11.4	14.2	12.3	9.3	7.9	5.8	5.3
简单劳动职业人员	Elementary Occupations	36.0	41.0	36.5	30.5	26.0	21.9	18.8
初次失业	Unemployed for the First Time	10.4	9.9	9.5	9.1	8.9	7.7	7.4
女	**Female**	**90.1**	**95.3**	**87.4**	**70.1**	**60.8**	**56.5**	**50.7**
立法者高级官员和和管理人员	Legislators,Senior Officials and Managers	1.6	1.7	1.1	1.3	1.3	1.4	0.9
专业人员	Professionals	1.3	1.4	1.4	1.2	0.8	0.9	0.9
技术和辅助专业人员	Technicians and Associate Professionals	7.8	8.1	7.0	6.0	6.0	5.7	5.2
职　员	Clerks	21.1	21.4	17.1	15.3	13.0	11.4	12.4
服务人员和商店与市场销售人员	Service Workers and Shop and and Market Sales Workers	24.5	27.2	24.6	18.9	16.2	15.3	13.2
手艺人和有关行业工人	Craft and Related Trade Workers	0.9	0.9	1.1	0.6			0.7
设备和机械操作工、装配工	Plant and Machine Operators and Assemblers	3.6	3.5	3.0	2.4	2.0	1.5	1.3
简单劳动职业人员	Elementary Occupations	15.1	17.7	18.1	13.4	11.3	10.4	7.9
初次失业	Unemployed for the First Time	14.3	13.3	13.9	11.0	9.8	9.3	8.3

7-19 非农行业工人日工资率

Daily Wages of Workers in Non-agricultural Sectors

单位：港元/日 (HKD/per day)

分　组	Group	2002	2003	2004	2005	2006	2007	2008
总　计	**Total**	**401.3**	**408.5**	**398.6**	**370.0**	**419.6**	**440.8**	**453.3**
制造业	Manufacturing	326.1	322.2	324.3	279.0	321.7	342.8	341.2
交通运输和仓储业	Transport,Storage and Communication	508.6	496.5	491.3	503.7	507.0	511.2	522.4
金融保险、房地产和商业服务	Financing,Insurance,Real Estate and Business Services	432.8	426.0	417.6	417.1	432.0	447.4	462.2
团体、社会和个人服务	Community,Social and Personal Services	524.6	518.4	525.8	500.4	518.9	548.0	533.2
男	**Male**	**476.0**	**469.2**	**451.4**	**397.3**	**482.4**	**491.7**	**502.1**
制造业	Manufacturing	419.2	406.1	380.4	282.4	420.8	436.4	430.3
交通运输和仓储业	Transport,Storage and Communication	510.5	497.4	491.9	504.4	507.6	510.9	523.5
金融保险、房地产和商业服务	Financing,Insurance,Real Estate and Business Services	432.8	426.1	417.7	417.1	432.0	447.4	462.2
团体、社会和个人服务	Community,Social and Personal Services	524.6	518.4	525.8	500.4	518.9	548.0	533.2
女	**Female**	**277.8**	**274.4**	**289.8**	**287.0**	**269.9**	**283.0**	**274.2**
制造业	Manufacturing	268.2	262.7	280.0	273.8	256.9	259.6	259.9

7-20 非农行业管理人员月工资率

Monthly Wages of Managers in Non-agricultural Sectors

单位：港元/月 (HKD/per month)

分组	Group	2002	2003	2004	2005	2006	2007	2008
总计	**Total**	**11069.8**	**10854.3**	**10534.6**	**10671.1**	**10985.1**	**11378.5**	**11358.9**
制造业	Manufacturing	11950.7	11508.8	11498.1	11622.0	11972.4	11878.0	11881.3
批发零售和餐饮、旅馆业	Wholesale and Retail Trade and Restaurants and Hotels	11745.0	11580.8	11385.1	11704.9	11912.6	11916.3	12032.5
交通运输和仓储业	Transport,Storage and Communication	13381.7	13037.2	12711.3	13303.6	12772.8	13061.1	14101.2
金融保险、房地产和商业服务	Financing,Insurance,Real Estate and Business Services	10571.8	10645.4	9830.9	9815.3	10239.3	11195.0	10799.4
团体、社会和个人服务	Community,Social and Personal Services	6179.2	5972.9	6053.4	5934.3	6000.3	6570.1	6600.0
男	**Male**	**11619.0**	**11269.8**	**11025.0**	**11016.0**	**11391.9**	**11759.3**	**11792.0**
制造业	Manufacturing	12810.2	12082.7	11880.7	12248.6	12483.3	12596.7	12470.3
批发零售和餐饮、旅馆业	Wholesale and Retail Trade and Restaurants and Hotels	12867.8	12526.3	12299.3	12599.4	12856.4	12797.2	12803.0
交通运输和仓储业	Transport,Storage and Communication	14296.0	14056.1	13586.5	14032.0	13524.7	13962.0	15094.3
金融保险、房地产和商业服务	Financing,Insurance,Real Estate and Business Services	9606.4	9703.1	9110.3	8988.4	9422.4	10094.0	10011.9
团体、社会和个人服务	Community,Social and Personal Services	6993.0	6479.7	6536.4	6444.1	6493.3	6820.6	6710.4
女	**Female**	**10518.2**	**10445.8**	**10052.4**	**10319.5**	**10596.5**	**11015.2**	**10943.0**
制造业	Manufacturing	11123.2	11021.1	11139.3	11015.0	11552.3	11282.4	11335.9
批发零售和餐饮、旅馆业	Wholesale and Retail Trade and Restaurants and Hotels	10852.0	10836.7	10640.6	10998.1	11192.9	11217.6	11404.3
交通运输和仓储业	Transport,Storage and Communication	12059.8	11657.0	11538.6	12212.3	11721.8	11800.8	12719.0
金融保险、房地产和商业服务	Financing,Insurance,Real Estate and Business Services	12554.1	12319.7	11320.0	11579.2	11803.6	13113.1	12257.9
团体、社会和个人服务	Community,Social and Personal Services	5688.7	5617.7	5791.8	5576.3	5686.5	6429.5	6536.9

7-21 非农行业周工作小时
Weekly Working Hours in Non-agricultural Sectors

单位：小时／周　　(hours/per week)

行业	Sector	2002	2003	2004	2005	2006	2007	2008
总计	**Total**	**46.9**	**46.6**	**47.1**	**46.9**	**46.3**	**46.6**	**45.5**
制造业	Manufacturing	45.6	45.4	46.5	46.4	45.5	45.8	44.6
电力、天然气及水	Electricity,Gas and Water	42.5	42.3	42.7	42.5	42.4	42.5	41.6
建筑业	Construction	41.5	41.3	42.6	42.6	42.1	43.1	41.8
批发零售和餐饮、旅馆业	Wholesale and Retail Trade and Restaurants and Hotels	48.5	48.4	48.7	48.3	47.3	47.7	46.7
交通运输和仓储业	Transport,Storage and Communication	47.4	47.0	48.0	47.6	47.2	47.4	46.2
金融保险、房地产和商业服务	Financing,Insurance,Real Estate and Business Services	46.8	46.7	47.0	47.1	46.3	46.2	45.1
团体、社会和个人服务	Community,Social and Personal Services	47.1	46.4	46.3	46.4	46.1	46.4	45.4
男	**Male**	**47.4**	**47.3**	**47.9**	**47.8**	**47.1**	**47.4**	**46.3**
制造业	Manufacturing	47.3	47.0	48.1	48.1	47.2	47.7	46.0
电力、天然气及水	Electricity,Gas and Water	42.7	42.8	43.0	42.8	42.6	43.0	42.3
建筑业	Construction	41.4	41.3	42.7	42.6	42.1	43.2	42.0
批发零售和餐饮、旅馆业	Wholesale and Retail Trade and Restaurants and Hotels	50.8	50.7	50.9	50.5	49.3	49.8	48.8
交通运输和仓储业	Transport,Storage and Communication	48.8	48.4	49.4	49.1	48.8	49.1	48.0
金融保险、房地产和商业服务	Financing,Insurance,Real Estate and Business Services	49.1	48.9	49.1	49.1	48.3	48.2	47.1
团体、社会和个人服务	Community,Social and Personal Services	44.6	44.3	44.5	44.3	44.3	44.2	43.2
女	**Female**	**46.1**	**45.8**	**46.0**	**45.9**	**45.4**	**45.6**	**44.7**
制造业	Manufacturing	42.6	42.3	43.5	43.2	42.4	42.4	41.7
电力、天然气及水	Electricity,Gas and Water	41.6	39.6	40.9	41.3	41.4	40.4	38.1
建筑业	Construction	42.2	41.7	42.1	42.4	42.1	42.6	40.3
批发零售和餐饮、旅馆业	Wholesale and Retail Trade and Restaurants and Hotels	46.3	46.1	46.4	46.1	45.4	45.6	44.8
交通运输和仓储业	Transport,Storage and Communication	42.2	41.9	42.6	42.1	41.6	41.6	40.4
金融保险、房地产和商业服务	Financing,Insurance,Real Estate and Business Services	43.4	43.5	43.9	44.2	43.6	43.6	42.4
团体、社会和个人服务	Community,Social and Personal Services	48.3	47.5	47.3	47.4	47.1	47.4	46.5

7-22 分行业职业伤害情况
Occupational Injuries by Sector

项　目	Item	2001	2002	2003	2004	2005	2006	2007
一、伤亡人数(人)	**Total (fatal and non fatal,person)**	**53719**	**47023**	**42022**	**44025**	**44267**	**46937**	**43979**
农林牧渔业	Agriculture,Hunting, Forestry and Fishing	145	158	155	166	148	162	176
采掘业	Mining and Quarrying	11	7	1	2	2		
制造业	Manufacturing	5979	5104	4004	4258	4110	4228	3946
电力、天然气及水	Electricity,Gas and Water	70	43	59	54	65	50	33
建筑业	Construction	9324	6369	4546	3918	3667	3499	3135
批发零售和餐饮、旅馆业	Wholesale and Retail Trade and Restaurants and Hotels	16934	14762	13059	14224	13926	14665	13916
交通运输和仓储业	Transport,Storage and Communication	5114	4712	4119	4640	4924	5491	5023
金融保险、房地产和商业服务	Financing,Insurance,Real Estate and Business Services	4522	4353	4494	5129	5276	5911	5772
团体、社会和个人服务	Community,Social and Personal Services	11596	11489	11565	11604	12136	12921	11953
其　他	Activities not Adepuately Defined	24	26	20	30	13	10	4
1.受伤人数	**Non fatal**	**53543**	**46813**	**41851**	**43838**	**44080**	**46750**	**43807**
农林牧渔业	Agriculture,Hunting, Forestry and Fishing	145	157	155	164	147	162	176
采掘业	Mining and Quarrying	11	7	1	2	2		
制造业	Manufacturing	5953	5088	3985	4229	4096	4207	3946
电力、天然气及水	Electricity,Gas and Water	68	43	58	53	65	50	32
建筑业	Construction	9282	6322	4513	3896	3626	3479	3098
批发零售和餐饮、旅馆业	Wholesale and Retail Trade and Restaurants and Hotels	16922	14743	13049	14205	13911	14639	13900
交通运输和仓储业	Transport,Storage and Communication	5077	4675	4093	4613	4891	5462	4997
金融保险、房地产和商业服务	Financing,Insurance,Real Estate and Business Services	4484	4298	4454	5080	5224	5856	5726
团体、社会和个人服务	Community,Social and Personal Services	11577	11454	11523	11566	12105	12885	11928
其　他	Activities not Adepuately Defined	24	26	20	30	13	10	4
2.死亡人数	**Fatal**	**176**	**210**	**171**	**187**	**187**	**187**	**172**
农林牧渔业	Agriculture,Hunting, Forestry and Fishing		1		2	1		
采掘业	Mining and Quarrying							
制造业	Manufacturing	26	16	19	29	14	21	21
电力、天然气及水	Electricity,Gas and Water	2		1	1			1
建筑业	Construction	42	47	33	22	41	20	37
批发零售和餐饮、旅馆业	Wholesale and Retail Trade and Restaurants and Hotels	12	19	10	19	15	26	16
交通运输和仓储业	Transport,Storage and Communication	37	37	26	27	33	29	26
金融保险、房地产和商业服务	Financing,Insurance,Real Estate and Business Services	38	55	40	49	52	55	46
团体、社会和个人服务	Community,Social and Personal Services	19	35	42	38	31	36	25

7-22 续表 continued

项　　目	Item	2001	2002	2003	2004	2005	2006	2007
二、每10万人死亡率	**Rates of Fatal Injuries per 100,000 employees**	**7.1**	**8.6**	**7.2**	**7.7**	**7.5**	**7.3**	**6.6**
采掘业	Mining and Quarrying							
制造业	Manufacturing	12.7	8.3	11	17.3	8.5	13.1	13.4
电力、天然气及水	Electricity,Gas and Water	24.3		12	12.2			12.6
建筑业	Construction	52.3	64.2	51.5	34.6	69.2	37.8	73.7
批发零售和餐饮、旅馆业	Wholesale and Retail Trade and Restaurants and Hotels	1.2	1.9	1	1.9	1.5	2.5	1.5
交通运输和仓储业	Transport,Storage and Communication	20.2	20.5	15.1	15.1	18	15.7	13.7
金融保险、房地产和商业服务	Financing,Insurance,Real Estate and Business Services	8.7	12.8	9.5	11.2	11.4	11.5	9.1
团体、社会和个人服务	Community,Social and Personal Services	3.4	6.2	7.3	6.5	5.2	5.7	3.9
三、损失工日数(日)	**Days Lost**	**535225**	**490849**	**411677**	**420929**	**408423**	**424529**	**390369**
农林牧渔业	Agriculture,Hunting, Forestry and Fishing	1166	2087	2218	2339	1316	1503	1699
采掘业	Mining and Quarrying	69	91	13	5			
制造业	Manufacturing	66794	62070	45889	45841	45061	43568	40436
电力、天然气及水	Electricity,Gas and Water	281	628	548	423	503	386	337
建筑业	Construction	137632	105439	72946	58987	50364	45758	47179
批发零售和餐饮、旅馆业	Wholesale and Retail Trade and Restaurants and Hotels	141612	131085	110248	122486	118944	124159	111842
交通运输和仓储业	Transport,Storage and Communication	56851	55822	49546	50574	52181	57898	48415
金融保险、房地产和商业服务	Financing,Insurance,Real Estate and Business Services	42077	41633	42942	47872	48674	50597	51826
团体、社会和个人服务	Community,Social and Personal Services	88745	91995	87329	92405	91368	100662	88637
其　他	Activities not Adepuately Defined					13		

7-23 消费价格指数

Consumer Prices Indices

2000年=100　　(year of 2000=100)

项　　目	Item	2001	2002	2003	2004	2005	2006	2007	2008
总指数	General Indices	98.4	95.4	93.0	92.6	93.6	95.5	97.4	101.6
总指数(不含住房)	General Indices (excl. shelter)	99.0	97.1	95.5	96.8	98.0	98.8	100.9	105.3
食品指数	Food Indices	99.2	97.1	95.7	96.7	98.4	100.1	104.4	115.0
用电及燃料指数	Fuel and Light Indices	98.0	91.3	92.5	103.1	107.3	109.6	108.8	101.7
服装指数	Clothing Indices	95.4	96.1	93.6	99.6	101.5	102.5	106.8	107.7
租金指数	Rent Indices	97.0	91.4	87.0	82.5	82.5	86.4	88.1	91.7

三、澳门特别行政区人口和就业统计数据

III.Population and Employment Data of Macao Special Administrative Region

7-24 人口主要指标
Main Demographic Indicators

项　　目	Item	2004	2005	2006	2007	2008
年中人口估计（万人）	Mid-year Estimates of Population (10 000 persons)	45.5	47.3	49.9	52.6	55.2
出生率（‰）	Crude Birth Rate (‰)	7.3	7.8	8.1	8.6	8.5
死亡率（‰）	Crude Death Rate (‰)	3.4	3.4	3.1	2.9	3.2
婴儿死亡率（‰）	Infant Mortality Rate (‰)	3.0	3.3	2.7	2.4	3.2
自然增长率（‰）	Natural Growth Rate (‰)	3.9	4.3	5.0	5.7	5.4
总和生育率	Total Fertility Rate	0.9r	0.9	1.0	1.0	1.0
登记结婚数（宗）	Number of Registered Marriages (case)	1737	1734	2100	2047	2778
离婚数目（宗）	Number of Registered Divorces (case)	475	573	592	684	658

项　　目	Item	2001-2004	2002-2005	2003-2006	2004-2007	2005-2008
出生时平均预期寿命(岁)	Life Expectancy at Birth (years)	81.2	81.1	81.5	82.0	82.0
男	Male	78.8	78.7	79.0	79.0	79.0
女	Female	83.4	83.4	83.8	84.8	84.8

7-25 分行业全部就业人数
Employed Persons by Sector

单位：千人 (1000 persons)

行 业	Sector	2005	2006	2007	2008
总 计	**Total**	**237.5**	**265.1**	**300.4**	**323.0**
农林牧渔业	Agriculture,Huntung,Forestry and Fishing	0.3	0.5	0.2	
制造业	Manufacturing	35.3	29.5	24.0	24.6
电力、煤气及水的供应业	Electricity, Gas, and Water Supply	1.2	0.9	1.2	0.9
建筑业	Construction	22.9	31.1	38.6	38.4
批发零售及修理业	Wholesale and Retail Trade; Repair of Motor Vehicles, Motorcycles and Personal and Household Goods	35.3	36.4	38.4	39.6
旅馆及餐饮业	Hotels and Restaurants	24.9	30.0	34.7	41.3
运输、仓储及通信业	Transport,Storageand Communications	14.8	16.8	16.4	16.0
金融保险业	Financial Intermediation	6.6	6.9	7.9	7.5
房地产业	Real Estate, Renting and Business Activities	14.3	16.3	20.1	23.8
公共管理与防务、义务社会保障业	Public Administration and Defence; Compulsory Social Security	18.8	20.3	22.0	20.2
教 育	Education	10.3	11.3	11.9	11.5
卫生与社会工作	Health and Social Work	5.3	5.4	6.0	6.5
其他社区、社会和个人服务工作	Other Community, Social and Personal Service Activities	40.8	52.5	69.1	78.9
家庭服务业	Private Households with Employed Persons	6.2	6.9	9.6	13.3
享有治外法权的组织机构	Extra-territorial Organizations and Bodies	0.2	0.1	0.1	
其 他	Other	0.1	0.1		
男	**Male**	**124.3**	**141.6**	**160.5**	**172.3**
农林牧渔业	Agriculture,Huntung,Forestry and Fishing	0.2	0.3	0.1	
制造业	Manufacturing	11.8	10.5	8.7	11.5
电力、煤气及水的供应业	Electricity, Gas, and Water Supply	1.0	0.8	1.0	0.6
建筑业	Construction	20.5	27.8	33.9	33.7
批发零售及修理业	Wholesale and Retail Trade; Repair of Motor Vehicles, Motorcycles and Personal and Household Goods	18.5	17.8	19.3	19.3
旅馆及餐饮业	Hotels and Restaurants	11.5	14.6	16.7	20.5
运输、仓储及通信业	Transport,Storageand Communications	11.0	12.0	11.8	11.8
金融保险业	Financial Intermediation	2.8	2.9	3.1	2.8
房地产业	Real Estate, Renting and Business Activities	9.0	9.9	11.7	14.5
公共管理与防务、义务社会保障业	Public Administration and Defence; Compulsory Social Security	12.6	14.0	14.2	13.0
教 育	Education	3.0	3.7	3.8	3.5
卫生与社会工作	Health and Social Work	1.4	1.4	1.7	2.0
其他社区、社会和个人服务工作	Other Community, Social and Personal Service Activities	20.5	25.6	33.9	38.3
家庭服务业	Private Households with Employed Persons	0.3	0.3	0.5	0.3
享有治外法权的组织机构	Extra-territorial Organizations and Bodies	0.1			
其 他	Other	0.1			
女	**Female**	**113.2**	**123.5**	**139.8**	**150.7**
农林牧渔业	Agriculture,Huntung,Forestry and Fishing	0.2	0.3	0.1	
制造业	Manufacturing	23.5	19.1	15.4	13.1
电力、煤气及水的供应业	Electricity, Gas, and Water Supply	0.2	0.1	0.2	0.2
建筑业	Construction	2.5	3.2	4.7	4.7
批发零售及修理业	Wholesale and Retail Trade; Repair of Motor Vehicles, Motorcycles and Personal and Household Goods	16.8	18.6	19.1	20.3
旅馆及餐饮业	Hotels and Restaurants	13.4	15.4	18.1	20.8
运输、仓储及通信业	Transport,Storageand Communications	3.8	4.8	4.5	4.2
金融保险业	Financial Intermediation	3.8	4.0	4.8	4.7
房地产业	Real Estate, Renting and Business Activities	5.3	6.4	8.5	9.3
公共管理与防务、义务社会保障业	Public Administration and Defence; Compulsory Social Security	6.2	6.4	7.8	7.2
教 育	Education	7.4	7.7	8.1	7.9
卫生与社会工作	Health and Social Work	3.9	4.1	4.3	4.4
其他社区、社会和个人服务工作	Other Community, Social and Personal Service Activities	20.2	26.9	35.2	40.6
家庭服务业	Private Households with Employed Persons	5.9	6.6	9.1	12.9
享有治外法权的组织机构	Extra-territorial Organizations and Bodies	0.1	0.1	0.1	
其 他	Other				

7-26 分职业全部就业人数

Employed Persons by Occupation

单位：千人　　(1000 persons)

职　业	Occupation	2002	2003	2004	2005	2006	2007	2008
总　计	**Total**	**204.9**	**205.4**	**219.1**	**237.5**	**265.1**	**300.4**	**323.0**
立法者高级官员和和管理人员	Legislators,Senior Officials and Managers	12.2	12.2	13.5	15.8	17.0	14.6	14.5
专业人员	Professionals	6.9	7.8	7.8	7.5	9.4	10.3	11.7
技术和辅助专业人员	Technicians and Associate Professionals	18.9	19.3	20.4	21.4	23.5	28.2	26.3
职　员	Clerks	36.2	39.0	44.7	51.1	60.8	79.4	79.9
服务人员和商店与市场销售人员	Service Workers and Shop and and Market Sales Workers	43.4	40.8	45.3	48.5	54.8	60.7	72.8
农渔业技术人员	Skilled Agricultural and Fishery Workers	1.3	1.9	1.9	1.2	1.4	0.9	1.6
手艺人和有关行业工人	Craft and Related Trade Workers	23.0	22.7	23.0	24.8	27.9	31.8	32.7
设备和机械操作工、装配工	Plant and Machine Operators and Assemblers	27.7	25.3	25.8	26.7	25.3	21.9	23.1
简单劳动职业人员	Elementary Occupations	35.3	36.4	36.8	40.4	44.9	52.5	60.4
男	**Male**	**106.4**	**108.3**	**115.2**	**124.3**	**141.6**	**160.5**	**172.3**
立法者高级官员和和管理人员	Legislators,Senior Officials and Managers	9.4	9.5	10.6	11.8	12.8	10.9	10.6
专业人员	Professionals	4.0	4.5	4.4	4.2	5.4	6.0	7.3
技术和辅助专业人员	Technicians and Associate Professionals	10.1	10.1	10.3	10.6	12.0	15.1	13.1
职　员	Clerks	12.6	13.3	15.2	19.1	23.3	30.5	30.8
服务人员和商店与市场销售人员	Service Workers and Shop and and Market Sales Workers	24.4	22.5	25.0	25.8	28.2	32.6	38.8
农渔业技术人员	Skilled Agricultural and Fishery Workers	1.0	1.6	1.5	1.0	1.1	0.7	1.2
手艺人和有关行业工人	Craft and Related Trade Workers	18.5	18.8	19.8	21.4	25.9	30.4	31.2
设备和机械操作工、装配工	Plant and Machine Operators and Assemblers	10.3	10.6	11.5	12.6	14.1	13.8	15.4
简单劳动职业人员	Elementary Occupations	16.0	17.5	16.9	17.8	18.8	20.6	23.8
女	**Female**	**98.5**	**97.1**	**103.9**	**113.2**	**123.5**	**139.8**	**150.7**
立法者高级官员和和管理人员	Legislators,Senior Officials and Managers	2.8	2.7	2.9	4.2	4.2	3.8	3.9
专业人员	Professionals	2.9	3.2	3.4	3.3	4.0	4.3	4.4
技术和辅助专业人员	Technicians and Associate Professionals	8.8	9.2	10.2	10.8	11.5	13.1	13.2
职　员	Clerks	23.5	25.8	29.6	32.0	37.5	49.0	49.1
服务人员和商店与市场销售人员	Service Workers and Shop and and Market Sales Workers	19.0	18.4	20.3	22.7	26.6	28.1	33.9
农渔业技术人员	Skilled Agricultural and Fishery Workers	0.3	0.3	0.4	0.2	0.4	0.2	0.3
手艺人和有关行业工人	Craft and Related Trade Workers	4.5	3.8	3.2	3.4	2.0	1.4	1.5
设备和机械操作工、装配工	Plant and Machine Operators and Assemblers	17.5	14.8	14.2	14.1	11.2	8.1	7.7
简单劳动职业人员	Elementary Occupations	19.3	18.9	19.9	22.6	26.2	31.9	36.6

7-27 按年龄分组的失业人数

Unemployed Persons by Age Group

单位：千人 (1000 persons)

年龄分组 Age Group	2001	2002	2003	2004	2005	2006	2007	2008
总　计 Total	**14.0**	**13.7**	**13.1**	**11.2**	**10.3**	**10.4**	**9.5**	**10.1**
14-19	1.1	1.2	1.1	1.0	1.1	0.9	1.0	1.0
20-24	1.6	1.6	1.9	1.8	1.5	1.7	1.7	1.8
25-29	1.4	1.2	1.2	1.1	1.0	1.0	0.7	0.8
30-34	1.3	1.2	1.1	1.0	0.7	0.7	0.9	0.5
35-39	2.1	1.9	1.4	1.2	1.1	1.1	0.8	0.9
40-44	2.9	2.6	2.2	1.6	1.4	1.5	1.0	1.2
45-49	2.1	2.1	2.3	1.7	1.7	1.5	1.2	1.5
50-54	1.0	1.0	1.3	1.1	1.1	1.1	1.2	1.5
55-59	0.4	0.6	0.6	0.6	0.6	0.6	0.7	0.6
60-64	0.1	0.2	0.1	0.1	0.2	0.2	0.2	0.2
65+								
男 Male	**9.5**	**9.1**	**8.3**	**6.8**	**5.8**	**5.6**	**5.6**	**5.7**
14-19	0.7	0.8	0.7	0.7	0.6	0.6	0.7	0.7
20-24	1.0	0.9	1.2	1.0	0.9	0.9	1.2	1.0
25-29	0.9	0.8	0.8	0.7	0.5	0.6	0.4	0.5
30-34	0.8	0.7	0.6	0.6	0.5	0.4	0.4	0.2
35-39	1.2	1.1	0.6	0.6	0.4	0.4	0.3	0.3
40-44	1.9	1.9	1.4	1.1	0.6	0.6	0.5	0.6
45-49	1.7	1.5	1.5	1.0	0.9	0.8	0.7	0.8
50-54	0.9	0.7	0.9	0.7	0.7	0.7	0.8	0.9
55-59	0.3	0.4	0.5	0.4	0.4	0.4	0.5	0.5
60-64	0.1	0.2	0.1	0.1	0.1	0.1	0.2	0.2
65+								
女 Female	**4.5**	**4.6**	**4.8**	**4.4**	**4.5**	**4.8**	**3.9**	**4.3**
14-19	0.4	0.4	0.4	0.3	0.4	0.3	0.3	0.3
20-24	0.6	0.7	0.7	0.8	0.6	0.8	0.6	0.7
25-29	0.5	0.4	0.5	0.5	0.4	0.4	0.4	0.4
30-34	0.5	0.5	0.5	0.4	0.2	0.3	0.4	0.3
35-39	1.0	0.8	0.7	0.6	0.6	0.7	0.5	0.6
40-44	0.9	0.8	0.8	0.5	0.9	0.9	0.5	0.6
45-49	0.4	0.6	0.8	0.7	0.8	0.7	0.5	0.6
50-54	0.1	0.3	0.3	0.4	0.4	0.5	0.4	0.5
55-59	0.1	0.1	0.1	0.2	0.1	0.2	0.3	0.2
60-64					0.1	0.1		

7-28 按失业前行业分的失业人数

Unemployed Persons by Sector (Prior to Unemployment)

单位：千人 (1000 persons)

行业	Sector	2004	2005	2006	2007	2008
总 计	**Total**	**11.2**	**10.3**	**10.4**	**9.5**	**10.1**
农林牧渔业	Agriculture,Huntung,Forestry and Fishing		0.1		0.1	
制造业	Manufacturing	2.0	1.9	1.6	1.1	0.8
建筑业	Construction	1.3	1.2	1.4	1.7	2.0
批发零售及修理业	Wholesale and Retail Trade; Repair of Motor Vehicles, Motorcycles and Personal and Household Goods	1.9	1.5	1.5	1.5	1.3
旅馆及餐饮业	Hotels and Restaurants	2.1	1.4	1.7	1.4	1.5
运输、仓储及通信业	Transport,Storageand Communications	0.5	0.5	0.5	0.3	0.3
金融保险业	Financial Intermediation	0.1		0.1	0.1	0.1
房地产业	Real Estate, Renting and Business Activities	0.4	0.5	0.6	0.5	0.7
公共管理与防务、义务社会保障业	Public Administration and Defence; Compulsory Social Security		0.1			0.1
教 育	Education	0.2	0.2	0.2	0.1	0.1
卫生与社会工作	Health and Social Work	0.1	0.2	0.1	0.1	
其他社区、社会和个人服务工作	Other Community, Social and Personal Service Activities	1.1	1.2	1.4	1.1	1.7
家庭服务业	Private Households with Employed Persons	0.1	0.2	0.1	0.1	0.2
初次失业	Uemployed Persons without Previous Work Experience	1.2	1.3	1.1	1.3	1.4
男	**Male**	**6.8**	**5.8**	**5.6**	**5.6**	**5.7**
制造业	Manufacturing	0.9	0.6	0.6	0.4	0.4
建筑业	Construction	1.3	1.1	1.2	1.5	1.7
批发零售及修理业	Wholesale and Retail Trade; Repair of Motor Vehicles, Motorcycles and Personal and Household Goods	0.9	0.8	0.6	0.7	0.5
旅馆及餐饮业	Hotels and Restaurants	1.4	0.8	0.9	0.7	0.7
运输、仓储及通信业	Transport,Storageand Communications	0.4	0.4	0.3	0.2	0.2
金融保险业	Financial Intermediation	0.1		0.1		0.1
房地产业	Real Estate, Renting and Business Activities	0.4	0.4	0.4	0.4	0.4
公共管理与防务、义务社会保障业	Public Administration and Defence; Compulsory Social Security					
教 育	Education		0.1	0.1		
家庭服务业	Private Households with Employed Persons	0.6	0.8	0.8	0.6	0.9
初次失业	Uemployed Persons without Previous Work Experience	0.8	0.7	0.6	0.8	0.7
女	**Female**	**4.4**	**4.5**	**4.8**	**3.9**	**4.3**
制造业	Manufacturing	1.1	1.3	1.1	0.7	0.5
建筑业	Construction		0.1	0.2	0.2	0.3
批发零售及修理业	Wholesale and Retail Trade; Repair of Motor Vehicles, Motorcycles and Personal and Household Goods	1.0	0.7	0.9	0.8	0.8
旅馆及餐饮业	Hotels and Restaurants	0.7	0.7	0.8	0.6	0.7
运输、仓储及通信业	Transport,Storageand Communications	0.1	0.1	0.1	0.1	-
金融保险业	Financial Intermediation	-		-	0.1	-
房地产业	Real Estate, Renting and Business Activities	0.1	0.1	0.1	0.2	0.2
教 育	Education	0.1	0.1	0.2	0.1	0.1
卫生与社会工作	Health and Social Work	0.1	0.2	0.1	0.1	
其他社区、社会和个人服务工作	Other Community, Social and Personal Service Activities	0.5	0.5	0.6	0.5	0.8
家庭服务业	Private Households with Employed Persons	0.1	0.1	0.1	0.1	0.2
初次失业	Uemployed Persons without Previous Work Experience	0.5	0.6	0.5	0.5	0.7

7-29　按失业前职业分的失业人数

Unemployed Persons by Occupation (Prior to Unemployment)

单位：千人　　　　(1000 persons)

职　　业	Occupation	2002	2003	2004	2005	2006	2007	2008
总　计	**Total**	**13.7**	**13.1**	**11.2**	**10.3**	**10.4**	**9.5**	**10.1**
立法者高级官员和和管理人员	Legislators,Senior Officials and Managers	0.4	0.4	0.3	0.4	0.2	0.1	0.2
专业人员	Professionals			0.1	0.1	0.2	0.1	0.1
技术和辅助专业人员	Technicians and Associate Professionals	0.5	0.3	0.5	0.2	0.4	0.3	0.2
职　员	Clerks	1.5	1.7	1.4	1.3	1.5	1.3	1.8
服务人员和商店与市场销售人员	Service Workers and Shop and and Market Sales Workers	3.0	3.0	3.2	2.4	2.9	2.4	2.1
农渔业技术人员	Skilled Agricultural and Fishery Workers		0.1		0.1	0.1	0.1	0.1
手艺人和有关行业工人	Craft and Related Trade Workers	3.0	2.2	1.3	1.2	1.3	1.3	1.4
设备和机械操作工、装配工	Plant and Machine Operators and Assemblers	1.6	1.2	1.1	1.2	0.9	0.8	0.5
简单劳动职业人员	Elementary Occupations	2.5	3.0	2.1	2.1	1.8	1.6	2.2
初次失业	Unemployed for the First Time	1.1	1.1	1.2	1.3	1.1	1.3	1.4
男	**Male**	**9.1**	**8.3**	**6.8**	**5.8**	**5.6**	**5.6**	**5.7**
立法者高级官员和和管理人员	Legislators,Senior Officials and Managers	0.4	0.3	0.2	0.3	0.1	0.1	0.2
专业人员	Professionals					0.1		
技术和辅助专业人员	Technicians and Associate Professionals	0.3	0.2	0.3	0.2	0.2	0.2	0.2
职　员	Clerks	0.6	0.7	0.5	0.5	0.6	0.5	0.7
服务人员和商店与市场销售人员	Service Workers and Shop and and Market Sales Workers	1.5	1.7	1.9	1.3	1.5	1.1	1.1
农渔业技术人员	Skilled Agricultural and Fishery Workers				0.1		0.1	
手艺人和有关行业工人	Craft and Related Trade Workers	2.8	2.0	1.0	0.9	1.0	1.3	1.4
设备和机械操作工、装配工	Plant and Machine Operators and Assemblers	0.9	0.5	0.6	0.5	0.4	0.4	0.3
简单劳动职业人员	Elementary Occupations	1.7	2.1	1.5	1.2	0.9	1.0	1.1
初次失业	Unemployed for the First Time	0.8	0.7	0.8	0.7	0.6	0.8	0.7
女	**Female**	**4.6**	**4.8**	**4.4**	**4.5**	**4.8**	**3.9**	**4.3**
立法者高级官员和和管理人员	Legislators,Senior Officials and Managers		0.1		0.1	0.1		0.1
专业人员	Professionals			0.1		0.1	0.1	0.1
技术和辅助专业人员	Technicians and Associate Professionals	0.1	0.1	0.2	0.1	0.1	0.1	0.1
职　员	Clerks	0.9	1.0	0.8	0.8	0.9	0.8	1.1
服务人员和商店与市场销售人员	Service Workers and Shop and and Market Sales Workers	1.4	1.3	1.3	1.1	1.4	1.3	1.1
手艺人和有关行业工人	Craft and Related Trade Workers	0.2	0.2	0.3	0.2	0.2	0.1	0.1
设备和机械操作工、装配工	Plant and Machine Operators and Assemblers	0.7	0.7	0.6	0.7	0.5	0.4	0.2
简单劳动职业人员	Elementary Occupations	0.8	0.9	0.6	0.9	0.9	0.6	1
初次失业	Unemployed for the First Time	0.4	0.4	0.5	0.6	0.5	0.5	0.7

7-30 非农行业平均工资
Average Wages by Non-agricultural Sectors

单位：澳门元/月 (MOP/month)

行业	Sector	2005	2006	2007	2008
总计	**Total**	**5775**	**6706**	**7800**	**8000**
采矿业	Mining and Quarrying	6251	7642	7500	
制造业	Manufacturing	3101	3140	4000	4000
电力、煤气及水的供应业	Electricity, Gas, and Water Supply	12969	13417	14100	15000
建筑业	Construction	5922	7521	8500	10000
批发零售及修理业	Wholesale and Retail Trade; Repair of Motor Vehicles, Motorcycles and Personal and Household Goods	4888	5576	6000	7000
旅馆及餐饮业	Hotels and Restaurants	4468	4885	5500	6100
运输、仓储及通信业	Transport,Storageand Communications	6455	6924	7800	8500
金融保险业	Financial Intermediation	8691	8825	9800	11000
房地产业	Real Estate, Renting and Business Activities	4198	4675	5500	5600
公共管理与防务、义务社会保障业	Public Administration and Defence; Compulsory Social Security	14521	14793	14900	18000
教育	Education	9503	9636	9900	12000
卫生与社会工作	Health and Social Work	9705	8029	9900	10000
其他社区、社会和个人服务工作	Other Community, Social and Personal Service Activities	7837	9537	11600	12000
家庭服务业	Private Households with Employed Persons	2609	2543	2500	2700
男	**Male**	**6823**	**7716**	**8800**	**9500**
采矿业	Mining and Quarrying	6251	7642	7500	
制造业	Manufacturing	4765	5462	6500	5300
电力、煤气及水的供应业	Electricity, Gas, and Water Supply	14278	14116	14200	15000
建筑业	Construction	5994	7646	8800	10000
批发零售及修理业	Wholesale and Retail Trade; Repair of Motor Vehicles, Motorcycles and Personal and Household Goods	5724	5964	7100	7500
旅馆及餐饮业	Hotels and Restaurants	5630	6311	6800	8000
运输、仓储及通信业	Transport,Storageand Communications	6559	7097	7800	8500
金融保险业	Financial Intermediation	9670	9548	10100	14500
房地产业	Real Estate, Renting and Business Activities	4285	4610	5400	6000
公共管理与防务、义务社会保障业	Public Administration and Defence; Compulsory Social Security	13921	14599	14800	18000
教育	Education	9956	9977	12900	15000
卫生与社会工作	Health and Social Work	11295	9329	13000	12000
其他社区、社会和个人服务工作	Other Community, Social and Personal Service Activities	7924	9654	11600	12000
家庭服务业	Private Households with Employed Persons	4801	5568	6700	6000
女	**Female**	**4572**	**5205**	**6300**	**7000**
制造业	Manufacturing	2795	2698	3100	3500
电力、煤气及水的供应业	Electricity, Gas, and Water Supply	8267	12167	14000	13000
建筑业	Construction	5414	5750	6600	7500
批发零售及修理业	Wholesale and Retail Trade; Repair of Motor Vehicles, Motorcycles and Personal and Household Goods	4324	4821	5200	6000
旅馆及餐饮业	Hotels and Restaurants	3915	4313	4900	6000
运输、仓储及通信业	Transport,Storageand Communications	5905	6578	7700	8500
金融保险业	Financial Intermediation	8006	8624	9700	10000
房地产业	Real Estate, Renting and Business Activities	4024	4743	5700	5500
公共管理与防务、义务社会保障业	Public Administration and Defence; Compulsory Social Security	15898	15902	16100	18200
教育	Education	8771	8995	9700	11000
卫生与社会工作	Health and Social Work	8910	7853	8700	9000
其他社区、社会和个人服务工作	Other Community, Social and Personal Service Activities	7739	8708	11500	12000
家庭服务业	Private Households with Employed Persons	2582	2500	2500	2700

7-31 非农行业周工作小时
Weekly Working Hours in Non-agricultural Sectors

单位：小时/周 (hours/per week)

行业	Sector	2005	2006	2007	2008
总计	**Total**	**47.5**	**47.1**	**46.9**	**46.9**
采矿业	Mining and Quarrying	52.0	54.4	52.8	
制造业	Manufacturing	47.5	47.2	47.3	47.7
电力、煤气及水的供应业	Electricity, Gas, and Water Supply	42.4	42.7	41.8	41.8
建筑业	Construction	46.6	47.1	47.1	46.4
批发零售及修理业	Wholesale and Retail Trade; Repair of Motor Vehicles, Motorcycles and Personal and Household Goods	49.3	48.9	48.8	48.6
旅馆及餐饮业	Hotels and Restaurants	51.4	49.8	48.7	48.1
运输、仓储及通信业	Transport,Storageand Communications	47.2	47.0	47.1	46.7
金融保险业	Financial Intermediation	43.3	43.2	43.2	43.0
房地产业	Real Estate, Renting and Business Activities	48.8	48.4	48.0	48.3
公共管理与防务、义务社会保障业	Public Administration and Defence; Compulsory Social Security	39.2	39.1	38.9	38.6
教育	Education	42.2	41.7	41.9	42.6
卫生与社会工作	Health and Social Work	43.3	44.3	43.3	43.7
其他社区、社会和个人服务工作	Other Community, Social and Personal Service Activities	49.1	47.4	47.0	46.9
家庭服务业	Private Households with Employed Persons	48.9	51.5	48.7	50.0
男	**Male**	**47.7**	**47.3**	**47.1**	**47**
采矿业	Mining and Quarrying	52.0	54.4	52.8	
制造业	Manufacturing	48.0	47.7	47.5	48.2
电力、煤气及水的供应业	Electricity, Gas, and Water Supply	42.5	42.8	42.1	42.3
建筑业	Construction	46.6	47.2	47.4	46.5
批发零售及修理业	Wholesale and Retail Trade; Repair of Motor Vehicles, Motorcycles and Personal and Household Goods	50.0	49.2	49.3	48.8
旅馆及餐饮业	Hotels and Restaurants	51.7	49.6	48.9	48.2
运输、仓储及通信业	Transport,Storageand Communications	48.0	47.8	48.5	47.3
金融保险业	Financial Intermediation	43.6	43.2	43.6	43.4
房地产业	Real Estate, Renting and Business Activities	53.6	52.8	50.6	49.9
公共管理与防务、义务社会保障业	Public Administration and Defence; Compulsory Social Security	40.3	40.0	39.4	39.1
教育	Education	41.8	41.6	41.2	41.8
卫生与社会工作	Health and Social Work	42.9	42.8	42.7	44.7
其他社区、社会和个人服务工作	Other Community, Social and Personal Service Activities	49.2	47.5	47.0	46.9
家庭服务业	Private Households with Employed Persons	56.2	55.1	48.4	54.8
女	**Female**	**47.3**	**46.9**	**46.6**	**46.8**
制造业	Manufacturing	47.3	46.9	47.2	47.2
电力、煤气及水的供应业	Electricity, Gas, and Water Supply	42.2	35.5	40.6	40.1
建筑业	Construction	46.4	46.3	45.4	44.9
批发零售及修理业	Wholesale and Retail Trade; Repair of Motor Vehicles, Motorcycles and Personal and Household Goods	48.9	48.7	48.2	48.4
旅馆及餐饮业	Hotels and Restaurants	51.2	50.0	48.6	48.0
运输、仓储及通信业	Transport,Storageand Communications	45.6	45.1	44.3	45.1
金融保险业	Financial Intermediation	43.1	43.2	42.9	42.8
房地产业	Real Estate, Renting and Business Activities	46.9	46.8	46.1	46.5
公共管理与防务、义务社会保障业	Public Administration and Defence; Compulsory Social Security	36.4	38.0	38.2	37.9
教育	Education	42.3	41.7	42.2	43.0
卫生与社会工作	Health and Social Work	43.4	44.8	43.6	43.4
其他社区、社会和个人服务工作	Other Community, Social and Personal Service Activities	49.0	47.3	46.9	46.9
家庭服务业	Private Households with Employed Persons	48.8	51.3	48.7	49.8

7-32　分行业职业伤害情况
Occupational Injuries by Sector

项　　目	Item	2004	2005	2006	2007	2008
一、伤亡人数(人)	**Total （fatal and non fatal, person)**	**4605**	**4956**	**2779**	**3064**	**2631**
农林牧渔业	Agriculture,Huntung,Forestry and Fishing	2	4		1	
制造业	Manufacturing	753	650	333	281	194
电力、煤气及水的供应业	Electricity, Gas, and Water Supply	26	8	1	8	2
建筑业	Construction	741	861	672	420	288
批发零售及修理业	Wholesale and Retail Trade; Repair of Motor Vehicles, Motorcycles and Personal and Household Goods	539	594	321	339	304
旅馆及餐饮业	Hotels and Restaurants	900	1005	787	663	573
运输、仓储及通信业	Transport,Storageand Communications	307	343	141	177	97
金融保险业	Financial Intermediation	34	34	12	10	14
房地产业	Real Estate, Renting and Business Activities	234	273	131	192	259
公共管理与防务、义务社会保障业	Public Administration and Defence; Compulsory Social Security	88	105	34	55	18
教　育	Education	168	159	39	48	42
卫生与社会工作	Health and Social Work	43	62	42	38	30
其他社区、社会和个人服务工作	Other Community, Social and Personal Service Activities	749	811	241	816	783
家庭服务业	Private Households with Employed Persons	21	47	25	16	27
1.受伤人数	**Non fatal**	**4603**	**4941**	**2773**	**3050**	**2617**
农林牧渔业	Agriculture,Huntung,Forestry and Fishing	2	4		1	
制造业	Manufacturing	753	649	333	281	194
电力、煤气及水的供应业	Electricity, Gas, and Water Supply	26	8	1	7	2
建筑业	Construction	739	849	667	413	281
批发零售及修理业	Wholesale and Retail Trade; Repair of Motor Vehicles, Motorcycles and Personal and Household Goods	539	594	321	339	303
旅馆及餐饮业	Hotels and Restaurants	900	1005	787	663	573
运输、仓储及通信业	Transport,Storageand Communications	307	343	141	177	96
金融保险业	Financial Intermediation	34	34	12	10	14
房地产业	Real Estate, Renting and Business Activities	234	273	131	192	257
公共管理与防务、义务社会保障业	Public Administration and Defence; Compulsory Social Security	88	105	34	55	18
教　育	Education	168	159	39	48	42
卫生与社会工作	Health and Social Work	43	62	42	38	30
其他社区、社会和个人服务工作	Other Community, Social and Personal Service Activities	749	809	240	810	780
家庭服务业	Private Households with Employed Persons	21	47	25	16	27

7-32 续表 continued

项 目	Item	2004	2005	2006	2007	2008
2.死亡人数	**Fatal**	**2**	**15**	**6**	**14**	**14**
制造业	Manufacturing		1			
建筑业	Construction	2	12	5	7	7
运输、仓储及通信业	Transport,Storageand Communications					1
其他社区、社会和个人服务工作	Other Community, Social and Personal Service Activities		2	1	6	3
二、损失工日数(日)	**Days lost**	**26477**	**27384**	**35886**	**65315**	**52227**
农林牧渔业	Agriculture,Huntung,Forestry and Fishing		4		4	
制造业	Manufacturing	3941	2711	3980	4115	2983
电力、煤气及水的供应业	Electricity, Gas, and Water Supply	20	5	16	86	149
建筑业	Construction	6703	9553	12602	18307	13942
批发零售及修理业	Wholesale and Retail Trade; Repair of Motor Vehicles, Motorcycles and Personal and Household Goods	3067	2926	3297	5015	5935
旅馆及餐饮业	Hotels and Restaurants	5015	5126	7564	6886	5819
运输、仓储及通信业	Transport,Storageand Communications	1510	1546	2401	5577	1830
金融保险业	Financial Intermediation	43	179	45	337	257
房地产业	Real Estate, Renting and Business Activities	1078	1416	1753	4891	4953
公共管理与防务、义务社会保障业	Public Administration and Defence; Compulsory Social Security	113	270	263	721	311
教 育	Education	631	513	472	669	476
卫生与社会工作	Health and Social Work	164	569	743	754	367
其他社区、社会和个人服务工作	Other Community, Social and Personal Service Activities	4182	2486	2637	17727	14916
家庭服务业	Private Households with Employed Persons	10	80	113	226	289

7-33 消费价格指数
Consumer Price Indices

(2000年=100) (year of 2000=100)

项 目	Item	2001	2002	2003	2004	2005	2006	2007	2008
总指数	General Indices	98.0	95.4	93.9	94.9	99.0	104.1	109.9	119.4
总指数(不含住房)	General Indices(excl. shelter)	98.1	95.6	94.2	95.5	99.2	102.7	106.8	114.8
食品指数	Food Indices	98.6	96.5	95.2	97.4	101.3	105.0	113.6	133.2
用电及燃料指数	Fuel and Light Indices	100.6	95.0	98.5	99.9	110.9	119.9	114.6	96.1
服装指数	Clothing Indices	95.3	85.5	74.9	77.4	76.7	73.1	74.0	79.3
租金指数	Rent Indices	97.4	94.8	92.7	92.1	98.1	112	128.3	147

四、台湾省人口和就业统计数据

IV.Population and Employment Data of Taiwan Province

7-34 面积及人口主要指标

Main Indicators of Area and Population

项　　目	Item	2004	2005	2006	2007	2008
土地面积（万平方公里）	Area (10 000 sq.km)	3.6	3.6	3.6	3.6	3.6
户籍登记人口数（万人）	Year-end Population (10 000 persons)	2268.9	2277.0	2287.7	2295.8	2303.7
男	Male	1154.2	1156.2	1159.2	1160.9	1162.6
女	Female	1114.8	1120.8	1128.5	1135.0	1141.1
粗出生率（‰）	Crude Birth Rate (‰)	9.6	9.1	9.0	8.9	8.6
粗死亡率（‰）	Crude Death Rate (‰)	6.0	6.1	6.0	6.2	6.3
一般生育率（‰）	Fertility Rate (‰)	34	33	33	32	31
人口自然增加率（‰）	Natural Population Growth Rate (‰)	3.59	2.92	3.01	2.76	2.40
结婚率（对/千人）	Marriage Rate (couple/1000 persons)	5.80	6.21	6.25	5.89	6.73
离婚率（对/千人）	Divorce Rate (couple/1000 persons)	2.77	2.75	2.83	2.55	2.43
期望寿命（岁）	Life Expectancy at Birth (years)					
男	Male	74.68	74.50	74.86	74.75	75.64
女	Female	80.75	80.80	80.41	81.17	82.30
人口的年龄分配（%）	Age-specific Distribution (%)					
0-14岁	0-14	19.34	18.70	18.12	17.56	16.95
15-64岁	15-64	71.19	71.56	71.88	72.24	72.62
65岁及以上	65 and Over	9.48	9.74	10.00	10.21	10.43
性别比（女=100）	Sex Ratio (female=100)	103.53	103.16	102.72	102.28	101.89
人口密度(人/平方公里)	Population Density (persons/sq.km)	626.98	629.20	632.16	634.40	636.57

资源来源：台湾省《主计月报》。
Source: Monthly Statistics Bulletin, Taiwan Province.

7-35 分行业全部就业人数

Employed Persons by Sector

单位：千人 (1000 persons)

行 业	Sector	2004	2005	2006	2007	2008
总 计	**Total**	**9786**	**9942**	**10111**	**10294**	**10403**
农林牧渔业	Agriculture,Huntung,Forestry and Fishing	642	590	554	543	535
采矿业	Mining anf Quarrying	7	7	7	6	6
制造业	Manufacturing	2681	2732	2777	2842	2886
电力、煤气及水的供应业	Electricity, Gas, and Water Supply	93	89	88	93	99
建 筑 业	Construction	732	791	829	846	842
批发零售及修理业	Wholesale and Retail Trade; Repair of Motor Vehicles, Motorcycles and Personal and Household Goods	1726	1726	1759	1782	1770
旅馆及餐饮业	Hotels and Restaurants	607	634	665	681	687
运输、仓储及通信业	Transport,Storageand Communications	614	611	626	621	617
金融保险业	Financial Intermediation	390	406	407	404	411
房地产业	Real Estate, Renting and Business Activities	472	513	535	589	622
公共管理与防务、义务社会保障业	Public Administration and Defence; Compulsory Social Security	357	336	334	332	343
教 育	Education	538	556	563	588	605
卫生与社会工作	Health and Social Work	303	323	334	340	355
其他社区、社会和个人服务工作	Other Community, Social and Personal Service Activities	510	513	524	523	528
其 他	Other	114	116	111	101	98

7-36 失业人数和失业率

Unemployed Persons and Unemployment Rate

单位：千人，% (1000 persons,%)

项 目	Item	2001	2002	2003	2004	2005	2006	2007	2008
总 计	**Total**	**450**	**515**	**503**	**454**	**428**	**411**	**419**	**450**
男	Men	302	348	326	288	259	245	248	271
女	Women	148	167	177	166	169	166	171	179
失业率	**Rates, total**	**4.6**	**5.2**	**5**	**4.4**	**4.1**	**3.9**	**3.9**	**4.1**
男	Men	5.2	5.9	5.5	4.8	4.3	4.1	4.1	4.4
女	Women	3.7	4.1	4.3	3.9	3.9	3.7	3.7	3.8

7-37 非农行业雇员月平均工资

Wages of Employees by Economic Activity

单位: 新台币元/月 (NT$/per month)

行 业	Sector	2005	2006	2007	2008
采矿业	Mining and Quarrying	47671	53344	51057	51499
制造业	Manufacturing	41858	42393	43169	43105
电力、煤气及水的供应业	Electricity, Gas, and Water Supply	91184	97230	98448	89296
建筑业	Construction	38450	39168	40327	40792
批发零售及修理业	Wholesale and Retail Trade; Repair of Motor Vehicles, Motorcycles and Personal and Household Goods	39545	39380	39475	39980
旅馆及餐饮业	Hotels and Restaurants	25121	24960	25500	26747
运输、仓储及通信业	Transport,Storageand Communications	48618	48460	49234	49800
金融保险业	Financial Intermediation	65113	69054	75732	71319
房地产业	Real Estate, Renting and Business Activities	38819	38313	37877	40343
卫生与社会工作	Health and Social Work	55603	55429	56603	58122
男	**Male**				
采矿业	Mining and Quarrying	51865	58391	56162	57092
制造业	Manufacturing	48024	48521	49400	49219
电力、煤气及水的供应业	Electricity, Gas, and Water Supply	93678	99852	101160	91811
建筑业	Construction	40266	40928	42106	42505
批发零售及修理业	Wholesale and Retail Trade; Repair of Motor Vehicles, Motorcycles and Personal and Household Goods	42899	42660	42709	43268
旅馆及餐饮业	Hotels and Restaurants	27855	27380	28140	29230
运输、仓储及通信业	Transport,Storageand Communications	51492	51602	51888	52908
金融保险业	Financial Intermediation	72142	75231	82536	80222
房地产业	Real Estate, Renting and Business Activities	41932	40806	39993	43309
卫生与社会工作	Health and Social Work	92454	92550	94213	97384
女	**Female**				
采矿业	Mining and Quarrying	30708	34436	33143	32093
制造业	Manufacturing	33110	33749	34401	34389
电力、煤气及水的供应业	Electricity, Gas, and Water Supply	73387	78573	79724	72461
建筑业	Construction	30004	30803	31568	31895
批发零售及修理业	Wholesale and Retail Trade; Repair of Motor Vehicles, Motorcycles and Personal and Household Goods	36672	36180	36306	36754
旅馆及餐饮业	Hotels and Restaurants	23249	23295	23688	25064
运输、仓储及通信业	Transport,Storageand Communications	41907	41184	42905	42412
金融保险业	Financial Intermediation	60730	65262	71566	65907
房地产业	Real Estate, Renting and Business Activities	35022	35359	35529	37170
卫生与社会工作	Health and Social Work	45590	45607	46706	47929

7-38 非农行业月工作小时

Monthly Working Hours in Non-agricultural Sectors

单位: 小时/月 (hours/per month)

行 业	Sector	2005	2006	2007	2008
采矿业	Mining and Quarrying	181.0	182.7	184.0	184.2
制造业	Manufacturing	188.8	187.3	187.3	184.7
电力、煤气及水的供应业	Electricity, Gas, and Water Supply	171.1	171.6	171.3	172.7
建筑业	Construction	177.7	178.1	176.9	176.4
批发零售及修理业	Wholesale and Retail Trade; Repair of Motor Vehicles, Motorcycles and Personal and Household Goods	177.6	175.3	174.8	175.9
旅馆及餐饮业	Hotels and Restaurants	174.0	173.6	172.5	172.3
运输、仓储及通信业	Transport,Storageand Communications	180.8	179.9	179.4	179.1
金融保险业	Financial Intermediation	168.0	168.6	167.1	167.5
房地产业	Real Estate, Renting and Business Activities	186.1	182.6	177.9	180.3
卫生与社会工作	Health and Social Work	176.0	175.3	175.1	174.4
男	**Male**				
采矿业	Mining and Quarrying	181.7	183.1	184.5	185.4
制造业	Manufacturing	190.6	189.4	189.4	186.8
电力、煤气及水的供应业	Electricity, Gas, and Water Supply	171.4	171.9	171.7	173.2
建筑业	Construction	178.2	178.9	177.9	177.8
批发零售及修理业	Wholesale and Retail Trade; Repair of Motor Vehicles, Motorcycles and Personal and Household Goods	177.4	174.9	174.4	176.6
旅馆及餐饮业	Hotels and Restaurants	172.7	173.6	172.9	172.4
运输、仓储及通信业	Transport,Storageand Communications	184.4	183.6	182.7	182.3
金融保险业	Financial Intermediation	169.8	169.7	167.9	168.0
房地产业	Real Estate, Renting and Business Activities	191.2	187.7	181.6	185.3
卫生与社会工作	Health and Social Work	176.6	175.7	174.5	173.5
女	**Female**				
采矿业	Mining and Quarrying	178.2	181.0	182.3	180.0
制造业	Manufacturing	186.2	184.7	184.5	181.9
电力、煤气及水的供应业	Electricity, Gas, and Water Supply	168.6	169.3	169.0	169.2
建筑业	Construction	174.7	173.6	171.7	169.9
批发零售及修理业	Wholesale and Retail Trade; Repair of Motor Vehicles, Motorcycles and Personal and Household Goods	177.8	175.8	175.2	175.3
旅馆及餐饮业	Hotels and Restaurants	174.9	173.7	172.2	172.3
运输、仓储及通信业	Transport,Storageand Communications	172.2	171.5	171.3	171.5
金融保险业	Financial Intermediation	166.8	167.8	166.7	167.1
房地产业	Real Estate, Renting and Business Activities	179.9	176.8	173.8	175.0
卫生与社会工作	Health and Social Work	175.9	175.1	175.2	174.7

7-39 分行业职业伤害情况

Occupational Injuries by Sector

项　目	Item	2002	2003	2004	2005
一、伤亡人数(人)	**Total (fatal and non fatal,person)**	**36326**	**36488**	**38155**	**37348**
农林牧渔业	Agriculture,Hunting, Forestry and Fishing	508	501	500	400
采掘业	Mining and Quarrying	51	37	34	39
制造业	Manufacturing	17866	17779	18324	17580
电力、天然气及水	Electricity,Gas and Water	37	20	32	25
建筑业	Construction	8826	8857	9148	8900
批发零售和餐饮、旅馆业	Wholesale and Retail Trade and Restaurants and Hotels	4625	4868	5284	5519
交通运输和仓储业	Transport,Storage and Communication	1760	1713	1812	1806
金融保险、房地产和商业服务	Financing,Insurance,Real Estate and Business Services	496	546	603	621
团体、社会和个人服务	Community,Social and Personal Services	2157	2167	2418	2458
1.受伤人数	**Non fatal**	**35819**	**36087**	**37789**	**36966**
农林牧渔业	Agriculture,Hunting, Forestry and Fishing	432	437	443	361
采掘业	Mining and Quarrying	48	34	32	38
制造业	Manufacturing	17707	17669	18240	17474
电力、天然气及水	Electricity,Gas and Water	34	16	27	21
建筑业	Construction	8698	8739	9059	8782
批发零售和餐饮、旅馆业	Wholesale and Retail Trade and Restaurants and Hotels	4576	4836	5245	5482
交通运输和仓储业	Transport,Storage and Communication	1715	1677	1778	1765
金融保险、房地产和商业服务	Financing,Insurance,Real Estate and Business Services	477	535	588	606
团体、社会和个人服务	Community,Social and Personal Services	2132	2144	2377	2437
2.死亡人数	**Fatal**	**507**	**401**	**366**	**382**
农林牧渔业	Agriculture,Hunting, Forestry and Fishing	76	64	57	39
采掘业	Mining and Quarrying	3	3	2	1
制造业	Manufacturing	159	110	84	106
电力、天然气及水	Electricity,Gas and Water	3	4	5	4
建筑业	Construction	128	118	89	118
批发零售和餐饮、旅馆业	Wholesale and Retail Trade and Restaurants and Hotels	49	32	39	37
交通运输和仓储业	Transport,Storage and Communication	45	36	34	41
金融保险、房地产和商业服务	Financing,Insurance,Real Estate and Business Services	19	11	15	15
团体、社会和个人服务	Community,Social and Personal Services	25	23	41	21

7-39 续表 continued

项　目	Item	2002	2003	2004	2005
二、每10万人死亡率	**Rates of Fatal Injuries per 100000 employees**	**6.5**	**5.0**	**4.4**	**4.5**
农林牧渔业	Agriculture,Hunting, Forestry and Fishing	21.7	17.8	15.7	10.7
采掘业	Mining and Quarrying	48.9	52.4	35.6	19.0
制造业	Manufacturing	5.9	4.1	3.0	3.8
电力、天然气及水	Electricity,Gas and Water	10.4	13.9	17.7	14.2
建筑业	Construction	18.8	17.5	13.1	17.2
批发零售和餐饮、旅馆业	Wholesale and Retail Trade and Restaurants and Hotels	3.2	2.0	2.3	2.1
交通运输和仓储业	Transport,Storage and Communication	8.9	7.2	6.7	7.9
金融保险、房地产和商业服务	Financing,Insurance,Real Estate and Business Services	6.4	4.8	4.3	4.9
团体、社会和个人服务	Community,Social and Personal Services	1.7	1.5	2.6	1.3
三、每10万人受伤率	**Rates of Non Fatal Injuries per 100,000 employees**	**455.8**	**445.3**	**453.0**	**432.8**
农林牧渔业	Agriculture,Hunting, Forestry and Fishing	121.5	120.7	122.3	99.4
采掘业	Mining and Quarrying	819.6	611.9	580.6	739.1
制造业	Manufacturing	655.7	643.6	648.9	625.1
电力、天然气及水	Electricity,Gas and Water	118.7	55.8	96.3	14.2
建筑业	Construction	1281.3	1295.5	1327.4	1262.2
批发零售和餐饮、旅馆业	Wholesale and Retail Trade and Restaurants and Hotels	306.2	309.5	317.0	314.7
交通运输和仓储业	Transport,Storage and Communication	339.6	337.9	354.3	343.3
金融保险、房地产和商业服务	Financing,Insurance,Real Estate and Business Services	68.1	72.5	75.6	73.7
团体、社会和个人服务	Community,Social and Personal Services	153.3	143.7	156.3	154.6

7-40 消费价格指数
Consumer Prices Indices

2000年=100 (year of 2000=100)

项　目	Item	2001	2002	2003	2004	2005	2006	2007	2008
总指数	General Indices	100.0	99.8	99.5	101.1	103.5	104.1	105.9	109.7
食品指数	Food Indices	99.0	98.8	98.7	103.1	110.7	110.0	113.1	122.8
用电及燃料指数	Fuel and Light Indices	100.3	99.3	100.2	101.5	103.3	107.3	111.0	115.7
服装指数	Clothing Indices	98.3	98.9	100.3	103.4	103.3	100.8	103.9	105.8
租金指数	Rent Indices	99.9	99.0	98.0	97.3	97.3	97.5	97.7	98.3

第八部分

Chapter Eight

2009 年人口变动和劳动力调查制度说明及主要统计指标解释

Explanatory Notes on Main Statistical Indicators

一、总 说 明

(一)调查目的

为了准确、及时地掌握全国和各省（自治区、直辖市）人口变动以及人口计划执行情况，准确地反映城乡劳动力资源、就业和失业人口的总量和结构情况，为国家和省级人民政府制定国民经济和社会发展计划，掌握人口增长情况提供可靠的人口数据，及时为政府准确判断就业形势，制定和调整就业政策，改进宏观调控提供依据，根据国办发[1992]57号文件和国办发[2004]72号文件的要求，特进行2009年人口变动情况调查，并同时进行2009年第4季度劳动力调查。

(二)调查对象和登记原则

本次调查对象为抽中调查小区内具有中华人民共和国国籍的人。调查以户为单位进行，既调查家庭户，也调查集体户。应在抽中调查小区内各户登记的人包括：①2009年10月31日晚居住在本户的人；②户口在本户，2009年10月31日晚未居住在本户的人。

抽中调查小区内的2008年11月1日至2009年10月31日死亡的人口要登记《死亡人口调查表》。

(三)调查项目

《人口变动和劳动力调查表》

1．按户填报的项目有：

户编号、户别、应在本户登记的人数、本户2008年11月1日至2009年10月31日出生人口、本户2008年11月1日至2009年10月31日死亡人口共5个项目。

2．按人填报的项目有：

姓名、与户主关系、性别、出生年月、民族、户口性质、户口登记地、调查时点居住地、离开户口登记地时间、离开户口登记地原因、2008年11月1日常住地、是否识字、受教育程度、学业完成情况、婚姻状况、2008年11月1日至2009年10月31日生育情况、是否工作、工作单位类型、就业身份、签订劳动合同情况、未工作原因、是否寻找工作、当前能否工作、未找工作或不能工作的原因、行业、职业、参加社会保险情况、目前的主要生活来源共28个项目；

《死亡人口调查表》

填报的项目有户编号、姓名、性别、出生年月、死亡月份。

(四)调查标准时间

本次调查的标准时间为2009年11月1日0时。

(五)抽样方法

以全国为总体，各省（自治区、直辖市）为子总体，按照多阶段、分层、整群、概率比例的方法进行抽样设计，在2006年建立的样本轮换框中，按照人口变动和劳动力调查样本按比例轮换的要求选取本次调查的样本，调查小区为最终样本单位。全国约调查12000个调查小区，第4季度劳动力调查样本点与人口变动调查的样本点相同。

此次调查的调查小区样本由国家统一抽取下发。

(六)调查的组织实施

1．组织方式。2009年第4季度劳动力调查与2009年人口变动调查结合进行，采用《人口变动和劳动力调查表》同时收集人口变动和劳动力调查的信息。

2．组织领导。本次调查在当地政府的领导下，以统计部门为主组织实施，并在基层组织的协助下，派人到抽中的调查小区，进行入户登记。各级统计部门要积极争取有关部门的支持和配合，确保调查数据质量。

3．调查指导员、调查员的选聘、培训与管理。调查指导员、调查员的选调工作由县级统计机构负责。调查员主要从政府统计系统和基层组织人员中选调，也可从社会招聘，应尽可能保持调查员队伍的稳定。各级统计机构要加强对调查员的培训，应尽可能减少培训层次，以提高培训效果。各级统计机构要加强对调查员工作的监督检查。

4．调查的宣传工作。为使调查工作顺利进行，各级统计部门和调查工作人员要向调查样本点所在地政府领导做好宣传工作，讲明抽样调查的意义，特别要讲清抽样调查数据对本地、县、乡、村没有代表性，不作为考核本地、县、乡、村人口、就业计划完成情况和政绩的依据，以取得他们的理解和支持。同时还要做好群众的宣传工作，使他们解除思想顾虑，如实反映情况。

5．调查摸底、入户登记与复查工作。在充分做好调查摸底工作的基础上，进行入户登记工作。入户登记完毕后，要采取议查和个别访问的方法认真进行复查。

6．调查表编码。调查表编码分专项编码和非专项编码两部分，非专项编码由调查员在登记、复查、逻辑审核无误后进行，专项编码由县级统计机构组织经过培训的专项编码员集中进行。

7. 调查表的报送。调查员在完成登记、复查、编码工作后，要将调查表以调查小区为单位收集，将填写好的调查小区封面放在本小区《人口变动和劳动力调查表》前面，《死亡人口调查表》放在最后,一起装入包装袋后，统一报县级统计机构。县级统计机构报送调查表方式由各省（自治区、直辖市）统计局根据需要确定。

(七)事后质量抽查

为了准确地掌握全国人口变动调查和劳动力调查的调查误差，各省（自治区、直辖市）在基层调查登记工作结束后，要按照调查制度的规定，立即进行事后质量抽查工作。事后质量抽查结果只用于评估全国调查的质量。

(八)数据处理与资料管理

1．国家统计局人口和就业统计司负责数据录入程序和汇总程序的编制和下发。

2．调查数据的录入工作由各省（自治区、直辖市）统计局人口（社科）处按照规定的格式和要求，组织实施。

3．各省（自治区、直辖市）统计局人口（社科）处要在规定的时间内，做好有关资料的报送工作：

(1)摸底数据。2009年11月2日前，将调查摸底数据（户主姓名底册中6、7、10、11项的合计数、出生人口、死亡人口）报国家统计局人口和就业统计司专项调查处。

(2)调查原始数据。2009年12月8日前，以电子邮件方式报国家统计局人口和就业统计司专项调查处。

(3)事后质量抽查表。2009年11月25日前，将审核无误的事后质量抽查表寄送到国家统计局人口和就业统计司专项调查处。

4．全国数据由国家统计局人口和就业统计司负责汇总，各省（自治区、直辖市）的数据要按照国家统一的部署和安排进行汇总。调查数据需经国家统计局审定后方可使用。

5．报送推算的主要数据。

(1)人口数据。各省（自治区、直辖市）对2009年年底本地常住人口总量；出生率、死亡率；城镇人口比重；0-14岁、15-64岁、65岁及以上三个年龄段的常住人口数做初步推算，于2009年12月20日前将初步测算结果及测算方法的简要说明通过电子邮件或传真的方式报送国家统计局人口和就业统计司专项调查处。

(2)劳动力数据。各省（自治区、直辖市）要对2009年底本地分城乡、性别、5岁年龄组的16岁及以上人口数（第一组为16-19岁，最后一组为65岁及以上），分城乡就业人口和失业人口进行初步推算，于2009年12月28日前将初步推算结果及推算方法的简要说明通过电子邮件报国家统计局人口和就业统计司就业处。

6．数据处理完成后，调查表和原始数据由各省（自治区、直辖市）统计局人口（社科）处负责管理。

（九）调查工作要求

1．为了保证调查工作的顺利进行，各级统计机构要切实加强对调查工作的管理。要建立调查工作的质量责任制，明确各项工作要求，对整个调查工作的全过程进行质量监督。

2．为了保证全国调查数据的范围、分类和计算方法的统一性，各地区必须严格执行调查制度的规定。遇到特殊情况要向上级有关部门请示，不得按照个人的理解擅自处理。

3．调查员要对其所负责的调查小区的数据质量负责，如果发现调查数据有不实的情况，必须返工重做。

4．调查员、调查指导员以及各级统计机构及其工作人员都要按照《统计法》的规定，对调查结果、特别是被调查户的情况保守秘密，不得向调查机构以外的任何单位和个人泄漏。

5．各省（自治区、直辖市）统计局人口（社科）处要在2010年3月1日前，将本次调查的工作总结报国家统计局人口和就业统计司。

二、调查表式

(一)人口变动和劳动力调查表

(2009 年)

根据《中华人民共和国统计法》的规定，公民有义务提供国家统计调查所需的情况；我们对您提供的信息负有保密义务。

表　　号: R 1 0 1　表
制表机关: 国　家　统　计　局
文　　号: 国统字[2009] 106 号
有效期至: 2 0 1 0　年　6　月

本户地址：_______县（市、区）_______乡（镇、街道）_____村（居）委会_______调查小区

本户基本情况

<table>
<tr><td>H1．户编号</td><td>H2．户别</td><td colspan="2">H3．应在本户登记的人数</td></tr>
<tr><td></td><td>1. 家庭户
2. 集体户</td><td>2009 年 10 月 31 日晚居住在本户的人数：
______ 人</td><td>户口在本户，2009 年 10 月 31 日晚未居住在本户的人数：
______ 人</td></tr>
<tr><td colspan="2">H4. 本户 2008 年 11 月 1 日至 2009 年 10 月 31 日出生人口</td><td colspan="2">H5. 本户 2008 年 11 月 1 日至 2009 年 10 月 31 日死亡人口</td></tr>
<tr><td colspan="2">男 ___ 人 女 ___ 人</td><td colspan="2">男 ___ 人 女 ___ 人</td></tr>
</table>

申报人（签字）：　　　　调查员（签字）：　　　　填报日期：2009 年 11 月　　日

本户人口情况

本户第____人

每个人都填报							
R1. 姓名	R2. 与户主关系	R3. 性别	R4. 出生年月	R5. 民族	R6. 户口性质	R7. 户口登记地	R8. 调查时点居住地
	0. 户主 1. 配偶 2. 子女 3. 父母 4. 岳父母或公婆 5. 祖父母 6. 媳婿 7. 孙子女 8. 兄弟姐妹 9. 其他	1. 男 2. 女	______年 ______月	______族	1. 农业 2. 非农业 3. 户口待定→R11	1. 本调查小区 2. 本乡（镇、街道）其他调查小区 3. 本县（市、区）其他乡（镇、街道） 4. 其他县（市、区）： ______省(区、市) ______市(地) ______县(市、区)	1. 本调查小区 2. 本乡（镇、街道）其他调查小区 3. 本县（市、区）其他乡（镇、街道） 4. 其他县（市、区）： ______省(区、市) ______市(地) ______县(市、区) 5. 港澳台或国外

每个人都填报		2008年11月前出生者填报	2003年11月前出生者填报	
R9. 离开户口登记地时间	R10. 离开户口登记地原因	R11. 一年前常住地	R12. 是否识字	R13. 受教育程度
1. 没有离开户口登记地→R11 2. 半年以下 3. 半年至一年 4. 一年至二年 5. 二年至三年 6. 三年至四年 7. 四年至五年 8. 五年至六年 9. 六年以上	0. 务工经商 1. 工作调动 2. 学习培训 3. 随迁家属 4. 投亲靠友 5. 出差 6. 拆迁搬家 7. 寄挂户口 8. 婚姻嫁娶 9. 其他	1. 本乡镇街道 2. 本县（市、区）其他乡镇街道 3. 本地（市）其他县（市、区） 4. 本省其他地（市） ______地（市） 5. 省外： ______省	1. 是 2. 否	1. 未上过学→R15 2. 小学 3. 初中 4. 高中 5. 大学专科 6. 大学本科 7. 研究生

2003年11月前出生者填报	1994年11月前出生者填报	1958年11月至1994年11月前出生的妇女填报	
R14. 学业完成情况	R15. 婚姻状况	R16. 2008年11月1日至2009年10月31日生育情况	
1. 在校 2. 毕业 3. 肄业 4. 辍学 5. 其他	1. 未婚 →R17 2. 初婚有配偶 3. 再婚有配偶 4. 离婚 5. 丧偶	1. 未生育 →R17 2. 有生育 生育月份：____月 婴儿性别：1. 男 2. 女 属于第____胎	（12个月内生育两个以上孩子的第二个孩子的状况） 生育月份：____月 婴儿性别：1. 男 2. 女

1993年11月前出生者填报

R17. 您10月25日至10月31日是否为取得收入而工作了1小时以上?	R18. 您目前的工作单位或经营活动属于以下哪种类型?	R19. 您目前的就业身份属于以下哪一类?	R20. 您是否与用人单位或雇主签订了劳动合同?
1. 是 上周工作时间 ______小时 2. 在职正休假、学习、临时停工或季节性歇业 3. 未做任何工作→**R21**	1. 土地承包者→**R25** 2. 机关团体事业单位 3. 国有及国有控股企业 4. 集体企业 （2—4 →**R20**） 5. 个体工商户 6. 私营企业 7. 外商、港澳台投资企业 8. 其他类型单位 9. 其他	1. 雇员 2. 雇主 3. 自营劳动者 4. 家庭帮工 （2—4 →**R25**）	1. 是，已签有固定期限合同 期限______个月 2. 是，已签无固定期限（长期）合同 3. 否 （1—3 →**R25**）

R21. 您10月25日至10月31日未工作是什么原因?	R22. 近三个月内您采取过哪种方式寻找工作?	R23. 如有适合的工作您能否在两周内去工作?	R24. 您不能在两周内工作或未找工作是什么原因?
1. 在校学习 →**结束** 2. 丧失劳动能力 →**R27** 3. 毕业后未工作 4. 因单位原因失去原工作 5. 因本人原因失去原工作 6. 承包土地被征用 7. 离退休 8. 料理家务 9. 其他	1. 在职业介绍机构登记 2. 委托亲友找工作 3. 应答或刊登广告 4. 参加招聘会 5. 为自己经营做准备 6. 其他 7. 未找过工作→**R24**	1. 能 连续未工作时间 ______月→**R25** 2. 不能	1. 照顾家庭 2. 身体不好 3. 正在参加培训 4. 没有适合的工作 5. 不想工作 6. 刚失去工作还未找 7. 刚毕业还未找 8. 其他 （1—8 →**R27**）

R25. 您10月25日至10月31日或失去工作前在什么单位工作?(行业)	R26. 您10月25日至10月31日或失去工作前做什么具体工作?(职业)	R27. 您参加了下列几项社会保险吗?			R28. 您目前主要靠什么生活?
		基本养老保险	失业保险	基本医疗保险	
1. 详细单位名称 ______ 单位的主要产品或从事的主要业务 ______ 2. 从未工作	1. 从事的具体工作 ______ 2. 从未工作	1. 参加 2. 未参加	1. 参加 2. 未参加	1. 参加 2. 未参加	1. 劳动收入 2. 离退休金、养老金 3. 失业保险金 4. 最低生活保障金 5. 下岗生活费 6. 内退生活费 7. 原有积蓄 8. 出租房屋 9. 家庭其他成员供养 10. 其他

(二)死亡人口调查表

（2008年11月1日至2009年10月31日死亡的人登记）

表　　号: R　1　0　2　表
制表机关: 国　家　统　计　局
文　　号: 国统字[2009] 106 号
有效期至: 2 0 1 0　年　6　月

地址: ________县（市、区）________乡（镇、街道）________村（居）委会________调查小区

S1. 户编号	S2. 姓名	S3. 性别	S4. 出生年月	S5. 死亡月份
□□□	□□	1.男 2.女 □	______年 ______月 □□□□ □□	______月 □□
□□□	□□	1.男 2.女 □	______年 ______月 □□□□ □□	______月 □□
□□□	□□	1.男 2.女 □	______年 ______月 □□□□ □□	______月 □□
□□□	□□	1.男 2.女 □	______年 ______月 □□□□ □□	______月 □□
□□□	□□	1.男 2.女 □	______年 ______月 □□□□ □□	______月 □□
□□□	□□	1.男 2.女 □	______年 ______月 □□□□ □□	______月 □□

调查员（签字）:

三、主要统计指标解释

人口数　指一定时点、一定地区范围内有生命的个人总和。年度统计的年末人口数指每年12月31日24时的人口数。年度统计的全国人口总数内未包括香港、澳门特别行政区和台湾省以及海外华侨人数。

城镇人口和乡村人口　城镇人口是指居住在城镇范围内的全部常住人口；乡村人口是除上述人口以外的全部人口。

出生率(又称粗出生率)　指在一定时期内(通常为一年)一定地区的出生人数与同期内平均人数(或期中人数)之比，用千分率表示。本资料中的出生率指年出生率，其计算公式为：

$$出生率=\frac{年出生人数}{年平均人口}\times 1000‰$$

式中：出生人数指活产婴儿，即胎儿脱离母体时(不管怀孕月数)，有过呼吸或其他生命现象。年平均人数指年初、年底人口数的平均数，也可用年中人口数代替。

死亡率(又称粗死亡率)　指在一定时期内(通常为一年)一定地区的死亡人数与同期内平均人数(或期中人数)之比，用千分率表示。本资料中的死亡率指年死亡率，其计算公式为：

$$死亡率=\frac{年死亡人数}{年平均人口}\times 1000‰$$

人口自然增长率　指在一定时期内(通常为一年)人口自然增加数(出生人数减死亡人数)与该时期内平均人数(或期中人数)之比，用千分率表示。计算公式为：

$$\begin{aligned}人口自然增长率&=\frac{(本年出生人数-本年死亡人数)}{年平均人数}\times 1000‰\\&=人口出生率-人口死亡率\end{aligned}$$

总抚养比　也称总负担系数。指人口总体中非劳动年龄人口数与劳动年龄人口数之比。通常用百分比表示。说明每100名劳动年龄人口大致要负担多少名非劳动年龄人口。用于从人口角度反映人口与经济发展的基本关系。计算公式为：

$$GDR=\frac{(P_{0-14}+P_{65+})}{P_{15-64}}\times 100\%$$

其中：GDR为总抚养比；

P_{0-14}为0-14岁少年儿童人口数；

P_{65+}为65岁及65岁以上的老年人口数；

P_{15-64}为15-64岁劳动年龄人口数。

老年人口抚养比　也称老年人口抚养系数。指某一人口中老年人口数与劳动年龄人口数之比。通常用百分比表示。用以表明每100名劳动年龄人口要负担多少名老年人。老年人口抚养比是从经济角度反映人口老化社会后果的指标之一。计算公式为：

$$ODR=\frac{P_{65+}}{P_{15-64}}\times 100\%$$

其中：ODR为老年人口抚养比；

P_{65+}为65岁及65岁以上的老年人口数；

P_{15-64}为15-64岁的劳动年龄人口数。

少年儿童抚养比　也称少年儿童抚养系数。指某一人口中少年儿童人口数与劳动年龄人口数之比。通常用百分比表示。以反映每100名劳动年龄人口要负担多少名少年儿童。计算公式为：

$$CDR=\frac{P_{0-14}}{P_{15-64}}\times 100\%$$

其中：CDR为少年儿童抚养比；

P_{0-14}为0～14岁少年儿童人口数；

P_{15-64}为 15～64 岁劳动年龄人口数。

16 岁以上人口　16 岁以上人口相当于劳动年龄人口。我国《劳动法》规定："禁止招用不足 16 周岁的未成年人参加社会劳动"，即规定了我国劳动年龄人口的下限。参照目前市场经济国家的一些做法，没有设置劳动年龄人口的上限，主要因为不管年龄多大，只要有劳动能力，都有可能对劳动力市场构成影响。由于丧失劳动能力的人口不易界定，且占 16 岁以上人口的比重较小，这部分人口没有扣除。因此，劳动年龄人口一般就指 16 岁以上人口，包括经济活动人口和非经济活动人口。

经济活动人口　即通常意义上的劳动力，指 16 周岁及以上，有劳动能力，已经参加或要求参加社会经济活动的人口，包括就业人员和失业人员。

非经济活动人口　指在 16 周岁及以上，未参加且不要求参加社会经济活动的人口。

就业人员　指在 16 周岁及以上，从事一定社会劳动并取得劳动报酬或经营收入的人员。

城镇单位就业人员　指在各级国家机关、政党机关、社会团体及企业、事业单位中工作，取得工资或其他形式劳动报酬的全部人员，包括在岗职工和其他就业人员，不包括离开本单位仍保留劳动关系的人员。

在岗职工　指在本单位工作并由单位支付工资的人员，以及有工作岗位，但由于学习、病伤产假等原因暂未工作，仍由单位支付工资的人员。

城镇私营和个体就业人员　城镇私营就业人员指在工商管理部门注册登记，其经营地址设在县城关镇（含县城关镇）以上的私营企业就业人员，包括私营企业投资者和雇工。城镇个体就业人员指在工商管理部门注册登记，并持有城镇户口或在城镇长期居住，经批准从事个体工商经营的就业人员，包括个体经营者和在个体工商户劳动的家庭帮工和雇工。

国有单位　指资产归国家所有的经济组织。包括按《中华人民共和国企业法人登记管理条例》规定登记注册的非公司制的经济组织，以及中央、地方各级国家机关、事业单位和社会团体。

集体单位　指生产资料归集体所有，并按《中华人民共和国企业法人登记管理条例》规定登记注册的经济组织。

其他单位　包括股份合作单位、联营单位、有限责任公司、股份有限公司、港澳台商投资单位以及外商投资单位等其他登记注册类型单位。

三次产业　三产业的划分是世界上较为常用的产业结构分类，但各国的划分不尽一致。我国的三次产业划分是：

第一产业指农、林、牧、渔业。

第二产业指采矿业，制造业，电力、煤气及水的生产和供应业，建筑业。

第三产业指除第一、二产业以外的其他行业。

城镇登记失业人员 是指有非农业户口，在劳动年龄(16 周岁至退休年龄)内，有劳动能力，无业而要求就业，并在当地就业服务机构进行求职登记的人员。不包括：(1)正在就读的学生和等待就学的人员；(2)已经达到国家规定的退休年龄或虽未达到国家规定的退休年龄但已经办理了退休(含离休)、退职手续的人员；(3)其他不符合失业定义的人员。

城镇登记失业率 城镇登记失业人员与城镇单位就业人员（扣除使用的农村劳动力、聘用的离退休人员、港澳台及外方人员）、城镇单位中的不在岗职工、城镇私营业主、个体户主、城镇私营企业和个体就业人员、城镇登记失业人员之和的比。计算公式为：

$$城镇登记失业率=\frac{城镇登记失业人数}{(城镇单位就业人员-使用的农村劳动力-聘用的离退休人员-聘用的港澳台及外方人员)+不在岗职工+城镇私营业主+城镇个体户主+城镇私营企业及个体就业人员+城镇登记失业人数}\times 100\%$$

工资总额 指各单位在一定时期内直接支付给本单位全部就业人员的劳动报酬总额。工资总额的计算原则应以直接支付给就业人员的全部劳动报酬为根据。各单位支付给就业人员的劳动报酬以及其他根据有关规定支付的工资，不论是计入成本的还是不计入成本的，不论是按国家规定列入计征奖金税项目的，还是未列入计征奖金税项目的，不论是以货币形式支付的还是以实物形式支付的，均包括在工资总额内。

平均工资 指企业、事业、机关单位的就业人员在一定时期内平均每人所得的货币工资额。它表明一定时期就业人员工资收入的高低程度，是反映就业人员工资水平的主要指标。计算公式为：

$$平均工资=\frac{报告期实际支付的全部就业人员工资总额}{报告期全部就业人员平均人数}$$

平均工资指数 指报告期就业人员平均工资与基期就业人员平均工资的比率，是反映不同时期就业人员货币工资水平变动情况的相对数，它表明报告期平均工资比基期平均工资提高或降低的程度。计算公式为：

$$平均工资指数=\frac{报告期就业人员平均工资}{基期就业人员平均工资}\times 100\%$$

平均实际工资指数 就业人员平均实际工资指扣除物价变动因素后的就业人员平均工资。就业人员平均实际工资指数是反映实际工资变动情况的相对数，表明就业人员实际工资水平提高或降低的程度。计算公式为：

$$平均实际工资指数=\frac{报告期就业人员平均工资指数}{报告期城镇居民消费价格指数}\times 100\%$$

Explanatory Notes on Main Statistical Indicators

Total Population refer to the total number of people alive at a certain point of time within a given area. The annual statistics on total population is taken at midnight, the 3lst of December, not including residents in Hong Kong SAR, Macao SAR, Taiwan Province and overseas Chinese national residing abroad.

Urban Population and Rural Population Urban population refer to all people residing in cities and towns, while rural population refer to population other than urban population.

Birth Rate (or Crude Birth Rate) refers to the ratio of the number of births to the average population (or mid-period population) during a certain period of time (usually a year), expressed in per thousand. Birth rate in the yearbook refers to annual birth rate. The following formula is used:

$$\text{Birth Rate} = \frac{\text{Number of Births in the Year}}{\text{Annual Average Number of Population}} \times 1000‰$$

Where: Number of births refers to live births, i.e. when a baby has breathed or showed any vital phenomena regardless of the length of pregnancy.

Annual average number of population is the average of the number of population at the beginning of the year and that at the end of the year. Sometimes it is substituted by the mid-year population.

Death Rate (or Crude Death Rate) refers to the ratio of the number of deaths to the average population (or mid-period population) during a certain period of time (usually a year), expressed in per thousand. Death rate in the yearbook refers to annual death rate. The following formula is used:

$$\text{Death Rate} = \frac{\text{Number of Deaths in the Year}}{\text{Annual Average Number of Population}} \times 1000‰$$

Natural Growth Rate of Population refers to the ratio of natural increase in population (number of births minus number of deaths) in a certain period of time (usually a year) to the average population (or mid-period population) of the same period, expressed in ‰. The following formula is applied:

$$\text{Natural Growth Rate of Population} = \frac{(\text{Number of Births} - \text{Number of Deaths})}{\text{Annual Average Number of Population}} \times 1000‰$$
$$= \text{Birth Rate} - \text{Death Rate}$$

Gross Dependency Ratio also called gross dependency coefficient, refers to the ratio of non-working-age population to the working-age population, express in percent. Describing in general the number of non-working-age population that every 100 people at working ages will take care of, this indicator reflects the basic relation between population and economic development from the demographic perspective. The gross dependency ratio is calculated with the following formula:

$$GDR = \frac{P_{0\text{-}14} + P_{65}}{P_{15-64}} \times 100\%$$

Where: GDR is the gross dependency ratio,

$P_{0\text{-}14}$ is the population of children aged 0-14,

P_{65+} is the elderly population aged 65 and over,

$P_{15\text{-}64}$ is the working-age population aged 15-64.

Old Dependency Ratio also called old dependency coefficient, refers to the ratio of the elderly population to the working-age population, express in percent. It describes the number of the elderly population that every 100 people at working ages will take care of. Old dependency ratio is one of the indicators reflecting the social implication of population aging from the economic perspective. The old dependency ratio is calculated with the following formula:

$$ODR = \frac{P_{65+}}{P_{15-64}} \times 100\%$$

Where: ODR is the old dependency ratio,

P_{65+} is the elderly population aged 65 and over,

$P_{15\text{-}64}$ is the working-age population aged 15-64.

Children Dependency Ratio also called children dependency coefficient, refers to the ratio of the children population to the working-age population, express in percent. It describes the number of children population that every 100 people at working ages will take care of. The children dependency ratio is calculated with the following formula:

$$CDR = \frac{P_{0-14}}{P_{15-64}} \times 100\%$$

Where: CDR is the children dependency ratio,

$P_{0\text{-}14}$ is the children population aged 0-14,

$P_{15\text{-}64}$ is the working-age population aged 15-64.

Population Aged 16 and Over is equal to labor age population. *China Labor Act* prescribes that 'no employer shall be allowed to recruit juveniles under the age of 16', which regulated the lower limit of labor age. Taking into consideration of the experiences in some market economy countries, the Labor Act does not set the upper limit of labor age because a person who has ability to work may affect the labor market no matter how old he/she is. Persons who lost labor ability are not deducted from labor age population because they are not easy to be identified and their proportion to population aged 16 and over is small. So labor age population commonly refers to the population aged 16 and over, including *Economically Active Population* and *Economically Inactive Population.*

Economically Active Population (also know as the labor force) refers to the population aged 16 and over who are capable to work, are participating in or willing to participate in economic activities, including *Employed Persons* and *Unemployed Persons.*

Economically Inactive Population refers to the population aged 16 and over who are not participating in and not willing to participant in economic activities.

Employed Persons refer to persons aged 16 and over who are engaged in gainful employment and thus receive remuneration payment or earn business income.

Urban Unit Employed Persons refer to all persons working in government agencies of various levels, political and party organizations, social organizations, enterprises and institutions, and receiving wages or other forms of payment. They include *Fully Employed Staff* and *Workers and Other Employed Persons*, but exclude staff and workers who have left their working units while keeping their labour contracts (employment relation) unchanged.

Fully Employed Staff and Workers refer to persons who work in, and receive wages from their working units, including persons who have their work posts but are temporarily absent from work for reasons of study or on sick, injury or maternal leave and still receive wages from their working units.

Persons Employed in Private Enterprises and Self-Employed Individuals in Urban Areas Persons employed in private enterprises refer to the persons employed (including investors and employees) in private enterprises which have been registered at the departments of industrial and commercial administration for which the business operation are situated at a county town (i.e. a town where the county government is located), or at urban areas with administrative hierarchy higher than a county town. The self-employed individuals in urban areas refer to persons who hold the certificates of residence in urban areas or have resided in the urban areas for a long time and have been registered at the departments of industrial and commercial administration and approved to be engaged in individual industrial or commercial business, including self-employed persons as well as helpers and hired laborers who work in individual households.

State-owned Units refer to economic units whose assets are owned by the state, including non-corporation units registered according to *Regulation of the People's Republic of China on the Registration of Enterprises and Corporations*, state organs, institutions and social organizations at the central-level and local levels.

Collective-Owned Units refer to economic units registered according to *Regulation of the People's Republic of China on the Registration of Enterprises and Corporations* where the means of production are collectively owned.

Units of Other Types of Ownership refer to units registered with other types of ownership, including cooperative units, joint ownership units, limited liability companies, share holding corporations, units invested by entrepreneurs from Hong Kong, Macao, and Taiwan, and foreign-invested units.

Three Industries Classification of economic activities into three branches of industries is a common practice in the world, although the grouping varies to some extent from country to country. In China economic activities are categorized into following industries:

Primary Industry refers to agriculture, forestry, animal husbandry and fishery.

Secondary Industry refers to mining and quarrying, manufacturing, production and supply of electricity, water and gas, and construction.

Tertiary Industry refers to all other economic activities not included in primary or secondary industry.

Registered Unemployed Persons in Urban Areas refer to the persons with non-agricultural household registration at working ages (16 years old to retirement age), who are capable of work, unemployed and willing to work, and have been registered at the local employment service agencies to apply for a job. Excluded from this category are: 1) enrolled students and persons waiting for school enrollment, 2) persons at or above state retirement age or persons under state retirement age who have completed retirement procedures, 3) other persons not qualified foe the definition of unemployment.

Registered Unemployment Rate in Urban Areas refers to the ratio of the number of the registered unemployed persons to the sum of the number of persons employed in various urban units (minus the employed rural labour force, re-employed retirees, and Hong Kong, Macao, Taiwan or foreign employees), laid-off staff and workers in urban units, owners of private enterprises in urban areas, self-employed individuals in urban areas, employees of private enterprises in urban areas, employees of self-employed individuals in urban areas, and the registered unemployed persons in urban areas. The formula is as follows:

$$\begin{array}{c}\text{Registered Unemployment}\\ \text{Rate in Urban Area}\end{array} = \frac{\text{Number of Registered Urban Unemployed Persons}}{\begin{array}{l}\text{(Number of Persons Employed in Urban Units} - \text{Employed Rural}\\ \text{Labor Force} - \text{Re-employed Retirees} - \text{Hong Kong, Macao, Taiwan}\\ \text{or Foreign Employees)} + \text{Laid-off Staff and Workers} + \text{Owners of}\\ \text{Urban Private Enterprises} + \text{Owners of Urban Self-employed}\\ \text{Individuals} + \text{Employees of Urban Private Enterprises} + \text{Employees}\\ \text{of Urban Self-employed Individuals} + \text{Registerd Unemployed}\\ \text{Persons in Urban Areas}\end{array}} \times 100\%$$

Total Wage Bill refers to the total remuneration payment to employed persons in various units during a certain period of time. The calculation of total wage bill is based on the total remuneration payment to the employed persons. Therefore, all the wages and salaries and other payments to employed persons are included in the total wage bill regardless of sources, reckoning the cost of production or not, category, listing as items of premium taxation or not, and forms, paying in cash or in kind.

Average Wage refers to the average wage in money terms per person during a certain period of time for employed persons in enterprises, institutions, and government agencies, which reflects the general level of wage income during a certain period of time and is calculated as follows:

$$\text{Average Wage} = \frac{\text{Total Wage Bill of Employed Persons at Reference Time}}{\text{Average Number of Employed Persons at Reference Time}}$$

Average Wage Indices refers to the ratio of average wage of employed persons in the reporting period to that at the base period, which reflects the change of wage of employed persons at the different period. It is calculated as follows:

$$\text{Average Wage Indices} = \frac{\text{Average Wage of Employed Persons at Reference Time}}{\text{Average Wage of Employed Persons at Base Period}} \times 100\%$$

Average Real Wage Indices Average real wage of employed persons refers to the average wage of employed persons after removing the effects of the price changes, and average real wage indices of employed persons refers to the change of real wage, which reflects the relative increasing or decreasing level of real wage of employed persons, and is calculated as follows:

$$\text{Average Real Wage Indices} = \frac{\text{Average Wage Indices of Employed Persons at the Referece Time}}{\text{Urban Consumer Price Indices at Reference Time}} \times 100\%$$